〔美〕唐纳德·A. 克罗斯比 （Donald A. Crosby） —————— 著

The Specter of the Absurd

荒诞的幽灵

现代虚无主义的根源与批判

张红军——译

Sources and Criticisms of Modern Nihilism

社会科学文献出版社
SOCIAL SCIENCES ACADEMIC PRESS (CHINA)

献给夏洛特

感谢她给我的生活带来的意义

今天，任何想要创造性地思考的人，都必须能够直面实证主义和存在主义的虚无，并且能够适当使用它们；这意味着，不是把它们摧毁得无影无踪，而是把它们提升至一种新的个人状态，其中它们激烈地对立着的强力哺育着一种新的肯定的成长。

——阿尔伯特·霍夫施塔特（Albert Hofstadter）（1974：146）

致　谢

　　我要向我在科罗拉多州立大学哲学系的同事们表示感谢之情，他们对这本书非常感兴趣，并且在我准备写作期间给予了颇具洞见的建议与批评。詹姆斯·W. 博伊德（James W. Boyd）、威拉德·O. 艾迪（Willard O. Eddy）和霍姆斯·罗尔斯顿三世（Holmes Rolston，Ⅲ），为本书早期手稿的一系列章节进行了不倦的劳作。罗伯特·W. 约旦（Robert W. Jordan）和罗恩·G. 威廉姆斯（Ron G. Williams）分别就这些章节中的部分内容提出了批评。还要感谢朱迪·辛德勒（Judy Schindler），她为编辑手稿、准备索引以及完善书中部分内容而给予了无价的帮助。我的妻子夏洛特（Charlotte），不仅仔细阅读了本书的初稿，而且不断鼓励和支持着我，对此我深表感激。

　　我要致谢科罗拉多州立大学哲学系的捐赠基金和艺术、人文及社会科学学院的专业发展计划项目，它们同意支付最后的定稿费用。我还要感谢纽约州立大学出版社的编辑威廉姆·伊斯特曼（William Eastman），他为我完成这项计划给予了支持和不倦的耐心。另外，我还想对在美国宗教学会落基山大平原区和圣经文学协会的许多朋友们表示感谢，他们为我查阅与本书部分章节相关的论文提供了真诚帮助，并且对我的解释和断言提出了极具启发性的问题。最后，我要感谢数年来参加"现代虚无主义"课程的学生们。如果这本书还有一些价值的话，那么它很大程度上来自这些学生对我阐明这一黑暗主题的尝试的深切反应。

中译者导言

  从晚期尼采开始，"虚无主义"成为西方众多思想家现代性批判理论的关键词。正如沙恩·韦勒所言，"在哲学现代主义领域，尼采是独一无二的典范，这不仅是因为他的现代性批判的影响比同时期任何哲学家都要大，还因为他使用了'虚无主义'这个概念来捕捉现代性的本质。……哲学和美学现代主义领域一些关键人物的现代性批判理论深受尼采现代性诊断的影响，这种诊断认为现代性包含虚无主义内容。举例来说，这些人物有雨果·鲍尔、高特弗里德·本、恩斯特·容格、马丁·海德格尔、温德姆·刘易斯、西奥多·阿多诺、阿尔贝·加缪、莫里斯·布朗肖和 E. M. 齐奥兰。"① 然而，由于尼采及其后众多思想家过度频繁而不加严格限定的使用，虚无主义一词早已变得含糊不清，充满歧义。

  让"虚无主义"一词获得尽可能明确的含义，进而恢复这个词应有的批判力，成为美国学者唐纳德·A. 克罗斯比《荒诞的幽灵——现代虚无主义的根源与批判》一书的重要任务。该书主要分为五个部分，其中第一部分就是对虚无主义一词的各种使用进行分类。克罗斯比把虚无主义主要分为政治虚无主义和哲学虚无主义，其中前者专指俄国 19 世纪后期以刺杀沙皇为代表的无政府主义和恐怖主义行为，而后者贯穿整个西方现代思想领域，并且可以进一步区分为道德虚无主义、认识论虚无主义、宇宙论虚无主义和生存

---

  ① Shane Weller, *Modernism and Nihilism* (London: Palgrave Macmillan, 2011), pp. 6 – 7.

论虚无主义。克罗斯比认为,这四种虚无主义和政治虚无主义的共同之处在于,它们都是一种否定或拒绝的态度,而它们的不同之处在于:"每一种虚无主义都否定人类生活的某一重要方面。**政治虚无主义**否定我们生活于其中的政治结构,以及表现这些结构的社会和文化,而很少甚至没有建设性的替代方案或改进计划;**道德虚无主义**否认道德义务的意义、道德原则或道德观点的客观性;**认识论虚无主义**否认存在任何不被严格限定于某一单独个体、群体或概念架构中的真理或意义,任何不是完全相对于这些个体、群体或概念架构而言的真理或意义;**宇宙论虚无主义**否认自然的可理解性或价值,认为它对人类的关切漠不关心或充满敌意;**生存论虚无主义**否定生命的意义。"①

克罗斯比对这四种哲学虚无主义做了进一步的梳理,并以此为基础规定了虚无主义概念的基本含义。首先是道德虚无主义,它可以分为三种,其中第一种可以被命名为非道德主义,它拒绝所有道德原则,缺乏任何有道德地生活的决心。这种虚无主义可以在杰克·伦敦的小说《海狼》中找到原型。第二种是道德主观主义,它认为道德判断是纯粹个体性的和任意性的,从而是没有理性的判断或批判标准的。伯特兰·罗素主张事实与价值二分的伦理学,可谓这种虚无主义的具体表现。第三种为利己主义,它认为任何个体承担的唯一义务,就是对他自己的义务,于是,他不需要为自己的行为对他人的影响做出道德考量,除非这些影响也关涉自己的切身利益。麦克斯·施蒂纳的《唯一者及其所有物》可谓这种虚无主义的典型代表。

其次是认识论虚无主义,它可以分为两种:第一种认为真理是视角性的,完全相对于特殊的个人或团体,而尼采无疑是这种虚无主义的最合适的代言人;第二种认为语义学的可理解性完全相对于独立的、不可比较的概念图式,不同概念系统之间存在的基本意义是不可比较的,而尼采的同代人弗里茨·茅特纳的唯名论语义学就是这种虚无主义的最好表现。

再次是宇宙论虚无主义,它也可以分为三种。其中第一种否认宇宙具有

---

① Donald A. Crosby, *The Specter of the Absurd: Sources and Critics of Modern Nihilism* (Ablany: State University of New York Press, 1988), p. 35.

任何可理解性或可知结构，否认宇宙可以为人类渴望的价值和存在意义提供支持。尼采和茅特纳的认识论虚无主义同时也是这种宇宙论虚无主义，因为一个原则上不可知的世界，必然也是一个无意义的世界。第二种认为宇宙尽管经过了科学和数学的理解，依然没有任何价值，依然不可能为人类提供理想和目的。罗素的道德虚无主义同时也是这种宇宙论虚无主义的表现，因为事实与价值无关，那么科学所描述的事实世界必然缺乏任何意义。第三种认为宇宙不仅是无价值、无意义的，还是充满恶意的，人类生存于其中，只能永远受苦。叔本华毋庸置疑是这种虚无主义的坚定主张者。

最后是生存论虚无主义，它认为人的存在是没有意义和荒诞无比的，这种虚无主义是上述所有虚无主义的逻辑结果，而加缪的存在主义思想无疑明确了这种虚无主义和其他三种虚无主义的关联。由于生存论虚无主义是所有其他虚无主义的必然结果，是虚无主义的最重要表现，克罗斯比最终决定把虚无主义主要理解为生存论虚无主义，即一种否定人类生命意义和价值的哲学观念。①

本书第二部分，梳理支持虚无主义的各种理由，它们包括与上帝相关的理由（上帝信仰的丧失导致虚无主义），与人在自然中的地位相关的理由（人类中心主义的放弃导致虚无主义），与生命的苦难相关的理由（生命的脆弱与无尽的痛苦导致虚无主义），与人的现世存在相关的理由（生命的短暂、无聊与死亡的威胁导致虚无主义），与理性相关的理由（理性能力的贫乏导致虚无主义），与意志相关的理由（意志的软弱或激进都可能导致虚无主义），以及与他人共在的生活相关的理由（生命的孤独性导致虚无主义）。

尽管如斯坦利·罗森所言，虚无主义是"一种长期存在的人类危险"，它"不可能被'解决'，除非人性消失不见"，② 克罗斯比还是把虚无主义主要视为西方文化传统的产物，并且从西方世界的宗教和哲学中找到了十三

① Donald A. Crosby, *The Specter of the Absurd: Sources and Critics of Modern Nihilism* (Ablany: State University of New York Press, 1988), pp. 11 – 36.

② Stanley Rosen, *Nihilism: A Philosophical Essay* (New Haven, Conn., and London: Yale University Press, 1969), p. xx.

种假设，作为虚无主义产生的重要原因。西方基督教传统包括六个非此即彼的假设：第一，假设人类要么是人格化的上帝赋予这个世界的目的或理由，要么是无望地漂泊在一个陌生的世界；第二，假设自然要么被上帝从外面赋予价值，要么就完全没有价值；第三，假设宗教信仰要么是基督教信仰，要么是无神论；第四，假设我们要么用上帝的全知之眼非视角性地看待世界，要么就无法获得关于世界的客观知识；第五，假设我们要么把圣经和教会权威作为使一切认识为真的确定性基础，要么就无法获得任何真理；第六，假设我们要么到天堂享受上帝的祝福，要么在当下的世界受苦。① 很明显，如果这些假设中的前一项被否定，那么剩下的就只能是后一项，而后一项必然导致各种各样的虚无主义，尤其是生存论虚无主义。

导致虚无主义的哲学假设也有七个。第一种假设认为世界被分裂为心灵和物质两个完全独立的领域，又认为仅仅从心灵或物质出发就能够解释整个世界（如笛卡尔、霍布斯哲学）。但是，当我们发现这样做无法解释这个世界时，认识论虚无主义就会产生；面对一个完全不可解释、绝对冷漠的纯粹客观世界，宇宙论虚无主义和生存论虚无主义也会如影随形。第二种假设认为，只有自然科学非个人性的和完全客观的方法有资格解释自然的原则和特征。从自然科学的自然解释出发，哲学只能在二元论和还原论之间进行选择，即要么把人类及其精神文化生活尖锐对立于科学所描述的自然（如康德、萨特哲学），要么把人类存在完全置于科学所描述的自然之中（如霍布斯哲学）。可是，人与外在自然、身体自然的彻底疏离，必然让人产生严重的分裂感和无家可归感，而人在自然面前彻底丧失主观能动性和自由，必然也会导致严重的荒诞感和绝望感。第三种假设认为，哲学和其他人文学科必须和自然科学一样，从一个绝对确定而不可再被怀疑的阿基米德点出发演绎整个知识体系（如笛卡尔的基础主义）。但是，自然科学的阿基米德点——数学的广延和可测量的运动——剥夺了自然的所有感性特征、价值或意义，

---

① Donald A. Crosby, *The Specter of the Absurd: Sources and Critics of Modern Nihilism* (Ablany: State University of New York Press, 1988), pp. 128 – 172.

会迫使我们进入宇宙论虚无主义者荒芜、冷漠的世界，而纯粹哲学的阿基米德点——我思之我——也会在持续的怀疑中被剥夺不可靠的过去与未来，被囚禁于当下的瞬间，遭受无常的时间流逝折磨，不相信自己、他人和整个世界的存在，从而陷入彻底的生存论虚无主义。第四种假设认为个体自我完全独立于自身所处历史和社会环境（如笛卡尔、施蒂纳、尼采、萨特哲学），而这会让我们完全陷入认识论虚无主义和道德虚无主义中。第五种假设紧密相关于第四种假设，认为个体自由既是社会、政治体制的基础，又是这些体制的目标，而他人和社会仅仅具有工具主义的重要性（如霍布斯、卢梭、穆勒、边沁哲学）。这种极端个人主义会剥夺生命价值和意义的大部分来源，从而使个人成为盲目和绝望的奴隶。第六种假设主张事实和价值彻底二分（如洛克、休谟和康德哲学）。这种割裂必然导致宇宙论虚无主义，也必然使价值问题彻底主观化，从而陷入道德虚无主义。第七种假设认定意志的首要性和优先性，主张意志要么独立于理性（如休谟、霍布斯、叔本华、尼采哲学），要么独立于因果性（如康德、萨特哲学）。但无论是独立于理性还是因果性，对意志的过分强调，都会导致认识论虚无主义、道德虚无主义、宇宙论虚无主义和生存论虚无主义。

在全书结尾部分，克罗斯比还梳理了虚无主义哲学带给我们的六个有益的教训：有助于我们认识现代西方思想根据二分法思考问题的错误和危害性；有助于我们理解本来如此的生命，与生命达成妥协，而不是用天真的妄想、过于简单的解释和不现实的期望来遮蔽生命；有助于我们同时重视个人视角的差异性和可交流性，不再撇开既定文化、历史和社会环境去追求绝对确定的真理，也不再因为不存在这样的真理而走向相对主义的极端，而是主张一种多元主义的真理观；有助于我们认识人类自由的现实性和极端重要性，肯定人类面临所有困难的勇气和克服所有困难的决心，反对宿命论的决定论态度；有助于我们重新认识个体与他人的关系，并以此为基础，建设一个具有多样性、差异性和流动性的开放社会；有助于我们重建人与世界的亲密关系，承认世界自身存在的价值，改变面对世界时的孤独、荒诞和冷漠感受。最后，克罗斯比还指出了拒绝虚无主义哲学的三个主要理由：虚无主义哲学只是在一些完全经不起推敲的假设里仓皇飞旋，可谓自设牢笼；虚无主义哲学过分关注人类生命的消极层面，却没有公正对待其积极层面；虚无主义哲学无法直面现实生命的有限性，过分痛苦地追求完美，令人震惊又极其可笑地类似于乌托邦主义。

综上所述，克罗斯比的研究可谓体大虑深，它让我们对虚无主义的定义、虚无主义的主要表现、虚无主义的宗教和哲学根源、虚无主义的有益教训以及拒绝虚无主义的理由等问题都有了比较清晰的认识，从而对虚无主义问题研究做出了重要贡献。但是，这一研究也有一些缺憾。比如，凯伦·L.卡尔就曾经指出，克罗斯比并没有特别关注以理查德·罗蒂为代表的后现代主义的虚无主义，而要研究这种虚无主义，就必须从认识论虚无主义中区分出真理论虚无主义：比起尼采和卡尔·巴特的认识论虚无主义，即否定认识的可能性却并不否定真理的可能性的虚无主义，罗蒂的虚无主义是真理论虚无主义，即否定存在客观、普遍的真理，把真理完全知识化、相对化的虚无主义。[1] 不过，根据上述梳理，克罗斯比虽然没有明确区分这两种虚无主义，却充分认识到，虚无主义哲学总是在绝对主义和相对主义两个极端——要么是绝对确定的真理，要么就不存在真理——之间游走。如果用这个标准衡量，我们就会发现，反基础主义的、解构一切真理声明的后现代真理论虚无主义，无非是西方虚无主义哲学向相对主义极端的又一次游走。

基于自身生活和阅读经验，译者曾饱受虚无主义问题折磨，因此非常感谢克罗斯比教授对这一问题在西方现代思想中的来龙去脉所做深入浅出的分析。本书内容极其丰富，论证细致入微，译者力有不逮，译文恐无法完全做到准确、通达和简明，错讹之处，还请方家不吝指正。

---

[1] Karen L. Carr, *The Banalization of Nihilism: Twentieth Century Responses to Meaninglessness* (New York: State University of New York Press), p. 19.

目　录

第一部分　导论

第一章　经验荒诞／3

第二章　虚无主义的类型／12

第二部分　支持虚无主义的理由

第三章　与上帝、自然、痛苦和时间相关的理由／49

第四章　与理性、意志和他人相关的理由／91

第三部分　对虚无主义的宗教根源的批判性考察

第五章　人类中心主义、价值的外在性和作为一神论的宗教／141

第六章　上帝的全视之眼、对确定性的探求和对世界的贬斥／158

第四部分　对虚无主义的哲学根源的批判性考察

第七章　对应－实体与科学的霸权／203

第八章　笛卡尔思想中来自方法的真理和虚无主义的种子／233

第九章　认识论、语言哲学和伦理学中的主观主义转向／280

第十章　社会政治个人主义、事实－价值二分和意志的首要性／336

第五部分　最终的评价

第十一章　反虚无主义的例子：教训与辩驳／417

参考文献／451

第一部分

导　论

第一章　经验荒诞

在提出一个问题的时候，某种消极的元素就会被带入这个世界。

——让－保罗·萨特(Jean-Paul Satre) (1966：28)

一　一个学生的担忧

几年前，一个大一新生来到我的办公室，和我谈论一篇他没能按时递交的论文。我已经准备好接受常见的理由，但是这位学生的理由却让我震惊。他解释说，他不能让自己写这篇论文——关于柏拉图哲学的某个方面——的原因在于，他是一个基督徒。我困惑不解地问他这与论文何干，他的答复是，他认为写这样的论文纯粹是在浪费时间。作为一个基督徒，他看不到研究诸如柏拉图这样的人的思想的意义所在，他们不是基督徒，不知道圣经，或不知道圣经的教义。他确信圣经已经包含了所有用于理解自己和生活的核心事务的真理，所以就认为不可能再通过理解柏拉图来得到什么东西。他还不如用这部分时间去深入研究圣经或一些伟大的基督教思想家。

我对他说，数个世纪以来，基督教思想家们已经在柏拉图哲学里发现了许多价值，并且以各种方式利用这种哲学来强化和表达他们的信仰。接着，我强调指出，大学的重要性在于"让一个人的理解超出他的确信

· 3 ·

范围"①，让他们从自身内部、以自己的方式理解不同于自己的看法的那些看法，以此扩大他们的知识面，让他们的批评技巧变得更加敏捷，让他们学会检验自己的信仰，允许他们去发展和变得成熟。我指出，在我看来，这种对各种不同观点的批判性反思和同情考量过程，是高等教育的根本。

我的学生朋友对此依然保持怀疑。随着谈话的继续，我认识到，他对他原初立场的坚持，绝不是简单的非反思性的顽固不化。他显然已经深思熟虑过了。他解释道，让他如此烦恼的，并非柏拉图的哲学，而是柏拉图的哲学主角苏格拉底，后者有一个凡事都要问为什么的习惯。这个习惯被大学里的教授们接受了；尤其是那些哲学教授，他们过分地践行这个习惯。他们似乎对自己的信仰没有确信，乐于质问和批判眼前的一切。那些对无尽质问和批判的教授榜样认真看待的学生们，很快就会失去他们一度拥有的确信，被置于一片虚无之中。他们将会无助地滑入相对主义和怀疑主义，沉迷于"各种选项"的海洋，而哪一种选项都经不起批判和怀疑。

知识的开放性真的拥有广受赞扬的价值？为了获得复杂性，真的值得丢掉那曾经赋予生活结构和意义的东西？毕竟，**所有的东西**都要接受质问。质问的过程一旦开启，就只有一个结果，即信仰和确定性被侵蚀，完全陷入绝望。这个学生继续认真地说道，这个过程对道德确信和社会共识来说，也可能是致命的，它因此会导致文明的普遍倒退。他认为，随着人们从学院和大学毕业，把从教授们那里学来的无限质问和批判精神带进社会，他发现这样的退化已经在越来越多的地方表现出来了。

把这个学生的看法视为心胸狭隘的、盲信的或青春期的头脑简单，或指责他缺乏勇气接受最基本的思想冒险，是再容易不过了。但是我尝试践行我正在鼓吹的那种宽容之情，以从其内部、以它自己的方式理解他所描述的那种观点。

首先，我明显不再希望用一些关于教育目标的口号来让他满意，因为这些为人熟知的口号都建基于他并不认同的假设之上。对我来说是关于成长和

---

① 我从约翰·巴什（John Bash）那里第一次听到这种说法。

丰富的积极愿景，在他看来却是走向腐蚀和否定的暗淡前途。他通过拥抱"信仰"① 来应对这种前景，这是他知道的唯一方式，他通过这种方式把信仰解释为一种唯一的、绝对的真理，以权威为基础，这种真理被神圣地激发和毫不怀疑地接受。正如他所看到的那样，与此相反的，只能是沉溺于各种对立的观点中，它们彼此取消对方，最终导致客观真理和价值的完全毁灭。理性，伴随着它对假定和信仰的无情质疑，只会削弱"信仰"的基础。随着这种削弱，那曾经赋予人们生活意义和方向的信仰就会消弭于无形。对他来说，在我颇为自信的方案——理性，积极地自我批判，对各种观点保持开放——后面，潜伏着荒诞的幽灵。

我们的讨论很快到达终点，因为我们都认识到我们的差异太大，我们不可能当天就克服这些差异。但是，关于这次对话的记忆，一直伴随着我。这个特别的学生，还有他近乎绝望地尝试避免提出问题，防止自己面对思想考察的不确定性，作为虚无主义心绪——或者至少是对虚无主义这个我们时代的标志的准确感受——的生动形象，时常闪现在我的脑海里。

对此，人们或许会反对，说他远不是一个虚无主义者，因为他信仰上帝，毫不怀疑地依赖基督教传统的权威性。我并没有宣称他是一个公开承认的或有意识的虚无主义者，而只是说他是虚无主义心绪的受害者，因此可以视为当今世界那种心绪的表现和力量的生动象征。他是一个大一新生，这一事实让这一象征更加引人注目，因为它暗示着这种心绪的无所不在，说明它甚至已经渗入思想还不复杂的青年人的意识中，并且严重影响他们对世界的看法，尽管他们对这种心绪的典型特征——它是当代文化的一个时刻——一

---

① 我对这个学生关于宗教信仰本质的观念并不认同，但后者似乎已经广泛传播。为了清晰表明我在这一特殊意义上使用这个语词，我给这个词加上了引号。这种关于信仰本质和角色的观点，类似于教父德尔图良（Church Father Tertullian, 150–230）的看法，因此可以说由来已久。德尔图良主张，以哲学问题为娱乐，必然导致异端邪说，对基督教义权威性的唯一承认可以让我们不那么执着于无穷无尽的无效探求和追问，而且"对信仰的法则一无所知，就是无所不知"（*Prescription Against Heretics*, in Saunders 1966: 343–351, pp. 347, 350）。德尔图良在《论基督的肉体》中做出的关于基督复活的声明——"因为可能，所以确定。"（quoted Durant 1944: 613）——可以更清楚地说明这种特别的信仰概念的虚无主义要旨。

无所知,对藏匿于这种心绪后面的各种思想和社会力量一无所知。

如果我们暂时停下来,对暗含于他观点中的两个完全不同的虚无主义话题进行一番考察,那么我用这个学生作为虚无主义心绪的象征的原因,就会更容易被理解。

二 两个虚无主义话题

第一个虚无主义话题,是人类理性已经破产,不再能够解决它自己明显存在的任何问题。正如我们将要在下一章看到的那样,这种确定是术语**虚无主义**的主要含义之一。那位学生认为他可以通过诉诸"信仰"避免怀疑主义的绝望,后者来自对理性的彻底不信任。但是,片刻的反思就能证明,他拿来替换理性考察的荒诞结果的决定性选项,其实并非一个选项,而正是对他寻求避免的荒诞性的深刻表达和确认。因为,为什么是这种"信仰"而不是另一种信仰被选择了?为什么是这种特别的权威而不是其他的权威被选择了?根据他自己的声明,理性无助于回答这样的问题,这个问题的出现本身就是理性在我们的路上挖下的陷阱。于是,剩下的只是意志完全任性的行为,而那位学生却称之为"信仰"。

他在不经意间提倡一种"任意性疗法(therapy of arbitrariness)"(Hauck 1971:222),约翰·巴特(John Barth)曾经在小说《路的尽头》中无情地嘲讽过这种疗法。小说中的人物杰克·霍纳去看一个不知道有没有执照的医生,后者为精神病人开了一家名叫"再活动农场"(Remobilization Farm)的诊所。医生告诉他,由于选择对生活来说是必然的,除非一个人完全"固定化"了,而且由于没有一个理性的基础让人决定选择这个而不是那个,所以他应当遵循"左手优先、时间优先和按字母顺序选择"的原则。这意味着"如果两个选项并置在眼前,就去选择位于左手边的;如果它们先后出现,就选择那较早出现的;如果这些原则都不管用,就选择其名字开头字母靠前的一项"(Barth 1969:85)。我的学生朋友对抗荒诞的主张,似乎令人尴尬地类似于这位医生的方法。由此看来,他对信仰的保护就变成了无意识的反讽，就是一种用荒诞的材料在沙滩上建起的天堂。任何新的意志行为都能在接下来的一瞬间把它轻易摧毁。而且，任何对立的两种意志行为都能彼此消解对方，至少能够达到他如此焦虑地指出和谴责的、理性的两种对立结论彼此消解对方的彻底程度。

这位学生的声明还反映了第二个虚无主义话题。这就是说，无神论和虚无主义实际上就是一回事儿——替代对上帝的信仰和对传统西方宗教教义的忠诚的，就是虚无主义的绝望，与之相伴的观念就是，所谓西方文明近来的急剧衰落，可以直接归咎于对上帝信仰的丧失和基督教愿景的模糊化。19世纪俄国小说家费奥多·陀思妥耶夫斯基（Fyodor Dostoevsky），终生致力于研究这个主题的两个方面。在《卡拉马佐夫兄弟》中，伊万·卡拉马佐夫有一句被广泛引用的断言：如果对上帝和永生的信仰不再，那么所有的事情都是"合法的"或"被允许的"（1933：Ⅰ，92，111，311）。不再有任何基础以区别道德和不道德，也不存在任何标准来引导个体或群体的决定。于是，无神论被视为个体无法无天和社会混乱的根源。对那些不需要上帝的人来说，虚无主义被视为唯一剩余的选项。

基里洛夫——陀思妥耶夫斯基小说《群魔》中的一个人物，认为在上帝信仰和生活意义之间存在一种必然的关联："我不能理解，一个无神论者怎么能够知道上帝不存在，怎么能够不立刻自杀。"（1931：582）这篇小说中的另一个人物斯捷潘·特罗菲莫维奇也说过类似的话：

> 人类存在的一个根本条件，就是人应当总是能够服从于某种无限伟大的东西。如果人们被剥夺了这种无限伟大之物，他们将不再能够继续活下去，将会死于绝望。无限者和永恒者对人来说是必要的，就像他所居于其上的小小星球是必要的那样。（1931：624）

关于传统宗教信仰的衰落与西方文明的死亡之间的关联，陀思妥耶夫斯基1871年的《笔记》里有这样一处典型的条目："西方已经失去了基督，而这正是它走向死亡的原因；这是唯一的原因。"（Lubac 1963：184）我稍后将会回来讨论这种声明的合法性问题；现在，我认为这些声明构成了一个重要的虚无主义话题，后者暗含于那位学生的观点中。

三　本书写作动机

那么，这就是一种虚无主义观点所能采取的两种形式，它们可以被我们拿来对这本书的主题做一次初步的观察。但是，我为什么决定写一部关于虚无主义的书？写这本书的正当理由是什么？或许有许多原因，但我认为下面给出的这些原因是最重要的。首先，虚无主义是当代思想中最为明显的趋势之一。尽管虚无主义根源存在于现代的开端，但它已经在 19 世纪尤其是第一次世界大战以来的时期内结出果实。虚无主义心绪绝不仅是少数幻灭感十足的知识分子的关注点，更是属于我们今天所呼吸的空气的一部分。我的目标，一个是证明事实确实如此，另一个是解释为什么会这样。还有一个目标，就是探寻是否必须如此。

写这本书的第二个原因，就是学生们对"现代时期的虚无主义"课程的反应，我曾经在过去十年里多次教授这一课程。大部分学生都对这一课程抱有强烈的兴趣和关注，甚至直接赞美和支持这一课程，这对于一个通常被认为是玄奥无比的主题来说，是令人惊奇的。更令人惊奇的是，这些学生中的大多数来自美国心脏地带比较富裕的中产阶级家庭。各种好的工作以及对生活中各种美好事物的合理分享，都在等待着他们；医疗进步在保证减少他们对疾病和痛苦的敏感性；社交媒体提供着前所未有的文化丰富性，不管这些文化是现在的还是过去的，民族的还是全球的，而且他们接受的教育和闲暇机会让他们能够利用这些丰富性。他们生活在一个能够自由思想和行动的民主社会。看上去，他们拥有很多可以让他们活下去和充满希望的东西。

但是，许多学生都处于一种暗淡的焦虑和极端的沮丧心绪中。他们对未来充满绝望，明确感到自己位于一个时代的终结阶段。他们对社会决策者们的动机和能力冷嘲热讽，对自己作为普通市民影响重要的公共计划或政策的能力缺乏信心。他们感觉自己被各种超出他们影响力或控制力范围的力量完全控制住了。许多学生甚至得出结论，认为一种溃疡病，即对基本的道德和人类关注无能为力和无动于衷的荒诞感，正在侵蚀我们的政治和经济环境，侵蚀我们与自然环境的关系，侵蚀社会存在的整个结构。这些学生认为，他们所看到的日益迫近的完全官僚化和生活非人道化，全面的政治腐败和无能，普遍的恐怖主义和犯罪，经济危机和环境灾难，世界性的人口过剩和大饥荒，还有核爆大屠杀，都是不可避免的，或几乎不可避免的。

这些学生们中的大多数没有宗教信仰或其他关于有意义生活的支撑性愿景。当他们确实拥有一种宗教式的展望时，他们通常依赖于那些必然被现代文化蔑视的信仰，而非可以赋予这种文化以整体性和目的的信仰。他们深陷现代世界的多元化和复杂化以及知识领域的碎片化中，难以自拔，因此倾向于对心灵的认识能力，尤其是对价值领域的认识能力抱持一种彻底的怀疑主义态度。结果就是严重的无方向感和无根感。这导致他们完全无法弄明白自己生活乃至整个人类生活的核心和方向。

虽然并非所有参加我课程的学生都处于这样一种心灵状态，但相当一部分的学生确实如此。他们非常欢迎这样一个直接关注上述问题并且尝试给出应对之道的课程。即使那些并不处于这一心理状态的学生也发现，这门课程非常具有挑战性和重要作用，能够为我们思考那些已经在当代社会具有广泛影响力的人们的思想提供方便。我认为，这样·本来自教学经验的书，将会让更多的读者觉得有价值。

一个由保罗·罗比茨克（Paul Roubiczek）提出的探索性问题，可以说明写作本书的最后一个也是最重要的理由。

哲学家怎样做才能阻止非理性之物以一种无意义的和破坏性的方式侵入我们的生活，他怎样才能确保在处理非理性之物时，让它有助于丰富我们的生活，能够给我们的生活以意义？（1964：179）

写这本书，不仅是为了提供一个机会，关注从虚无主义哲学那里得来的教训，还是为了尽我所能发展出一种强有力的主张，以反对这种哲学的声明，即虚无主义是关于人类状况或当前时代发展趋势的终极语词。

尽管名字叫虚无主义哲学，但不必把这种哲学中的每一部分都视为纯粹破坏性的或否定性的，因为它还包含了一些可以被积极使用的重要真理。比如，对某些长期公认的关于人类和他们与世界的关系的理论和假设，这种哲学进行了不懈的追踪，直至它们令人痛苦的结论，这可以让我们对这些理论、假设以及它们所指的方向保持批判性的意识。还有，尽管这种哲学致力于探讨经验使人无比困惑和恐惧的那些方面，这也许会让我们过度紧张，但它能够让我们看清自己作为人的处境，帮助我们平衡那些影响我们文化的肤浅、伪善和虚假的实证主义因素。最后，不同于那些劝告我们不加质疑地接受这种或那种绝对以作为人类境况有限性的解药的哲学，虚无主义哲学提醒我们，每一次肯定或依附这种假定的绝对的行为，或尝试让这种绝对赋予我们生活以意义的行为，都是一种有限存在的行为，都只能在有限的人类观念和意识视角中得到表现。我们不可能逃离我们的有限性的不确定性，我们必须提防那些哄骗我们从其他方面思考的人们。我将要在最后一章返回讨论虚无主义的种种教训。

但是，就像我们不应该不考虑虚无主义那样，我们也不应该完全屈服于它，从而不去思考它的假设，不去思考它是否已经告诉了我们需要知道的所有东西，如果我们能够恰当地考虑我们生活的问题和前景。我将要证明，虚无主义哲学根植于受历史条件制约的假设和信仰，这些假设和信仰对基本的批判保持开放，而且，虚无主义哲学还远没有成为关于人类境况的充足而完整的分析，它继续忍受着被粗暴夸大和贬低之苦。我将要描述一些关于虚无主义的主要批判，提供一个更加平衡和有说服力的哲学视角，来实事求是地勾勒虚无主义。

当然，这种视角和它自己的假设基础可能是有问题的。难道通过指出没有积极的立场可以相信这一事实本身就不能支持虚无主义，因为没有人能够免于彻底的怀疑？我反对这样的结论，因为质问行为可以从另一个方面来看。我所做出的假设之一是，创造性的考察和推理过程，只能在渴望提问的地方才存在。于是，我欢迎关于本书结论的所有疑问，因为质问行为本身就与这本书的假设之一保持一致。

但是，这种回应无法立刻到达事情的核心。我还有另外一个假设，即我愿意在这本书里接受考验。提出问题，不需要进入一个无意义的循环，或者削弱和平衡所有的信仰。它可以使那些原本很合理的信仰变得更加精致、有力和清晰。我渴望在这本书中做到的，建立在这样一种确信之上，即尽管质问法则有其危险性，可能把我们暴露给荒诞的幽灵，但它很有用，用罗比茨克的话来说，就是"有助于丰富我们的生活，能够给我们的生活以意义"。

第二章　虚无主义的类型

> 虚无主义意味着什么？意味着最高价值的自行贬黜。目标丧失了。"为何之故？"没有了答案。
>
> ——弗里德里希·尼采（Friedrich Nietzsche）（1968：9）

就像许多具有后缀 *-ism* 的语词一样，**虚无主义**（nihilism）这个语词也是含糊不清、充满歧义的。这并不令人奇怪，因为它已经在不同的时代被信念不同的人在各种不同的语境中无数次使用过了。有些人可能没有费心界定这个语词，他们假设它的意义已经非常明显，或者，在上下文语境中，它的意义会变得很清晰——这并非总是可靠的假定。其他人曾经把这个术语限定在相当狭窄的范围内；但还有很多人对它的限定过于宽泛。另外，这个语词明显已经裂散出各种可评价的意义，而且经常以规定性的方式而非纯粹描述性的方式被使用。

在这一章里，我要认真考虑这个术语的歧义性，把它的各种不同意义归为五种虚无主义类型——政治的、道德的、认识论的、宇宙论的和生存论的——并且评论它们之间的关系。除了第一种虚无主义（主要出于历史原因而介绍）之外的其他虚无主义，将会在本书其余部分扮演重要角色外，不过我最为关注的还是生存论虚无主义。

对生存论虚无主义的强调基于下述三个原因。第一，因为这种虚无主义可能是这个术语最为广泛假设的意义，把我的首要关注赋予这种虚无主义应该是恰当的。第二，道德的、认识论的和宇宙论的虚无主义，尤其是当它们被合在一起考虑时，会被并入生存论虚无主义，并在那里达到顶峰。第三，根据定义，生存论虚无主义包含了整个人类生活，而其他几种类型只相关于人类生活的某个方面。第二个和第三个原因说明，生存论虚无主义是最基础的和最具包含性的，并且因此是最重要的虚无主义类型。

一　政治虚无主义

1881 年 3 月 1 日，星期天，在骑马检阅了阅兵场的部队，拜访了表亲卡特琳娜大公夫人后，沙皇亚历山大二世准备返回他在圣彼得堡的冬宫。他坐在一辆四轮马车中，周围是哥萨克骑兵，还有坐在两辆雪橇上的各位政要伴随。突然，一个年轻人跳出来投了一颗炸弹。它差一点摧毁沙皇的马车。马车夫重新控制了马匹，沙皇命令他停下来，自己跳出马车，返回爆炸现场。行凶者已经被逮捕，一小群人也开始聚集起来。在确信了卫队可以保护他的安全之后，沙皇再次返回他的马车，这时却被一颗扔到他脚边的炸弹炸到。这是另一个刺客所为，他就藏在路边，没有被发现。沙皇受到致命的伤害，被匆忙送回冬宫。大约一个小时之后，他死在那里。这次刺杀是早先六次谋害沙皇的尝试的高潮，它们都由一个自称"人民意志"的团体策划而为。这个团体的五名成员很快就被逮捕，并且于 1881 年 4 月 3 日被公开吊死。用俄国那个时候的说法，这个团体的成员和其他政治革命者，以及类似于他们的恐怖主义者，都开始被称为虚无主义者。

1855 年亚历山大二世继位后，有相当一部分这样的秘密革命团体出现在俄国。其中建立于 1860 年代早期的是"土地与自由"和"组织"这两个团体。隶属于后者的一个名叫"地狱"的小组织，以刺杀沙皇为主要使命。1866 年，它的成员之一，一个名叫迪米特里·卡拉克佐夫的学生，尝试用手枪打死沙皇。1870 年代，像"隐士"、"北方革命民粹派"、第二个"土地与自由"和"人民意志"这样的团体纷纷出现。这些团体都不是很大；

大多数不过持续了很短的时间；新的团体通常或多或少地重复使用早前团体的名字。

这些团体的策略彼此不同。一些团体满足于在城市里出版激进的杂志和发行革命性的宣传材料；一些团体成员穿上农民的服装，希望教会农民革命的态度和战术；还有一些团体诉诸恐怖主义。恐怖主义者的行动于1878～1881年达到高峰，当时不少政府官员被袭击，其中有一些甚至被杀死。就在"人民意志"多次尝试刺杀沙皇之前不久，恐怖主义者亚历山大·索洛维约夫已经在冬宫广场上策划了五次针对沙皇的枪杀行动。索洛维约夫错过了第一次枪杀机会，沙皇在逃跑时躲开了其他人。[①] 为什么这些团体和个人会被视为虚无主义者？

虚无主义这一术语随着1862年出版的伊凡·屠格涅夫（Ivan Turgenev）小说《父与子》而开始在俄国流行。在这篇小说的开头部分，阿尔卡季，巴扎洛夫（小说主人公）的年轻学生，把他心目中的英雄视为一个虚无主义者。当阿尔卡季的父亲询问这个词的意思时，他这样解释，即"虚无主义者是一个不屈服于任何权威的人，不信仰任何原则的人，无论这一原则多么神圣"。稍后，巴扎洛夫自己向阿尔卡季的父亲和叔父这样解释，"我们只根据我们认为有益的原则而行动……当前，否定是所有原则中最有用的原则——而我们否定……任何事物"。阿尔卡季的父亲听后这样说道："你否定任何事物……但是你知道，人们也需要建设。"巴扎洛夫轻蔑地回复道："这不是我们现在要做的……首先需要的，是清理地基。"（Turgenev：24，56）这种虚无主义的观点不难理解，由于屠格涅夫小说的影响，它很快变得家喻户晓，并且开始和政治革命与恐怖主义的计划相关联，在后者那里，纯粹的否定或破坏似乎成为主要目标。这就是术语虚无主义第一个明确的意义。

由于保守派记者〔如卡特科夫（M. N. Katkov）〕和反虚无主义小说家

---

① 关于之前两段话中所概述的事件的更多细节，可以参见欣格力的著作（Hingley 1969，especially Chs. 4，6 and 7）。

［如皮塞姆斯基（A. E. Pisemskii）、列斯科夫（N. S. Leskov）、克琉斯尼科夫（V. P. Kliushnikov）和陀思妥耶夫斯基］的工作，虚无主义与革命行动和革命情感的关联，在公众心灵中被进一步强化。但也正是由于像迪米特里·匹萨耶夫（Dmitry Pisarev）——他视虚构的虚无主义者巴扎洛夫为革命"现实主义者"或"新人"的极佳典型（Hingley 1969：48 – 49；Moser 1964：29）——这种激进分子的影响，这个词得到了人们的赞成。1860 年代的革命者们通常以虚无主义者自命，意思就是说，他们代表着对传统信仰和实践——它们阻碍激进的改革——的否定，代表着对这些信仰和实践所属体制的破坏。

事实上，他们希望改革，希望新的社会秩序的到来，这意味着这些革命者并非致力于纯粹的破坏。但是，对于不加区别的否定与破坏带给新时代的道路，以及新社会将会采取的形式，他们通常是完全模糊和不确切的。① 全神贯注于破坏，而且大多数人似乎都会天真地认为，只要一切既有之物都被清除干净，更好的东西就会自动出现，这让他们这些革命者面临一个挑战，即他们完全没有积极的计划，只是满足于一种无政府状态，把破坏作为最终目的。那些批判他们的保守人士，包括"第三部分"或者"秘密政治"，毫不犹豫地这样指控他们，并且尽其所能地使这种指控戏剧化。1869 年，"第三部分"的报告声明，典型的虚无主义者应该作为一个"确定的政治和社会秩序的敌人"（Brower 1975：31 – 32）而受到谴责。在 1870 年代早期，**虚无主义**主要指的是一种轻蔑的含义；结果，大多数革命者不再愿意用这个词自命了。随着恐怖主义行动在这个十年末期的爆发，并且在刺杀沙皇事件中达到高潮，这个术语的轻蔑含义被大大强化了。

二　道德虚无主义

我之所以从政治虚无主义开始讨论虚无主义的各种意义，是因为当西

---

① 关于革命者的积极信仰和希望的讨论，见莫泽和布劳尔的著作（Moser 1964，Ch. 2；Brower 1975，Ch. 5）。

方第一次广泛使用这个语词时，主要基于这一含义。我接下来要讨论道德虚无主义，它至少包括三种形式。第一种道德虚无主义，指的是对所有道德原则的拒绝，以及没有任何道德地生活的决心。第二种道德虚无主义指的是这样的理论，即认为道德判断是纯粹个体性的和任意性的，从而也是没有理性的判断或批判标准的。第三种道德虚无主义，认为任何个体承担的唯一义务就是对他自己的义务。于是，他不需要为他的行为对他人的影响做出道德的考虑，除非他注意到这些影响也关涉到他个人的利益。这三种道德虚无主义形式可以分别被命名为**非道德主义**（amoralism）、**道德主观主义**（moral subjectivism）和**利己主义**（egoism）。

非道德主义之所以被视为虚无主义，是因为它否定道德生活的所有标准和约束。采取、捍卫和追求这种观点的一个例子，就是杰克·伦敦（Jack London）小说《海狼》中的人物伍尔夫·拉森。① 拉森并非一个完全前后一致的非道德主义者，因为他似乎有时候为利己主义作辩护，并且谴责那些不遵循利己主义准则的人。但是，我这里所关注的，是他的非道德主义。

非道德主义的前提是拉森所谓"生活是一片混乱"：

> 生活就像酵母，就像一团细菌，它运动着，可能会运动一分钟，一个小时，一年，或者一百年，但是最终将不再运动。那大的细菌吞噬小的细菌，以至于自己还可以继续运动，那强壮的吞噬柔弱的，以至于自己还可以保持强壮。那幸运的细菌吞噬掉的最多，因此运动的时间也最长，如此而已。（1981：35）

接着，他主张，如果对生活进行一番客观的考虑，就会发现它毫无价值可言。"在所有不值钱的东西中，它是最不值钱的。它到处乞讨。自然用一只大手把它泼出去。在可以生存的地方，她播下了成千上万的生命种子，并且让这些生命吞噬另一些生命，直到只有最强壮的和最贪婪的生命存活下

---

① 我从丹·里昂斯（Dan Lyons）那里引用了这个例子。

来。"（48）拉森拒绝这样的观点，即一个人有义务尊重其他人的生命。但是，即使是这样的观点，即一个人对自己负有道德义务，他也视为一种欺骗，因为个人自己的生活同样没有价值可言。而且，个人总是处于一种荒诞的位置，这个位置不能帮助个人评价自己的生活，在那里，在那酵母菌群中，个人不停地爬行和蠕动，只为了获得"贪婪"的有利条件。对拉森来说，道德已经消融在强壮消灭柔弱的本能要求中："作为强者是快乐的，因为它能获利；作为弱者是痛苦的，因为它必须受罚。"（55）拉森是一个绝对强壮和自信的个体，他毫不犹豫地尝试以周围人的痛苦为代价满足自己的怪想和欲望。他能够残忍无比和快乐无比地行动，丝毫不受道德不安的折磨。

汉弗莱·凡·卫登，于一次海难后登上拉森的船"幽灵号"，不得不前往远离日本海岸的海豹围猎场。他在某一时刻问拉森，"你是一个完全没有生活在道德世界中的人吗？"船长这样回答："确实如此。"（57）在其他时候，凡·卫登认为拉森"并非不道德的（immoral），而只是非道德的（unmoral）"，或者，他并非那样邪恶，就像完全没有心灵一样（68，40）。于是，按照我们所说的第一种意思，拉森被描述为一个道德虚无主义者：一个没有道德良心或道德考虑的人，他不会让自己的行为服从于任何道德原则。他寻求完全为自己而活着，但又能声明自己没有义务这样做，因为冷静地想想，他的生命和所有形式的生命一样，都是荒诞无价值的，因为它们都在拼命盲目地征服和忍耐。根据他的看法，他只是做了他忍不住要做的事。但是，他为自己能够诚实地接受这种处境——所有生命存在的处境都如此，都与道德毫不相干——而骄傲。

第二种道德虚无主义——**道德主观主义**——之所以是虚无主义的，是因为它否定任何在各种矛盾的道德主张中做出理性选择的可能性。根据这种观点，道德的表述根本不是真正的声明，而只是对选择、倾向、态度、情感或欲望（或在他人那里唤醒这些东西的尝试）的表达，认为这些东西是真的或假的，或者会受到任何理性的检测的束缚，这些都没有意义。"如果某人用虚无主义意指他不相信可以通过某种理性方式证明道德批判的可能性，"

罗伯特·G. 奥尔森（Robert G. Olson）注意到："而且如果哲学家们反思他们那个时代的思想气候，那么我们的时代确实就是虚无主义的。西方历史中从来没有这样一个时代（可能除了希腊化时期）有那么多的哲学家居然认为道德声明是任意性的。"（1967：515）

道德主观主义的例证，出现在 1935 年伯特兰·罗素（Bertrand Russell）《宗教与科学》里名为"科学与伦理"的章节中。在那里，罗素为一种伦理学的"情感主义"伦理辩护。他拒绝这样的观点，即某种经验的或理性的证据可以拿来解决关于基本的道德声明的争论。这样的声明都不可避免地是"主观的"，也就是说，在伦理舞台上，每一个辩论者"都只能求助于他自己的情感，都只能运用这种修辞术以唤醒他人类似的情感"（1961：229）。由于伦理表达并非断言，而只是情感或欲望的表达，它们并不存在肯定或否定的可能性。这并不意味着它们是反理性的（irrational）；这只意味着，它们是非理性的（nonrational），或者，既不是理性的，也不是反理性的。

在罗素看来，能够证明一种欲望是伦理性欲望的，是当一个人伦理性地言说时，比如，当他说"这东西本身是好的"时，他的意思是说，"我希望每个人都意欲这种东西，"或者，"每个人都会意欲这种东西。"于是，伦理学"就是一种尝试，它给予我们的欲望以普遍的而非仅仅是个人的重要性"（235，232）。但是，尽管伦理欲望具有普遍性，但欲望本身仍然是主观性的，就像罗素特别强调的那样：

> 这种教义存在于这样的主张，即如果两个人的价值观不同，那不是说他们对某种真理的看法不同，而只是说他们的口味不同。如果有人说"牡蛎是好的"，而有人说"我认为他们是坏的"，我们就会认识到，这没有什么可争论的。我们正在讨论的理论认为，所有关于价值的不同观点，都是这样子的……接受这种观点的主要原因，在于根本不可能发现任何证据来证明这种或那种东西具有内在的价值。（238）

通过呼吁关注杰里米·边沁（Jeremy Bentham）和尼采的伦理观，罗素从另外一个角度解释了他的理论的完全主观性特征。罗素指出，边沁根据一个人的快乐具有和其他人的快乐相同的伦理重要性从而提倡民主。而尼采坚持认为，只有伟大的人物才能依靠自己被视为重要的，而其他人应当屈从于他。这至少是一种重要的道德争论，但是罗素却认为："我们根本就没有办法——不管是科学的或思想的办法——来说服争论中的任何一方，让他们相信另外一方是对的。"（230）我们只能根据我们自己的情感偏好来决定类似这样的关键问题。

罗素断言，这些偏好建立在我们的童年早期所接受的训练之上。保姆、父母、学校和其他社会影响，导致我们把快乐和某些行为关联在一起，而把不快乐与其他行为关联在一起。在这些快乐和不快乐的感受中，而且只有在这些感受中，道德的"应该"感产生了（226 - 227；also Copleston and Rusell, in Edwards and Pap 1965：487）。面对这样根深蒂固的、通过社会继承的关于正确与错误的感受，诉诸理性恐怕毫无助益。罗素用一个实证主义的假设声明结束了《宗教与科学》中的那一章，而这一假设贯穿了全书。他认为，由于知识只能通过科学的方法获得，所以"科学不能发现的，人们就不可能认识"（1961：243）。那些人们不可能认识的东西，包括关于基本的道德问题的理性答案，因为这些问题完全处于科学领域之外，因此也处于知识和理性领域之外。正是这种道德领域的彻底不可知性，和基本道德问题的彻底不可决定性，构成了罗素的道德虚无主义。

尽管关于道德判断，罗素是一个彻底的主观主义者（至少在1930年代[1]），罗素依然过着一种热切的道德生活，并且就战争、核扩散、社会和经济组织、性与婚姻、安乐死、言论自由等领域的具体道德问题写下了大量著作。因此，他本人最不可能是伍尔夫·拉森那种无情的非道德主义者。但是，根据他自己的理论，任何的倾向，即我们可能必须赞美罗素对道德原则的高度献身，对这些原则本身或他运用这些原则的方式无话可说，最终依赖

---

[1]　门罗（D. H. Monro）指出，关于伦理判断的本质，罗素一生至少持有三种完全不同的观点（Monro 1960, in Pears 1972：328 - 329）。

于我们在社会中偶然获得的道德感。

如果我们被设定喜欢拉森，那么我们就会预先倾向于拉森的立场，而不是罗素的立场。但这对我们没有什么帮助。换一种角度看，如果我们发现罗素谴责（他肯定会这样做）拉森乐意无情地利用他人，而且完全缺乏对道德原则的尊重，那么我们就会看到一类激情和另一类激情火花四射的碰撞，其中每一类激情都同样强烈地涌动。如果拉森的道德判断理论是正确的，那么他的热烈的道德观点、生活和非道德主义的视角之间的距离，就不像我们最初假设的那样大了。现在，这样的差异已经失去所有概念上的内涵，被缩小为一条主张感受的思路，理性甚至无法说出这些感受，更不要说去应对它们了。

道德虚无主义的第三种形式是**利己主义**，它不同于非道德主义的地方，主要表现在它打算凭借自身的权利确定一种道德立场，而不是否定所有的道德立场。一个人在道德上有义务认识或完成**自我**，不管别人为此需要付出多少代价。利己主义不同于道德主观主义的地方，主要在于这种义务被认为是客观的和具有普遍约束力的。如果某人认为自己对他人或他物而非自己有道德义务，那么他就搞错了。但是和其他两种立场一样，利己主义也能够被视为是虚无主义的。原因在于，利己主义拒绝那种通常被视为道德观点的东西。

这种道德观点是怎么样的观点？根据库尔特·拜尔（Kurt Baier）的主张，这种道德观点指的是我们应该遵循"用于否定关注自我利益的理由的规则，不管人们什么时候关注自我利益，这样的规则都必须被普遍遵守"（1965：155）。在道德的根源处，是一种关于事物的看法，其中没有人被赋予优先权或特别的待遇——即使这个人是他自己——因为每个人仅仅因为他是人，就应该被视为和他人拥有一样的尊严和重要性。于是，成为道德的人，就是从任何人的视角而非自己的视角看待世界。于是，我们应该尝试把我们自己置于他人的位置上——他们可能会受到我们的行为的影响，尝试为他们寻求某种东西，而这种东西恰好是我们想为自己寻求的（107，150）。

对道德本性的这种理解，用罗素的概念来表述，就是道德欲望不同于其他欲望，因为它们是普遍的或非个体性的。一种道德愿望适合于所有人，而不是只适合于自己。① C. S. 刘易斯（C. S. Lewis）用一种生动的分析捕捉到了这种道德观的逻辑：比起我的邻居的快乐，我更喜欢我自己的快乐，这就像最近的电话亭真的就是最大的电话亭那样（1955：226）。一个人可能认为自己比别人更重要，但是从道德层面来说，这只是一种幻觉，是对距离的扭曲。

利己主义坚决反对的，正是这样一种道德观。我们可以从 19 世纪的一个坚定的利己主义者麦克斯·施蒂纳（本名约翰·卡斯帕·施密特）的著作里发现这种反对。施蒂纳的主要著作《唯一者及其所有物》（1845 年以 *Der Einzige und sein Eigentum* 为名首次出版），致力于坚决辩护一种观念，即每一个体的全部义务就是对他自己的义务，而非对任何外在原则、他人、机构或权威的义务。

> 对于利己主义者来说，没有什么东西可以高到他必须屈膝膜拜的地步，没有什么东西是如此独立，以至于他必须通过爱它而活着，没有什么东西是如此神圣，以至于他必须为它献出自己。利己主义者的爱来自自私，涌流在自私的河床上，并且再次注入自私。（1971：203）

施蒂纳在其他地方宣称，利己主义者在世界上的唯一目标，就是拿这个世界来满足他自己的享乐。他努力使得这个世界成为他的"所有物"，并且为自己"赢得"这个世界。他继续说道："我不想解放人，也不想他们平等；我只想我支配他们的权力，我想让他们成为我的所有物，成为**我享乐的材料**。"（222）其他人本身是没有价值的；他们的唯一价值在于他们**本身**。

---

① 门罗指出（我也有理由认为），罗素这里在他的主观主义的伦理理论中输入了一个客观性或普遍性原则，后者和这种理论本身并不一致，这让他能够在别的地方谴责某些道德观念，它们揭示了狭隘的同情不利于精神的成长，也让他能宣称，正是基于这一原因，"民主的"伦理体系本质上优于非民主的伦理体系。这看起来好像在论证一种伦理学优于另一种伦理学，尽管罗素的主观主义理论拒绝这样的论证的可能性（see Monro in Pears 1972：353 – 355 and Russell 1938：228 – 229, 260, 282）。

于是，施蒂纳坚称："我们谁也不欠谁，因为看上去我欠你的，实际上是我欠我自己的。"（205）

施蒂纳对道德观的否定，更准确地表现在他对道德法则面前人人平等的观念的拒绝上。他认为，只有新生儿和他人是平等的。成人彼此各异，因为他们"挣得的权利"不同；也就是说，高级的权势和权力能够让某些人有权利为了自己的利益而统治和剥夺他人（129-130）。这些挣得的权利允许伪善、欺骗和撒谎，或者打破任何传统道德原则，只有强壮个体需要他自己的道路。这些利己主义的权利甚至可以扩大为主宰他人生死的权力（120，122）。

对道德观的完全拒绝，也可以从其他方面来看。处于施蒂纳著作核心的东西，是他坚信每个人都是完全"唯一的"。不存在我们所有人都能够分享的一般的**人道**或**人性**。人只是一种虚构，把人作为自己生命的理想，将会是为了一种幻象而生活。相应地，不同于道德观公平地对待所有人，宣称每个人都应该被一视同仁，施蒂纳主张：

> 我并非是在其他自我之外的一个自我，而是唯一的自我：我是独一无二的。因此我的需要是独一无二的、我的行动是独一无二的，简言之，我那里的一切都是独一无二的。而只有作为这个独一无二的自我，我把一切都归我自己所有，如同我使自己工作、自我发展，都是作为这个我自己那样：我不是作为人而发展人，而是我作为我自己发展自己。
>
> 这就是唯一者的意义之所在。（256）

他把自己的立场置于一种彻底的唯名论中，拒绝普遍、本质和关系的实在性，宣称只有特殊的个体存在。他甚至完全拒绝人与人之间存在的相似性关系。没有人和其他人相似。每个人都是完全唯一的。

这样，一种基于道德法则面前人人平等的理念的道德观，在施蒂纳看来完全缺乏本体论资格。根据他的观点，唯名论要求利己主义成为唯一可能的道德。因为每一个体都是绝对唯一的，不存在普遍的述语以适用于任何给定的个体。所有人都是"无",都把他们的生活建立在"无"之上（257，259，261）。他们必须通过独特的意志行为独自创造他们的个体性特征和生命过程，只有当他们忽视自己不可化约的唯一性，他们才会认为自己对某种外在于他们自己的东西——比如，其他人——负有义务。只有那些和普遍之物相伴随的人，才会对任何普遍之物负有义务。

施蒂纳甚至把他的利己主义观念和上帝这个概念作比较。就像关于上帝有一句话，"你的名字无法说出你"。对人类个体来说也是如此，没有普遍的述语可以用于描绘他们（40）。就像上帝被认为"不会"服务于"更高的人"，而只会满足"他自己"，个体也应该只去追逐他自己的欲望（40）。施蒂纳并不相信上帝，但这种推理能够使他对路德维希·费尔巴哈（Ludwig Feuerbach）进行强烈的唯名论批判，后者呼吁把上帝的观念降到人的观念之上。费尔巴哈正确地拒绝了对上帝的信仰，但是在分析无神论的后果方面没能走得更远。根据施蒂纳的判断，费尔巴哈用人来替代上帝，等于是半途而废，就像他认为应该抛弃的对上帝的传统信仰一样，对人的信仰也是狂热和无根据的。因为正如我们已经看到的那样，施蒂纳认为"人"和所有普遍或本质一样，只是一种想象力的虚构。接受人为个人生活的道德或宗教理想，就是再一次成为一种生活方式的牺牲品，后者使个体不可让渡的唯一性特权黯然失色。他极其鲜明地亮出自己的观点："我的事业不是神的事，不是人的事，也不是真、善、正义和自由等等，而只是**我自己的**事，我的事业并非普遍的，而是唯一的，就如同我是唯一的那样。对我来说，我是高于一切的！"（40）

这一声明一方面证明利己主义与非道德主义和道德主观主义之间具有相似性，另一方面也证明我们需要注意利己主义与后两者之间的不同。利己主义类似于非道德主义的地方在于，它拒绝把普遍性的解释视为基本的道德事务（诸如善、正义和自由），拒绝关心他人的福祉。我们还看到，伍尔夫·拉森的非道德主义类似于利己主义的地方在于，拉森是一个事实上的利己主义者，即使他否认对成为利己主义者负有任何道德义务。利己主义类似于道德主观主义的地方在于，利己主义的特殊道德内涵只与个体相关。这种道德必须由个体完全出于自己的需要、以完全与众不同的方式来指定。

在离开道德虚无主义之前，我必须指出它与政治虚无主义的重要差别。这种差别是，政治虚无主义是关于当前政治或历史事实与趋势的声明，而道德虚无主义作为一种更严格的哲学立场，关注的是什么东西导致了当前人类的生存状况。于是，道德虚无主义一方面拒绝像 19 世纪俄国虚无主义者那样对既定地域或时代的道德实践或传统进行破坏，另一方面拒绝以伍尔夫·拉森的方式把所有道德一笔勾销。政治虚无主义是对偶然发生的政治和社会事实的看法，而道德虚无主义只是一种哲学观。这种不同也适用于将要讨论的其他三种虚无主义，因为它们也都是哲学性的，都是关于知识、宇宙和人类处境的一般声明，而非关于现存政治体制或社会环境的特殊声明。

由于本书关注的是虚无主义的哲学形式，我将不会过多考虑政治虚无主义。不过，我所强调的二者的不同，并不能排除二者相互影响的可能性。比如说，施蒂纳的道德虚无主义很可能影响了俄国的政治虚无主义者，他表达了"一种所谓利己主义－虚无主义－无政府主义教义复合体的重要内涵"，从而影响了这些俄国虚无主义者的思想（"导言"，Stirner 1971：28）。

三　认识论虚无主义

认识论虚无主义主要可以分为两种形式。第一种形式认为真理完全相对于特殊的个人或团体，而第二种形式认为语义学的可理解性完全相对于独立的、不可比较的概念图式。由于这种强调个人、团体或概念图式的相对主义被视为基石和不可避免的，因此理性的权力及其适用范围就被大大限制了。理性只能在信仰或意义的体系内部起作用，信仰或意义赋予理性一种特殊性；理性也不再有权力处理来自体系内部冲突的基本争议。这意味着没有一种基础可以拿来证明一种体系相较于其他体系而言更具真理性，或者拿来比较各种体系的意义模式。这还意味着，所有这样的体系本身最终都是任意性的，因为它们超越了理性的批判或支持。于是，我们又会想起上一章那个学生的谈论中所包含的第一种虚无主义话题。那个学生不相信理性能够解决基本的真理问题，而且认为他唯一可以求助的，是一种完全任意性的"信仰"行为。

以宣称一种彻底的真理相对主义而著名的例子，就是尼采。不过，在考察他的真理理论之前，让我先指出他与施蒂纳观点间的两个重要相似之处。尼采关于道德的看法在很多方面都非常类似于施蒂纳。他们都蔑视传统的道德标准，视生命为永恒的权力斗争、自我表现或自我强化，那里所有的权利都属于创造者和强者。[①]

第二，尼采的认识论观点非常接近于施蒂纳。施蒂纳主张不存在思想必须有责任解释的客观真理，主张真理完全相对于每个人类主体。严格地说，真理不过是一种不断更新的（de novo）结构，通过它主体寻求"消费"这个世界，并且让经验的数据为主体所用（Patterson 1971：152）。这种真理概念是施蒂纳唯名论的利己主义的直接后果，就像《唯一者及其所有物》中这段话所描述的那样：

> 只要你信仰真理，你就不信仰自己，而且是一个仆从、一个宗教的人。只有你是真理，或者更进一步，你是高于在你面前一无所有的真理的。当然，你也探寻真理，你也当然"进行批判"，但是你并不探寻高于你的"更高真理"，并且也不按照这样的真理的标准进行批判。你使你自己诉诸思想和概念犹如诉诸事物的现象，都是为了这样的目的：为了使它们适合你的兴趣、使它们可以用于享受，和使它们成为你自己的东西……（1971：251）

正如我们将要看到的那样，尼采关于本质和真理地位的概念与此非常相

---

① 如我们所见，杰克·伦敦的角色伍尔夫·拉森也这样看待生命。尼采对伦敦的影响，可以通过小说《海狼》第一段就提及尼采的名字而得到清楚的证明。

似。尽管两位思想家之间存在重要的差别,① 但是他们的相似之处是如此鲜明,以至于一些学者敢于鼓足勇气宣称施蒂纳对尼采的哲学产生了直接影响,尽管缺乏尼采事先阅读过施蒂纳著作的明确证据 (Patterson 1971:148 - 149)。

在尼采真理理论的核心有两个概念:"权力意志" (will to power) 以及作为权力意志集中显现的"视角" (perspectives)。就像之前的弗里德里希·谢林 (Friedrich Schelling) 和阿瑟·叔本华 (Arthur Schopenhauer) 那样,尼采相信"意志"无所不在,或者根据他的最终分析,意志就是一切。② 不管是在无机体还是有意识的生命层面上看,这都是真的。世界是一片混乱,充满了力量或意志,每一种意志都在争取统治其他意志,后者也总是在挑战和威胁前者的统治。作为无休止的、无特征的、无数"利己主义"能量中心存在于其中的涌流,世界根本上是一个赫拉克里克意义上的动态过程,汹涌而至的是各种变化,其中每一个能量中心"都从它自己的角度解释世界的其余部分",并且都努力使自己的解释成为关于实在的有特权的或最终的视角 (Nietzsche 1968:339 - 340)。但是,没有这样一种实在存在,没有一个包含持续的事实或可理解的结构或本质的世界存在,因此无论何种视角也都不能充分表现这个世界。只有视角存在,而且每一种人类解释或关于真理的声明,不管看上去多么亲切、明白或确切,都不过是意志的一种视角或表达,"成为事物的主人的一种手段" (342)。

既然所有关于世界的解释都只是权力意志的表达,不存在所谓可理解的

---

① 帕特森 (Patterson 1971:156 - 160) 曾经谈论过施蒂纳与尼采道德观的不同。二者之间最大的不同,可能是尼采的超人理想会被施蒂纳拒绝,因为它会是另一个空洞的本质,或者完全外在于个体自我,因此原则上和费尔巴哈的人的理想或对上帝的传统服从并无不同。对施蒂纳来说,所有这些理想都是"宗教性的",都和他的毫不妥协的唯名论和利己主义格格不入。

② 关于谢林和叔本华赋予意志的核心地位的讨论,以及关于他们的哲学与尼采哲学关系的讨论,参见登·乌登的文章 (Essay II of den Ouden 1982)。在这篇论文里,乌登把从伊曼努尔·康德对道德意志的强调开始,经过约翰·费希特、谢林和叔本华,达到尼采思想这一顶点的历史发展过程,视为"人类认识和行为的终极阶段"(88)。我在第十章还会对此作进一步讨论。

世界，只存在争夺统治权的种种视角，那么询问一个既有的视角是否为真，或者这一视角是否比其他视角更真一些，就没有意义了。真理完全是相对的，它只是这种或那种视角的造物，并且完全内在于这种视角中。某一种视角所表达的，对某一种意志或能量中心而言都是真的；于是，就像存在很多视角那样，存在很多真理。

寻找超视角的真理标准，或寻找"客观知识"，注定会失败，因为这种寻找错误地假设真理能够通过特殊的视角独立地获得，或者假设存在一个"就在那里的世界"，视角能够接近这个世界。离开视角，一切都将不复存在。对任何个人或团体来说，"世界"只不过是构成其视角的那些价值和信仰的组合。

有时候，某种视角可能优于其他视角，从而被广泛视为真理，但这只是因为它成功地主宰了其他视角，成为权力意志更有效的表达。尼采以这种方式看待他那个时代牛顿科学的主宰地位，这一点与屠格涅夫小说中的人物巴扎洛夫，以及 19 世纪俄国虚无主义者中的大多数都明显不同，后者坚信科学绝对是真理，而一个实证主义的、唯物主义的实在概念就建基于这种科学之上（Nietzsche 1968：301 – 302，332 – 341；Moser 1964：29 – 35）。尼采还主张，所谓的共通感只不过是诸多视角中的一种，由于长期统治，它已经获得一种熟悉性，从而摆脱了它的视角特征。毋庸置疑，"**每一种**信仰，每一种视 – 某物 – 为真，根本上都是虚假的，因为根本不存在一个**真实的世界**"（1968：14）。尼采的真理理论就这样导致一个结论，即"不存在真理"，他的意思是说，不可能存在超视角的真理，不存在我们的声明必须为之负责的事物的内在本质或实在本身，不存在用于理性裁判各种视角冲突的手段（14，330）。这些否定构成了他的认识论虚无主义的核心力量。①

我们必须问，所有这些声明是否都同样有力地适用于尼采本人的哲学，就像适用于其他视角或观点那样，如果适合，我们为什么还要特别重视他的哲学。他从来没有直接谈论过这个问题。他的答案可能部分在于，因为他否

---

① 稍后我将指出，在这些声明中，只有最后一个是完全虚无主义的。

定存在像真实世界这样的东西，他的声明不会受到那些视角的必然虚假性的折磨，它们支持如其所是地描述世界或其某些方面。但是，如果以他的真理理论为前提，那么他否认真实世界的认识论立场是什么，这种理论怎样或在何种意义上被认为比其他声明更有权利，后者认为世界存在一个可知的结构。

但是，这可能是一种错误的提问方式。我们可能不应该根据真理来提问，而应该根据价值来提问。尼采宣称："我们的价值被解释进事物之中。"（323）这给我们提供了一种更好理解他的多少有点模糊的声明的方法，这种声明认为视角是权力意志的显现，并且指向了视角的评价基础。他坚称我们的视角植根于我们的价值承诺和取向，这些相应地建基于根本的动机、需要之中，最终建基于生命力本身之中。他一再把生命力等同于权力意志，或者主张生命应该被视为权力意志的工具（331，375）。

视角一方面与价值紧密相关，另一方面与根本的动机、需要、生命和权力意志相关，这在来自《权力意志》的三段话中表现得非常清楚：①

> 是我们的需要在解释世界；我们的动机和它们的渴望与反抗。每一种动机都是一种统治的欲望；每一种动机都有它的视角，后者喜欢驱使所有其他动机接受它为标准。（267）

> ……世界的价值在于我们的解释；……根据我们能够在生命——也就是权力意志——中为了权力的增长而存活，先前的解释从某个视角得到评估……（330）

> 所有的价值评估都只是服务于这种意志的后果和狭隘的视角；价值评估本身就是这种权力意志。（356）

根据这些声明，人们会问，既然所有的视角都不是真的，那么视角以何

---

① 《权力意志》是尼采死后出版的选集，内容来自尼采写于 1883～1888 年的笔记。沃尔特·考夫曼（Walter Kaufmann）指出："这些笔记并不是为了出版而以这种形式写成的，而且，这些笔记的编排和序号，也都不来自尼采。"（1968：xv－xvi）

种方式或在何种程度上是有价值的。在两种不同的视角之间，尽管问哪一种更真没有意义，但尼采似乎认为，询问哪一种更有价值还是很有意义的。

后一个问题必须根据哪一种视角最能促进生命和权力意志来回答。以这种方式，并且仅仅以这种方式，对不同视角作比较评估才有可能。尼采坚信他自己的哲学最适合这种价值测试。它从两个主要方面全面支持和促进生命力，或者权力意志的旺盛能量：（一）它要求我们忍受生命本来之所是，忍受它骇人的冲突和变化，危险与不确定性，而不是让我们浪费精力无谓地寻求一个藏在直接的经验之后或之上的更安全的世界；（二）通过否定一个我们的信仰和价值必然会追求的自在世界，它消除了所有阻拦个人自由和创造性自我表达的障碍。尼采认为，旧的真理图像，还有它对永恒本质和固定标准的坚守，会变得无关紧要，而他的大胆想象——人开始变得像上帝——会被引入一片没有结构的混乱，这是人们自己自由发明的意义模式，他们根据自己设定目标和塑造事实（317，319，327）。

这无疑是一种虚无主义，但这是一种**积极虚无主义**，它完全对立于西方文化已经被引入的那种顺从的、绝望的**消极虚无主义**的心绪，这种文化疲惫不堪地追求着客观真理的幻影。在这种积极虚无主义中，权力意志能够完全自由地支配一切，那些被束缚的最强壮和最持久的生命力有望占据优势。于是，尼采的真理理论与他的超人即将到来的预言结合在一起，这超人的太阳就出现在一种文化的地平线上，而这种文化现在已经步入黄昏。

认为在各种视角中有理由做出选择——端赖它们哪一个更能全面释放权力意志，这种观念可能会被这样理解，即尽管对尼采来说没有客观真理，但至少存在某种客观价值（也就是权力意志本身的客观价值）。这种解释具有某种有效性，尽管它在真理和价值之间打入了一个太大的楔子，尽管它需要用其他方式来证明自己的合格。

客观性价值对尼采来说意味着一种或一组价值，它由一个外在的权威如上帝或自然从外面强加给个人，它还意味着这样的观念，即如此强加的价值拥有普遍的形式或内容。他拒绝这些意义上的客观价值。权力意志不是从外面强加的东西，而是从每一个体内部涌流出来的东西，它事实上就是个体性的根源和意义。还有，权力意志设定的价值并不具有普遍的形式或内容，而是在不同的个体那里表现为不同的形式或内容，后者依赖于每一个体通过持续变化的环境表达自身的方式。于是，没有道德价值居于事物的本性之中，等待被人类发现，让他们服从于特殊的使命或道德标准——只有那权力意志在无休止地涌动。价值，和真理一样，必须被自由发明，而不是被发现，就像意志和意志在争取统治地位的无休止斗争中互相对立一样。

尼采教导我们，不仅个体，而且团体，甚至整个文化都是权力意志的工具。这并不令人奇怪，因为弱者的数量远超过强者，而且唯一可能的预期，就是大量柔弱个体会团结起来共同强化他们脆弱的权力意志。尼采相信，客观价值（还有客观真理）的概念，就是虚弱个体寻求消除存在于他们中间的少数强壮个体的威胁而采取的最典型的方法。从这个角度看，客观价值的概念就是寻求全面而自由表达的权力意志不共戴天的仇敌。

但是，在尼采的思想中仍然存在一种无法消除的张力。他似乎想要说，权力意志代表万物最后的真理和世界的终极价值。他似乎还想在说出这句话的同时，又否定任何诸如终极真理或终极价值这样的东西的存在。这个悖论的后半部分，是他的认识论虚无主义和道德虚无主义的表现。但即使是这个悖论的前半部分，这个宣称权力意志是终极价值的前半部分，也没有使稍早前做出的结论变得逊色，那个结论认为，尼采的道德观非常类似于施蒂纳的利己主义的道德虚无主义。施蒂纳认为，我们都有义务服务于我们自己的私人利益，这和尼采所相信的一样，即我们就是我们的视角（Danto 1965：227），而且这些视角反过来恰好就是每个人的权力意志的显现。

我开始谈论第二种主要的认识论虚无主义形式。这种虚无主义的焦点在于语义学或概念方面的意义。它宣称不同的概念系统之间存在的基本意义是不可比较的，主张文化、历史时期、团体或个体都被锁进了这样的系统。由于没有意义的共通性可以作为不同系统的基本概念，它们的声明甚至不可能通过比较来理解，更不要说去比较它们的真理价值了。尼采的视角理论可以被视为除了包含第一种认识论的虚无主义，还暗含这种认识论的虚无主义。就像丹托（Danto）所言，对尼采来说，主张世界是视角的集合是没有意义的，因为这些视角"都是全然不同的"（1965：78）。但是尼采所强调的，似乎总是**真理**的相对性，而非**意义**的相对性。

尼采的同代人弗里茨·茅特纳（Fritz Mauthner），特别强调了意义的相对性，所以，我们可以用他的哲学来解释这种认识论的虚无主义——它否认存在对每个人都有效的关于意义的普遍标准。他的主要著作是三卷本的《语言批判文稿》，首次发表于1901～1902年，先后出现了三种版本，最后一个版本出现于1923年。就像施蒂纳一样，茅特纳是一个彻底的唯名论者。他把这种唯名论建立在一种关于概念意义的完全相对性的理论上，这种理论在个体层面和不同的语言共同体层面展开。

我首先考察个体层面，然后再考察共同体层面。最后，我关注茅特纳关于思想的推理，即语言，并且因此推理或思想，是不可能描述实在的。正是在这里，他的彻底的意义相对主义与第一种认识论虚无主义相混合了，因为它否定客观真理——被视为对世界的真实描述——的可能性。由于在这一点上茅特纳和尼采明显联手，我还想反思一下两种认识论虚无主义之间的关联。

唯名论否认本质、普遍或一般概念具有独立的实在性，认为它们只是对个别事物的共同指称。于是，对茅特纳来说，询问这些个别事物究竟是什么就很重要。他坚持认为，它们并非像物理对象或自我那样是内容充实的实体，而只是可感知经验瞬间即逝的暂时性数据。即使这样，也不存在两种完全相同的数据（事实上，每一种数据在某种意义上都是不同的），我们用语言把一般术语和某种数据分类关联在一起，这种关联意味着某种东西，它拥有一个概念。由于没有两个个体拥有相同的经验或记忆，这些关联在不同的人那里各有不同，结果就是，每个人都赋予相同的术语不同的意义（1901 - 1902：Ⅰ，54）。

茅特纳在后来的著作里给出了相同的观点，它宣称语言的所有术语都像"比喻"那样起作用，也就是说，在不同的人那里，它们所拥有的意义都必然是含混或充满歧义的（1910：xi）。意义的这种不确定性构成了茅特纳的个体层面的概念相对主义或虚无主义。我们每个人都生活在我们自己的世界里，用我们自己的概念系统或独特的意义组合和关联来建造我们对语言的独特经验和使用。没有两个个体可以共享相同的意义"基金"，即使最简单的概念也无法共享。如果存在某种方式，个体可以通过这种方法认识实在，他们也绝不可能彼此明确交流他们关于实在的知识。

如果我们断言茅特纳的观点与事实不符，即我们确实通过运用语言相当成功地进行交流，那么他的回应就是，我们把作为意义载体的语言和它为行动提供刺激因素的功能混为一谈了。茅特纳认为语言是我们的生物学设备的一部分，是确保我们生存的一种主要手段。对于那种功能来说，这不是必然的，即共享的意义，也就是术语与感性想象的共同关联是有效的，只要对行动的共同反映能够出现。于是，尽管语言是个体间交流知识和彼此理解的障碍，但它仍然能够有效地促进合作行为（Janik and Toulmin 1973：127 – 128）。

就像每一个体都拥有一套私人概念系统，这种系统很大程度上和其他人的系统无法实现通约，在茅特纳看来，各种基本的语言团体构成了自己独立的不可通约的世界观。每一个语言共同体都被其他共同体以内在的、独特的真理和意义标准拒之门外。在某个特别的语言传统中，逻辑和科学不过是当前被接纳的对话的惯例，于是，不可能存在这样的关于语言的科学研究，寻找适用于所有语言的逻辑结构或原则的努力注定要失败。

茅特纳的极端语义学相对主义和因袭主义立场，并非建立在对语言的仔细而实证的研究之上。他这样推理，术语与各种感性经验数据的任何关联，都完全是任意的，因此每一个语言共同体都将反映一种任意的意义模式选择。我们不知道各语言团体为什么有相似之处，或者有共同的结构，这是由于由感性数据的混乱表现出来的关联和意义具有无尽的可能性。一旦根据最初的意义分配向某个方向出发，每一种语言共同体都注定要发展出它自己的特殊风格，从而与其他地方和时代的共同体完全区别开来。还有，由于我们不可避免地要假设我们自己的语言团体的视角和信仰，不管发生什么，我们永远无法在比较我们的团体和其他团体时回避所有的问题。对茅特纳来说，任何要求客观意义或真理的声明都建立于某种幻觉之上，因为所有这些问题将会不可避免地根据某种特殊的语言传统的既定思想模式来决定。

在茅特纳对个人系统的不可通约性的解释中，以及对语言团体继承的系统的解释中，存在某种断裂。比起关于前者的分析，他关于后者的谈论似乎预设了更多存在于同一语言团体各成员之间的理解的共通性。这个问题可以这样部分得到解决，即认为这只是程度不同而已。比起不同团体之间的成员，同一语言团体中的成员可能更加接近可以共享的意义，尽管在两种情况下意义关系的不确定性都不可能被完全克服。但是，这种解决方案所根据的似乎是一个既有的语言团体，它被茅特纳在其他地方想赋予它的那个角色——作为共享意义的载体（而非仅仅是共同行动的促进者）——赋予了更多内涵。于是，他关于个体层面的概念相对主义，仍然与他关于不同语言团体的相对性的争论互相矛盾。

我想要考察的茅特纳立场的最后一个方面，是他的这一声明，即语言（由此还有推理和思想，因为根据他的唯名论的概念观，它们归根结底都和语言或语言的应用一样）不可能表达关于世界的任何知识。第一，我们不可能知道世界本身，而只能知道它对我们的感官的影响。第二，这些影响完全因人而异。第三，我们五官所得到的东西是纯粹"偶然的"。如果我们所得到的来自不同的感官，那么世界就会对我们显现出非常不同——很可能完全不同——的样子（1901－1902：Ⅲ，535－536）。第四，语言本身虽然让概念和信仰成为可能，但只是惯例或游戏，和其他游戏一样，都建立在任意而定的规则之上（1901－1902：Ⅰ，24－25）。第五，茅特纳和尼采一样强调混乱和变化，宣称语词在不断生成着，并以新的形式发展着（1906：109）。正如雅尼克（Janik）和图尔明（Toulmin）所言，对茅特纳来说，这意味着"不仅语言，而且整个文化，都处于一种不断变化的状态。没有什么东西可以持久不变"（1973：128）。由于这些语言和文化方面的变化，我们关于世界的视角也会不断变化，这意味着，宣称这一过程的某一阶段特别接近世界本身是完全无效的。

于是，根据茅特纳，我们所拥有的，只是我们"偶然的"感觉的混乱，它们被来自我们特殊的、一直在变化的语言遗产的任意性概念和结构整理出头绪来。我们没有认识这个世界的手段，我们甚至不知道究竟是否存在这样一个本身自行存在的世界。既然如此，推测实在的本性，打算用一种特别的语言表现它，这都是没有意义的。这里，茅特纳非常像尼采，他们从不同的前提出发，走向了相同的虚无主义结论。①

茅特纳和尼采都认为真理相对于不同的视角而言，都认为不可能真实地解释这个世界，这意味着我们已经讨论的这两种认识论虚无主义的联系是非常紧密的。我通过简单提及两个重要方面来结束这一部分的内容。很明显，如果茅特纳所赞成的概念相对主义被假定为对的，那么客观真理的可能性问题就早已经被否定了。因为如果来自两种不同系统的声明没有明显的意义重叠，它们就不能说是处于对立状态的，而对它们的真理进行比较的问题也不会出现。于是，真理评估问题只是在视角内而不是在视角间才有意义。这意味着没有像客观真理这样的东西可能存在——只存在完全依赖于和相对于某种既定视角的真理。相反，如果我们和尼采一样假设关于真理的声明都只是视角的表达，而且对于看上去相互对立的声明的真理内容，不可能有合适的比较性评估办法，那么我们就已经把具有不同视角的人们归于不同的世界，没有给他们留下多少意义以说给彼此听。这些思考说明，这两种认识论虚无主义有一种彼此转换的自然趋势。

最后，我还要指出这一事实，有一种与道德价值问题相关的认识论虚无主义，必然会进入我们在前面已经谈论过的三种道德虚无主义的典型的思考中。拉森、罗素和施蒂纳，都否认我们能够拥有关于表明道德观的基本道德原则的知识。对拉森来说，只存在贪婪而混乱的生命斗争，它完全没有道德意义。于是，没有什么道德价值可以被认识。罗素为道德主观主义辩护的理由是，道德争论不可能被理性地解决，这意味着道德原则不能被认为是知识问题，而只能是感觉问题。施蒂纳宣称不存在完全相同的两个人，这意味着不可能存在关于道德原则的、可以同等适用于所有人的知识。以此为基础，

---

① 我探讨茅特纳思想时借鉴的著作，主要来自韦勒（Weiler 1958 and 1967）、雅尼克、图尔明（Janik and Toulmin 1973：120－133）和克雷茨曼（Kretzmann 1967：398－399）。

他拒绝道德的观点。更一般地说，认识论虚无主义似乎包含了道德虚无主义。如果关于真理或意义的基本差异的内在于视角的判决是不可能的，那么关于道德原则的共享知识也就是不可能的。

四 宇宙论虚无主义

宇宙论虚无主义宣称整个宇宙的无意义性——在一种绝对意义上，它否认宇宙具有任何可理解性或可知结构，在一种相对意义上，它否认宇宙可以为人类渴望的价值和存在意义提供空间或支持。尼采的格言——"没有事实，所有的东西都是流动的、不可理解的和难以捉摸的；相对而言最为持久的是——我们的意见。"（1968：327）——表达了第一种宇宙论虚无主义。茅特纳的立场也很接近这种宇宙论虚无主义，因为就像上文已经阐述的那样，即使世界拥有一个可理解的结构，我们也永远难以接近它。这里需要说明的是存在于认识论虚无主义和宇宙论虚无主义之间的关联。一个原则上不可知的世界，对我们来说就是一个无意义的无理数。

藏在施蒂纳伦理利己主义后面的彻底唯名论，也会导致这样的结论，即世界不可能被视为"具有客观意义的可理解的结构"，而只能被视为"一种形而上学的混乱"（Patterson 1971：217）。世界是混乱的，因为没有普遍的解释概念或原则可以合法地适用于这个世界。它只是具有唯一性的特别之物或个体的聚集，其中每一个体都是自足的，它们没有显现出相互依赖或关联的可理解模式。

还有一种更标准的虚无主义观点，它主张宇宙尽管经过了科学和数学的理解，依然没有任何价值，依然不可能为人类提供对他们来说是如此重要的理想和目标。罗素在他 1903 年发表的论文《一个自由人的崇拜》中表达了这一观点。他宣称宇宙是异己的和无人性的，我们不可能从中发现我们所珍爱的价值。我们必须学会接受这一事实，即自然世界对善恶的区分是毫不在意的，它只是各种盲目力量或权力（这让我们想起尼采）展示自己的舞台，因为纯粹的偶然，它们在遥远的过去结合在一起，影响着有利于人类生命出现的各种条件。同样是这些力量，它们现在又在无情地导致人类的灭绝。罗素写道，每个人都是一颗"无助的原子"（1957：47），都是由科学所描述的宇宙进程中无关紧要的人质。他似乎从来没有怀疑过科学有能力给我们最终的和完全的语词来描述自然宇宙的特征。

人类怎样才能够在这样一个冷漠而心不在焉的宇宙里生活？罗素的答案是，我们必须拒绝把自然力量的野蛮游戏作为我们自己生活的榜样，① 相反，我们必须培养出那些能够让人类共同体成为可能的理想，确立让幸福共享的途径，不管这些幸福是如何不确定和短暂。我们必须竖起文明的高墙，来暂时保护我们不受自然的迫害，但又时刻清楚野蛮的敌人总是从外部攻击我们，并将最终突破高墙，碾碎我们，碾碎个体，碾碎整个人类。

他关于宇宙和人类生命之间的对抗的冷酷观点，集中表现在下面这段深刻的话语中：

> 人的生命是短暂而无力的；那迟来的但又确定的厄运，会无情而阴暗地降到他和他的所有同类身上。尽管全能的物质不分善恶，无休止地破坏，滚滚向前；尽管人已被判今天失去他的至爱，明天自己又要穿越那黑暗之门，但在打击降临时，他仍然只能去珍爱那崇高的思想，因为它们使他的小日子变得高贵；他蔑视命运之奴卑劣的恐怖行动，仍然只去崇拜那由自己的双手建造起来的圣殿；他没有被偶然性的帝国征服，仍然去保护心灵免受那统治他的外在生活的恣肆暴行；他骄傲地挑战着那不可抵抗的强力，后者会暂时容忍他的知识和他的诅咒，让他作为一个厌倦一切却绝不屈服的阿特拉斯（希腊神话中被判用双肩扛起天宇的巨人——译者注），独立撑起一个由他自己的理想所改变的世界，尽管无意识的强力会横扫一切。（1957：54）

---

① 这里，罗素的观点对立于伍尔夫·拉森的人类生命观。

我们可以从这种关于自然和人类的两分观点中看到科学事实与道德价值之间存在的类似的鲜明区别，我们稍早前已经在罗素的伦理主观主义中遇到过这种区别。这意味着在罗素的道德虚无主义和他的宇宙论虚无主义之间存在关联，也就是说，如果事实与价值无关，那么由科学描述的事实世界将缺乏任何有价值的意义。从这个结论出发再走一步，就是这样的结论，即人类文化及位于其核心的目标和理想，与科学所描述的自然世界格格不入，用 18 世纪哲学家大卫·休谟（David Hume）的话来说，说这个世界"善在恶之上，无异于说热在冷之上，干在湿之上，或者轻在重之上"（Hume 1957：79）。

宇宙论虚无主义的另一种相关形式（或可评估形式），受到 19 世纪德国哲学家叔本华的辩护。就像罗素（和尼采）那样，叔本华相信，世界被盲目的冲动或能量控制。但是比罗素走得更远，他宣称世界展示这样过度悲剧性的悲伤与苦难让我们刻骨铭心，绝不是忘记了善恶问题，而是完全有意为之。"意志"的冲动，构成每一个体之物的内在本性，在人类生命中显现为无尽的渴求或欲望，以无数方式在人们之间造成普遍的苦难。

所有的努力都来源于匮乏和需要，因此也来源于痛苦。自然的每一种有机形式，包括人类在内，处处都在遭遇对它的努力的抵抗，因此必须拼命从周围环境夺取它所能夺取的任何满足。于是，"一场无休止的两败俱伤的战争展开"于整个世界，每一次满足都必须以他人或他物的痛苦或丧失为代价（Schopenhauer 1957：Ⅰ，399）。还有，痛苦的经验相较于快乐的经验是那么的明显和强烈，以至于快乐必然被消极地视为痛苦的暂时缺席。这种缺席转瞬即逝，因为从痛苦中暂时获得的缓解很快就成为新的努力的痛苦的起点。以我们自己为例，得到满足的欲望很快就感到厌倦，我们的"生活就像钟摆一样在痛苦和无聊之间摇摆"（402）。如果在世界上的努力没有结束，那么"苦难就会无法估量，没有尽头"（399）。

折磨所有生命的过度痛苦因为这一事实而变得愈加明显：即使一个有机体设法幸免于它生命中无所不在的威胁与危险，它也不可能逃脱死亡这一最终结局。相比之下，人类承受的苦难最多，因为他们完全能够意识到他们自己日益迫近的毁灭，并且因此意识到整个生命斗争的无目的性和徒劳无益性。这一点有力地表现在下面两段话中：

> 生命……就像大海，充满了礁石和漩涡，人们万分小心和紧张地躲避着它们，尽管他们知道，即使自己使出浑身解数成功地躲开了这些东西，他恰好正是在向那最大的、完全的、不可避免的和不可挽回的海难——死亡——更近了一步；不仅如此，他甚至驾着船迎头撞上那死亡；这是辛劳的航程的最终目标，这个目标比所有他要避开的礁石更为糟糕。（1957：Ⅰ，403）

> 生命意志最完美的表现，人类有机体，还有它巧妙而复杂的机械装置，最终必然堕为尘土，必然要把自己和它的所有努力交给死亡——这是总那么真实和诚恳的自然的天真方式，她宣称这种意志的所有拼搏本质上都是徒劳无效的。但凡它有一点点价值，一点点无条件的和绝对的价值，它也不会这样仅仅终结于虚无之中。（1942：Ⅴ，24）

叔本华的宇宙观因此是虚无主义的或极端的"灵物二元论"（1957：Ⅲ，435）。他认为世界就是某个罪犯流放地，或者生下来就是罪犯的人们的受罚和赎罪之地。一旦我们开始以这种方式看待世界，我们就会放弃对幸福的无谓希望。我们将不再把生活中的"不愉快事件，伟大与渺小之物，它的苦难，它的忧虑，它的不幸，都视为不寻常的或无规律的"；相反，我们"将会发现，在一个我们每人都以自己独特的方式为生存付罚金的世界上，每一件事情都是它应该是的那个样子"（1942：Ⅴ，17）。

如果犯罪就是个体的生存实际，那么我们怎样才能逃脱严厉的判决？难道我们应该自杀吗？叔本华拒绝这一选项，认为这并不能触及问题的核心。"自杀者渴望生命，只是不满足于那些生存条件，那里自杀把自己介绍给自杀者。他因此绝不是放弃了生活的意志，而只是放弃了生命本身，因为他摧毁了个体的显现。"（1957：Ⅰ，515）他的方法是，我们应该采取禁欲主义和自我否定的生活，应该毫不畏惧地把自己暴露在可怜的谦卑和永难满足的欲望所导致的痛苦中。只有这样，我们才能逃离无尽的渴望，这种力量牢牢控制着我们，带给我们太多的悲惨和不幸。

因此，对于我们如何直面一个无意义、无价值或充满恶意的宇宙而生活的问题，叔本华的答案不同于施蒂纳、尼采、罗素这些宇宙论虚无主义者所推荐的生活路线。在施蒂纳主张利己主义的地方，叔本华认为它是所有痛苦的根源。在尼采把权力意志提升为最高价值的地方，叔本华把它斥为邪恶的本质。在罗素建议用文明化的存在作为堡垒对抗冷漠的世界的地方，叔本华号召我们放弃文明的考虑，转而寻求一种隐居的生活，一种充满严峻苦难和自我否定的个人生活。

他所主张的理想的人类生存模式，是特拉比斯特修道士的苦修，他们练习的是"对意志的否定，受助于最严格的遁世，和一种无比艰难和痛苦的生活方式……"（1957：Ⅲ，455）他还强调同情他人苦难的重要性，因为我们都遭受着相同的不幸。在共同拒绝所有的私利追逐行为时，认同和同情他人，可以为走出个人生存痛苦提供一条道路。对那些生命意志在那里开端与终结的人们来说，"这是我们的世界，这个世界是如此真实，带着它所有的星球和银河系——它就是虚无"（1957：Ⅰ，532）。如果世界只是虚无，它就不再能够用焦虑和痛苦来威胁我们。摆脱了激情和努力，生命的火焰被缩减为模模糊糊的烛光，我们就能平静地等待死亡，等待最终的毁灭。

五　生存论虚无主义

生存论虚无主义者认为人的存在是没有意义的和荒诞的。它没有结果，终归于无。它是毫无理由的，也就是说，既没有理由活着，也没有理由不活着。那些宣称在自己的生活中发现了意义的人，要么不诚实，要么受到了欺骗。不管在哪一种情形中，他们都难以直面人类境遇的残酷现实。

正如我们已经看到的那样，叔本华的宇宙论虚无主义（不同于罗素的）很快就转变为生存论虚无主义了。对他来说，生命充满了失望、挫折和痛苦。它即使可能拥有那么一点点意义，也会因为死亡的不可避免而作废。我们关于幸福和充实的梦想，很快就会因为世界的恶意嘲弄而变成噩梦。对于那些理解人类境遇的人们来说，唯一可行的目标是放弃所有的目标，培育一种超然弃世的精神，静静等待生命最后的也是最大的荒诞性，那毁灭一切的死亡把我们从存在的石板上抹去，好像我们从来没有活过一样。

生存论虚无主义的心绪，在威廉·莎士比亚（William Shakespeare）为麦克白写的叹词中表现得无比生动。当预料到他在邓斯纳恩的城堡将被马尔科姆的复仇力量所包围时，麦克白说道：

> 明天、明天、又一个明天，
>
> 一天接着一天蹑步前行，
>
> 直到最后一秒钟的到来；
>
> 我们所有的昨天，
>
> 不过是为了替傻子照亮那
>
> 到死亡的尘土中的路。
>
> 熄灭了吧，熄灭了吧，那短暂的烛光！
>
> 人生不过是一个行走的影子；
>
> 一个在舞台上拙劣表演的伶人，
>
> 登场片刻，就在无声无息中悄然退下；
>
> 它是一个愚人所讲的故事，
>
> 充满喧哗与骚动，
>
> 却找不到一点意义。
>
> (*Macbeth*, Act V, Scene V)

这种心绪在列夫·托尔斯泰（Leo Tolstoy）的《忏悔录》里也有惊人的表现，在那里，他谈论一种"生命的监禁"状况，这使他确信人类生活只不过是一个"愚蠢而恶意的玩笑"。

> 对于任何单一的行为，或者我的整个生活，我都无法给出合理的意

义来。我只是惊讶，我居然能够从一开始就避免理解这一点——它早已为所有人所知了。今天或明天，疾病和死亡就会来到（它们早已经来了）我爱的人或我的身边；什么都不会留下，除了恶臭和蛆虫。或早或晚，我的故事，不管是什么样的故事，都将会被忘记，我将不再存在。那么，为什么还要继续努力？怎样才能活下去？这真是令人惊奇！一个人只有在陶醉于生活之中时才能活着；一旦变得清醒，就不可能不发现，生活只是一场骗局，一场愚蠢的骗局。（Tolstoy 1940：19 - 20；也见15）

这段话说明，就像叔本华和麦克白那样，托尔斯泰被无情的时间之路和死亡的终极性完全迷住了。这段话也切中了另外一个生存论虚无主义的主题，因为它宣称，人类生活的意义只有在人们让自己被非反思性的天真和幻觉陶醉时才能得到确定。

生存论虚无主义的精灵也控制了阿尔伯特·加缪（Albert Camus）戏剧中的年轻皇帝卡里古拉，他注意到，不管我们谈论的是罗马城的辉煌，还是某人的关节炎，没有哪一个比另一个更重要，于是，所有的事物都没有高低贵贱之分。他指出，如果所有的事情都同等重要，那么同样符合逻辑的是，没有什么事情是重要的（Camus 1947：18 - 19）。

当然，我们可以把麦克白的绝望心绪归于他可怜的、受到罪恶拷问的心灵状态，因为他在苦思着一种厄运，那是他的背信弃义和荒唐野心所招致的。假如他并没有处于这样一种极端的躁动状态，也许他不会那么强烈地认为整个生命都是无目的和无用的。还有，在《忏悔录》里，托尔斯泰讲述了他怎样开始明白人类当前的生活并非无意义的；毋宁说，是他自己的自我中心的、寄生式的生活缺乏意义（1940：58）。至于卡里古拉，他的心灵是错乱的，所以我们或许不应该那么严肃地对待他关于生命中缺乏任何重要之物或价值的激昂演说。但是，还存在这样的可能性，即加缪希望我们理解，精神错乱的人有时候看事情会比我们更符合逻辑，更清楚。

正如我在这里所定义的那样，在任何情形中，生存论虚无主义都超越了这样的含混性或限制。它打算描述的，不是某种短暂的心绪或生命阶段，不是某些人的偶然处境或观点，而是人类处境的本来面目。于是，在上文所引的这些例子（叔本华、麦克白、托尔斯泰和卡里古拉）中，叔本华可以说是最为彻底而典型地表述了这种处境。对他来说，就像对一般而言的生存论虚无主义者那样，人类存在的所有表现都显出一种不可逃避的和难以忍受的荒诞性。无论我们怎样支撑、折磨或欺骗自己，我们的生命都是没有意义的，而且寻求或肯定一种没有人能够发现的意义，这注定是徒劳的。

当加缪明确地谈论他自己，而非模糊地通过卡里古拉或莫所特（他的小说《陌生人》的主人公）这些角色说话时，他可以说是生存论虚无主义的有趣例子。对我们来说，这种有趣性来自两个方面。首先，他认为生存论虚无主义和认识论虚无主义、宇宙论虚无主义之间存在直接的关联。其次，尽管他并不怀疑人类生命注定是荒诞的，但他仍然坚称生命值得一活。这就是说，他尝试让我们相信，活着比自杀更有意义。他的生存论虚无主义的这两个方面在《西西弗斯的神话》（首次于1942年发表于法国）中得到进一步发展。让我们分别分析这两个方面。

当加缪说到这个世界是"愚钝的"和"陌生的"，说它是"完全非理性的"，具有"原始的敌意"，对我们的渴望——渴望在它那里有一种在家的感觉，使它具有可理解的统一性和明晰性——一直无动于衷时，他就是在表达一种宇宙论的虚无主义（1955：24，27 - 28，50 - 51）。他认为人类无望地疏远他们的世界，不可能把世界变成他们自己的东西，或让他们感到亲切的东西。这种宇宙论虚无主义的声明中含有加缪的认识论虚无主义。世界之所以总是疏远我们，是因为我们缺乏认识它的能力，除了一些非常浅薄的方式，但这些方式只能让我们明白，我们不可能从它那里发现我们所渴望的意义（36，40）。

我们非常希望解释每一件事情，坚持认为我们要么拥有一切，要么一无所有（27）。但是我们对明晰性和统一性的贪婪需要，遭遇的是碎片、矛盾和荒诞。人类思想尝试洞察表象和获得客观知识（对加缪来说这意味着完全的确定性和理解的详尽性）的历史，其实只是一个"持续感到遗憾和……无能"（18；53）的悲伤故事。这个大胆而富于创造性地却终归无效地理解世界的漫长历史清晰说明："理性是无用的，没有什么东西在理性之上。"（35）这不可避免地导致一个结论，即"心灵的目标失败了"（25）。

在我们渴望理解世界，渴望在那里有在家的感觉，与这个世界的愚钝和陌生之间，存在一种难以减轻的张力，对加缪来说，这种张力决定了一种存在主义的荒诞处境。他告诉我们，这个世界本身并非完全荒诞，而是我们作为人与世界的特殊关系是荒诞的。比如说，一棵树或一只猫就不会经验到荒诞，因为植物和动物并不打算理解这个世界，或者理解它们在这个世界中的位置。它们只是简单地存在着。它们作为这个世界的一部分而存在，而这恰好是我们人类所坚决反对的，因为我们总是无休止地尝试在这个不可能发现明晰性和意义的地方发现它们。这种"荒谬的理由"把我们置于"所有造物的对立面"，造成了一种存在主义的荒诞窘境，只要我们仍然像人那样生活和努力，我们就无法逃离这一窘境（51）。

关于生活的荒诞性，加缪还谈到日常存在令人厌倦的例行公事（让人想起麦克白的哀叹），一个在电话亭打电话的人，他那像哑剧演员的机械姿势显得荒唐可笑，① 在它再次藏进日常态度和期望的"舞台背景"之前，自然的某些无法避免的陌生方面会突然被揭示。还有，我们必须总是一边活着，一边用一只眼睛看着一种未来，它将会在某一天给我们带来无法想象的死亡时刻（12-16）。

他还哀叹那段能够信仰上帝的时光已经一去不返，因为这种一去不返剥夺了生命的主要意义来源。伊万·卡拉马佐夫的呼喊"什么都被允许"，不应该被解释为"慰藉或快乐的释放，而应该解释为对某种事实的苦涩承认"。如果真的存在"赋予生命意义的上帝"，那么这会远远胜过"不受惩罚的恶意行动的能力所具有的吸引力。选择的做出将会不再艰难。但是，没

---

① 看一条没有声音的电视广告，是另一个例子；这里，那通常显得极端可笑的东西被双倍扩大——就像两重无限相乘。

有选择，这才是痛苦的根源"（67）。加缪总是谈到人类把生命和世界理解为一种"乡愁"的欲望，而且这些关于上帝的声明就包含了这种带有额外的悲伤的乡愁感。

对加缪来说，确信生命是没有意义的，这会有什么样的后果？不同于叔本华，他否定顺从的后果，认为他"不能想象"一种像他自己那样的"怀疑论形而上学""会和一种放弃伦理学有关联"（55）。他宣称，"荒诞的人不同于和解的人"（59，n. 2）。在加缪看来，生命无意义的首要后果，不是消极的放弃，而是反抗或挑战。这种反抗精神会对自杀产生不利影响，也就是说，在加缪那里，尽管生命是荒诞的，但它值得活下去。自杀意味着对生命的荒诞性的温顺接纳，而这恰好是他想要谴责的最后一件事情。消极地顺从和自杀都是怯懦的、失去尊严的和缺乏气概的。对生命的反抗给了生命价值，因为它——

> 让人永远直面他自己的卑微身份。这是对一种不可能的透明性的坚持。它挑战着无时无刻在变化的世界。就像危险会给人提供抓住意识的独特机会，形而上学的反抗会把这种意识扩大为整个经验。（54）

换句话说，人们必须毫不妥协地生活在生命的荒诞性中。人们必须死于同样的挑战精神之中，不是死于自己的手中，而是死于命运的手中。挑战精神的另一部分是指，人们必须不带幻想地生活。在加缪所主张的这种生活模式中，存在某种矛盾，但在我们对意义的顽固追求和世界的无动于衷之间保持张力，正是他的意图所在。这种张力赋予生命一种特别的趣味。它还能全面解释生命荒诞性的所有证据。

对加缪来说，生命无意义的第二个后果，是它"为唯一负责任的自由"（60）留下了空间。放弃对永恒生命的幻想，认识到生命不存在事先的计划、目的或意义，我们实际上是从所有限制自由的障碍或禁忌中获得了解放。现在，没有什么价值在约束我们（正如卡里古拉所言，没有什么东西比别的东西更重要），我们可以自由地创造我们自己的价值，带着"难以置信的无功利性"全神贯注于"纯粹的生命火焰",按照我们认为合适的方式尽力维护它（158－160）。因为我们非常清楚，没有外在的权威可以赋予我们的生命以价值，我们完全可以自由决定我们自己的责任。这种主张完全任意、自由地定义个人行为原则的主张，说明加缪致力于一种道德虚无主义，它类似于罗素的主观主义伦理观。我们可以把加缪的立场命名为"唯意志论的主观主义者"，因为在这里价值由我们的意志而非情感来设定。不过，加缪指出，"如果所有的经验都是中立的"（也就是说，不受之前的价值约束），那么"关于责任的经验就像其他经验一样合法。人们可以通过一个念头就成为有德的"（67）。这一声明与第一章那个学生的"信仰"概念完全一致。

加缪从生命的无意义性得出的第三个和最后一个结论，是我们应该寻求获得关于"当下和接踵而至的当下"（63）的最为强烈的意识和感受。因为我们都注定要死去，因为死亡会突然来临，所以为未来而活就没有意义。我们只能为当下而活，只能在当下尽可能多地经验生活。注意到我们日渐迫近的死亡，加缪所谓"最明显的荒诞"（59），这会让我们把精力集中到当下，从而从那里抽取感受和意识能够提供的所有丰富性。这就是不带着希望的生活，但是带着彻底的挑战和自由生活，它也是没有绝望的生活。于是，加缪得出结论，即生命无论如何还是值得一活的，而且值得完全"没有吸引力"（60）地一活。

加缪的生存论虚无主义更像尼采的积极虚无主义概念。二者都强烈反对叔本华那样的"放弃的伦理学"（加缪的术语），都呼唤大胆而进取地直面荒诞而活（Nietzsche 1968：17，319，536）。同样，正如我们稍早之前已经指出的那样，伯特兰·罗素过着一种真诚的道德生活，尽管他为一种道德虚无主义辩护，但他不允许他的宇宙论虚无主义使他变得绝望。生命，或者生命的实质性部分，可能被认为是荒诞的，但像罗素、尼采和加缪（还有我们讨论过的其他人）这样的思想家，都反对叔本华的判断，即这种荒诞性要求生命只能在一种令人沮丧的、温顺的放弃中过活。于是，加缪可以声明，一种生存论虚无主义，虽然否定了生命的意义，但不需要否定生命本身。

本章所讨论的各种虚无主义类型有一个共同之处，即一种否定或拒绝的态度，就像**虚无主义**这个术语本身所暗示的那样。每一种虚无主义都否定人类生活的某一重要方面。**政治虚无主义**否定我们生活于其中的政治结构，以及表现这些结构的社会和文化，它很少甚至没有建设性的替代方案或改进计划；**道德虚无主义**否认道德义务的意义、道德原则或道德观点的客观性；**认识论虚无主义**否认存在任何不被严格限定于某一单独个体、群体或概念架构中的真理或意义，任何不是完全相对于这些个体、群体或概念架构而言的真理或意义；**宇宙论虚无主义**否认自然的可理解性或价值，认为它对人类的关切漠不关心或充满敌意；**生存论虚无主义**否定生命的意义。

除了第一种虚无主义，我把其他类型的虚无主义都归于哲学的虚无主义，而且指出这四种哲学类型的虚无主义将会是我接下来关注的重点，其中尤其要强调的是生存论虚无主义。我规定虚无主义主要指生存论虚无主义，也就是对人类生命的意义的否定（或者积极地说，是对生命的无意义性和荒诞性的确信）。尽管我仍然会讨论其他哲学类型的虚无主义，但我这样做主要是为了确定每一种虚无主义与生存论虚无主义的关联程度。那么，让我们记住这一策略，转入下两章，讨论关于虚无主义观点的各种重要争论。这些争论中有一些已经在本章被描述或简略提及，但我们现在要进一步详细地考察它们。

第二部分

支持虚无主义的理由

第三章　与上帝、自然、痛苦和
时间相关的理由

> 一个接一个的瞬间；没有什么东西带给他们满足的幻觉，或让意义出现；它们经过我们前行；它们的路不是我们的路；我们注视着那条通道，带着囚犯愚蠢的感知。心灵的空虚面对着时间的空虚：两面镜子，反映着彼此的匮乏，同样的无价值的形象……
>
> ——E. M. 齐奥兰（E. M. Cioran）（1975：13）

在这个世纪和之前的那个世纪，已经有许多作家以各种方式表达过人类生活的无意义性。这里，我并不打算对所有已经存在或应当存在的支持虚无主义立场的观点一视同仁。但我会考察这些观点中最为突出的一些，以便尽我所能全面而同情地描述虚无主义的心灵结构及其基本原理。这样做的时候，我不仅为了寻求理解虚无主义者为他们的观点所给出的各种典型理由（否则其他人的声明必然会导致一种虚无主义的结论），还为了洞察暗含在这些理由中的关键假设。这些假设会告诉我们许多关于虚无主义心绪的文化和历史背景的东西，这种心绪已经开始在现代世界里发挥无所不在的影响。

本章和下一章所谈论的支持虚无主义的理由，可以分为若干主要的种类：与上帝相关的理由，与人在自然中的地位相关的理由，与痛苦相关的理由，与现世存在相关的理由，与理性相关的理由，与意志相关的理由，以及与和他人共在的生活相关的理由。每一种理由又被分为几个部分。

一　与上帝相关的理由

西方中世纪和现代之间最为重要的差异可能就是：对上帝实在性的从未被干扰的信心，是中世纪的典型特征，并且在中世纪生活中扮演至关重要的角色；但是在现代，这种信心已经让位于一种不断增强的不确定和怀疑心绪，这种心绪已经导致越来越多的人完全放弃对上帝的信仰。在下一章，我将批判性地分析一些假设，它们隐藏在各种关于上帝信仰和人类生活意义之间的联系的声明中。但是现在，我感兴趣的是那些认为上帝信仰的丧失必然导致虚无主义的观点。

第一种观点认为，没有对作为世界的创造者和维持者的上帝的信仰，这个世界就不再会被视为一个 *universe*（"uni -"表示"一""单一""统一"等义——译注），而只能被视为各种杂乱之物的堆砌，这些杂乱之物的后面，没有潜在的统一性、模式或意义。没有上帝的世界，必然缺乏一个创造性心灵所有的那些可理解的结构和有意的目标。它没有个性，也没有"人的面孔"。它成为一种不透明的密码，一片混乱而荒凉的领域，它嘲笑把它理解为一个有序整体的愿望，嘲笑在它那里为人类目标和志向找到一种有意义的环境的愿望。根据这种争论，尼采的看法——世界是一个盲目而无特征的能量中心，对此我们只能强加各种任意的"视角"——就是在谈论一个没有上帝的世界。尼采把他自己的世界图像和"基督教的道德假设"作了一番比较，指出后者"赋予人一种绝对价值，这与他在生成和消失之流中的渺小和偶然性形成鲜明对比"（1968：9）。罗素、叔本华和加缪的看法和尼采相似，他们都把世界描述为一个没有上帝的宇宙，对人所关心的事要么无动于衷，要么不那么友善。

在这种世界里，坚持寻找连贯一致的理解，致力于解决貌似紧迫的意义和价值问题，就变得滑稽和荒诞了。在一个冷酷无情、漠不关心的世界里，人类生命就像其他东西那样，被悬停在一种无意的空虚中。人类出生于、也必然生存于和死亡于一个所有东西都恰好毫无理由地随意出现的世界。萨特小说《恶心》中的角色安东尼·洛根丁，这样告诉我们他对这种世界里人的地位的看法："我没有权利存在。我全凭偶然而出现。我就像一块石头、一棵树或一株细菌那样存在着。"他还表达了他"在这种指派给我的生活——什么也没有给我——面前"的困惑与挫折感（1964：116，203）。没有上帝的彻底偶然的世界，没法被视为目的或计划的表现，而人类生命必须存在于这样的环境中，这对洛根丁和大多数人来说，都注定意味着一种空洞而无价值的存在。

当代神学家汉斯·孔（Hans Küng）也给出了这样一种观点。他这样推论：通过"否定上帝，人们断定一种原初的地基、最深刻的支持和实在的终极目标根本不存在"。这意味着对实在的"赞成"或"确信"变成了"完全不能确定的"，进一步的后果是，无神论冒着极大的风险去揭露"作为整体的实在可能是分裂的、无意义的、无价值的和空虚的"。最终的结局是，无神论者自己反而难以"忍受一种彻底的放弃、威胁和衰败的危险，因为后者会导致怀疑、恐惧乃至绝望"（1980：571）。孔为一神论辩护的策略，基于一神论的对手无神论会通过我们所谓宇宙论的虚无主义导致一种归谬法，后者否定人类生命的所有意义，把人类引向绝望。他同时指出，通过对"上帝实在的大胆信任——尽管受到怀疑的各种诱惑，人们可以经验到"对实在和理性的"信任的合理性"，并且能够自信地肯定他的生命的有意义性（1980：574，567－568）。

把无神论和虚无主义关联在一起的第二种观点导致两种彼此相关的结论。第一种结论是，离开了对上帝的信仰，任何价值的客观基础都不可能存在，因为上帝就是所有价值的源泉和标准。第二种结论是，如果人类被要求践行他们的自由，却没有客观价值来引导他们的选择和规定他们的责任，那么他们的生活将是荒诞的。尼采注意到，基督教世界观的特征之一就是"假定人拥有一种关于绝对价值的**知识**，而且因此恰恰是关于最重要之物的**充足知识**"（1968：10）。但是，随着基督教的衰亡，上帝信仰的崩塌，西方人现在必须认识到，"对生命来说，没有什么是有价值的，除了权力的等级……"（1968：37）尼采的立场非常接近施蒂纳，后者从其彻底无神论的立场得出结论，没有普遍的模式或形式来指引人类生活或被用于对生活意义的评估，只有每一个独特的和完全孤独的自我的恣意妄为。

当孔坚持"对同一性（统一性）、实在的意义和价值的完全信任"是"自律伦理"的前提，而且这种信任只有通过上帝信仰才能得到辩护或支持时，他从自己的视角出发清楚地说明了无神论的道德后果（1980：476）。他承认无神论者可以过一种道德生活，但是否认他们可以为道德义务的绝对性或道德形式的无条件遵守作确切的辩护。没有这样的辩护，朝向相对主义、理性化和权力的傲慢的道路就会敞开："怎样阻止一个掌权者、一个罪犯、一个团体、一个国家、一个权力集团做出反人类的行为，如果这种行为符合他们的利益？"孔确信，道德义务的无条件性"只有根据一种无条件之物来辩护：它是一种绝对，能够传达一种总体的意义，它不可能是作为个体、作为人类本质或人类共同体的人，而只能是上帝"（578 - 579）。他这样说的目的，类似于陀思妥耶夫斯基，后者曾借伊万·卡拉马佐夫之口警告我们，如果对上帝和道德的信仰丧失了，那么所有的事情都会被允许，因为不再有区别是非的绝对尺度，不再有区别善恶的确定依据。

在《存在主义是一种人道主义》（首次发表于 1946 年）这篇文章里，萨特告诉我们，伊万的声明是他自己关于人类生活和价值的看法的"出发点"（Kaufmann 1956：294 – 295）。"来自坚定的无神论立场的结论"之一，就是不存在先在的（*a priori*）价值可以决定人的选择。我们"注定要自由"（condemned to be free）地发明我们自己的价值，并且因此在每一时刻"都毫无支持和帮助地……发明人"。不管是在我们之内还是之外，我们都不可能"发现任何可依赖的东西"（294 – 295，310）。萨特这样推理，即如果人不再被视为上帝的造物，那么他们就不能被假设拥有既定的本性或本质，以此描述他们的生活的正当进程。他们的存在先于他们的本质；他们的本质不能再被视为预先给予的，而是他们的选择的结果。"人只不过是他自己选择的结果。"他还主张，我们能够给予某物一种"价值"，这只是在说，它是被选择的（290 – 292，297）。

或许不同于施蒂纳那样的利己主义者，萨特坚称，当某一个体选择了一条行动路线，他不仅是在为自己，而且是在为所有人选择。他这种观点的基础是，每一种自由行动（也是一种评价行为）都暗含一种普遍性，不管这一点是被选择者认识到的还是解释出来的。但是，尽管有这样的限制，对萨特来说，下述情况依然为真，即当上帝缺席时，不存在先在的价值语境以规定道德义务的途径。价值由每一个体的选择在时时刻刻中创造（旧的价值或许被轻易抹去）出来。于是，萨特在这篇文章中从一个"坚定的无神论立场"得出的结论，就非常接近加缪关于人的价值的特征的观点。这就是我们所谓"唯意志论主观主义"的另一个例证。

萨特和加缪所主张的彻底主观主义的价值观，可通过以下方式与虚无主义的生活观相关联。如果没有客观标准用于区分对自由负责任的使用和不负责任的使用，那么紧随而来的就是，没有可以用于区分有意义的生活和无意义的生活的方法。并且，如果没有这样的方法，那么谈论任何有意义的人类生活就是没有意义的，因为这种谈论本身就意味着存在某种可行的标准，根据这个标准，这样的评价行为才可以进行。

当然，我们可以**发明**价值，并且运用它们评估各种生活的品质，包括我们自己生活的品质。根据他自己的价值理论，萨特必然会这样做，当他在其著作中假设像诚实这样的价值是"好的信仰"，并且对人类形象来说明确意味着一种个体自由和责任时。但是，由于他坚持认为所有这样的价值都是纯粹主观的和无根据的，所以相较于那些遭受致命的任意性之苦的人们，他对这些价值的使用，无论如何都可能导致一些人的生活更加无意义。其他人可能会给出完全相反的评价，这种评价来自不同的被选价值，并且可能没有基础来证明这种评价是错误的。萨特确实说过："在某些情况下选择基于错误，而在其他情况下又基于真理。人们可以通过说某人欺骗了他自己来审判这个人。"（也就是说，他并非真正负责任的或自由的）但是他很快又补充道，这只是一种"逻辑的"审判，他不会假设这样从道德角度审判这样的人（Kaufmann 1956：307）。换句话说，不存在价值判断的基础以决定这种或那种生活有没有意义。比如说，人们可以故意选择不诚实，因为他们认为真理（或萨特所谓的真理）太可怕或太让人不舒服。如果某人认为这种生活有意义，那么它只是对这个人而言是有意义的，仅此而已。在这样的评价里犯错误是可能的，只因为这些评价没有基础或根据。

把关于价值（道德价值或其他价值）地位的彻底主观主义理论与生活的荒诞性关联起来的另一种方法，是由卡尔·布里顿（Karl Britton）在其著作《哲学与生活的意义》中提出来的。布里顿主张，生活中一种重要的意义标准在于，在我们过我们的生活时，我们必须自由地做出自己的决定，并且被这种决定所指导。但是，他又补充道，我们必须能够在价值和责任的共同标准语境中做出这些决定，这些标准不仅以个体的孤独选择为基础，还必须证明本身就是有价值的。这意味着我们必须为我们的选择和评估声明给出理由，"并且如果这些给出的理由求助于一个原则，而没有理由可以证明这一原则，那么我们必须至少声明这种基本的原则会被普遍接受，至少是广泛接受"（1969：13）。如果我们的决定必然是任意的和变化不定的，如果没有办法确定错误的行为一定能够被发现，那么我们的选择和来自这些选择的生活方式就都没有意义。

在论证这一观点时，布里顿用语言来打比方：

> 如果没办法证明语言什么时候被正确使用，什么时候不被正确使用，那么语言就是无意义的。于是，拒绝与别人拥有一样的规则、拒绝用我们最好的能力去完成这一事业，就是在剥夺生活的所有意义。这种拒绝就是在孤立自己，是在让自己成为唯一的人，或唯一的非人（non-person）。通过极端的恐惧、痛苦或困惑，一个人可能被逼到困境：在这种状态中，生活对他来说毫无意义。（182）

布里顿本人并不认为在确定存在这样的标准时上帝是必要的，但是其他人——正如我们已经看到的那些人——认为上帝是必要的。如果我们把他们的理由和他们的标准放在一起，我们就会搞出另外一条明确的论证套路，它来自无神论，通过价值主观主义（包括我们所谓**道德虚无主义**），发展为对生活意义的否定。

第三种观点认为，没有对上帝的信仰，人类深深的信仰需要就不能被满足，而如果这种需要不能被满足，生活就不再拥有意义。当尼采在《快乐的科学》中提醒自己，他要为自己的哲学付出令人震惊的代价时，他曾经提及这样的一些需要：

> 你将不再祈祷，不再崇拜，不再无休止地依赖信望；你不再允许自己驻足在任何终极智慧、终极的善、终极权力面前，同时放弃自己的思想；……对你来说，不再有复仇者，或者任何最后的完善者；事情发生，没有任何理由，发生在你身上的事，与爱无关；不再有栖息之地向你的心灵敞开，它只需要被发现，而不再被寻求；你拒绝任何终极的和平……（1974：229－230）

尼采这些话，充满了加缪所说的"怀乡病"特征，以此为出发点，我们可以这样解释这第三种观点：在上帝的缺席状况中，人们不再有可以祈求指引或宽恕的东西，不再有改变生活的超自然强力；不再有什么东西可以保证善对恶的胜利，可以赋予人类历史目的和方向；不再有来世的承诺，以带走死亡的痛苦，或抵消尘世生存的苦难和悲剧；不再有什么东西回应人类精神对生存之谜的答案的无尽渴望，对生活目的与命运的确切理解的渴望；不再有最终的、永恒的智慧、善和宇宙力量作为人们生活的焦点，作为给予其他意义以意义的最高意义，来被我们崇拜和遵守。没有上帝的人类被抛弃了，陷入绝望，只剩下他们自己可怜的一点资源，以此尽力应付生命中出现的各种可怕的打击和不确定性。这是一幅糟糕的画面，没有任何安慰之物或希望，它事实上已经糟糕到让人类生存变得完全无意义和荒诞了。

托尔斯泰宣称自己感受到了这种情况。他在《忏悔录》中详述了他如何最终难以在世俗态度中和沉浸在自己——作为一个温文尔雅的作者和贵族——的生活中发现支撑之物，不得不得出这样难以避免的结论："对人来说，他要想活下去，必须……拥有这样一种关于生活意义的解释，这种解释能够把有限之物和无限之物关联起来。"（1940：51）这一声明类似于陀思妥耶夫斯基《群魔》中的斯捷潘·特罗菲莫维奇的观点，我们已经在第一章中引用过了。托尔斯泰宣称，有限之物必须被带入与无限之物的关系的原因，在于有限的人类存在本身是完全令人不安的和不完整的。它要求与"一种无限的意义，一种不会被苦难、绝望或死亡摧毁的意义"（50）相关联。他坚称这种无限的意义只能通过对上帝的信仰来发现：

> 当我不相信上帝的存在时，我就不是在活着。如果我对发现上帝不再抱哪怕是渺茫的希望，我就早已经杀死我自己。只有我感觉到上帝并且寻求上帝，我才活着，真正活着……他是我们没有了就无法活下去的东西。认识上帝和活着是同一件事情。上帝就是生活。（65）

对于那些和托尔斯泰一样思考着的人们来说，无神论和虚无主义是同一件事情。生活是没有核心或目的的，除非它在上帝那里发现自己的完满。正如查尔斯·哈特肖纳（Charles Hartshorne）所言，对信仰需要非常敏感的人来说，他们需要为他们的生活提供确定性，而这种确定性是对"上帝的普世之爱"的确认。"我们冒险拥有其他事物；包括人在世界上相对的重要性，都只是可能性。"（1937：44；Ogden 1966：X）没有这种确认，生活就会变成不确定和不安全的深渊。

最后一种把虚无主义和上帝信仰的丧失关联在一起的观点，以这样的观念为首要前提，即任何文化的本质都是它的占支配地位的宗教传统，就是说，当宗教传统被侵蚀时，它所支撑的文化必然也会崩塌。比如，尼采就曾主张，西方"虚无主义的出现"根源于实在的"基督教 – 道德"解释的死亡（1968：3，7）。奥斯瓦尔德·斯宾格勒（Oswald Spengler）在《西方的没落》（首次出版于1918年的德国）中给出了类似的观点。他坚称，一种文化和它的宗教是同义词，因为宗教是这种文化的本质，于是，当其中一种死亡，另一种也必然死亡（1932：Ⅰ，358）。

斯宾格勒把文化和生物有机体做了一番比较，它们都有业已决定的出生、成长、衰落和死亡的过程。无论是文化还是生物有机体，它的"精神死亡模式……是它作为一个整体的生命的必要组成部分"（1932：Ⅰ，356）。于是，古希腊充满活力的文化注定要在希腊化时期开始衰落。当佛教到来时，同样的命运必然降临在婆罗门文化头上。文化解体的征兆随处可见。在其巅峰时期，一种文化的"整个由艺术、宗教、风俗、国家、知识、社会生活构成庞大的形式世界［是］……让人觉得很熟悉的"。这种文化中的人民能够"在'不了解'它的情况下落实和实施它"，对他们来说，文化是"不证自明的"。但是当衰败开始时，文化形式开始让人觉得陌生，觉得"有一种负担，创造性的自由要求从那里解放出来"。之前曾是自发和自然的东西，现在变得不自然起来；之前是本能的东西，现在变得很成问题，成为理智研究的对象，成为需要犹豫不决地进行辩护的东西。斯宾格勒尖锐地指出："只有有病的人才会感觉他的四肢存在。"（Ⅰ，353）尼采所看到的、虚无主义在西方历史中的到来，对斯宾格勒来说，恰好就是这种自我怀疑感、异化感和令人绝望的摸索感，就是西方没落的确切征兆。

正如第一章所指出的那样，陀思妥耶夫斯基是另外一个把西方的没落归因于传统宗教信仰式微的思想家。如果对上帝的信仰丧失，对基本的传统宗教原则的信仰丧失，意味着西方文化的死亡，如果这种信仰的衰落已经成为普遍的事实（就像尼采、斯宾格勒和陀思妥耶夫斯基所相信的那样），那么西方文化必然濒于崩塌。

如果情况确实如此，那么伴随我们正在考虑的这种观点的进一步发展，西方个体会处于一种迫近的危险中，即成为被虚无主义心绪腐蚀的受害者，因为他们很少有人抵挡得住文化的衰落和灭绝。大多数人在生命中经历着意义的死亡，因为西方文化开始崩塌。于是，这第四种观点和无神论相互配合，一种关于西方未来的立场（这种立场很容易扩大到经历了自己传统宗教信仰形式急速衰落的其他文化），视虚无主义为对生命意义的否定。当伯杰（Berger）等人描述宗教传统时，他们总结了这种观点的主要力量，即这些曾经在"为社会的有意义的整合提供支配一切的符号华盖时扮演极为重要的角色"的传统，今天却受到现代性的严重威胁，而且无论是在西方还是在世界的其他地方，"现代化的严峻考验"导致"整体性意义在集体和个人那里的丧失"（1973：79，158）。在这第四种观点看来，因为对上帝的信仰在西方宗教图景中占据如此核心的位置，它的丧失对西方人来说就意味着"整体性意义"的主要源泉的消失。这种观点没有之前三种观点的彻底普遍性或完全哲学化的特征，但是说明了在西方对上帝的信仰和生命意义之间必然存在关联。

这一部分所考虑的四种观点，把对上帝的信仰视为生活的关键，没有了这种信仰，生活就会失去方向，土崩瓦解，生活中最深刻的问题和关注就会无人知道或无法解决。这意味着那些处于当代世界的、发现自己不再能够信仰上帝的人们（至少处于西方世界的那些人们），注定要生活于荒诞之中。相应地，像陀思妥耶夫斯基、托尔斯泰、孔这样的一神论者，这样坚持把对上帝的信仰和生活意义相关联的人们，不需要费多少力气就能解释清楚虚无主义的心神不安如何影响越来越多的世俗西方文化；像施蒂纳、叔本华、尼采和萨特这样的虚无主义（或具有虚无主义倾向的）思想家，会从他们那一方面强烈地肯定这种所谓关联，至少他们每一个人都声称要讲清楚一种"坚定的无神论立场"的必然后果。

二　与人在自然中的地位相关的理由

这一部分的争论关注的是自然概念，这个概念出现于自然科学的方法和发现中。这些争论的一般结论在于，对自然的科学解释给特殊的人类经验、价值和努力提供了如此渺小的地位或支持，以至于严重削弱了人们对生命意义的信心。不管我们接受还是不接受人与自然关系的这种二元论或还原论解释，情况总是如此。

这种观点的核心假设是，科学在人类历史上第一次向我们提供了一种关于我们生活于其中的宇宙的完整而准确的描述。但是，让人垂头丧气的真理在于，被现代科学的透镜观察到的自然，完全不是我们希望的那个自然。亚种自然（*sub specie naturae*）意义上的人类文明及其所有成就，更不要说仅仅属于个人的造诣，都必须被视为次要的和无意义的，不管它们从纯粹人的视角来看多么重要。还有，相较于科学向我们揭示的世界那无比巨大的时空，地球以及地球上人类的历史实在是微不足道，正如托马斯·内格尔（Thomas Nagel）所言："我们在这样一个寻常银河系的偏僻角落所做的事情，似乎没有任何宇宙性意义，如果还存在这样的事情的话。"（1972：770）

按照别的方式思考，就会堕入天真的拟人论幻觉，和中世纪那种对我们自己在这个世界上的地位的过时设想。用马克斯·奥托（Max Otto）的话说，科学的自然解释，不仅要求"我们设定世界与人类的冒险事业毫无关系，而后者对我们来说意味着一切"，而且要求我们"承认自己飘浮在我们小小地球上的无限空间里，而这个地球是我们的理想的唯一监护人"（1924：289，Titus 1964：218）。于是，接受科学的思考方式的代价，就是放弃关于人生内在价值的任何幻想，就是要认识到，用宇宙这一尺度来衡量，人类并不比自然中最低等级的生命或无机物更重要。尘土、细菌和人类这些微粒，似乎都是一些和宇宙一样古老而无目的的冷漠力量与机械运行在不经意间产生的东西。

根据这种推理方式，科学地看待自然，就是用一种纯粹"客观的"态度看待自然。科学方法本质上就是超然的、没有偏见的和非个人性的。它们被设计用来过滤人类偏见、成见和痴心妄想中的扭曲成分，向我们呈现一种关于事实的本真描述，即使人类在宇宙中消失，这些事实还会存在。这些科学事实是自然的元素，它们可以得到定量分析，被归入形式法则，作为动力因（efficient causes）或统计概率的结果而被理解，服从于严格的经验检测。所有这些彼此相关的元素，构成了被科学思考的自然整体。在这样一幅自然画卷里，人类经验的存在意义、价值和质的维度，都不再有任何用武之地，因为它们不属于那个"外在世界"的客观事实，只是人类主观性的投射。就像科学的考察、证明方法被用来过滤主观偏好和价值的扭曲成分，来自这些方法的科学描述，就是对一个绝对客观而不受价值影响的自然的描述。

如果我们给这种推理附加这样一个已经提及的假设，即科学技术是为我们提供关于自然的信息的唯一可靠途径，那么与此相应，被正确理解的自然，就会缺乏价值，失去人类目的和非科学的意义。当怀特海（A. N. Whitehead）

注意到，从 17 世纪后期的科学哲学（直至今日，这种哲学的很多方面还被人们视为理所当然）立场来看，只从客观的或"原初的"数学特征来看待的自然本身"是一个单调乏味的东西，没有声音，没有气味，没有色彩；只是物质无目的、**无意义的**仓促移动"（1948：55）时，他已经注意到这种世界观的虚无主义内涵。

在其名著《偶然性与必然性》（首次以 *Le Hasard et la Nécessité* 为名发表于 1970 年）中，法国生物化学家雅克·莫纳德（Jacques Monod）为我们总结了他所谓的"科学的本质信息"，他说道，科学对自然的客观描述是"对价值的强奸"，因为它"似乎把价值融入世界冷漠的虚空中"。这种描述要求人放弃人类中心主义的和"万物有灵的"偏见，他必须——

> 最终从他的千禧年梦想中醒来；并且因此意识到他的绝对孤独，他的绝对无依。现在，他至少意识到，自己就像一个吉普赛人，生活在一个陌生的世界上，那个世界听不见他的音乐，对他的希望无动于衷，就像对他的苦难或罪恶无动于衷那样。（1972：172 – 173）

当莫纳德告诉我们"知识本身是对所有价值判断的排除……而本质上**非客观的**伦理学永远不属于知识领域"（174）时，他就把科学的客观认识模式——他视之为"真正知识不可或缺的前提（*conditio sine qua non*）"——和认为自然没有价值的观点明确关联了起来。这意味着，现在我们必须把价值和冷漠无情的世界严格二分，其中前者是人类做决定、引导生活和确立文化目标的基础，后者由科学研究的客观方法引入人们的视野。毋庸置疑，人们认为科学的自然解释打开了一道"黑暗的深渊"，或者会带着恐惧、悔恨的"深巨苦痛"对此做出反应（169 – 170）。尽管莫纳德很同情这些感受，但他坚称我们必须追随科学的客观性，不管它会把我们领向哪里，因为只有这样，我们才会拥有关于世界以及我们在这个世界上的处境的正确知识，才能够避免过去的那些徒劳的妄想。

莫纳德关于自然以及人在自然中的角色的观点，某种程度上非常类似于罗素。我们之前已经看到，罗素假设科学事实完全独立于道德价值，并且毫不怀疑地接受科学的自然描述——自然是无关价值的赤裸事实的领域，这使得他把人类生活和文明描述为一种完全无效的努力，面对自然世界正在侵蚀一切的沙漠，这种努力想要保留一片目的和意义的绿洲。

承认科学客观性的严格要求，接受这种暗淡的自然观，会导致两种思考人类与自然秩序关系的方式。一种方式强调人类意识和自然完全不同，把二者归为各自独立的领域；另一种方式特别强调二者之间的连续性，认为人类生活和经验完全从属于科学的自然描述。第一种方式是二元论，第二种方式是还原论。正如我们将要看到的那样，这两种非此即彼的方式，都有强烈的虚无主义内涵。

第一种方式设定了两个彼此分离的领域。首先，存在一个被科学思考的客观自然世界。这是一个由纯粹事实组成的荒原世界，这些事实可以分解为数学的量和关系。其次，存在一个主观的人类意识领域，那里充满了芳香、味道、色彩、美丽、快乐、悲伤等直接的质的经验，并且接受一种天生的目的和价值感的指引。由于客观世界无法允许这样重要的人类经验和关注的存在，它们必须被视为人类心灵无拘无束的产物，被用来针对自然的特征，从而在自然本身中不可能被发现（即使它们被认为产生于自然过程中并通过这一过程维持）。

这种二元论带给心灵的形象，是迷人的童年玩具，是万花筒。当你透过玩具"正确"的一端并转动筒身时，你看到了各种不断变化的颜色与图案的惊人表演。这个"世界"就像它本来所是的那样，充满了意义和价值。但是如果你从万花筒的另外一端看，你只看到一些零零碎碎的难以描述的水晶片，就像科学客观描述的那个苍白而无价值的世界一样。究竟哪一个才是真实的世界？根据二元论的假设，两个世界**都是**真实的，但是两个世界之间的差异却大得不能再大了。前述章节中关于罗素宇宙论虚无主义的讨论已经指出，被二元论思想家设定的科学与价值、宇宙与文化领域的区别，究竟有多么明显。

这两个领域的区分，很容易导向一种虚无主义的结论。无论人类意识领域本身设定如何真实，二元论的假设意味着人类与自然的深度疏远。在一种自然秩序中，我们如何有在家的感觉，这种秩序与我们最深刻的冲动和需要毫不相干，它的完全的客观性，全然不同于我们主观经验的目的性和生动性？我们如何能够相信生活的价值或意义，如果它们被悬置于虚空之中，完全脱离于实在的其余部分？我们好像不能无忧无虑地退回心灵的独立领域，并且忽视自然的冷漠。我们的心灵内在于我们的身体，而我们的身体是自然世界的一部分。于是，我们一边和自然密切关联，一边又彻底疏离于它。我们生命中的每时每刻都要依赖自然，尽管它对我们珍爱的一切无动于衷。这种明显的不协调，似乎让罗素这样的人敢于保证科学的自然观不会妨碍人类文化的努力和成就，后者在一种独立的实在秩序里有其合法性和重要性。对许多现代人来说，这种保证不能让人相信。他们感到，在科学的自然描述和人类生活的彻底荒诞性之间，存在一种直接关联。

二元论假设不仅包含让人类疏离于自然，从而产生严重的无根感和无家可归感的种子，还饱受一种似乎根深蒂固的不连贯性之苦，而后者会加重那种陌生感和荒诞感。二元论之所以被指控具有不连贯性，是因为它不能给下述问题提供令人信服的答案。如果意识和自然这两个领域就像二元论所宣称的那样完全不同，那么它们之间还可能有共同之处、重叠部分或互相影响的基础吗？二元论如何解释心灵对身体的密切依赖，或如何解释心灵通过身体这个中介影响自然事件或被自然事件影响的能力？它如何解释人类具有获得客观性自然知识的能力，这种知识却悖论性地设定心灵明确独立于自然？或者，如何解释对自然现象的科学预测和控制是人类文化的无法否认的成就？或者，如果人类意识和文化被认为属于一种完全不同的实在，那么它们如何产生于自然或被自然维持，即使是在纯粹客观或科学的意义上？

二元论立场这种似乎真实的不连贯性，严重刺激了还原论，后者是对科学的自然描述的第二种反应。但是，还原论的假设从另外一条路把我们引向了虚无主义的结论。在这种反应中，人类拥有的所有东西都得到了科学的描述，都被完全合并为自然的客观事实。人类主观性的意义消失殆尽，即使不是完全消失，它也不再被视为一种独立的实在秩序，能够独立行动和创造，而被视为自然过程的附带现象或副产品，就像在温暖的冬日地球上笼着的一层升华的雪雾。那些看上去是目的、价值、意义或自由决定的能力的东西，其实只是身体过程的主观附属物，只是神经兴奋、肌肉紧张、内脏搅动诸如此类现象的被动表现。心灵是身体权力的奴隶，可以全部还原为科学的、物理学的描述，于是，主观性被完全并入客观性，一元论替换了二元论。现在，科学的自然描述被认为囊括了所有能够想到的思想家和感知者。目的成为笼罩在纯粹机械性的运转上的幻觉之幕；文化的意义，不过是有机体植根于基因的生存策略，这种有机体就因为能够适应环境而成功经受自然选择；价值，即使它们真有某种意义，也只是需要进行因果解释的事实。

对于还原论者来说，科学对自然事实的描述和解释，不允许目的性自由的存在，因为自然事实被认为极有规律，其作为效果的功能和关系完全可以根据它们既有的原因预测到。即使自然的运行中存在一些不确定性因素，就像近年来量子理论或进化论所承认的那样，这些因素也被认为是盲目的偶然性的活动，与目的或设计无关，并且被认为可能会对日常人类经验的宏观层面产生影响，这些影响仍然极有规律，可以预测。于是，目的性自由在被科学思考的自然中似乎没有立足之地，这种自由是一种为了文化目标而行动的能力，或者在既有动力因语境中存在的各种可能选项中做出真正选择的能力。

在为自己的概念"科学观点"辩护时，当代物理学家斯金纳（B. F. Skinner）拒绝这样一种观念，即一个人"可能会以最初的方式自由地权衡、决定和行动"，而且"因其成功而获得信任，因其失败而受到指责"。他坚称，在科学考察的自然中，我们应该假设"一个人的行为决定于遗传天赋，后者可以追溯至整个类的进化历史；决定于环境状况，这个人作为个体，已经暴露于这种环境中"。我们越是认识到"环境的效果"，我们越少有理由"把人类行为的任何部分归属于自律的控制者"（1971：96）。

帕顿（H. J. Paton）提醒我们注意这种对待意识和自由的还原论态度的

虚无主义基调，后者以科学客观性的名义表现出来。他指出，人——

> 在发现自然法则时表现出他的聪明才智，然后才可能带着恐惧意识到这一事实，即这些法则也适用于他自己：对科学来说，他只是许多对象中的一个，必须同样按照其他对象被理解的方式来理解，于是，人最终陷入了他自己织就的网中；而且当我们这样说时，我们必须说这是真的，不仅他的身体，而且他的整个灵魂，都陷入了这张网。科学正如其所是的那样，是人为了主宰世界而建造的机器，但是，这台机器现在开始反过来针对它的制造者，并且寻求主宰他了。（1955：109－110）

斯金纳明显没有感到那种被自然的客观性过程吞并的"恐惧"，因为他梦想把科学的预测和控制技术应用于人类，以便他们只想去做符合他们自己的和所处社会的最大利益的事情。这一愿景赋予他乐观主义的态度，因为他认为这一愿景包含人们一直都在寻求的保证人类持久幸福的秘密。坚持人类自由的信仰，是完全不科学的，是在这些行为控制计划的实施道路上愚蠢地设置障碍，而我们如果真想解决人类生存的慢性病，就必须有效推进这条道路。归根结底，斯金纳通过他的代言人——《桃园二村》中的弗雷泽说道："你不可能拥有一种关于主观性问题的科学，这种问题随心所欲，难以把握。"（Skinner 1948：257；也见 1953：6）

但是，其他人发现自己无法颂扬科学还原论，科学还原论认为人类不是自由的代理人，而是自动机，认为人类个体的和文化的成就（更不要说他们的失败和罪恶）必然来自他们的基因排列方式和他们所处的自然、社会环境的影响。即使假定他们能够被设计成意识不到自己缺乏自由，而且会毫不怀疑地接受一种规划科学的社会环境——就像斯金纳的桃园二村——中的各种制约因素，他们仍然不会颂扬科学还原论。在他们的判断中，没有规划好的"幸福"可以替换真正的行动自由。这样的人必然遭遇帕顿所谓虚无主义的恐惧，因为对他们来说，没有自由的生活也是没有任何目的或价值的生活。

哲学家威廉·詹姆斯（William James）曾经谈及他生命中的一个批判时期，那是在1869年，他感觉自己"陷入一种经验哲学"，也就是陷入一种还原论的决定论，后者宣称"我们完完全全都是自然的，我们都是受条件制约的，除了作为自然法则的结果，我们的意志不会发生"（1920：I，152-153）。这种没有让他获得任何乐观主义感受的哲学，极大地打击了他，让他几近精神崩溃。他只有拒绝科学还原论，发展一种能够赋予人类自由核心地位的实在哲学，才能够找到信心和希望。陀思妥耶夫斯基也感到了这种怀疑主义观点的虚无主义打击力量。他在《地下室笔记》中注意到，任何认同这种观念的人，即认同其所有行为无一例外都能够根据自然法则和数学公式而被解释的人，都已经变成"没有欲望，没有自由意志、没有选择……的人"，他不再是一个人，而只是"类似于琴键、音管或风琴这样的东西"（Kaufman 1956：72，70）。对这样的思想家来说，像斯金纳的一本书的名字所建议的那样，以科学的名义去"超越自由和尊严"，就是把意义的核心从生活中抽去。

另外一个还原论支持者是莫纳德，虽然他似乎经常陷入二元论的语言（Lewis 1974：27-50）。正如我们已经看到的那样，对他来说，事情的真实（客观）存在就是它们被科学认识到的存在。这包含人类及其所有行为。这包含所有的人类进化、历史和文化发展。在一份英国广播公司的演讲里，莫纳德明确宣称他的还原论视角："……所有的东西都可以被还原至简单的、明显的、机械的相互作用。细胞是一台机器；动物是一台机器；人也是一台机器。"（Lewis 1974：ix）在《偶然与必然》中，他主张像语言、宗教和哲学这样的文化成就，都完全可以根据进化论术语来解释，也就是说，可以根据它们赋予人类的生存优势来解释（1971：129-133，167-169）。就像世界中的其他东西一样，人类的进化及其独特的生命形式，一方面开始于纯粹偶然的相互作用，另一方面开始于既有的物理法则、基因结构和环境因素。于是，没有什么东西不能根据完全科学的模式来解释。莫纳德告诉我们，人类大脑本质上与一台全自动机器无异，大脑的高级功能，包括意识和语言的复杂运用，都可以还原至机械解释，如果当前的科学理解水平还有限的话，至少原则上会如此（148）。他在一个地方曾提及"二元论的幻觉"，后者把心灵和大脑相区分，并坚称"客观的分析"要求我们拒绝这种幻觉，即使我们很难抗拒其魅力（159）。

莫纳德用一种"科学社会主义的人道主义"结束他的著作，这种人道主义将通过拒绝任何没有科学依据或"客观性前提"的知识声明，最终赋予人类存在以可靠性。这种客观性前提，是他所建议的新的社会生活和观念的基础。它禁止混同事实和价值，并且把所有**作为**价值的价值从真理范畴中移除。尽管我们可以对人类一般价值进行科学的**解释**，但是这些价值不可能得到**辩护**。所有的价值，甚至包括暗含在客观性前提本身中的价值，都是任意的和站不住脚的，因为它们不可能被客观地（也就是科学地）建立或批判（173 – 176，180）。在坚称价值得不到科学支持时，莫纳德不同于斯金纳，而认同罗素（Skinner 1971：Ch. 6）。但是他和斯金纳的还原论一致，认为有益的社会改革建基于对科学原则的全面运用。

内在于莫纳德还原论观点中的虚无主义非常明显。比如说，他所解释的科学明显无助于我们决定自己如何生活。客观性前提把个体和社会置于一种存在主义的无意义深渊，在这样一个价值的虚空中，我们仍然需要继续做出选择。还有，莫纳德难以应付这一关键问题，即如果按照他所宣称的那样，人类不过就是机器，那么是否还会存在任何像选择这样的问题。他似乎假设了一种选择能力，同时又用他的全部理论来否定这种能力。值得指出的是，在他列举和讨论的中枢神经系统五种功能中，没有一种涉及有目的的选择的能力。于是，人类是否能够像萨特所说的那样任意自由地发明他们的价值，还是不清楚的。意识本身倾向于被莫纳德描述为一种附带现象，一种主观"表现"和"模仿"外在事件的能力，而这种能力对外在事件没有任何效果（149 – 152）。简而言之，莫纳德的还原论方法和结论，不但不能减轻，反而会更加支持一种关于人类处境的强烈的荒诞感。这从另外一个角度说明，科学的自然观如何不可避免地倾向于虚无主义。

在一篇名为《现代文化中的科学，或无意义的意义》的文章中，埃里克·韦尔（Eric Weil）把**科学主义**定义为一种基本态度：

只有被科学地确定的，才是对所有地方的所有人（疯子除外）来说是真的、客观的和有效的，而人类谈论的其他剩余部分，都没有真理可言，尽管这些剩余部分事实上对人类来说是更大且更重要的一部分（科学家除外）。（1965：185）

如此定义的科学主义，和莫纳德的客观性前提，是同一个东西。韦尔继续指出，科学主义要么把所有的价值问题遣回主观性领域，那里没有任何东西可以被真正地或客观地认识，要么把价值仅仅视为可以用因果关系解释的历史的偶然事实，他称这种观念为**历史主义**。通过划分事实与价值，科学主义还创造了分裂的人格，尤其是在那些受到良好教育的社会群体中，而且把文化分为两个封闭的区域：一个必须用科学来解释，因而适用于知识；一个涉及任意的价值观点解释（比如伦理学、艺术和宗教领域），从而最终是无意义的，因为它们超越了知识的范围。被视为真理的唯一储藏室的科学，可以做"一种令人敬佩的工作，即指出成功的条件和决定的可能后果"，但是，当一种被科学主义把控的文化开始衡量它的选择和决定的价值维度时，这种文化无法提供任何理解的资源（186）。结果，正如韦尔所言："被科学主义解释的科学……已经在一个深远的层面，很可能是最为深远的层面上，成为我们文化的一个破坏性因素。"（185）

这最后一个声明，可以拿来作为本节论证的非常合适的总结，因为所有这些论证的意义，都在于科学的自然观——由韦尔所谓**科学主义**态度所支持——必然会把深深的不安引入当代社会，会在所有人类生活中最为重要的东西上覆盖一层虚无主义的柩衣。正如我们已经看到的那样，受科学启发的观念和完全拥抱客观性的规划，削除了我们的价值，把我们的大多数意识经验变得毫无意义和无关紧要，对我们的目的感和自由感横加指责。我们似乎只能被科学的自然描述和对待价值的方法中暗含的宇宙论虚无主义和道德虚无主义以及科学关于人类在世界中的地位的总观点，引向一个结论：人类生活根本上无望而可怜地荒诞。

三 与痛苦相关的理由

"它摧毁了你的整个世界——不仅仅是你的孩子，还有你相信的一切。"一个被同班同学枪杀的高中生的父母几近疯狂地说出的这些话语（Stene 1984），成为这一部分的观点的缩影。他们表达了那些能够袭击我们的困惑感和荒诞感，当我们被迫承认人类可怜的脆弱性，承认它总是对遭遇痛苦、灾难性的丧失或死亡非常敏感时。恶的神学问题在于必须解释恶在世界上的存在怎么能够与一种信仰和解，即恶由一个公正而无所不能的上帝所创造。这一部分提出的问题或许可以命名为"恶的存在问题"。面对世界上如此多现实的和潜在的痛苦，这是我们发现继续生活的理由时要回答的问题。从这个问题推出一种虚无主义结论的人们，会主张像我们自己这样的生命，在毁灭性袭击、悲伤、失望和痛苦面前那样脆弱的生命，不可能有任何意义。

叔本华就被带向这一结论。他否认生命值得一过，主要是基于他对大量似乎无意义的痛苦和悲伤的感受，这些痛苦和悲伤是人类的命运。我们之前已经看到，他坚称痛苦远远超过那作为我们存在的积极原则的快乐，而且快乐不过是痛苦出现前的短暂休息。即使这些短暂的休息，也常常是从他人那里攫取过来的，是以他人的痛苦为代价的。当我们没有经验痛苦时，我们又会受到无聊的折磨，那是另外一种痛苦，某种程度上比痛苦更使人难以忍受。叔本华还被这样一种思想折磨，即我们经历了生活中各种各样的危险和邪恶，但最终还得面对死亡这一荒诞的结局。于是，生活对他来说，就是一种"失望"和一场"骗局"，而且他还坚信，我们活得越长，对这一事实的感受就越确切。他哀叹道，让未出生的孩子免负生存重担，是一种美德，因为这种生存的痛苦将不可避免地吞噬所有他们能够暂时获得的满足（Schopenhauer 1942：V，3–5）。

很多人都觉得叔本华的道理很有说服力。他们认为他驱散了浪漫主义的痴心妄想，强迫我们不加虚饰地解释我们作为人的实际处境。当我们认识到我们最深程度的爱和最珍爱的事业会因为某种完全不可预料的事件而一瞬间毁灭或化为乌有时，我们如何在当下获得一种安全感，或对未来充满信心？即使我们非常幸运，在当下并没有经历意外的痛苦，但我们知道这并不能保证我们在未来不会经历痛苦。事实上，根据统计学的规律，我们一定会遭遇这样的痛苦，尤其是当我们活得足够长，要面对老年的创伤时。我们还知道，就在此刻，无数其他人的生命正在遭受身体或精神的苦痛折磨，这些苦痛，可能是他们作恶或冷漠的结果，也可能是因为他们先天就有的精神或肉体缺陷、让人虚弱的疾病和各种可怕的意外与灾难——所有这些都没有任何明确的理由就会发生，会任意地发生在某些人身上，又暂时放过另外一些人。面对自己实际的或潜在的痛苦，还有广布于全世界的痛苦，敏感的人们如何有希望获得幸福或满意的生活，或者他们如何能够有那么一个瞬间，会认为人类生存是有意义的或值得拥有的？

我们只有通过浏览报纸或阅读医院的日常记录，才能知道人类的痛苦问题有多么普遍。有些孩子生下来就眼盲、耳聋、畸形或智力发育迟缓。一个小孩子撞上了迎面而来的卡车，被夺去了生命。一个少年因为一次滑雪事故，脖子以下全部瘫痪。一个成年人正当壮年，却患上难以治愈的癌症，那意味着要么缓慢而痛苦地死亡，要么长期服用止痛药而变得呆滞。还有一些人忍受着越来越严重的抑郁，医生们似乎都束手无策，以致他们最终自杀。我们也很容易从我们自己的经验里提取类似的例子，那些完全无法分析或辩护的身心痛苦的例子。这样的例子并非只关涉这里或那里的个别人，而是很大一部分人。比如说，当我写这几行文字时，因为长期的干旱，中非地区成百上千的人们正在饿死。

这么多日常的痛苦和丧失，似乎会让下述结论不可避免，即无论如何，我们的生命完全是荒诞可笑的。齐奥兰（E. M. Cioran）以一种令人绝望的方式罗列了这种结论所需的证据。这就是他对我们生存于其中的世界的判断，就像叔本华那样，他认为这个世界已经被无缘无故的烦恼和痛苦不可救药地摧毁了：

在所有的尝试中，还有什么比这个世界更没有价值的，除了那思考它的观念？无论哪里有会喘气的东西，都会同时还有一种疾病：没有心悸，难以肯定存在的缺陷；鲜血让我恐怖：这些男人，这些女人，都是垃圾，被某些痉挛抱怨；……每个时刻，都只是我在绝望的坟墓里的一次投票。（1975：142）

他指出，语言向我们隐瞒了残酷的真理，即生命只是"邪恶的委婉说法"。没有了语词的安慰，只剩下我们自己，像"命运、不幸、耻辱"这样的"宏大表述"，就会失去它们的抽象光泽，失去把我们和它们必然会指涉的我们具体生存中的不幸隔离开来的能力。于是，我们被迫直面"那无限的世界，那纯粹的客体，那赤裸裸的事件；我们从哪里找到直面它们的勇气？"（121）

我们理所当然地认为我们计划和关注的路线是可预期的，却忽视了它们会如何突然而轻易地脱离既有轨道。我们常常会忘记高度复杂的精神和肉体功能之间微妙的平衡，是这种平衡维持着我们的精神能力和正常心智。我们会忘记这些微妙的身体及其纸一般脆弱的血肉很快就会受到损害；忘记它们处处都会受到愚蠢的剥夺与痛苦的侵犯。我们有时候难以注意到或严肃对待这样的事实，即它们就位于我们与荒诞的、无法改变的毁损，我们自己的死亡的虚无，或我们所爱之人的伤残或死亡之间。但是，无所不在的痛苦和丧失在我们身边处处可见。即使这些身体暂时还是完整的，它们持续的衰退也会最终导致我们的衰朽与死亡。于是，活着就是在一段短暂的时间中摇摇晃晃地走过一处深渊，最终还是被冷漠地推入那深不见底的黑洞；有些人可能比其他人更早一些被推下去，但最终所有的人都无法避免这一命运。只有借口或愚蠢能够哄骗我们，让我们相信这样一种存在能够为任何持久的信心或希望提供基础。

在折磨人类的东西的目录上，我们还必须加上对他人的故意伤害（或者有时候是故意的不作为）所导致的一切不幸。我们极其容易受到其他人的破坏性行为的伤害，这是从另外一个不同的方向严肃质疑人类生命的意义。

在《美国谋杀案》一书中，约翰·戈德温（John Godwin）描述了两个西南地区的流浪汉在 1973 年三个星期里的谋杀暴行。他们先是在亚利桑那州的一辆房车里杀死两个人，用猎枪近距离打爆他们的头颅。他们之前曾经在一次毒品分赃中制伏两个同伙，并且把他们绑在一辆面包车的尾部，现在，他们把这两个人运往加利福尼亚州的一个鱼塘，剥光他们的衣服，用绳子把其中一个活活勒死，把另一个人的咽喉完全切断。被嗜血的欲望所支配，他们再次返回东部，在亚利桑那州抓了两个搭便车的人，并且毫不迟疑地把他们杀死。然后，他们冲进两个学生的公寓，开枪射杀了他们。

再次返回加利福尼亚州，他们来到位于圣华金河谷的一座小镇。在这里，他们冲进一对夫妇的家中，把他们的孩子和邻居夫妇的孩子押为人质，直到两对父母从保龄球馆返回。在强迫其中一个父亲（他开有一家小卖部）去小卖部保险柜里为他们取钱后，两个流浪汉有条不紊地杀死了房子里的所有人，朝每个人都开了两枪——一枪对准头部，一枪瞄向胸部。一共死了九个人。戈德温指出，这样的杀戮似乎通常没有明显的动机，至少，那杀人动机不只是为了钱。它毋宁说是在杀人过程中体验到了一种奇怪的满足感或如释重负感（1978：299，303，305 - 307）。谈到流浪汉在加利福尼亚州杀死九名受害者之前的时刻，戈德温反思道，

　　他们或许很享受这样的时刻：当你的受害者最后时刻的疯狂，和你扣动扳机的手指不断增大的压力成正比时——当你面前那无望的存在已经听到枪响，认识到什么事情正在到来，但又无法做任何事情，绝对无法做任何事情来阻止你时——一种权力感汹涌而来。这就像回首往事，细细品味着那些年发生的一切。（307）

如果我们自己或我们所爱的人成为这样的人的受害者会怎样？我们还会明白生命的意义吗？有些人可能最终会和这种经验达成妥协，认为它可能只是正常轨道的暂时脱离。但是，那些相信本节提供的那些论证的人们，会坚

称类似经验的打击会揭去娱乐和欺骗的虚饰，这种虚饰一直不让我们看到生命的荒诞。他们会注意到，谴责这些流浪汉，谴责他们的父母或他们所处的社会，都是无济于事的。关键在于，我们必须生活于一个此类暴行会日复一日地发生的世界，而且那生产这些暴行的扭曲的心灵和精神也在发展。这里，我们注意到，在宇宙论虚无主义和确信生命无意义之间，存在密切关联。即使让这两个流浪汉相遇并住在一起，且彼此强化对方的邪恶倾向的条件是偶然形成的，这也只能强化那种荒诞感。

但是，比起现代国家强加给人类的痛苦，上述犯罪，即个人对个人的犯罪，就会显得微不足道。无疑，现代时期的最大反常之一，就是自然科学尽管已经征服了许多自然的邪恶，如瘟疫、天花、百日咳和阑尾炎等，但也同时形成了一种全新的道德邪恶能力，后者与大规模杀伤性武器密切相关。

有人曾经估计，第二次世界大战的总火力，包括投向日本的两颗原子弹，大概有三百万吨级（相当于三百万吨 TNT 的爆炸威力）。在这本书出版之时，美国和苏联的核武库里，共存放有大约一万两千万吨级的总火力（Broad 1984）。这意味着美国和苏联此刻共同具有的破坏能力，是第二次世界大战的四千倍。或者更明白地说，一艘"海神号"核潜艇就具有三倍于第二次世界大战的破坏力。何况，美国和苏联以外的国家现在也有或很快就会有核战能力。我们大多数人都是各自国家的公民，一旦全球核冲突爆发，这些国家必然都会卷入。即使某些国家不会卷入，我们也必须生活在同一个地球上。于是，我们没有办法避免由这些武器造成的难以想象的痛苦和灾难的威胁。面对如此级别的威胁，我们如何过一种安全的、有意义的生活，这种威胁不仅可以在数分钟之内抹去整个城市和数百万生命，还可以把人类文明本身的结构和根源置于极度的危险之中？

一旦认识到我们已经知道关于人性和人类历史的知识，特别是关于新近的国家间的悲剧性历史的知识，我们就会发现，真正灾难性的（如果不是天启式的）第三次世界大战爆发的可能性是如此之高，以至于它对心灵的宁静和生活在今天这个世界的任何有思想的人的乐观主义来说一定是致命的。那么，我们如何认为我们的生命是有意义的或值得一过的？我们似乎注定要么实际遭遇另外一场用核武器厮杀的世界大战那样无法想象的大屠杀，要么持续陷入担心这场战争会在任何时候爆发的焦虑中。不管哪一种情形，我们对已经开始的全球性疯狂，对其可能带来的巨大困难的感受，都会让我们作为人而存在的状况显得怪诞和荒唐。即使我们无法得出这样的结论，即我们的命运已经确定，这种高度可能的全球性灾难，也足以把我们带向绝望的边缘。

但是，假设所有这些现代技术都已经消失不见，假设所有来自自然法则的肉体痛苦，还有人类的残忍或麻木都大大减少，那么，我们就有活下去的理由了吗？根据弗朗茨·卡夫卡（Franz Kafka）这样的思想家的判断，这个问题的答案是高度可疑的。因为他似乎坚信，我们最深刻的痛苦，并非来自对异乎寻常的丧失或疼痛的感受，而是来自内在于我们自身结构的剧烈的精神冲突和苦恼。我们发现，如果没有了理想，我们就会活不下去；我们还发现，这些理想的无法实现性，使我们永远活在彻底的不满和不安中。斯蒂芬·D. 罗斯（Stephen D. Ross）发现，这是卡夫卡神秘难懂的小说《审判》（首次发表于 1925 年）的一个主旨（如果说还有**其他**主旨的话）。我们的理想（用卡夫卡的"法律"来象征）是赋予我们的生活以意义的东西，但是，"所有的理想都注定要失败——它们必然要么让对人的命令变得不可能，要么失去它们作为理想的功能"（Ross 1969：135）。

法律命令对 K——《审判》的主角——的不可能性，可以通过他一直没有能力弄清楚他犯了什么罪，没有能力直面他的原告，没有能力检验他们控告他的证据，或没有能力在法庭上为自己辩护来象征。他总是无法保持平衡，难以理解他如何行动，或者指望他做些什么。和他接触的人，都不会相信他的无辜声明，他自己的自我怀疑和潜在的犯罪感又随着神秘莫测的"审判"不断增强。他被告知，这些审判的后果，通常是预先知道的结论，最终，他似乎完全无法逃脱他不可避免的罪责。

罗斯解释道："作为一个人存在，就是努力追求某种东西，它要么是神圣的，要么只是某种自我实现的自然理想。但是，这样的目标的存在，对意识来说，是而且必须是一种折磨。于是，这又和他们存在的目的相矛盾了。"这样的痛苦，完全无法排遣。我们似乎注定要么陷入犯罪、自责的不幸和无处不在的挫败感和失败感，要么陷入"无能于自我分析和挑战"的空虚中。根据罗斯，意识到陷入这样的处境——只要我们还是人，就无法逃离这一处境——是"所有可能想到的事情里最可怕的事情"（135）。注定要带着这种意识及其必然包含的无所不在的痛苦而活着——敏感的人的生活还能是什么？——这很难令人满意，很难让人觉得充实。

最后，我们还要考虑动物的痛苦，这些痛苦中的一部分来自人类行为，一部分来自动物的存在本身。在《宗教经验的多样性》一处动人的段落里，詹姆斯记录了动物的痛苦经验，以此展现生命忧郁的一面。

> 相信地质时期存在食肉类爬行动物，这对我们的想象力来说是很困难的——它们似乎太像博物馆里的样品。但是，任何一个博物馆样品的颅骨里都没有牙齿，它们在过去漫长的时光里没有每天都紧咬着一些注定是牺牲品的动物的肉体。恐怖的形式，就像那些受害者，在一个很小的空间尺度上充满了我们今日周围的世界。这里，在我们的灶台上，花园里，地狱里的猫正和喘气的老鼠游戏，或者，它的爪下，正有一只扑腾着翅膀的小鸟。此刻，鳄鱼、响尾蛇和巨蟒，与我们一样是生命的化身；它们令人厌恶的存在充满了漫长的每一天的每一分钟；而且无论什么时候它们或其他野兽紧握它们的猎物，那不安的忧郁症患者能够感受到的极度的恐怖，就是对这种情境的仅从字面上看的正确的反应。（1958：138）

类似的观点可以用来谈论人们虐待他们的家养动物或宠物，粗糙的养育动物的方式，许多生产效率很高的食品"工厂"，各种研究活动对动物的臭名昭著的虐待（Rollin 1981：84，89 – 148）。

叔本华指出，我们尝试对某些人类痛苦进行的解释或辩护（如自由的误用、人的堕落、作为不良社会环境的产物的罪犯）也适用于动物。这就是说，它们或它们中的任何一类都不能为它们自己的痛苦负责。但是，正如他指出的那样，动物必然会在人的手中，在"等级分明"的弱肉强食的自然界中，持续忍受巨大痛苦（1942：V，11）。如果我们表现出哪怕一点点同情，那么我们如何肯定一个世界，在那里无辜的生命所遭遇的痛苦无处不在，简直就是家常便饭？

伟大的宗教总能准确地捕捉到这个世界难以解释的痛苦，我们在这一节关注的，就是这样的痛苦。比如，佛教徒就视人类的生命轮回为"一种大苦"，经常谈论遍及人类存在的"年老、死亡、悲伤、哀叹、苦难、忧郁和绝望"（*Vinaya Texts*，Noss 1969：137）。沃尔特·考夫曼（Walter Kaufmann）也提醒我们，"犹太人的虔诚是暗夜里不停的哭泣，很少意识到'那在太阳底下实行的所有压迫'"（Ecclesiastes 4：1）。这种虔诚"生来就是强烈的痛苦"，以至于犹太人"无法克服，从而必须尖叫、言说、控诉以及和上帝争辩——不是关于上帝——因为没有其他人能够理解……"（Kaufmann 1963：168）

当然，每一种宗教都指出了一种补救痛苦和逃离痛苦的途径，它们都把痛苦视为存在的核心问题。但是假如没有一种宗教能够那么有效，或假如我们不能确信哪一种宗教是适合我们的救赎之道，那该怎么办？于是，我们的处境将是黑暗和绝望的，虚无主义似乎就是我们生命的终极真理，不可逃脱的真理。这至少是我在这里概述的这些论证的负担，这些论证只抓住了问题的表面，而这个问题却直指生命意义问题的最深刻的根源。

四　与现世存在相关的理由

我已经提到过这样的事实，即世界上的各种宗教都密切关注痛苦问题；每一种宗教都宣称自己能够提供应付痛苦的决定性方法，这种方法如果不是思想性的，也至少是存在性的。宗教还充分关注在时间中存在的问题，我将要在这一部分讨论这些问题。在另外一本书中，我指出："在宗教传统中，拯救很大程度上意味着能够有效地应对这样的时间威胁，后者是恶的种子的聚集，是对出生与再生的束缚，是死亡的恐怖，是有价值之物的瓦解，是对不确定的未来的焦虑。"（1981：263）对时间问题的关注是可以理解的，因为就像与之紧密相关的痛苦问题一样，时间能够对人的存在的完整性和稳定性造成深刻威胁。于是，许多对找到解决这个问题的方方面面的方案感到绝望的人们，也会对他们生活的价值感到绝望。

这个问题的第一个方面，是时间中事件的短促性，或如叔本华所谓，"稍纵即逝的当下瞬间"是"真实存在的唯一方式"（1942：V，19）。如果这是真的，那么就似乎没有理由赋予事件和我们的社会经验以任何价值了，因为每一事件都太过短暂和无常，以至于不可能有价值。事件或经验一经发生，就立刻成为过去，于是"不再存在；即使存在也像从未存在一样"。我们或许已经赋予事件极端的重要性，但由于已经过去，它总是不及当下发生的任何事件。后者至少是"一种现实"，因此"相关于前者，而前者已是虚无……"叔本华如此结束这段推理，后者在"下一个瞬间也不再存在，会完全消失，就像一场梦，不可能有任何严肃的效果"。由于我们生命的每一瞬间都是如此，由于生命不过是这样的瞬间的累积，所以我们的生命是完全没有意义的（19-20）。

萨特的小说《恶心》中的洛根丁，也饱受这种"被抛弃在当下"（1964：49）的令人绝望的感受的折磨。在写作关于德·洛尔邦的传记时，他发现他"刚刚写的"几个字母"字迹还没有干，就已经属于过去了"。他四下焦虑地望着，只能发现"当下，除了当下，一无所有"。在日记里，他写下这种经验，指出这已经向他泄露了"当下的真实本性"。当下"就是正在存在的东西，而所有不在当下的，都不存在。过去并不存在，完全不存在，在事情里不存在，在我的思想里也不存在"（130）。

在小说的前面部分，洛根丁曾经详细叙述过一个场景，那个场景让人们强烈感受到当下的稍纵即逝。他巨细无遗地描述了那个场景，就像一个印象派画家热衷于捕获对即将永远消失在过去的瞬间的感受。

  ……星期六下午三四点钟，在车站工地的小段木板人行道上，有一位身穿天蓝色大衣的小女人在倒退着奔跑，一面笑着，一面挥舞着手帕。与此同时，一个黑人正拐过街角，吹着口哨走过来。他穿着乳白色雨衣，一双黄皮鞋，头戴一顶绿帽。女人一直在倒退，退到挂在栅栏上为夜晚照明的那盏灯下，正撞在黑人身上。此时此刻，在火红的天空下，既有发出浓重湿气的木栅栏，又有路灯，又有黑人怀中的那位可爱的金发小女子……

然后，一切都开始解体，只剩下灯、栅栏和天空；不过这仍然还是很美的。一个小时后，灯点起来了，刮起了风，天空变成黑色；再也没有什么留下来了。（15－16）

小说《恶心》中的事件的发生地布维尔的市民们，据说都切实地遭受过这种当下瞬间稍纵即逝的痛苦感受。洛根丁描述了他们中的好多人如何在连续一星期的工作后寻求放松，那就是在星期天的下午到海滩上溜达。但是他们发现，假期并没有带给他们快乐。他们能够感受到"时间一分钟一分钟地从他们指缝间流逝了"，他们想"储存足够的青春以在周一的时候重新开始"，而这完全是徒劳。最终，他们心烦意乱地返回家中，开始读起晚报或打开收音机。他们的"星期天只留下一些灰烬，而他们的思想已经奔向星期一"（74，76）。

这就是我们梦寐以求的快乐、收获和满足的瞬间。它们来也匆匆，去也匆匆，我们必须学会带着任何东西都不会持久存在这样的残酷认识活下去。时间会销蚀正在发生的一切，这种销蚀不是发生在未来，而是就发生在当下。在一个如叔本华所描述的"动荡不安是存在的标志"的世界上，在一个每一瞬间都会被持续吸入"变化的漩涡"的世界上，任何能够导致幸福的东西都是不可思议的。注定要在时间中生活，我们作为人而有的处境是既贫瘠又荒谬的。"我们就像一个走下坡路的人，无法管住自己的腿脚，只能一直跑下去，如果停下来，一定会摔倒……"在我们生命的后期，我们将不会有任何东西展现给我们的生命，因为它们"什么也不是，除了是一个总是会消失的当下瞬间"（1942：V，20－24）。

由于当下就是全部的真实，而且永远会被卷入时间的激流，所以没有什么东西能够持续哪怕片刻的存在。除了其他，这还意味着不可能有持续的自我或连贯的生活方式，只有不断变化的感知和一系列当下瞬间的心绪。安德烈·纪德（André Gide）的《伪币制造者》中的人物爱德华，亲历了一种自我分裂的感受，后者来自他意识到自己被一种暂时的存在所捕获，在这种存在中，只有脆弱、无常的当下是真实的。

> 我什么也不是，只是我自己所想的——而这种所想又那样不停地、经常地变化着，如果我不去熟悉它，那么我早上的自我就不会认出我晚上的自我。没有什么东西能比我和我自己更为不同了。（Gide 1973：70－71）

爱德华开始把对时间中的自我同一性的信仰视为一种幻觉；就像一个人的生命中有很多瞬间一样，他也有很多的"自我"。即使"一个人的生命"这样的表述也不再有意义，因为不存在持续的"一个"人，而且"生命"本身也没有真正的统一性，只是一些彼此分离的碎片的堆积，其中每一个碎片在生成的瞬间就已经不再存在了，以便为经验的下一个同样易逝的瞬间让出位置来。事件在时间中不断消逝，这是一种强烈支持虚无主义的结论，就像某种无所不在的溶剂，时间会消解自我感，会摧毁任何相信生命存在连贯性或包容一切的意义的基础。

即使过去不再真实，但我们或许至少可以在记忆里复活它，通过复述来保存它，并且通过这种方式赋予我们的生命以实质和连续性。洛根丁曾经严肃地对待过这种可能性，但最终发现必须拒绝这种可能性。我们尝试通过记忆保存过去，或者通过语词把它具体化，但都注定会失败，这部分是因为过去经验的很多生动细节已经不再，它们大部分都随着时间的流逝而蒸发掉了。还有，即使我们尝试保存过去，我们也不能不扭曲它们，因为我们每一次回忆它们，都会无意识地赋予它们当下最新的视角和期待。我们不管附加给它们什么，还是扣除它们什么，都没有充分意识到，我们就在这样做，而且我们对过去的"回忆"变得越来越像是对当下的重新编织。问题只会随着频繁尝试提醒我们注意过去经验的独特之处而变得更加严重，因为每一次尝试都意味着增加更多的修饰和扭曲，意味着一般与抽象对特殊与具体的更多的替换。最后，我们变得完全无法区分事实与虚构。于是，那些看上去和我们的过去保持连续性的东西，其实只是我们自己发明的、我们在当下告诉自己的一个故事，这个故事还一直处于持续的（虽然很大程度上是无意识的）修正过程中。

关于他所说的"冒险"和"经验"——人们相信自己会随着年龄的增长不断积累的东西，以及他们相信自己可以从他人那里吸取的、可以和他人共享的理解与智慧源泉——洛根丁勉强得出这一结论。就他所谓冒险而言，洛根丁曾经在世界上长期四处游历，认为自己曾经在异国他乡经历过一些"非凡的时刻"，这些时刻经过记忆的存储，能够给他的生命带来连续性和意义。但是，他最终认识到，他在这些冒险中寻求的"稀有而珍贵的品质"只是一种幻觉。我们在时间中的生命，不可能被打包成一次冒险，有一个开端、发展和结局，而只可能是一团乱麻。只有"记忆"的修饰和抽象能够赋予这团乱麻以明晰的秩序。更为根本的是，对冒险的意义的信仰，建基于对时间的不可逆性的信仰。但是，不存在不可逆这种东西。过去并非完全固定的，而是会被当下的重构一再改变的。于是，不存在持久不变的意义，认为它能够给予我们的存在以连续性是错误的。最后，一次冒险只有成为过去才能成为这样的冒险；于是我们不可能一开始就在冒险中生活，更不要说"重新经历"它们，好像它们本质上是真实的，在时间中固定的。对洛根丁来说，尝试在冒险中发现意义是徒劳的，这提醒我们过去已死，不可能再被召回。过去就是一个我们枉费心机想保留的"巨大真空"。"我想要我的生命的时刻一个接着一个，想要把它们排列得像记忆中的生活，"他哀叹道。"你最好能够抓住时间的尾巴。"（Sartre 1964：54，80，89，58）

类似的认识适用于关于"经验"的观念。从四十岁左右开始，人们"会让我们相信他们的过去没有消失，他们的记忆被凝练、转换为智慧"。但是这种对经验的信仰，通常被视为"老男人的权利"，就像对冒险的信仰一样，只不过是一种幻觉。被抛弃在当下的我们，徒劳地尝试和过去重逢。

但是，我们无法逃离我们在此时此地的牢笼（94，118，49）。过去没有向当下投出光束来，它也不能赋予我们的生活以秩序和关联。"我的记忆，"洛根丁道，"就像魔鬼口袋里的硬币：当你打开口袋，你会发现只有一些枯树叶子。"（47）

如果我们不能根据当下或过去为生命确定意义，那么未来又如何呢？也许它可以是让我们安心、给我们希望的源泉。因为尽管某些东西会随着时间的过去持续丧失，但同样真实的是，我们也获得了某些东西：一种新的经验时刻，还有接踵而至的其他时刻。在一种开放的未来之前，在一种新异的经验即将到来的承诺中，难道我们不能在一种自由的感觉中发现新鲜而富有挑战性的东西？对未来的期待，似乎是失去光泽的时间硬币的另一面，似乎是对当下的稍纵即逝和过去的不可重现的一种受人欢迎的补救。

但是，根据我们正在考虑的这种观点，比起冻结当下或保鲜过去的尝试，指望未来的策略同样会失败。这种策略忽视了这一事实，即未来的时刻只有进入当下才具有现实性，但是然后，就像所有当下的经验一样，它们也会不可避免地消失于过去之中。这种策略还轻松假设未来的可预测性，完全忘记了未来充满危险。未来完全是未知的，它可以在任何时候突然毁灭你所爱的人、你的使命和承诺等任何至少表面上能够给我们的生命提供营养和秩序的东西。在上一节关注苦难问题的部分，我曾经谈及未来可能招致的危险，以及面对这些危险不可能产生信心或安全感。如果那种推理仍然有效，那么对未来的期待如何能赋予生活意义？这就像把一个人的生活建立在连续的掷骰子上。正如洛根丁不厌其烦地提醒我们的那样，未来"**任何事情都可能发生**"（106 - 107）。如果他和其他人曾经正确指出过去具有无限的柔韧性，当下具有独立的自律性，那么未来也只能如此。

这些关于当下、过去和未来的思考的缺点，在于它们缺乏约翰·威斯登（John Wisdom）所谓"时间戏剧的秩序"（1970：40 - 41）。时间中的生命，并非一种有序展开的戏剧或"指向一个目标的一种张力"，而只能被视为"一堆必须在此时此地忍受的不连贯的时刻"（Thielicke 1969：31）。过去没有持久的意义，未来没有可靠性，当下无法寄托。我们生命中的事件并不是从过去顺滑而平静地进入未来；相反，每一事件都与之前和之后的事件毫无关联，只有在正在流逝的当下，某种经验的确定性才能被发现。尝试生活在过去，就是屈服于它虚幻的实在性，或者屈服于它的固定性。为了未来而生活，就是假设未来的事件将会完全不同，也就是说，当它们发生时，比起稍纵即逝的当下的实践，它们将会展现更多的持久性，或者拥有更持久的意义。况且，这也低估了命运的无常。生活在当下，就是为某种东西而活，这种东西本质上不能提供满足感或宁静感，因为它是永远没有尽头的和未完成的，是朝着尚未到来的方向永远取消和超越自身的（Sartre 1966：152，658）。

于是，无论我们是通过回忆、遥望还是立于当下来走进我们的生活，我们都不可能在生活中发现任何连贯的模式或持续存在的目的。本章稍早部分，我们曾经利用布里顿关于有意义生活的四个标准中的第一个。第四个标准和这一节主题相关。根据布里顿的判断，如果一个人要想过一种有意义的生活，他必须能够"在他自己的生活里导演和接受一种特殊的模式"，并且能够被这种模式所引导（1969：189）。但是，如果先前的分析是正确的话，那么任何我们拥有这种持久的模式或有组织的目的的确信，都必须依赖于对时间本性的误解。它赋予我们暂时性的生存太多的连续性、可预测性和持久的价值。与之相伴随的是，我们无法满足这一标准，我们的生命不可能是有意义的。

暂时性存在的其他两个方面还需要讨论：无聊以及死亡的威胁。这两个方面更有理由让人怀疑生命的意义。在之前的讨论里，重点在于强调我们无法在我们的生活里发现满足或可靠之处，因为暂时性事件缺乏关联，当下时刻缺乏稳固性。但是，如果我们能够获得我们渴望已久的满足和可靠性又会怎样？根据叔本华的考虑，这可能意味着从一种暂时性的生命灾难中获救，但成为另一种灾难——无聊——的受害者。他注意到，我们生活的第一要义就是"去赢得某种东西"，也就是说，去满足某种渴望或需要。第二要义就是"避免那和赢得某种东西同时出现的东西——无聊，它就像一只猛禽，一直盘旋在我们头上，一旦看到我们的生活不再有需要，就会俯冲下来"。"去获得我们渴望已久的东西，不过就是发现这种东西多么无用和空洞。"

这是生命的法则。无聊的经验证明"存在本身没有真实的价值",而无聊最好被定义为"对生命的空洞性的感受"。还有什么能够比我们一边不断渴望一边不断感到无聊更能证明存在的荒诞性?"如果生活真的拥有某种内在价值,就不会有无聊这样的东西存在了:仅仅存在本身就能够让我们满足了,我们不再会渴望其他什么东西。"(1942:Ⅴ,22-23)

叔本华和齐奥兰都坚持认为,痛苦要比无聊好一些,受折磨总比无事可做要好一些。叔本华问道,如果人们所有的希望都得到满足,如果世界变成自在、享乐的天堂,他们如何打发他们的时间?他的答案是,他们"要么死于无聊或吊死自己;要么就发生战争、屠杀和谋杀……"他得出结论,比起注定要过一种极度无聊的静态生活——这种生活没有焦虑、不满或欲望的折磨——出自冷漠自然之手的持久痛苦会更能让人接受(1942:Ⅴ,3)。齐奥兰认为厌倦是对"空虚的揭示",这种空虚位于生命的核心,而他认为任何渴望或痛苦都比这种厌倦要更可取一些。

> 遭遇某种明确的疾病折磨的人,没有资格抱怨:他还拥有一份职业。最大的痛苦从来不会让人无聊:疾病充满了他们,悔恨喂养着那些罪大恶极的人们。任何强烈的痛苦都会生产一种充分的模拟物,都会对意识提供一种难以逃避的极端现实性;而存在于无聊的哀叹里那没有实质性内容的痛苦,不可能为意识提供任何强迫它有效行动的东西。(1975:14)

齐奥兰继续说道,相较于无聊,他所谓"时间中的这种置换,这种空虚和无力的倦怠,其中没有什么东西在阻止我们,只是世界的美景在我们眼前开始衰败",对地狱的焦虑可能是唯一受欢迎的"避难所"(15)。

萨特的《恶心》里,充满了关于麻木和倦怠等感受的声明,这些感受折磨着我们在时间中的生命。在某个场景中,洛根丁宣称:"你活着时什么也没有发生。风景改变了,人们来了又走,这就是一切。没有开端。日复一日,没有节奏或原因,只是没完没了的、单调的增加。"(1964:57)从一个立场来看，暂时性生存的问题，就是尝试"抓住时间的尾巴"，拖住稍纵即逝的瞬间的问题，而从另外一个立场来看，问题在于时间"太大，难以充满。你填充进去的每一种东西都会被拉长，然后崩碎"（32）。我们对"冒险"的绝望需要，不仅可以解释为尝试打包和复活过去，而且可以解释为尝试逃避这种无法忍受的单调和无聊感。

事实上，任何规划或计划，不管它本身多么荒唐，都会随着时间的推移而变得无聊。洛根丁告诉我们一个特别令人同情的例子。那个所谓自修的男人，在图书馆日复一日地推进他的计划，即从"A"到"Z"读完书架上的每一本书，这是一种疯狂的尝试，他想要避开无聊，为他的生命找到持续的挑战和目的。图书馆也为洛根丁提供了一处脆弱的避难所，让他逃避自己存在的无目的性和无聊。有一次，当他坐在图书馆里，尝试专注地阅读司汤达的小说时，他突然意识到，时间已经接近七点，到了图书馆关门的时间。直面时间的虚空，他陷入一种恐慌。"再一次，我被赶出去，进入小镇。我能去哪儿？我该干些什么？"（110）

可以说，从游戏、嗜好、电视、交往、逛街、读书、谈情和说爱，到我们最为长期的和"严肃的"追求，我们所有人用来填满生命的这些事情，都可以用这种方式来解释。对所有这些行动来说，最初的动机也可能是主宰性的动机，就是去做任何事情都行，只要能逃避对无聊的恐惧，对我们的存在的彻底贫乏性的恐惧。齐奥兰甚至走得更远，他宣称，逃离无聊，就是人类历史的关键。他认为，这就是掠夺、征服和战争的主要动机；这也是许多人令人费解地狂热崇拜或追随像拿破仑这样的疯狂掠夺者的主要原因。难道不是拿破仑曾经抱怨，巴黎的乏味生活"就像一件笨重的衣服"（1975：101－103）压抑着他？

但是，即使我们时间中的生命剥去了这些关于韶光易逝、缺乏连贯性、未来的危险和无聊的空虚的苦恼，它们可能还是逃避不了死亡的威胁，这是每一个暂时性存在都必然要面对的终极荒诞性。"凡存在生命的地方，"西田庆二（Keiji Nishitani）说道，"必然存在死亡。"而直面死亡时，"所有的生命和存在都会失去其确定性和它们作为实在具有的重要性，开始非实在地看待自己"（1982：7）。加百利·马塞尔（Gabriel Marcel）在《是和有》中告诉我们，这种确定性和重要性的可怕丧失，对一个人自己的存在的具体层面究竟意味着什么。他记录了 1931 年 3 月一个"糟糕的星期天"，他从那时起开始强烈意识到："时间向死亡——向我的死亡——向我的命运敞开大门。时间 – 深渊；当下此刻，朝深渊望去，头晕目眩，那深渊的底部，就是我的死亡，它正在把我吸入其中。"（Marcel 1935：120；Choron 1963：255）我们已经注意到暂时性事件的短暂性和不相关性如何威胁自我的感受，但是，我们至少还有一条不间断的意识和记忆线索，不管这一线索如何细弱。对于我们日益迫近的死亡，我们却没有这样的线索。时间的漩涡终将把我们抛向死亡，这是如此绝对，以至于我们必须放弃生命的大多数负荷和内容，就像记忆中从未有过那样；不仅如此，我们的生命组织本身，我们的意识生命的容器和承载者，也必然堕为尘土。

每个人自己最熟悉的温暖的身体，一直都带着脉搏、呼吸和感受，能够敏锐地回应人们的每一个冲动和动机的身体，终将在某一天变成一块让人震惊的物质，这就是我们可怕的前景。这只能向我们证明宇宙论虚无主义所谈论的自然那令人恐惧的冷漠。在《白痴》中，陀思妥耶夫斯基描述了梅思金公爵对一幅基督画像——基督刚被从十字架上放下——的反应。对他来说，这是一幅"可怕的画"，因为它揭示了死亡的极其丑陋，以及随之而发生的巨大痛苦。梅思金说道，那被损害的身体的景象，让自然变得"像某种巨大的、难以和解的沉默怪兽；或者稍好一点说……像现代某种巨大的机械引擎，它抓住、击碎和吞噬了一种伟大而宝贵的存在，这种存在和自然及其所有法则等值，和整个地球等值……"（1967：391 – 392）

在小说《笑忘书》中，米兰·昆德拉（Milan Kundera）也描述过类似关于死亡的恐怖感受。小说中的一个角色死于晚上，被粗暴地沿着走廊拖出医院的房间，在穿过门口时，他的头颅磕在门槛上，发出声响。他的妻子后来听说她的丈夫的身体遭受如此对待，产生了既恐怖又恶心的反应。

变成一具死尸，这像一种无法忍受的耻辱打击着她。一分钟前你还是一个人被端庄稳重所保护——裸体与隐私的神圣不可侵犯——而下一分钟你死了，你的身体就突然变成了供人争夺的东西。任何人都可以撕开你的衣服，检查你的内部，还会——捏住鼻子躲避恶臭——把你拖入冰柜或火葬场。（1980：170－171）

昆德拉总结道："死亡有两副面孔。一个是非存在；另一个是作为尸体的可怕的物质性存在。"（1980：171）

于是，沉思一个人的死亡，就是去沉思这个人彻底的毁灭。因为这种不幸在生命的终点等着我们每一个人，这终点前的日子怎么可能有意义或值得一过？如果我们承认——就像我们必须承认的那样——死亡的必然事实，那么我们如何能够说服自己的生命关怀有任何现实性或重要性？

在一篇发表于1936年的文章《生命的意义》中，威廉·恩斯特·霍金（William Ernest Hocking）帮助我们理解死亡如何严重威胁我们对生命价值的感知。他的观点是，如果死亡是终极性的，没有永生的希望，那么生命就完全没有意义。生命还保留的价值，可以被还原为一系列暂时的"零碎的快乐"（1936：256），缺乏长期目的和计划这一统一语境。对霍金来说，我的生命的意义问题，不是随便哪个人就能回答的问题："还有什么比觉得自己注定要把公众的观点当作自己的观点更令人沮丧的？"（280）只有我自己能够回答这个问题，而且只有在我自己的记忆和持续的渴望这样的语境中，才能够回答这个问题。

关于记忆，"自我通过无意识地选择那些似乎有意义的记忆，来为意义问题提供材料"（274）。于是，这些被选择和评价的记忆，为自我规划它的希望和未来提供基础。根据霍金，生命意义的一个关键部分，是它指望着这个自我。于是，正是有意识的自我直面着过去与未来，持续评价和发现着生命的所有意义，这个自我在特殊时间里的失败和成就是获得它们持久意义的语境。

对有意识的自我来说，"在获得任何成就时"停止存在，就是"失去那种成就的所有意义"，因为那种成就不再被置于由自我唤起的过去和想象的未来织就的理解框架中。于是，霍金主张："仅仅从意义的逻辑来看……有意识的存在不可能停止**一个瞬间**的存在。"（273）他以另外一种稍微不同的方式得出类似的结论："除了在自我的存在中，其他地方都不可能有意义。（而且如果这个自我消失了，意义就会从这个世界消失。没有什么成就可以让个人继续活着……是个人让成就不朽，而非成就使个人不朽）。"（280）于是，一种特殊的生活的意义，就不可避免是个人性的，而对于这种生活的主人来说，停止存在，就是他的生命的意义不再，就好像这意义从来就不存在一样。

如果遵循霍金的推理，那么作为自我的灭绝的死亡，就是与生命的意义完全对立的。他是出于证明不朽的必要性来表述他的观点的。但这也可以用来证明，如果不朽的希望完全是无根据的，最终的死亡在等待着所有人，那么我们就没有理由相信生命的意义，而且似乎没有什么可以确切地支持对来生的信仰。来生的可能性如此之小，以至于我们只能从霍金的前提中得出如下结论，即我们的生命是可怜的和无关紧要的，并不比朝生暮死的蜉蝣有更持久的价值。

在《存在与虚无》（首次出版于 1943 年，名为 *L'Être et le Néant*）中，萨特给出了若干声明，它们最初听起来非常类似于霍金关于死亡和生命意义之间关系的分析。萨特断定，只有一个人活着且有意识，他的存在才有意义，因为只有这样，人才能够自由决定他的生命意义或继续存在："生命决定它自己的意义，因为它总是处于悬而未决状态；它本质上拥有一种自我批判和自我改变能力，这会让它把自己定义为一种'尚－未'状态……"（1964：664）他把这一点和死亡关联起来，认为由于"一种意义只能来自主体性，所以死亡必然**从生命那里移除所有的意义**"（659）。这些发现接近霍金的主张，即"除了在自我的存在中，其他地方都不可能有意义的存在"，因为自我能有意识地召唤过去和规划未来，而死亡必然对生命意义造成一种绝对的威胁。但是，霍金和萨特的推理之间存在某种差异，我们需要衡量这种差异的意义。

霍金指出，如果我在未来的任何一个时刻死去，我的生命将立刻不再具有任何意义。原因是赋予我的生命的特殊事件以意义的背景——没有这一背景，这些事件就不可能有可理解的意义——本质上必然是生动的和不死的。假如语境（我的不断发展的有意识的存在的背景）不再，我的生命作为一个整体就会被剥夺意义。而萨特主张，只要我在这里赋予我的生命以意义，只要选择的可能性还在未来等待着我，我现在能够按照这种选择而行动，那么我的生命就是有意义的。死亡不是我的可能性之一，因为根据逻辑，当我自己的死亡发生时，我不能为它做任何事情。作为我所有的可能性的"灭绝"，死亡"总是超越我的主体性"。于是，"我既不能发现我的死亡，也不能等待我的死亡，更不能采取一种对待我的死亡的态度……"以此为基础，萨特拒绝马丁·海德格尔的观点，即我的死亡是我独有的可能性，它只能发生在我身上，而且"向死而生"对一个有限个体来说是本真性的存在模式。他把这一观点推得更远，坚称我定义我自己的生命意义的计划，完全独立于死亡。确实，死亡是计划最后的**界限**，因为随着死亡的来临，我的计划将会停止。但是，死亡绝不应该被视为这些计划的障碍，只要我还活着，就能够规划这些计划，能够实现这些计划（1966：667–668，670）。包含在这些声明中的，是这样一种观念，即把死亡视为对活着的我的生命意义的威胁是没有意义的。死亡完全处于生命和主体性之外，它不可能威胁到它们。

这些话很令人鼓舞，但是霍金和萨特之间存在不那么容易驳倒的类似性，这使得人们怀疑后者是否已经完全解决了死亡对生命意义造成所谓威胁的问题，哪怕只是在他自己心里解决也行。众所周知，萨特哲学的重点在于自由的现实性问题以及这种现实性赋予个体的责任问题。但是，死亡必然会使我的自由以及持续为我的生命意义负责的可能性黯然失色。正如萨特所言，死亡强加给我的生命"一种任意而明确的整体性"，就像霍金所言对立于生动的、不断变化的语境。当我死去，没有什么东西再从我的生命内部发生了；"生命完全关闭了；没有什么东西再能够进入那里……"那么，我的生命将会完全超越变化？不，萨特说道，因为"生命的意义并没有停止从外部被修改"。生命意义现在向他人的修改开放，而我无力阻止他们对我的生命的修改和解释。我的生命不受我控制；它不再是我的责任。于是"**死**

亡的存在让我们完全疏离于我们自己的生命，以有利于他人。死去就是成为活着的人的猎物"。萨特得出结论："那些想把握未来死亡的意义的人，必然发现自己是他人未来的猎物。"（665）

对于这种令人恐惧的前景——这种前景对萨特这样的人来说应该尤其如此，因为他坚称自由位于人类存在的核心——萨特或我们能够报以平和之心吗？相信我们在我们的生命中所做的一切，在死亡将至时，就是服从于他人的自由，而与我们自己的自由毫无关系；他人能够任意打量我们的生命，而不必对正确负责，不必在意我们的反抗——这种前景难道不会以一种最为深远而根本的方式威胁我们此时此地的生命意义吗？这种前景在某个方面比只是被人遗忘更可怕。我们在这里感到了霍金声明的可怕之处，即没有什么"比觉得自己注定要把公众的观点当作自己的观点更令人沮丧的"。还有，很明显的是，萨特和其他人都会拥抱这种前景，毕竟，他曾经用大量篇幅谈论这种前景。特别是一些公共人物，他们能够从当下的经验角度充分理解霍金所言的精神忧郁。比如，奥斯卡·王尔德（Oscar Wilde）就说过，传记会"给死亡增加新的恐怖"（Oates 1984）。所以当萨特说死亡包括我们的生命有一天会成为别人的猎物（如果它们并没有因为被遗忘而完全消失），完全外在于我们的主体性，与我们当下的存在毫不相干时，他的说法似乎太过轻率，缺乏说服力。如果他的意思是指死亡的前景，而不仅仅是死亡的本体论事实，这种声明就还有一定的意义。在某种程度上，他的死亡分析难以让我们信服，我们的死亡前景必然持续让我们恐惧，仍然被我们视为指向我们生命意义的可怕威胁。否则，它就会被那些从死亡的事实推出虚无主义结论的人们所辩护。

在这个简短的章节里，我们无法公平对待死亡威胁的各种维度。我们只能关注其中少许几个。但是，还有一种维度需要我们讨论，因为它似乎明显不同于我们常见的寿终正寝的命运。我指的是未成年死亡或过早死亡。应该指出的是，为了讨论过早死亡问题，我必须暂时中止已经讨论过的暂时性存在的其他问题，因为这个问题要求我们做出一些假设，而其他问题会质疑这些假设（也就是这样的假设，即可能存在持续的自我这样的东西，或者说一种连贯的生命模式是可能的）。

从老年的有利地位沉思一个人的生命之路，感觉生命非常美好，人们希望经验、付出和获得的东西都得到了实现，这是一回事儿；但是在童年、青年或壮年死去，有很多潜能没有实现，有很多成就有待完成，这又是一回事儿。活到硕果累累的晚年，一个人满足于有充足的时间学习以自己的方式应对生命的可能性，通过长时间努力选择和行动，创造一种独特的自我同一性和个人成就模式。并非所有人在老年时都能达到这种满足，但是有些人会。不过，他们只有在寿终正寝时才会有这样的满足。但这一点完全无法保证。人们每天都在遭遇致命的车祸，被雷电击中，被洪水冲走，被龙卷风卷走，被有毒生物攻击，被心力衰竭折磨，会突然窒息而亡，会被高空落物杀死，或成为各种千奇百怪的无常灾祸的牺牲品。由于这样的事情会在任何时候发生在我们身上，也会在任何时候发生在其他人身上，由于我们无法预测它们何时发生，所以我们的生命永远面临威胁。

比如说，此刻对我来说，写这本书是一件重要的事情。但是我无法知道自己能否活到完成它的那天，某种疾病可能埋伏在我的细胞里，或者未来的某处意外会结束我的生命。我必须活着而且工作，并持续意识到我的时间性存在将会终止，但又不清楚它会在**何时**终止。它或许会突然中断，没有任何警告，不给我任何机会去做出我希望做出的努力，去完成对我来说很重要、对他人来说也应该有价值的计划，去让我的生活有一种我希望有的清晰度。我可能不能陪伴我的妻子度过晚年，或可能看不到我的孙辈成长。换句话说，我们必须直面某种可怕的不确定性而活着，这种不确定性一直威胁着要在人生完满之前毁灭我们，毁灭我们倾注全力希望完成的事业。

这种灾祸的巨大性，在童年时期尤为明显，但会随着我们步入老年而逐渐递减。即使我的生命现在就结束，它也不会比我的生命或其他更年轻的生命在这之前结束更具灾难性。我已经活了超过半个世纪的时光，有很多机会去做我想做的事情。时间永远在恐吓着我们所有人，但青年人和壮志未酬的人们尤其容易成为它任意无常的猎物。未成年的死亡，这一事实和前景让我们的存在陷入无可置疑的悲剧中。对有些人来说，这种情况经常出现；它让他们感到生命的无意义。面对那些非正常死亡的人和那些爱他们的人，我们感到的不只是悲伤，我们还必然会对这种暂时性存在感到绝望。在这种暂时性存在中，灾难从未停止寻找新的受害者，作为一种无处不在的危险笼罩在所有年龄段的人们头上，除了那些足够老的人。

不过，说了这么多，我们仍然会提出这样的问题，即未成年死亡和老年死亡之间的区别究竟有多重要。过早死亡这一威胁的严重程度因人而异，这一事实并不能明显消除它对一般生命的伤害，或者消除它强加给作为整体的人类存在的荒诞的偶然性。即使对那些很老的人来说，他们即将到来的死亡也似乎是过早的。比如，他们中的有些人必然在面临死亡时觉得自己一事无成，赍志而殁。其他人会恼恨在老年时候死去，因为他们还在发挥余热，感觉还有很多事情要做，还能做很多贡献，坚信自己经过长期努力已经进入大师状态。八九十岁时的毕加索就是一个好例子（Richardson 1984）。那些不像毕加索那样有天赋的老人们，会带着独一无二的经验和背景走进坟墓，他们本来可以继续增加这种经验，其他人也可以从这种经验中获益匪浅。我们不要忘了，老年人的死亡，和青年人的死亡一样，都会让他们的家人和朋友深深地悲伤。即使身体与心灵在老年已经衰朽，也和死亡格格不入，因为老年死亡仍然是死亡问题的一部分，仍然可以照见我们在时间中的生命的荒诞一面。于是，我们被带回死亡本身（而非仅仅所谓未成年死亡），这才是我们暂时性存在面临的最终的恶和荒诞。

第四章　与理性、意志和他人相关的理由

……我受聘来这里做一名土地测量员，但这只是一个借口，他们在玩弄我，我被所有人驱逐出他们的房屋，他们直到今天还在玩弄我……

——弗朗茨·卡夫卡（Franz Kafka）（1969：258）

一　与理性相关的理由

亚里士多德著作中最智慧也可能最具影响力的一部的开头这样写道："所有的人天生都渴望认识一切。"（*Metaphysics* 980a）他关于人的定义——"理性的动物"——广为人知。但是，正如我们已经看到的那样，认识论的虚无主义者相信，像亚里士多德这样的思想家夸大了我们的理性能力，我们只能认识或理解一点点东西。我很快会讨论他们的结论与对生命意义绝望相关联的方式，但是请首先允许我描述一种某位作家已经命名为"对智识的绝望"（Heller 1966：279）的那种情况。这样做的时候，我将会重新思考早前已经讨论过的代表认识论虚无主义的观点，并在合适的时候详细说明这些观点，并加上一些额外的评论。我的目的不是深度探讨这些观点，而是指明这样的观点有很多。

在第二章讨论加缪的生存论虚无主义时，我们已经提及认识论虚无主义的第一种观点。这位法国作家坚称，人类历史已经给了我们一个可悲而明确的教训，那就是心灵对清晰的可理解性的渴求已经无法得到满足了。思想与经验的矛盾、荒诞和碎片性特征，一直都难以对付，于是，我们没有理由希望在这个问题的解决上取得任何进展。

齐奥兰补充了加缪的观点，认为历史对理性的贫乏的揭示，已经人尽皆知。这种揭示已经证明，我们可以反对任何一种立场，人类心灵对知识的渴求没有建立也不可能建立任何确定的结论。

> 观念的历史，就像行为的历史一样，在一种无意义的氛围中展开……在这个地球上，我们可以用同样的可能性肯定任何东西。在这里公理和狂言可以互换，冲动和崩溃能够等同，提升和堕落在同一时刻展开。你给我找一个能够支持我们从未发现的东西的例子看看。对地狱的鼓吹，和对天堂的鼓吹一样缺乏真理性——而且，我应该带着同样的热情为疯子和智者作辩护。（1975：118 - 119）

他在另外一个地方谈及这位古希腊哲人的话（本节开头所引）时说道："纯粹的文盲和亚里士多德都同样是无法辩驳的，也同样是经不起推敲的。"（146）

但是，我们并没有放弃那被历史证明是完全无望的东西。我们允许希望战胜逻辑。即使有充分的证据让我们意识到真理是无法接近的，我们也相信"它必须被寻求，被渴望，被争取"。齐奥兰宣称，没有谁比这样的人更头脑简单，他思考着人类尝试认识一切的历史，又"带着**确信**谈论真理"（167）。

根据第一种观点，对思想史的一次最诚实的评价，就是对各种精妙的思想体系的一次奇特展示，其中每一种体系都坚称拥有真理和复杂的论证，但每一种体系又都对之前的体系提出质疑，并且和之后的体系有本质不同。对于一些一再出现的问题，我们一直没有达成共识，尽管我们已经进行最为深入的考察。心灵的神秘性不但没有被越来越多无法比较的惊人体系还原出本来面目，而且变得更加糟糕。我们有何理由相信，这种情形现在或将来会有所改变？

认识论虚无主义的第二种观点认为，不存在超视角的真理或意义，也就是说，所有关于真理和意义结构的声明都基于特殊个体、群体、时代或体系的独特假设和立场。我们已经看到，尼采在谈到那些把自己当作自己权力意志中心的个体或群体时，如何为这种观点辩护；也看到茅特纳在谈到作为思想与表达的工具的语言时，如何发展了这种观点；我们还看见施蒂纳的唯名论利己主义如何把他带向如下结论，即真理完全基于每一个人类主体，而且如何因此蔑视真理本身这个概念。

深受尼采影响的斯宾格勒，坚称关于真理的任何声明都相对于人类历史的不同时期。他认为西方思想家缺乏对他们的信仰的"历史相对性特征的洞见"，没有意识到"这些信仰必然存在局限性"。他指出，西方人宣称不可动摇而永恒的真理，事实上只是对他们而言是真的，对他们的特殊世界观来说是永恒的。其他文化关于他们自己的独特信仰的绝对不变的真理性，也有类似的确信。对历史的恰当理解证明，"没有什么永恒不变的东西，没有什么普遍存在的东西"。斯宾格勒得出结论："我们必须停止谈论'思想'的形式，'悲剧'的原理，'国家'的使命"以及所有类似无限的、普遍的主题。"普遍有效性总是包含从特殊到特殊的谬见。"（1932：Ⅰ，23）

最近的一些思想家，如人类学家埃米尔·涂尔干（Emile Durkheim）、罗宾·霍顿（Robin Horton）和克利福德·格尔茨（Clifford Geertz），都主张各种不同文化的概念体系的根深蒂固的相对性，认为每一种体系都以自己独特的方式规定了什么是可思的和可信的（Godlove 1984：290－294）。这类立场与论争的一般结论是，所有关于真理和/或意义的模式和假设的声明，最终都带有任意性。理性是它在其中发现自己的特殊语境和环境的人质，而非主人。

认识论虚无主义的第三个观点紧随第二个观点而至。真理和意义只存在于我们内部，它们只是心灵的建构，人类语言、文化和历史的随意创造。这种观念导致这一结论，即世界本身是完全不可知的。如果世界完全不可知，那么世界就与所有属人的东西不相容。我们完全不同于这个世界，它是无感觉的，缺乏我们无意识地规划给它的那些可知原理和意义模式，我们曾经急切地渴望在它那里找到那使它像家一样亲切的东西。我们之前已经看到，加缪绝望于理性的能力，即在世界中发现对它的意义寻求行动进行回应的能力，这使得加缪给这个世界无望地打上了"愚钝"和"陌生"的标记，认为它是一种"完全非理性的东西"，根本不可能被理解。我们还指出，尼采的真理视角理论伴随一种确信，即现实本身没有事实可言，只有一片混乱，是没有任何特征的涌流；唯一持久存在的——即使只是很短的一段时间——是我们的观念（如上文所述，加缪和齐奥兰寻求证明这些观念如何不断变化和相互冲突，以反对思想史的背景）。

与此相似，《恶心》中的洛根丁也有一个基本的发现："被解释和推理的世界，并非现存的世界。"一边是名称、概念、描述和解释，另一边是事物的残酷的、不可理解的给定性，这两者之间存在一个无法逾越的鸿沟。事物之间的区别，即这是某物那是他物的观念，都是心灵随意强加的，就好像空间、时间和因果关系观念一样，就像对品质和特征的所有区分一样。现存世界，就像它在"恶心"的经验里表现出来的那样，被洛根丁比作慢慢冒出的黏液和缓缓涌动的爬虫，它可以被带入各种解释计划。我们能够知道这世界是什么，但没有办法问它究竟是什么，或问它究竟意味着什么。如此，它全然不同于理性所渴望的理解的轻快与透明。

洛根丁宣称，对现存世界赤裸裸的给定性或荒诞的偶然性（也就是说，它顺从于任何的和所有的解释）的认识，是"存在的关键，是我的恶心的关键，我自己的生活的关键。事实上，所有我能够抓住的超越这一事实的东西，最终都又返回到这种根本的荒诞性"（Sartre 1964：173 – 174）。于是，他把知识与实在相区分的观点，认为人类永远脱离于世界的观点，非常接近于尼采和加缪的观点。对这三位思想家来说，所谓的知识，并非一扇窗户，开向这个世界可认识的品质和关系（就像对亚里士多德来说那样），而是一块不透明的屏幕，它反映的是我们自己发明的概念和体系。

在前一章，我描述过关于人类意识和世界的二元论观点，它来自科学的自然观。相比之下，萨特小说《恶心》和哲学巨著《存在与虚无》中的二元论要更为激进，因为它甚至抽干了科学曾经赋予世界的"客观性"特征和关系，从而抽干了他与人类意识内容最遥远的相似之处。存在于如其所是的世界（或萨特所谓自在存在）和人类意识（自为存在）之间的裂隙变得更加彻底而完全了。不同于前者被描述为愚钝的、致密的、完全的、冷漠的和彻底偶然的——或换句话说，是完全不可认识的——后者被视为可能性、特质、逻辑和因果关联以及意义的唯一存储地。

萨特确实没有把他的立场解释为二元论的，这至少有三个原因。第一，他宣称思想和对象总是被一起经验，因为思想必然是意向性的，或者说必然和对象结合在一起的。第二，他指出自为没有它自己的实体性或独立性存在，而完全依赖于它要"虚无化"的自在，也就是说，自为赋予自在以特征，后者借此可以区别于它所不是的东西，或者区别于它可能曾经是或可能是，但现在不是的东西。存在于自为的虚无化行动中的，还有它对自己并非自在的意识。实在本身只是**存在**（*is*），但思想透漏给实在一种充满比较和可能性的语境，所有概念化活动和意识都严重依赖于这种语境。如果没有实在被虚无化，就没有思想存在，这证明自为只能在一种衍生的意义上存在，而不可能被二元论式地思考。第三，他宣称这两种存在都是一个更为广泛的语境的一部分。

但是，萨特并没有给我们清楚分析过这种语境，而且他在两种存在之间划出的区分是如此鲜明和彻底，以至于我们会质疑它们如何可能被带进一种他宣称它们会有的一种综合或互动之中（Blocker 1979：69–72）。还有，把特征和关系赋予一种苍白而无特征的实在，似乎太过随意。萨特似乎承认了这一点，他强调自在的彻底偶然性和大量令人恶心的事实性，它以此逃避我们所有的概念、区分和理解模式——这不是说它超越了我们能够理解的程度，而是说它根本不具有内在的可理解性。

认识论虚无主义的第四个观点是，不存在确定的基础或对信仰的完全辩护，凭此我们可以建立关于知识的声明，而且由于没有这样的基础，我们的论证和呼吁必然会被吸入一种无限的倒退中。这一观点依赖于这样的假设，即我们据说只有在确定某物存在，或我们对某物的信仰能够得到完全辩护时，才能认识这种东西。这种假设的根据是，如果我们不那么确定我们所声明的是真的，或者它不能够得到完全的辩护，那么它就会说是可疑的。但是，如果某物对我们来说是可疑的，我们就很难说能够认识它。论证的下一步，就是要去证明我们永远不能确定任何东西的存在。理由在于，确定性是一种绝对状态，是绝对的承认，但我们总是有理由去怀疑——哪怕是最轻微的怀疑——我们声明自己已经认识的东西。类似的话可以应用于信仰，它们也声称得到了完全的辩护。

比如说，没有哪一个经验性的命题能够获得完全的确定性，因为未来的一些经验可能会质疑这一命题。即使是对所谓理性真理，比如一些基本的逻辑命题或基本的数学命题，我们也只能说，要么它们只能在一种平常的、纯粹形式的"真的"意义上是真的（也就是说，根据定义或根据随意设定的公理、运算规则和原始定义推论来说是真的），要么我们关于它们的确定性是不能得到保证的。一旦后一种可能性受到严肃对待，我们就不再会对受到质疑的命题保持绝对的确信态度。

比如说，在 17 世纪，勒内·笛卡尔（René Descartes）就提出过一种可能性，即我们可能会被一个邪恶的魔鬼欺骗，去确信并非为真的命题。当代哲学家吉斯·莱勒（Keith Lehrer），给了我们这种怀疑论假设的现代版本，他主张可能存在来自其他星系的创造者——他称它们为"古高尔"（Googol），它们具有比人类更高的智力，能够发出一种特殊的波，让我们相信我们相信的东西（这将包括我们确定存在的东西）。这些信仰足够接近正确，以至于能够保证我们在我们的环境中生存，但是它们也会受到不同程度的错误的影响。"不过，"莱勒说道，"不管任何人的任何信仰是正确的还是接近正确的，它们都完全依赖于某种古高尔 的怪念头，而非人的能力和功能。"（1971：292）于是，一种致命的任意性特征标志着信仰，这意味着，我们无法确信它们中的哪一个的真理性（或虚假性）。

反过来，那些古高尔从银河系存在那里得到它们的信仰，这种银河系存在具有比古高尔更高的智力，它们可以通过有意欺骗古高尔而得到消遣。如此下去，以至于无穷（*ad infinitum*）。莱勒的观点是，只要这种或与此类似的假设有一点点的可能性，我们就必须质疑我们的确定性。于是，我们不可能真正确定任何事物。紧随这种观点的是，我们不可能拥有任何知识，不可能拥有至少可以得到完全辩护的（因而是毋庸置疑的）信仰。

关于这种论证套路，彼得·昂格尔（Peter Unger）在一本恰当命名为《忽视》的书里给出了一种稍微不同的视角，他坚称一个真正能够认识所有事物的人，需要他能够绝对确定他宣称认识的东西。他的理由在于，他认为对我们来说，说某人"确实**认识**某物，但又**不能**绝对**确定**某物的存在"（1975：87；82-87），这是一种矛盾。昂格尔继续说道，能够绝对确定某物存在的人，一定是拥抱教条主义的人。要想绝对确定，这个人必须拥有"这种态度，即现在**不再有**新的信息、证据或经验——它们相关于任何可能的变化，他应该确信这种变化——需要被严肃考虑……"但是，拥有这样一种"严肃的"观点，预先取消根据未来新信息改变心境的可能性，这是傲慢的心理封闭，永远不可能得到辩护。于是，不可能存在得到保证的绝对确定性这回事儿（1975：105-106），而且由于知识要求绝对确定性，所以不可能存在知识这回事儿。

同样的结论来自之前讨论过的真理、意义的相对性观点。被我们视为绝对确定和牢不可破的信仰，最终不过是语言、历史或文化状况的偶然错误。这种信仰或许是被某一个体或群体在过去的某一时刻任意设定的，只是由于他或他们对它非常熟悉和缺乏批判性反思，所以这种信仰看上去是"确定的"。由于我们无法完全确定这种信仰不是那么有条件的或任意设定的，我们不能说得到了任何真正的知识；在我们的真理声明之下，没有确切的基础，只有一堆下沉的沙石。

总而言之，无论我们如何努力尝试辩护一种既有的信仰，我们只能根据其他信仰来做这种辩护。由于我们能够——或应该——总是按照上面的方式质疑这些信仰，所以我们将会陷入无限倒退的怀疑中。关于这种无限倒退及其打开的理性和理解的虚空，齐奥兰有一个恰当的声明，他注意到："如果我们穷根问底，每个问题都会破产，都会让思考者认识到，在一个没有地平线的空间里，没有那么多的问题和答案。疑问反过来针对思考这些问题的心灵：它成为它们自己的受害者。"（1975：78）我们在第一章谈论过的那个学生，就被关于理性批判和质疑的反思带向了类似的结论。

其他支持认识论虚无主义的观点或许也需要考虑，但这四种已经足以满足我们的目的了。我现在开始转向这一问题，即这种设定如何相关于生命没有意义这个结论。一种明显的关联在于，如果无物可被认识，那么关于价值也没有什么可被认识的。而且，如果价值不可认识，那么关于我们的选择或生命的方向，就没有什么可知的标准。这就是说，所有的价值都是任意的，所有的价值承诺也都是任意的。我们在第二章第三节结尾部分谈论道德价值时，已经提及认识论虚无主义关于价值的这种后果。很明显，这适用于所有类型的价值，包括那些知道我们应该如何生活以从中发现目的和意义的价值。

彼得·赫勒（Peter Heller）进一步描述了认识的绝望与生命意义的绝望之间的密切关联。

> 通常说一个人绝望，是指他不知道把他的希望寄托到哪个地方，或者他会把希望寄托到每一个地方或任何一个地方，但仍然找不到答案。而且，不同于"绝望"（*desespoir, desperare*）强调一般的失望，德语 *Verzweiflung* 似乎通过绝望的怀疑（*Zweifel*）这一形象思考所有的绝望类型，从而更强调认识的层面。（1966：279）

理查德·豪克（Richard Hauck）也谈论过这两种类型的绝望之间的关联。"一个人的绝对荒诞性意识，依赖于他的认识无法发现他的内在感觉所怀疑的正确性和意义。"（1971：4）他还在其他地方说过，在一种完全的价值相对主义和一种视角主义的意义、真理观之间，至少暗含一种关联。"好的观点是相对主义的：它部分——如果不是全部的话——依赖于这一假设，即从最初产生价值的框架外部来看，任何价值都是任意给出的。"（6）如果价值是任意的，那么任何一种而且所有种类的生活就都是任意的，某种程度上与这些生活相关的观念、选择和行为——它们都根植于基本的价值承诺，都是这些价值承诺的表现——也都是任意的。正如豪克所言，说一种生活方式是纯粹任意的，不过就是在说它是荒诞的。

两种绝望相关联的第二种方式，我们在讨论尼采、加缪和萨特的自然观时已经提及。这三个人的认识论让自然变得神秘莫测，并且倾向于把它完全置于人类的对立面。人与自然的这种分离来自一种立场。在这种立场中，自然是愚钝而荒诞的，它对位于人类存在核心的真理和意义完全无动于衷。在尼采的声明——世界本身并不存在，只有无数竞争性视角的无意义喷涌，它们各自从自己的立场出发对权力意志的无穷活力予以暂时的关注——中，自然似乎完全消失不见了。这三个人的观点产生了如下效果，即让人漂浮在一个无意义的世界上，这个世界上没有任何他们希望的和有价值的东西。

我们在前面章节里已经看到，一种类似的世界观如何来自另外一种认识论视点，它假设科学认识是唯一客观而可靠的认识形式。但是不管来自什么样的认识论血统，这种正在被质疑的世界观，把所有与人相关的东西都从世界上移除，无法在这个世界上发现对人类精神的一点点保护或支持。这样一种观点只能导致无根感和被抛感，以及对人生无意义的确信。

通过指出认识论虚无主义和生命意义否定之间的第三种重要关联，我来总结这一部分。这种关联，出现在本节开篇引用的亚里士多德的话中，也出现在哲学家皇帝马可·奥勒留（Marcus Aurelius）的断言（于公元 2 世纪做出）中，即"理性是能够赋予我们人的地位的能力"（*Meditations* iv.4，Cochran 1944：166）。这些声明意味着，如果我们不能依赖理性获得关于世界和我们在世界中的位置的知识，不能在很大程度上解决我们关于真理、意义和价值的紧迫问题，那么我们作为人的存在就不再有任何重要性。如果这就是我们根据自己的本性能够认识到的，或者至少是我们渴望认识到的，如所有人类历史和文化如此明白地显示的那样——知识是不可能的——那么整个人类的计划就是一种惨淡的失败，一种固有的矛盾，一个"愚人所讲的"悲剧性"故事"。

二 与意志相关的理由

在这一节中，我将从理性转移到意志。正如我们将要看到的那样，这两个主题并非完全不相关。这里所考虑的是支持虚无主义观念的两种主要理由。第一种从决定论或宿命论（或者至少从一种关于人类意志非常软弱或不充分的声明）导向虚无主义；第二种从一种激进的、不受限制的自由教义出发，得出虚无主义的结论。之前我们已经考察过这两种论证中的一些要素，现在我想进一步聚焦这些要素，让它们之间的不同和差异更加明确地显现出来。

我们在第三章已经提到两种决定论观点。一种存在于莫纳德把心灵还原为大脑的过程中，他把一般而言的有机体尤其是人视为结构复杂的自控机器。另一种是斯金纳的科学还原论，他梦想一种新型社会，那种社会建立在行为主义心理学的原理之上。

叔本华是决定论的另外一个支持者，他坚称每个人生命中的所有事件，从微不足道的到极其重要的，"严格来说都是必然要出现的，就像钟表上的每一时刻那样"（1942：Ⅵ，67，57）。每个人的性格都是前定的，而每一种行为都不可改变地、不可预测地来自这种性格及其动机，以回应环境状况。如果环境状况相同，个体将会以同样的方式一而再再而三地行动。根据叔本华的理论，无论个体的本质如何，都只是一种普遍存在的宇宙意志的客观化或显现（1942：Ⅵ，64－67，70－71）。叔本华的观点与近年来流行的弗洛伊德精神分析理论非常一致。弗洛伊德告诉我们，我们的性格完全形成于童年的早期时光，那时我们还没有意识到发生了什么；他还告诉我们，丰富的临床经验已经证明，我们的有意识"选择"实际上受暗藏的无意识动机的主宰。正如约翰·霍斯珀斯（John Hospers）所言，弗洛伊德的人类形象，是"一个木偶形象，其动机受到看不见的线绳的操纵，或者更好地说，受到内在冲动的操纵……"（Hospers, in Edwards and Pap 1965：80）

面对这种决定论观点及其关于人类行为的机器人式的描述，我们或许会提出叔本华已经提出的问题："生命的意义究竟是什么？上演这出闹剧的目的究竟何在，既然生命中所有的东西本质上都是无法改变的和被决定的？"叔本华的回答并不让人心安。他说道，我们所能做的，就是观察生命的展开过程，并且以这种方式理解那个注定要成为的我究竟是谁，究竟是什么。于是，决定论者不得不成为自己生命的旁观者（1942：Ⅵ，75，67）。

根据叔本华，在关于性格和行为的完全决定论这幅阴郁的画卷里，唯一的例外是这样一种前景，即通过艰难的禁欲主义生活让自己摆脱普遍存在的宇宙意志的控制。这是一种消极顺从和克制的自由，一种来自生命挑战的自由，而非挑战生命的自由。我们之前讨论叔本华的宇宙论虚无主义时提及这种自由的可能性。正如叔本华自己承认的那样，说我们有时候能够逃离无所不在的决定论的控制，本身就是一种矛盾（1957：Ⅰ，371；Copleston 1965：Ⅶ，Pt．Ⅱ，49-51）。

根据决定论，无论我们是能够很好适应一切的创造性的人，还是我们是之前谈论痛苦问题时描述过的那种深陷不安的罪人，都只是命运的安排（Hospers，in Berofsky 1966：37，39，45）。我们与我们拥有和表现的性格与行为密不可分，除非在某些极端环境里，事情完全超出我们的控制，突然出现并导致我们的改变。我们内部没有独立的意志力量，没有自由选择我们自己生命路线的自由。我们是完全封闭的世界机器里的一个齿轮，当我们内部的因果条件（也就是我们的性格和动机）与外部的环境状况保持一致时，我们没有任何能力改变行为。

这里，我无法深入探讨决定论的论证细节，只能简单指出两种似乎特别重要的辩护理由。第一种理由是，决定论的假设能够让我们避免二元论并置因果关系和自由时存在的明显的不连贯性。决定论者宣称自己相对非决定论具有节俭的美德，他们认为这种非决定论是内在于它所提问题中的二元论的和不必要的复杂情结。我在上一章指出，能够避免二元论的问题，是还原论对科学自然观的回应的主要优势。我在上一章还指出，决定论通常被视为这种回应的必然伴随物。叔本华有类似的推理，他比较了自己的观点与那些把道德意志独立于自然的因果必然性的人的观点，从而设立了一种似乎难以克服的矛盾：终极因与动力因的矛盾，或者，神秘的自由人类主体与铁定的物理世界过程之间的矛盾。他想用他的教义克服这种二分，这种教义就是，所有发生的事情，不论是在无机领域还是在有机领域，或者在人类行为的每一个细节中，都是同一种宇宙意志的无情运作的显现（1942：Ⅵ，70 - 71）。

第二种理由大概是，只有决定论能够（至少在原则上）彻底认识世界，因为所有的东西现在都被视为能够服从因果性的从而是科学性的解释。没有神秘的无缘由的自由留下来反抗理解力（比如，霍斯珀斯承认自己完全无法理解遭遇一种无缘由的事件究竟会怎样；Berofsky 1966：41）。于是，这种论证反对关注理性能力，而是关注意志的力量。如果我们完全信任我们的理性，致力于探讨物理世界的发展和人类行为的原则，那么我们就必须放弃对自由的关注。斯金纳似乎就赞成这种折中方法，他在反对自由的辩护者时抱怨道，拥有一种"主题可以随意变换"（见上一章第二节）的科学，是不可能的。莫纳德坚称，人类有机体被视为机器，并且容易被客观理解，就是出于类似的精神，就像他宣称目的论的解释和理解方法已经过时，让我们无路可走那样。

当然，还有一些论证支持决定论。比如，我们曾用精神分析学家提供的临床证据来支持他们的决定论。行为科学发现人类和动物的行为在刺激与回应之间具有可预测的相关性，可以作为另外一种证据来支持决定论。值得指出的是，现代技术实现了控制自然进程、证实这些进程的可预测性和必然性特征的巨大成就。难道人类不是自然的一部分，服从于类似的必然性过程？但是，我们必须放下这样的论证，继续考虑决定论对生命意义问题的态度。关于这一主题我们将必然谈论的东西，同样可以在我们之前的谈论中找到。

伯纳德·詹姆斯（Bernard James）清晰阐明了决定论拒绝人类意志的自律能力所导致的虚无主义后果："意志不存在的地方，就不存在善和恶，而善恶不是具体事实的地方，谈论人类尊严或侮辱是没有意义的。"（1973：93）这一观点非常接近韦尔的观察，即包含在我们行为中的对价值的因果（也就是历史、文化、生物学、心理学）解释，无助于对这些价值的辩护或批判（除非这些解释里存在标准的偏差）。但是根据决定论的观点，我们的行为的意义可以完全还原至产生和解释它们的原因。于是，为任何行为寻找赞成或反对的评价理由，好像我们能够根据我们的评价自由行动，或者甚至能够获得这些作为自由考察成果的评价，这整个事业都不过是一种虚幻的覆盖物，是完全被决定的行为的又一个例证。

这意味着人类生命没有任何可辩护的地方。生命就是其所是，一旦我们穷尽对生命的因果解释，考虑了基因排列、性格、动机和环境影响，整个问题就结束了。对于生命中的价值评估问题，或一般生命的价值维度问题，我们只能保持沉默。于是，正如伯纳德·詹姆斯主张的那样，决定论必然剥夺人类生命的尊严，只给它留下一些最为肤浅的意义。

决定论的进一步发展，会导致人类尊严的进一步丧失。我们不再视自己为自律的主体或自律性思考、评价和行动的核心，而是从一种纯粹外在的立场把自己和他人视为正常运转的自动机器，把我们的主观经验（包括明确的选择自由和衡量替代性价值的经验）降低为不相关的附带现象，或莫纳德所谓对完全客观的因果法则和功能的"表现"与"模仿"（见第三章第二节）。换句话说，决定论暗示了一个人自我的非实在性，在决定论那里，没有人要为自己的生命方向负责。萨尔曼·鲁西迪（Salman Rushdie）通过小说《午夜之子》中的一个角色，概括了从决定论到虚无主义的论证思路，他说道，如果决定论是真的，我们也许最好"立刻放弃一切，意识到一切思想、决定和行动的无效性，因为没有什么东西不一样；事情将会如它们希望的那样存在"（1981：79）。

但是，我们不必走得太远，就可以认为决定论完全逃离了意志自由，达到了一种虚无主义的结论。我们只需要认识到意志力量的一种根本性的虚弱或损伤被带入了这一结论。这种认识是卡夫卡的《审判》的核心主题，正如我们已经看到的那样。K 的经验可以被视为我们所有人的基本不充分性的象征：意志的虚弱让我们注定遭遇永恒的挫败，愧疚自己无法实现自己的最高理想，从而让我们陷入这样的苦恼，即总是期待很多我们似乎永远无法获得的东西。

人类意志元气大伤，这一主题一再出现在陀思妥耶夫斯基的小说里。我们禁不住同情他笔下那些最为卑鄙的角色，因为用罗斯的话来说，他向我们证明了"邪恶与祸心，破坏与残暴，总是人们无法应对的内在绝望的结果"（1969：142）。即使我们在某种程度上是自由的，能够感受确定我们生命方向的责任，我们的自由也没有什么用，如果它不足以让我们获得善和克服恶，或者不足以战胜失望、内疚和失败感等位于我们存在的核心的东西。

这里，一种像基督教那样的信仰，再一次用它神性恩典的有效性教义来作为答案。但是，假如没有这样的答案该怎么办？假如我们事实上必须独自前行，没有上帝或众神的帮助，无法找到我们需要的意志力量该怎么办？我们该如何过我们的生活？"几乎不可能"是虚无主义者的答案，因为它否定了所有救赎之路和超自然的帮助，而后者可能会使生活变得有意义和有价值。于是，我们被又一种论证思路带向虚无主义的死胡同。

如果说决定论完全强调主客二分中的客观性一面，在解释人类行为的每个方面时，实质上取消了对主观性的考虑，完全站在一种外在的立场上，借助于客观过程和法则，那么主张彻底的、不受限制的意志自由的教义，走的是完全相反的路径。这种教义完全站在主体的一边，极力强调我们的选择自由和自主负责自己的人生路线，几乎完全取消了对这种自由和自主的因果限制，或任何种类的客观性限制。比如，从我们之前讨论过的内容来看，施蒂纳、加缪和萨特明显反对决定论，主张我们是真正自由的，但反对这样的观点，即存在所谓先验的人类本性或先验的价值尺度，它们通过在我们的选择之前规定我们的责任和义务，来约束我们的自由实践。可以确定地说，在这三位思想家那里，意志的角色和力量是至高无上的；事实上，这种至高无上已经把知识或理性放在了一个微不足道的位置。通过他们，我们看到上述折中方法的另一边，在那里，就像在斯金纳和莫纳德那里一样，对意志能力的关注似乎被一种把理性（尤其是科学理性）最大化的激情完全遮蔽了。

"非决定论"并非一个可以描述我现在正在讨论的观点的强有力的词语；于是，我把这种观点命名为"激进的唯意志论"。我将首先更为具体地考察这一观点，指出集中为这种观点辩护的理由。然后，我将考虑它对生命意义的消极影响。

萨特无疑是激进唯意志论的首要倡导者，所以我们将会看到一系列的论证支持这种观点，它们建立在他通过《存在与虚无》展开的推理中。第一个论证从指出决定论者通过质疑自由的现实性而达到他们的观点开始。但是，自由及其反面——决定论——可以同时被怀疑或质疑，这一事实本身就暗中承认了自由的现实性。如果事实并非如此，说质疑本身决定于因果关系，这将使问题变得"不可认识甚至不可思考"（Sartre 1966：28）。这是因为质疑行为暗示着自由，即对各种替代的可能性保持开放。

萨特说道，设定一个问题，显示了自为在其虚无化角色中的自由。它要求发问者从被问者那里来"一次虚无主义的撤退"，发问者凭此证明"他并不服从于世界的因果秩序；他让自己独立于存在"（28）。于是，去提问、去评估和去达到结论的自由，就是反讽性地不可逃离的，即使是在否定自由的现实性这一事实中；这种自由通过包含在最有说服力的决定论声明和论证里而存在。尝试站在他们那一边说服他们自己或其他人相信他们理论的真理性，回应那些反对这种真理性的声音，这要么是一种自由行为，要么不再有智力活动的意义。如果完全被因果关系决定，它就会变成一系列的时刻。萨特总结道，决定论摧毁了行动或行为概念，因为"行动的存在意味着它的自律性"（583）。它因此削弱了自己作为发问和推理行动的成果的地位。

这种论证目前只满足于自由的现实性和决定论理论的虚假性（或无意义性）。我们还没有触及上面提及的**激进**唯意志论，在下一个论证阶段将介绍这种激进观点。萨特认为，我们可以在"焦虑"（anguish）的经验中意识到我们的自由究竟如何无所不包和不受限制。他如此表达他的观点："在苦恼中，我立刻明白了，我自己是**完全自由的**，我不可能获得世界的意义，除了从我自己这里得来这种意义。"（48）当他说"从我自己这里"时，他实际上是在说"从我的自由这里"，因为这就是他主张的。让我们尝试理解萨特通过焦虑经验表达的意思，看看他如何从这种经验推论出主张完全自由的教义。

焦虑是这样一种意识，即不管我当下正进行什么样的行动，不管我正在追求什么样的生活方向，我都可以与此完全不同地行动或生活。于是，我所做的，我完全根据自己的选择和责任所做的一切，都完全是我自己的。萨特用了一个生动的例子来解释这一点（1966：35-39）。假设我走在一条悬崖边没有护栏的狭窄小路上。一种恐惧的动机可能会（除非我允许它这样）严重地影响我，让我特别注意路上的石头，尽可能远离悬崖，小心翼翼地挪步前行。但是，我意识到，这种动机尽管特别强烈，却并不能**决定**我的行动。苦恼现在以眩晕的形式表现出来，这对萨特来说更甚于掉落悬崖的恐惧。我意识到我有这样的自由，即如果我决定了，我能够扑向悬崖。我完全能够做出这一选择，而不管性格、动机、共通感、习俗等通常要我远离这一选择的因素。**恐惧**（afraid）是对来自外部的威胁的意识，但**焦虑**是对我的自由的全部范围的意识。焦虑感把选择的各种可能性放在我面前，"因为它们就是**我的**可能性，并非由外来原因决定显示给我"（35，37）。他说即使我们不去想它，这种顽固的自由感也适用于我们生活中的所有事情。

比如，这种自由感就适用于性格和动机。性格和动机不可能决定我们的行为，它们对行为的重要性从来都是很成问题的和不确定的，这需要等待虚无化的自为的评估和决定，后者会慢慢潜入它们和行为之间。换句话说，我们总是可以自由质疑性格和动机被允许在我们生活中扮演的角色。可以说，它们只是通过新的自由行动持续再造自我及其生命形式这份一直在进行的不可避免的事业的原材料。于是，萨特可以谈论通过自由行动"自动发明**动机与原因**"，而拒绝这样的观点，即动机或原因具有内在的分量或力量，在解释我们的行为时，我们必须考虑到它们的存在（575，550-551）。

之前我们已经看到，萨特否定先于自由行动而存在的自我的本质、人性等诸如此类的东西。作为过去的自由选择的成果，"本质就是人的实在在自身中作为**已经是**的东西来把握的一切"。（42）我们过去为自己量身打造的本质，会因为当下和未来的新决定而消失。于是，我们完全能够超越我们的性格（或我们过去赋予我们自己的"本质"）和与之相关的动机。我们绝对不会受到它们的限制，以一种可预测的方式来行动。

其他人可能会根据我们的性格来看待我们，会从我们那里期待一些典型的行为模式，但是从我们的焦虑和自由的立场来看，性格更多以誓言的形式表现自身，即我们通过一系列自由的再肯定来持续存在。"在这个意义上，"萨特说道："不存在所谓的性格；只有对我自己的规划。"（675）或者如他在其他地方直接拒绝决定论观点时所说的那样："过去的意义，严格依赖于我当下的规划……事实上，只有我自己能够在任何时刻决定过去的**意义**……通过朝向目标而规划自己，我把过去保存给我自己，而且通过行动，我决定过去的意义。"（610）至于精神分析学说的声明，即我们的有意识选择只是潜在的无意识力量的显现，是我们在童年时代形成的性格的显现，萨特未予考虑。他宣称无意识对我们行为的影响是糟糕的信仰行为，我们借此尝试取消焦虑感，这意味着我们对我们的生活完全负责。像弗洛伊德这样的"解释性"体系，还有其自我、本我和超我，其对无意识的决定性角色的坚持，"只有在我不相信所有的直觉，只有在我**从外部**让我的情况适用于抽象的体系和已经获知的规则时，才会成功"（61）。

萨特把自由的角色推向更深的层次，让它成为所有价值和意义的根据，甚至把人解释为周围世界的可知结构的基础。我们凭借其活下去的价值，没有"客观性"或独立的存在。它们不可能来自先在的人性，或作为我们存在于其中的世界的给定之物等待我们去发现。相反，它们是自由选择的结果，是"对我自己的原初规划的反映，这种规划是我对在这个世界上的自己的选择"。请认识到这一点：

> 我独自出现，带着焦虑直面那构成我的存在的独特而新颖的规划；所有的屏障，所有的安全护栏都被推倒，都被我的自由意识虚无化了。我没有也无法求助于任何价值，来反对这样一个事实，即正是我维持着价值的存在。（1966：47）

与此相应，那些我赖以生存的价值，那些生活的整个路线，都"不再有任何辩护和借口"（47）。萨特以下述方式进一步解释了这种观点：

> 作为一种价值靠其存在的存在，我是无法作辩护的。我的自由作为

价值的基础，而自身又没有基础，这是令人焦虑的。还令人焦虑的是，由于价值本质上向自由显现，因而不能在揭示它们自己的同时不"被质疑"，因为颠倒价值尺度的可能性，会作为**我的**可能性的补充而出现。这就是面对价值时的焦虑，它是对价值的理想性的承认。(1966：46)

于是，没有任何既存价值能够对我的生活宣布客观性声明，或者以任何方式限制我的自由。我对暗含在我的"原初规划"中的价值负责，而且是我选择了要去负责，而我的生命的意义是我决定它要是的那一种意义，它仅仅接受我的不受限制的自由的主宰。

按照其他方式来思考，也就是说，根据一种先验人性，我们有责任根据价值来行动，而非自由行动创造这些价值和维持这些价值的存在，这对萨特来说，就是在思考"一种彻底的奴役"(659；51 - 52)。一种衡量他的自由概念的激进程度的方法，就是这种坚决的非此即彼：要么价值是纯粹发明创造出来的，要么自由是完全不现实的，没有中间道路。正如萨姆·基恩(Sam Keen)所解释的那样，关于萨特的自由观，"如果存在任何'应该'，任何既定的善恶标准，或任何不受控制的力量对人类生命的侵犯，就不存在自由"(1969：112)。

尽管我在谈论这个非此即彼的主题，但我应该指出，对价值的客观性有用的，同样对任何种类的因果限制有用（正如基恩的声明后一部分所暗示的那样）。萨特以这种方式表现了因果性与自由的二分："要么，人是完全被决定的（这是不可接受的，尤其是因为一种被决定的意识——从外在激发的意识——本身成为纯粹的外在性，从而不再是有意识的）；要么，人就是完全自由的。"(1966：541)他对自为的绝对自由的坚持，紧密相关于他的这一观念，即自为是"虚无"。假如自为被既有价值标准或过去以任何超出其控制的外在方式影响，那么它就不再是有意识的（在他赋予这个术语的意义上），就会成为一种自在，一种物，而非纯粹的虚无。因此，他在《存在与虚无》中所表达的整个思想体系的基础，是只有自由能够限制自由。只有通过自为对未来的自由选择，价值才能获得它们的强制性，过去才能得到它的力量、紧要性或意义（658，617）。

在剥夺价值的客观性地位或强制性角色方面，激进唯意志论和决定论携手合作。决定论通过把辩护语言还原为因果语言，通过否定人类具有理性判断或自由选择价值可能性的能力来做到这一点；激进唯意志论通过坚持绝对自由教义来做到这一点。在这种关联中，同样值得一提的是决定论者斯金纳，他坚称没有人性这样的东西存在，认为我们只是社会环境塑造出来的（1971：202－206）。他们对人性概念的共同拒绝——尽管是从不同的前提出发——证明了激进唯意志论和这种决定论之间存在共同之处。

根据萨特，对价值来说是真的东西，对这个我们居于其中的世界来说也是真的。这个世界的意义模式由自由行为构成。我们之前已经看到，现实本身没有内在的结构或特征。在承认任何可能的解释这一意义上，它是纯粹偶然和荒诞的。正是自为的虚无化产生了这些解释，给了这个世界意义，或引入了关于**世界**的所有观念。这些虚无化行动，归根结底是自由行动；它们所创造的结构对于解释它们扎根于其中的人们的"原初规划"有着持续不衰的重要性（1966：47）。于是，就像虚无化创造了价值，自由行动也不需要辩护。

萨特指出，我们确实被先在的"在场"所包围，但是这些在场本身是不可理解的，也就是说，它们只有在被我们规划的行动语境中才具有独立存在的地位和可知性：

> 把我们和事物分离的，不是其他，**而是我们的自由**。正是我们的自由，对这一事实负责，即**存在**一些东西，它们是冷漠的、不可预测的和多样化的；还对另一事实负责，即我们不可避免地与它们相分离。因为正是基于虚无化，它们才得以显现，才被揭示彼此相关。于是，我的自由规划并**没有**给事物增加任何东西：它导致事物会**存在**，准确地说，现实被提供了多样性系数和可利用的工具性。（623）

这段声明的最后部分是说，生活世界的方方面面都限制着我们的自由，或在我们允许的情况下为我们的自由提供有用的工具。"我的生日、位置、过去、环境"和其他人的行为和产品（包括那些表现在语言、文化和体制中的）的"真实性"，只有以我的"无限制的自由"为基础，才对我具有重要性。萨特坚称："没有一种情形，自为在其中会比其他情形**更自由**。"比如，如果我被俘为奴，我也可以自由地冒险，以逃脱被奴役的状态（672 – 673）。

即使是用来拷打的烧红的铁钳，也不能让我们失去自由。我们抗拒拷打（如，靠持续拒绝坦白）的不可能性是一种"自由构成的"不可能性。"这种不可能性通过我们自由放弃而起作用；我们的放弃并非来自坚持这种行为的不可能性。"这是再一次否定情境或因果性具有任何固定的特征或内在的力量。它们能够扮演的唯一角色，就是"通过本身是一个目的的自由选择的动机–意识"（619）赋予它们的角色。

于是，正如约瑟夫·卡特拉诺（Joseph Catalano）所言，不管我们的环境里可能有多少"粗糙的给定之物"，不管其中会发生什么样的改变，它们都不是自由的障碍，而是"自由作为一种虚无化出现的语境和基础"（1980：210；Sartre 1966：619 – 620）。没有给定之物，就没有可被虚无化的东西，而萨特意义上的自由也就变得不可能。因此，世界、空间、时间、质、潜能以及所有的意义结构和模式，都"由我们高涨的"无限自由来设定，后者和自在的不透明的命运一起起作用（1966：623）。正如卡特拉诺再一次评论的："自在可以根据自为的鲜活目的受到不同的规划。"（1980：141）于是，对萨特来说，世界的本性由个体通过暗含于他的自由选择中的规划和目的强加于世界的关系层次、重要性、障碍和工具性来构成（1966：596）。当他说"目的说明一切"时，他非常简明地指出了这一点。他还补充道："事物……只有在向未来**超越**时，才呈现意义。"（608）

这里，我们可以看到在萨特哲学和一般的激进唯意志论里，知识声明从属于真理声明的程度。在这种关联里，巴雷特（Barrett）呼吁我们注意萨特"与尼采的密切关系"。尼采"宣称关于客体本身的知识是不必要的"（康德早前告诉我们这是不可能的），还有，"我们所需要的，就是能够主宰它，从而主宰权力意志"。巴雷特认为，萨特的激进唯意志论，是尼采思想中的权力意志的直接对应物（1958：220 - 222）。我们可以这样补充，萨特的关键概念人的"原初规划"（被视为绝对自由的行为）与尼采的"视角"概念（被视为权力意志的表现）并无很大不同。萨特确实在某个地方说过，"我们决不能把我们选择的必然性和权力意志混为一谈"（1966：577）。但是，正如这一声明所处语境所揭示的那样，他只是在说，我们可能选择作悲伤的、顺从的、屈辱的或优柔寡断的人；我们也许正好选择不成为快乐的、决断的、高贵的或有力的人。巴雷特的比较仍然有效。

于是，在决定论那里我们获得关于世界的无限知识，却失去自我；而在激进唯意志论那里，我们放弃所有获得客观知识的可能性，却选择了自为及其自由。我们现在必须学会接受的，不仅有萨特所谓"价值的理想性"（见上文），还有彻底主观主义的理想性和所有事物的任意性。他一再否认他的哲学是一种唯心主义或主观主义，认为自为和自在"构成了一个二分体"，其中自我和世界走到一起，他还想谈论一种"**物本身**和物中的我自己"（111，671）的综合或统一。但是，主观主义的结论似乎不可避免。这种不可避免明显导致他无法克服其基本范畴即自为与自在的二分，这一点，我们已经在前一部分讨论过。但是，问题的根源在于他赋予人类自由或自为的虚无化力量的那种原初性和无限性角色。

在衡量激进唯意志论的虚无主义内涵之前，我们还需要指出唯意志论的一般论证的另一方面。这与一种社会语境有关，其中我们必须践行我们的自由。这一方面并不能改变《存在与虚无》整个思想体系所包含的绝对主观主义、自由的任意性以及自由的结果，但它确实能够提醒我们注意这一事实，即个人的自由不可能在真空中实现，而必须在其他自由主体——个人的人类同伴——规划的价值、意义、象征性表现和知识结构语境中表现自己。但是，个人于其中发现自己（包括他们被归类和被他人客观化的角色，如黑人、高加索人、雅利安人、犹太人，残疾人、丑人、美人、罪犯、圣人、店主、公务员等；Sartre 1966：645）的这些社会和文化结构，注定要被自为的虚无化超越，就像所有的给定之物都必然要被超越一样。

我无法自由改变或控制他人对我的看法；那是他们自己的自由行为的结

果，与我的自由行为无关。但是，我必须自由选择如何回应他们关于我的看法，就像我必须自由选择如何思考和应对与那些社会和文化结构的关系，后者是我之前的人或同时代的人的自由选择的产物。其他人的自由对我的处境加以限制，我无法改变我的人格或行为被从外部看待的方式，或者是那些做出这些看待的人设定的价值和意义标准。但是，萨特坚称："只有我恢复了这种我所是的为－他人－存在，只有我根据我已经选择的目标赋予这种存在以意义，我才能**经验**到这些限制。"（645）于是，他坚决主张每个人的自由都是"绝对的和无限的"，意思就是，"只有自由在每一时刻突然增加的限制，而这些限制是自由自己施加给自己的……"（650）

既然我们已经分析了激进唯意志论的观点以及一些为之辩护的论述，现在我们就可以分析它与虚无主义关于生命意义的观点之间的关联了。有一种关联存在于这样的认识中，即萨特关于绝对自由的教义是一种关于**荒诞**自由的教义。由于所有的人生模式都必然在绝对自由的行动中找到根源，都必须被这样的行动持续重构，所以下述结论就是不可避免的，即人生是完全、绝对荒诞的。荒诞的自由与荒诞的生命之间的关联，我们已经在前面谈过，尤其是在第三章第一节。但是现在，我们需要从一个不同的视角更为仔细地考察这种关联。

萨特自己很乐意宣称，那位于我们存在的基础位置的选择，不仅显得很荒诞，而且事实上就是完全荒诞的。与此相应，他判断我们的每一种存在都是荒诞的。我们可以在任何时刻做出其他的选择，由于我们自己做出的选择和其他我们已经做出的选择都同样无定形和无根据（自由是"所有基础和理性得以存在的根据"），所以我们必须接受自己与"无法辩护的感觉"并存。还有，我们无法逃避任意选择和持续选择生命形式的荒诞性。"人类实在可以按照它意欲的那样选择自己，但是不能不选择自己。"即使尝试避免选择，也是"选择不去选择"。"人类进入了存在的普遍偶然性中，进入了所谓荒诞性中。"（586－589）于是，萨特明确认识到，我们所定义的那种虚无主义观念，必然伴随他的激进唯意志论立场。

这种关联也存在于霍金的主张里，即被任意置于"无法交流的周围世

界"之上的纯粹发明出来的意义和价值，不可能要求我们的献身，因此任
何通过为自己的生命找到某种辩护理由来向它们发出呼吁，都会陷入一种循
环（1936：264－265）。比如，萨特指出，激进自由的事实并没有包含这一
点，即生命不过是"一连串随意的拉扯"，因为我们的选择是在原初规划的
语境中做出的，这些规划给予生命基本的关注和指引。但是，每一个体的原
初规划都是完全无根的和任意的，萨特甚至坚称这种规划不可能在深思熟虑
的基础上实现。他的理由是，原初规划**引起**意识并**规定**世界的目的、区别和
意义，而反思性的选择必然在其中起作用（1966：564－565）。于是，萨特
的激进唯意志论要想把过去的时刻从任意无常中拯救出来，只能把这些时刻
置入一种更加严重的任意无常中。这里明显存在循环论证，就像某些决定论
者试图论证我们是自由的，因为我们能够做我们想做的，同时又以同样的语
气提醒我们，我们所有想做的事情都是完全被决定的。

巴雷特也有一个类似于霍金的观点。他指出，一种无法确信的意志很难
意欲什么东西；就像布里丹的驴在两个干草垛之间犹豫不决，意志会在它的
选项之间中止意欲，没有理由选择其中一个而放弃另外一个。他还指出，重
要的自由行动，只有在"那能够阐明它们并赋予它们意义的意识"（1979：
309，286－287，86）中才能起作用。没有这样的确信和语境，自由会变得
空洞和无意义，来自这种自由的生命必然同样变得空洞和无意义。通过把原
初规划的自由置于知识、意义或价值之前，让它成为它们唯一的基础，萨特
剥夺了自由的目的性意义，从而消除了自由与偶然的基本差别。自然而然，
他会因此得出结论，生命是荒诞的。

还有，坚持一种人生道路——萨特认为这不仅可能而且很平常——似乎
难以解释（如霍金所说的那样）为什么不存在像**献身于**一种随意选择的人
生道路这回事儿，也难以解释（像萨特推理的那样）动机和习惯的因果性
影响为什么不能有效引导或限制我们的自由。根据萨特的分析，每一个新的
选择时刻，在焦虑经验看来，都会造成一次自由危机，这种危机暗含在我们
的原初规划构成里，因为焦虑让我们充分意识到，这些规划没有基础或支撑
物。在我们原初的、完全无缘由的自由里，我们可以通过我们的下一个行动

随意否定之前的整个人生道路，就像我们可以继续这种道路一样。而且，我们完全无法发现这样做的理由。那么，为什么在献身于某种人生道路及其包含价值的理由根本不存在时，我们还能在这条路上长期走下去？

萨特关于这一重要问题的唯一答案，就是我们并不打算付出改变生活道路的代价，或者付出以一种必要的激进的方式重新确定我们的存在目标需要付出的代价，从而忽视这一事实，即我们完全能够在任何时间做这样的事情（1966：555，567－568）。但是，如果过去的自由行动没有内在的后果或关联，只要被指向未来的当下自由行动**选择**，只要这种行动并非具有永恒的本能连续性的自我的行动，而是一种能够时刻创造暂时性关联的纯粹"虚无"的行动，一种关于彻底改变人生道路的"代价"的观念，就仍然是含糊不清的。确实，建构或包围我们当下的自由行动的原初规划这一观念，是不可能得到解释的。对于我们坚持走一种人生道路，萨特无法给出有说服力的解释，这一事实只能让人相信激进唯意志论和荒诞的人生观之间的关联。我们之所以坚持我们的人生道路，是因为我们不得不这样做；除了这些我们完全无话可说。正如萨特一再坚持认为的那样，如果每种新的行动都是完全自由的行动，事情就不可能这样。

没有哪位作者能够像陀思妥耶夫斯基那样生动地告诉我们激进的无语境的自由与生命的荒诞性之间的关联。他用很多人物形象说明这一点，其中特别有名的是小说《群魔》中的基里洛夫、沙托夫和斯塔夫罗金。基里洛夫非常确信，随着上帝的缺席，人类必然会像上帝那样行动，这意味着他们必须承担上帝不受约束的自我意志。他表现和证明这种新发现的独立性和"可怕的自由"的方式就是去自杀，还留下一张纸条坦白自己从未犯过的罪责（Dostoevsky 1931：582－583）。作为读者，我们的反应是对自己说，"但是，这是荒诞的。"而且，这也是陀思妥耶夫斯基所指出的。一种绝对的任性，一种没有任何客观的信念或价值语境的引导或限制的任性，是一种"糟糕的"自由，它让我们没有理由选择生活而非自杀。

第二个人物沙托夫的经验证明我们不能通过选择行动创造一种确信，从而赋予我们的生命一种它们本来没有的意义。他绝望地渴求摆脱旧有的生活方式，去"信仰俄罗斯"和她的东正教，去"信仰基督的身体"和上帝（235）。但是正如他尝试的那样，他无法让自己去信仰；他无法创造一种确信来重新定位生活。他的死亡非常可悲，被他之前的虚无主义社会革命同志杀害。或许他就处于信仰的边缘。谁知道呢？但是问题的关键在于，他不能创造信仰，我们也不能通过纯粹的意志行为创造任何确信。如果自由就是我们的全部，如果知识、意义和价值必须直接来自我们的自由，我们的生命就真像萨特所宣称的那样是荒诞的。

第三个人物斯塔夫罗金被一种空虚的自由和难以忍受的无聊感包围。但是相较于小说中的其他虚无主义者，他有一个奇怪的念头。他发现自己尤其无法相信任何东西，或献身于任何生命道路。他远离整个世界和其他人组成的社会，包括那些虚无主义同类，他们尊敬他到了近乎崇拜的地步，会为他做他要求做的甚至只是暗示过的任何事情。他发现所有的联系和事业都是索然无味的，漂浮在生活之上，没有什么东西能够激起他的注意或挑战他的力量。他既没有完全荒淫放荡，也没有任何伟大的成就。他不抱任何希望，对一切都无动于衷。

小说结尾处，斯塔夫罗金在自杀之前写给一个爱他的女人的信里带着弃绝一切的态度坦承，她的爱无法让他有所不同。他的爱永远是超然物外的，和他自己一样微不足道；他不会给她幸福。于是，他尽管希望她和自己一道离开，但仍然劝告她不要为他葬送了自己的生活。他说他期待她的到来，说这意味着他有多么关心她（634 - 635）。根据他对自己的生活与观念的解释，根据他在小说其他地方所说的话，我们完全可以说，斯塔夫罗金是萨特绝对自由理想的体现，甚至是完美的"好信仰"的显现。毕竟，他不是激情的或教条的、非批判的信仰的受害者。他没有向任何人卑躬屈膝，不受别人对待他的客体化态度影响。他是完全中立的，因而能够不带偏见或不受限制地落实他的自由。但是他的生活非常可悲，而且他似乎对此什么也不能做，尽管他是自由的。

陀思妥耶夫斯基的观点再一次说明，只有自由是不够的，仅仅自由无法赋予生命意义。借用菲利普·范多奇（Phillip Fandozzi）评价斯塔夫罗金的恰当的词来说，只建立在自由之上的生命是"令人眩晕的（vertiginous）"（1982：39），这个词让人想起萨特分析自由的焦虑时提及的眩晕（vertigo）经验。这样一种生命存在于无限可能性的死胡同中，其中没有一种可能性比其他可能性更值得赞扬。就像《恶心》中的洛根丁所言，这样一种自由"和死亡并无二致"（1964：209）。难怪陀思妥耶夫斯基小说中无根性自由的三个代言人中有两个人的生命结束于自我强加的死亡，剩下那个人的生命被无缘由的谋杀毁灭。作者以这种方式强化他的一个基本观点：没有责任感或确信感的生命是无用和荒诞的，在这种生命中，只有乏味的自由，只有任何事情都被允许的自由。

激进唯意志论和虚无主义的生命观之间的第二种关联，来自被萨特持续强调的观念，即由于我们是彻底自由的，因此我们必须承担完全责任。这一方面是说，我们在某种重要的程度上要为自己的行为负责；另一方面是说，我们要对这些行为**完全**负责，我们的动机、信仰、价值、献身以及整个生命路线的每一时刻，都必须位于我们的控制之中，都必须来自自己的制作。如果我是绝对自由的，我就不能找任何借口以减轻罪行或对我的行为进行任何辩解，比如我的基因编组的独特性、我的成长环境的各个方面、我没有意识到的那些无意识事实、过去的分量或习惯的力量、我容易受到某些诱惑的影响，或者他人对我的影响等等。在某种程度上，我无法根据我生命规划中的目标和理想而行动，或者无法放弃一种病态的、自我摧毁的规划（参见萨特关于自卑情结的讨论，1966：577 - 582），只能怪我一个人。我选择了失败，而我本来是可以成功的。

一种深刻的孤独感和孤立感，更不要说那种暗自内疚和自责感，都包含在这种观点中。它不仅使他人对我的意志缺陷的任何同情显得不合时宜，而且暗示他们无助于我，从而完全切断了人际关系中的最为常见和重要的纽带。它还显示我可能感到的任何对我的同情都是不合适的。我必须持续告诉自己，无论我经验的是什么样的意志虚弱，它都是被坏的信仰培育出来的幻觉，我必须坚决拒绝任何我必须原谅自己过去所犯错误的倾向，即使是在最轻微的程度上。我必须坚决摆脱让他人分担我的罪责的尝试，而只能以不相干和误导为由拒绝他们帮助我去发现强化我的意志的源泉的尝试。原因在于，责任和罪责全部是我的，他们不可能分担；我的意志不需要被强化，因为我已经是彻底自由的了。于是，我没有选择，只能接受所有的失败都是我的失败且只是我的失败，然后继续凭一己之力通过意志与这些失败对抗。其他人或许有助于我理解自己的处境，他们向我提供各种选项，但是对这些选项的选择，还完全取决于我，完全受我控制（Sartre 1966：699－704）。

激进唯意志论和虚无主义之间的这第二种关联，在萨特那里有明确表现。他宣称，根据我的自由，我"注定要对自己完全负责"，注定要"独自承担世界的沉重，没有任何东西或任何人能够减轻这种重负"。要发现彻底自由的全部意义，就要体验"被抛感"，即发现"自己是完全孤独无助的"（680－681）。或者，如他在其他地方所言："对人的实在来说，存在就是去**选择自己**；它不可能从外部或内部**得到或接受**任何东西。得不到任何帮助，它被完全抛弃给无法忍受的让自己存在的必然性——直至最轻微的细节。"（538－539）我之前讨论过罪责、挫折和绝望来自一种意志的虚弱感，但是萨特在这里说不能怪罪于意志的内在虚弱；它毋宁说来自这样一种意志，它是如此至高无上和自由，以至于无法容忍任何虚弱的暗示。于是，它不接受任何帮助，也没有任何借口。

包含在彻底自由教义中的全部孤独与罪责，可以通过一个例子来理解。让我们想象一个女人一直在参加匿名戒酒会，并且最终在克服她的酒瘾方面取得了一定进展。过去她经常"和人发生性关系"，总是被男人灌醉。这是一段她深以为耻的过去。那些从前和她睡过觉的男人，那些明确意识到她要和过去一刀两断的人，继续给她提供酒，希望和从前一样在她喝醉时诱奸她。假设她又通过和一个男人喝酒而屈服于他，并且最终和这个男人上了床。难道这个男人不应该对她的失败负部分责任，因为他利用了她的弱点？但根据彻底自由的概念，答案是否定的。责任完全属于女人，她完全不可以去指责男人，她也不会为她的酒瘾或任何弱点申辩。事实上，她甚至必须否定她的意志损伤得到了戒酒会的帮助，因为一开始就不存在什么意志损伤。她可以在任何时刻完全自由地放弃饮酒，改变她的生活方式。

但是，要说服她这是真的，就得让她承担罪责和绝望的重负，而这比起和酒瘾相关的无力感和耻辱感，更可能摧毁她的生命意义。对她来说，要解决问题，她只能在意志的至高无上的力量中寻求帮助，就是处于一种幻觉状态和坏的信仰状态。在某种程度上，她无法凭借一己之力解决问题，她完全没有借口。如果她申辩自己曾经长期尝试戒酒，但没有成功，假如她因此被告知她的尝试还不够努力，这是不是一种绝望的信息？她必须去做的就是运用她的意志，但直到现在她都顽固而令人费解地拒绝这样做；如果这是对她的处境的真实解释，那么她如何避免完全瞧不起自己？她如何能够感觉自己完全独立于其他人，根据彻底自由的教义，这些人无法提供给她任何帮助，即使她渴望这些帮助；尤其是如何独立于那些人，他们似乎能够轻松克服那些对她来说完全无法摆脱的经历？

由于这个例子在某种程度上适用于我们每个人（我们中没有哪个人能完全符合他的理想或实现他所主张的一切），激进唯意志论可能通过类似的推理过程，把我们所有人的生活推向荒诞。这是一种关于不可原谅的失败和继之而起的罪责负担的荒诞，它必须由我们每个人在绝对的孤独中承担，因为我们无法从容应对或彼此帮助。这还是一种无限债务和责任的荒诞，不仅因为我们要为我们所是和所做完全负责，还因为我们能够在每一新的时刻完全（*in toto*）再造自己。于是，我们在每一既定时刻的所是，都来自我们在那个时刻的所做。

我们无法信任自己，我们只能从自己那里得到指责，以至于我们只能通过让我们的生活和我们的理想相一致，才能取得点滴进步。因为根据彻底自由教义，我们只能通过新的自由行动完全再造我们的生活。这种教义并没有提供给我们中间道路。这就是一切，要么什么都没有。因为我们总是发现我们要么只能求助于自己，要么只能指责自己，这种教义包含了苦涩的自我谴责、恼人的孤独和彻底的绝望等。我们唯一的安慰似乎就是有意降低我们的理想，让它们不再谴责我们，或用失败威胁我们。但是，这意味着我们只能通过严格限制自由的选择范围，来逃离我们的自由的破坏性后果，这会严重缩减我们的自由程度。这不过是激进唯意志论让我们理解荒诞处境的另外一种方法。

萨特尝试应对我们在无法摆脱酗酒或其他严重的强迫性神经官能症时存在的意志不充分性问题。但是，他对意志不充分性的解释本身就是个两难。他这样解释，有意识的意志只能在原初规划的界限里起作用，因此并不能替代规划本身。规划只能通过一种转换经验才能被替换，在这种经验里，"之前的规划在新的规划里轰然倒塌，新的规划就建立在这片废墟之上……"萨特认为这样的经验是相当"特别而不可思议的"，还认为它们"为我们提供了关于我们的自由的最清晰、动人的形象"（1966：582）。但是，如果它们超越了我们的意识控制，它们如何为我们提供这种形象？要么它们服从于我们的意识控制，我们的意志不充分性就缺乏基础；要么它们不服从于我们的意识控制，我们并不像萨特在别处主张的那样是绝对自由的。

如果我们必须等待一种神秘的转换来改变我们的生活方式，而不管我们多么急切而绝望地引起这种改变（前引沙托夫的处境就是如此），那么我们就不能说是绝对自由的。这里的困难在于萨特使用**自由**概念的含混方式。一方面，它包含有意识的深思熟虑和反思性的选择；另一方面，它包含一种纯粹自发的意外性或偶然性（比如，一种原初规划的出现，一种规划被另一种规划的替代）。后者完全超越了意识的控制。正如我们已经指出的那样，后一种自由似乎和纯粹的偶然性难以区分。如果我们的解放依赖于偶然事件，而非我们的完全目的性的自由，那么在我们尝试解释我们为何难以做出能够（我们相信能够）代表我们最高利益的选择时，就只是在用一种荒诞替代另一种荒诞。

激进唯意志论和虚无主义的第三种关联在于，这种人类自由观否定了自我的实在性，否定了一个人的生活方式与他人的连通性，进而否定了这种生活的意义。我们已经看到（本书第三章第四节），这样的后果如何来自一种时间概念，后者认为只有当下时刻是真实的，从而甚至剥夺了"一个人的生活"这种表达的任何清晰意义。正如我们已经指出的那样，决定论暗含自我的丧失，表现为它对意志的自律能力的拒绝，表现为它把人类置于傀儡的地位，让人类受一系列内在的既定性格和动机，以及环境语境和影响等外在事实的操控。

决定论不认为个人具有任何引导行动或赋予新奇性元素的能力（个人在一定程度上独立于过去的因果关联），否定自我的存在。而与决定论不同，激进唯意志论从相反的方向否定自我，极力强调每种选择的新奇性，否定这些选择之间存在任何内在的因果关联。在第二种观点中，自我对其过去拥有绝对主宰者的地位，以至于它可以把过去缩减为某种虚构之物，这种虚构之物的连续性和影响，只存在于由绝对自由的随心所欲的行为从头开始（*de novo*）重新制作的（而且正如我们已经看到的那样完全无法理解的）东西中。但是这样一个完全不受过去束缚的自我，并非一个存在于时间中的单独的自我，而是一堆孤立、暂时的意识与自由碎片的松散聚集，换句话说，这种自我已经很难说是自我了。萨特有意称之为**虚无**，尽管虚无如何完成他交给它的所有任务仍然是不清楚的（关于这点参见 Desan 1960：144 - 159，尤见156）。① 我们也不可能说，这种自我自己的独特"生活"拥有关联性和连

---

① 在回应德桑（Desan）关于这个问题的看法时，黑兹尔·巴恩斯（Hazel Barnes）并没有完全同意德桑的立场。她指出，不同于德桑认为萨特"拒绝了自我"，在《存在与虚无》中确实存在一个自我，也就是说，这个自我由虚无化的自为（for-itself）过去的行为所创造。她继续说道，

> 萨特从未比威廉·詹姆斯更多地否认一种积极的、组织化的……个体意识的存在，后者也拒绝认为意识是一个整体。他只是坚称，意识本质上只是一个虚无，这虚无被它的对象个体化了，但从未完全被过去的对象决定，以至于能够描述意识将会和当下或将来的对象的关系。（"导言"，Sartre 1966，p. xlv）

首先，根据萨特的解释，过去的自我不可能在当下还是积极的；只有自为能够做到。德桑在他的书中相关部分所关注的，主要是萨特哲学中能够在当下行动的自我的缺席。而且，当他指出萨特并未就一个纯粹的虚无如何能够行动或组织任何事物给出清晰而令人满意的解释时，他也是对的。其次，萨特并未讨论自为不能被过去的对象"完全决定"，他简单讨论过自为是完全或绝对自由的，因此讨论过自为根本不可能被过去决定。这一观点远远超过了威廉·詹姆斯的自我观，就自我与过去的关系而言。问题主要不在于自我是否根据本体论的术语来看待，而在于自我的自由是否能够根据相对或绝对的术语来看待。詹姆斯只相信一种相对的（尽管明显很重要）自由，坚称关于因果关系与自由、连续性与变革之间的相互关系，保持一种平衡的观点是很重要的。最后，巴恩斯对德桑的回应，并没有谈及过去的自我为何应该有连贯性和一致性，德桑假设它有这样的连贯性和一致性，如果自我出现的每一个新的阶段都是彻底自由的。换句话说，为什么应该存在像一个连贯性的自我这样的东西，甚至在过去也存在？正如已经指出的那样，自我如何在时间中保持连续性，这是一个难以解释的秘密，即使萨特求助于"原初规划"的观念也无济于事，因为在某种程度上就像他的绝对自由概念一样，他同样无法解释这个规划的力量或影响。

续性。

对于一个持久存在的自我——这个自我能够成为不断展开的生活方式的真正主体——来说，这种关联性的明显缺乏，就像在和因果性的过去相关时缺乏任何程度的自律一样是致命的。于是，正如我们已经看到的那样，即使激进唯意志论完全倾向于主客二分的主观性一面，它的逻辑结论最终也会反讽性地摧毁它极为关注的主体。最终留下来的，不是一个自我的自由，而是一种赤裸裸的自由，后者会在时间中神秘地涌现，还会不可思议地复制自身。在这种背景下，时间自身的关联性变得难以捉摸和高深莫测，这让我们返回前一章最后一节的主题。还有什么比否定一个人的自我更能摧毁这个人的生命意义，而我们发现从激进唯意志论中推衍出来的这种否定，一点也不少于因果决定论？于是，我们被关于人类意志的本性与能力的两种完全相反的解释带向了相同的虚无主义结果。

本节讨论的关于意志的虚无主义论证，让人想起布里顿关于有意义生命的四个标准中的另一个（在他的序列里排第二个）标准，即生命要想有意义，自己和自己的生命对自己来说就得是重要的："岩石和树木之所以是重要的，只因为它们对某人来说是重要的。一个人之所以至关重要，只因为他对他自己来说是或可能是重要的。如果不是这样，生命就不会有意义。"（1969：183）决定论或激进唯意志论的人类意志观似乎无法满足这一标准。我们看到，这两种观点都不允许一种有意义的自我概念存在，这种自我是一种自律而持续的主体和代理人，生命对这种自我来说是至关重要的；或者反过来说，这两种观点都不允许一种被珍爱或随着时间的流逝而被赋予重要性的"自我"概念存在。一个自由的自我的概念，既要求一种内在的因果连续性以连接当下与过去，又要求一种在连续性语境的各种选项里进行真正选择的能力。不同于决定论的信仰，一个自由的自我必须能够选择和行动，而这些选择和行动原则上不可能通过分析个体及其环境中的因果事实而被完全解释；不同于激进唯意志论的观点，这种自我必然在时间中拥有一种存在的连续性，这种连续性并非一种效仿当下——每一个当下都来自一次完全不受限制的和难以理解的自由行动——的电影错觉。还有，之前我曾经简短讨论过人面对失败时的极度自卑，这似乎是彻底自由教义的应有之物。我还讨论过包含在对意志力的根本性虚弱或损伤的确信中包含的绝望种子。如果我们重视布里顿与此高度相关的第二条标准，那么我们讨论过的两种意志观都会使生命意义变得不可能。①

三 与我们和他人的关系相关的理由

"人与人之间没有爱，只有权力和恐惧。"在保罗·司各特（Paul Scott）《拉吉四重奏》的英国广播电视公司"大师剧场"版里，一个英国警司对一个印度人说出了这句话，后者部分是因为有证据但主要是因为报复而被逮捕，并且很快受到残酷的鞭打。这句话很适合用来概括本节的主题。在其直接语境中，这句话是一个大不列颠人为自己征服印度人而作的辩护，让人想起明确区分统治者和被统治者的重要性，这样，被统治者就会被迫认同和安于他的地位。但是在更宽泛的意义上，这句话表达了对存在真正人类共同体的可能性的拒绝，它认为每个人都是封闭的自我，都被迫尽其所能保卫他独自拥有的城堡，反对其他人的威胁和入侵：这是一种所有人反对每个人和每个人反对所有人的处境。我们如果不想屈服于操纵和恐惧，就只能努力征服和统治我们周围的人，把他们转变为满足我们个人目标的工具。但是无论如何，我们都不可能在任何程度上克服那作为我们命运的可怕的孤独和脆弱。

我将会首先考察对这种观点的几种主要的辩护，然后明确它的虚无主义后果。第一种辩护关注生命的绝对孤独性，提醒我们每个人都必须完全独自地经历、受苦和死亡。没有一个人能够分有我的直接经验或痛苦，没有一个人能够思考我的死亡对我意味着什么。

一位医生曾经告诉我，当他用针刺进我面部的敏感组织时，我将会有

---

① 本节关于与意志相关的虚无主义的论证——其中自由既没有被完全否定，也没有变得完全不受限制，接近保罗·蒂里希（Paul Tillich）的观点，他把无意义问题、丧失自由与"命运"的统一性的危险关联起来。可参见我关于这种危险的讨论，还有文中参考的蒂里希的著作（Crosby 1981，167－168）。

"某种短暂的不适"，但是，我提醒他，他所谓"短暂的不适"对我来说是真实的刺痛，我必须独自承受。他可能向我保证他知道我在经受痛苦，但即使他经历过类似的痛苦，他现在所能做的，也只能是尝试在褪色的记忆里努力回想这种痛苦。对他来说，这种经验不像对我来说那样是直接的。说得更确切一些，他无法知道我的痛苦感受对我来说是什么样的；他只知道他的痛苦对他来说是什么样的。

从如此普通的例子到更为严峻的例子不过一步之遥，因为在所有这样的例子里情形都是相同的。你不可能分有我的极度痛苦，就像你不可能分有我的简单痛苦那样，而且不管是身体的痛苦还是精神的痛苦都会如此。如果我刚刚知道我一直绝对信任和爱恋的人背叛了我，你无论怎样安慰我都无济于事。我必须独自接受我失败的苦恼；只有我能明白这种令人震惊的背信弃义对我的生活意味着什么。同样的情况适用于我的所有经验——焦虑的、尴尬的和失败的经验，还有快乐的、骄傲的和成功的经验。你从一开始就只能是我所遭遇或经历的经验的旁观者，对我的特殊记忆和希望一无所知。我被你的经验拒之门外，就像你被我的经验拒之门外一样。

现在，麻醉药开始起作用了，医生可以用手术刀切开我的皮肤，我也可以相对放松了一些。我们谈论起我们都认识的一个熟人；他告诉我那个人被诊断得了恶性肠癌。我们都表示了关心和同情。但是，我们是不是太言不由衷了？他和我如何能够贴近想象医生宣告的事实如何震惊我们那位熟人，这一事实后来给他造成的不幸，比他允许自己相信的还要糟糕，而且种种迹象表明他将不久于人世？或者更通俗地说，别人怎能知道不可改变的死亡——不管是由无法治愈的疾病还是其他情况导致的死亡——判决对我究竟意味着什么？你只能知道你的即将到来的毁灭和它对你的影响；我只能知道我的死亡对我意味着什么。而且，不管疾病、事故或年迈导致的死亡过程是极其幸运地短暂，还是无比痛苦地漫长，我都必须独自承受。每个人都必须在自己孤独的存在中直面自己的死亡判决。

这一叫人悲伤的事实，可以用加西亚·马尔克斯（Gabriel García Márquez）《百年孤独》里的人物奥雷良诺·布恩迪亚上校的经验来证明。上校拿出了他一生中最好的年华来领导一场革命，以保护他位于加勒比海的国家。他经历过各种可怕的危险，有一次他直接面对行刑队，只是到了最后一分钟才被他的兄弟救下；还有一次，绝望于战斗的失败，他尝试用左轮手枪打穿他的胸膛。现在，他的战斗岁月终止了。他年老体衰，心生疲倦，对战争不再抱有幻想，不再有那一度带给他灿烂希望和激情的梦想。占据他晚年世界的唯一东西就是死亡，他逃避了那么久，但它还是在等待着做出宣判。"寡言，沉默"，他让自己尽可能地脱离家人的活动，认为"过一种优雅的老年生活的秘密，就是与孤独签订契约"。看到他神情忧郁地坐在黄昏的门前，有人鼓起勇气搅扰他的幻梦。"您好吗，上校？""我就在这儿，"他回答道，"等待给我送葬的队伍经过。"（Márquez 1971：190 – 191）

第二种辩护来自我所谓认识论虚无主义的立场，它否认人们拥有或可能拥有共同的真理或共享的意义。茅特纳的观点尤其突出了这一立场，他认为不可能存在人类共同体，除了这个术语最为肤浅的意义之外，因为共同体要以交往为前提。在他看来，人们所谓交往其实只是假象，种种迹象表明一切都是相反的。他的基本理由是，没有人能避免赋予语言或其他假定的公共表达手段一种解释性的意义，后者总是由个体独特的经验和记忆背景构成。于是，每个人都必然处于私人世界中。施蒂纳通过毫不妥协的唯名论得出了同样的结论，他认为人只有独具一格的特殊性，没有可被共享的普遍意义，因为不存在像真理这样高于个体的东西。每一个体都在努力使这个世界——包括其他人——服从于自己和自己的利益，同时构建着他自己的"真理"。

尼采拒绝"真实世界"的概念，他认为对每一个体来说，世界由表现个体独特视角和权力意志的价值和信仰构成，这些同样具有把个体封闭于自身中的效果。我们所拥有的不是共同体，而是一群相互竞争以求主宰和控制他人的个体；在共同真理或意义能够为社会凝聚力提供基础的地方，我们拥有的其实只是一个个利己主义的活力中心。正如我们已经看到的那样，萨特获得知识和真理的途径，与尼采如出一辙。我们将会在本节其他地方看到，这只是萨特哲学深刻质疑人类共同体可能性的诸多方式中的一种。上述每一种认识论虚无主义，都否认人们具有任何超越个体思想、经验或表达的特殊性的知识或理解，从而阻碍人与人之间的交往。

第三种辩护认为个体彼此必然疏离，不可能存在人类共同体，它来自所谓**道德虚无主义**，尤其是**非道德主义**和**利己主义**这两种表现形式。我们之前已经看到，杰克·伦敦的小说人物伍尔夫·拉森假设过，所有形式的生命，包括人类的生命，都是荒诞的和无价值的，它们基本上都被一种盲目的求征服和求持久的力量所支配。拉森不认为个体对他人具有道德责任，坚称强壮的意志不可避免地要寻求主宰和控制弱者。他们有时候表现得无比狠心和残忍，这并不会带给他们报应，因为如果人们现实地看待这个世界，就会发现这是唯一可以期待的世界。很明显，拉森的立场不可能为真正的人类共同体提供基础。每个人都是孤独地面对这个世界；他要避免他人的残忍和恐吓，唯一能做的就是竭尽所能地征服他人。

施蒂纳的利己主义同样摧毁了所有共同价值的基础，所有人都对这些价值负责，它们有助于创造一种彼此关心和负责的氛围，从而提供必要的社会统一联系纽带。每一个体都只对他自己负责，他可以使用任何手段以实现他的个人目的，并且摧毁任何他人想要控制他的尝试，不管这种手段如何冒犯传统道德标准。在这种"任何事情都被允许"的情形中，不可能存在信任，只可能存在普遍的怀疑，以及为个人利益而小心翼翼地算计。所谓共同体，实际上不过是一群孤立的个体，他们都必须焦虑地关注他们自己的强大和生存。任何不这样想的人，都会遭遇致命的欺骗，很容易成为他人的猎物。不管个体与他人签订多少郑重的协议，他都清楚，当他人觉得这些协议有悖于他们的目的时，他们就会忽视这些协议。提前预见他人在何时或何种环境下会撕毁协议，即使不是不可能的，也是非常困难的，尽管一般来说这是可预料的。于是，每一个体都被暴露在危险中，都是孤独的，都只能靠自己。

萨特与道德价值相关的**原子个人主义**——科普尔斯顿（Copleston）的术语——同样包含消解人类共同体的种子。它来自他的这一观点，即"长期来看，没有哪一套价值本质上优越于另一套价值"。这一命题必然也适用于这样的价值——萨特本人曾经非常强调的价值，如对社会的责任，对包含在我的选择中的全人类理想的关注，或对自由价值本身的关注（Copleston

1966：194 - 195；还有我们在第三章第一节对这个问题的讨论）。围绕这些价值和所有价值达成的共识，只是暂时建立在人们随意的决定之上，它无法在人性或世界的本性中找到基础。道德价值完全是被发明的，而不是被发现的。我们还看到，萨特的纯粹自由教义不承认先验的限制。于是，对他来说，类似的责任似乎不可能存在。我绝不会必须尊重你的人性，你也绝不会必然尊重我的人性。我们都完全按照自己的选择对待他人。如果人们都接受这种道德观念，那么共同体的纽带将变得极其脆弱；这种道德观念对人类社会所产生的消极后果，我们已经在拉森和施蒂纳那里认识到了。

当齐奥兰把下述问题交给一个虚构的角色（可能就是他自己）——他的道德价值立场类似于拉森、施蒂纳或萨特——来解决时，他也将确定无疑地走向类似的结果："既然对你来说不存在终极的标准或不变的原则，当然也不存在上帝，那么是什么让你不去犯罪或远离每一种犯罪？"他的答案是，唯一的约束是冷漠，是不愿不避烦劳地坚守人们就道德声明的地位所做的假设（1975：156）。拉森或施蒂纳或许会补充道，在某个给定的时间里参与犯罪，可能不符合他们个人的目标或需要；而萨特可能会说，他任性地选择了不去犯罪（或者如加缪所言："一个人可以通过一个怪念头而成为有德之人。"见第二章第五节）。被现在正在讨论的一般道德观所设定的社会群体和制度概念，充其量只是一些本质上孤僻而彼此竞争的个体的松散易碎的联合，每一种联合对个体自己来说都是一种法则，但每一种联合在哲学上都拒绝这样的观念，即道德标准具有内在的重要性或义务性特征。于是，共同体的道德基础被彻底清除，个体面对他人的在场，只有竭尽所能地维护和保护自己的权益。

萨特的彻底自由教义，使得真正人类共同体的可能性成为问题，不仅涉及关于共享真理、意义和道德价值的消极内涵，还涉及其他重要方面。其中的一个方面已经在上一节的结尾部分提及：在萨特所坚称的观点——我们每个人都注定要完全对自己负责——中，包含鲜明的距离感和孤独感。我们已经讨论过这种观点及其具体内涵；这是对人类个体必然彼此孤立的第四种辩护。

第五种辩护同样来自萨特的激进自由教义。根据他的观点，其他人的自由对我的自由而言是一种持续的威胁、费解和难堪，就像我的自由对他人的自由那样。我无法避免把他们转换成我的自由的对象，他们也无法避免类似的事情。于是，个体之间的冲突是不可避免的；每一个自由的原子中心，把其他自由的原子中心无情地吸入它的规划和关注的轨道。萨特曾经在某处（1966：311－313）谈论过一种压倒一切的危险感和脆弱感，当我意识到每一个外在于我的自由中心和主体性都是一个下水道开口，把整个世界吸入自身，从而剥夺了我的世界和自由时，我就会体验到这种感觉。从他的独特视角看，根据来自他人的关系和距离，我被剥夺我的世界，因为它现在成了他人的世界；它被带进他人的优先考虑、目的和意义的控制范围。我被剥夺我的自由感，因为他人的注视会穿透我和冻结我，把我转变成客体，转变成又一个自在，转变成他自己的超越对象，成为虚无化行为的磨碎一切的牺牲品。

在这样的时刻，我意识到自己是一个"自我"，由从他人的立场解释的过去的行为构成和赋予了稳定性格，而不再是一个不稳定的焦点，不停地飞向未来。这种意识创造了羞耻感或怨恨感。因为一方面，我被引诱专注于他人的世界（尽管我仍然是根据自己的自由行动默认他对我的看法）；另一方面，我再次认定我自己是中心，努力把他并入我自己的自由的对象化涡流中。于是，再一次地，我们要么选择恐惧，要么选择权力；要么选择服从，要么选择统治。但无论选择什么，都不会有助于共同体。"我的原初的失败是他人的存在"，萨特说道，因为通过他人的代理，我开始"有一种外貌"或一种"本性"，开始预见"我自己的孤独和疏离的可能性"（322）。我唯一可能对抗这种前景的方法，就是去做他人努力对我做的事情。

让这样一些顽固的自由核心融入真正的共同体是不可能的；顶多可能的是，我和他人有一种被第三个人（或一群人）的客体化和统治威胁的感受。这不是一种"我们－主体"那样的彼此间的同情、合作和共享，而是被他人美杜莎式的注视造成的"我们－客体"的彼此的石化。任何"我们－主体"意识都是肤浅而不稳定的。于是，萨特得出结论："人的实在寻求走出这种困境是……不可能的：人们必须要么超越他人，要么让自己被他人超越。诸意识之间的关系的实质，不是［海德格尔的］共在（Mitsein），而是冲突。"（525）或者，正如他在其他地方所言："我尝试让自己摆脱他人的控制时，他人也在尝试让自己摆脱我的控制；我寻求征服他人时，他人也在寻求征服我……冲突是为他者存在的原初意义。"（444－445）至少他在《存在与虚无》中表达出来的对共同体的可能性的绝望，在这些话里表现得非常明显。

"被看，就是把自己理解为未知评价的未知对象。"（328）我们曾经在另外的语境中提及萨特的这个主张，以一种戏剧性的方式概括了人们面对他人时（根据他的哲学）必然产生的感受。这是一种迷惑感、不信任感和深深的忧虑感。我从来都不能清楚地知道我如何被他人评价，或者他人现在或将来如何对待我。他人的注视动摇了我的世界的基础，削弱了我的安全感和自尊心。正如德桑所言："在他人所想的我和我自己所想的我之间，可能存在巨大的不同。"（1960：69，n.24）情况或许如此，但也可能不如此。我无法确实知道具有彻底自由的他人会怎样看待我，或将会如何看待我。这意味着，一种神秘而不可预测的氛围围绕着他人，我永远困惑于和迷茫于与他的关系。人际关系不可能为彼此的信任或理解提供基础。

卡夫卡在他的作品尤其是《城堡》里给予有力解释的，正是人与人之间这种无处不在的怀疑与不信任心绪，以及他们在最为普通的交往层面也要不断彼此挫败和为难的方式。萨特认为卡夫卡对人际关系的描绘非常接近他自己的风格，尽管他认为卡夫卡小说的主要观点是，关于来自终极他者——上帝——对我们自己和我们行为的评价，我们总是一无所知。于是，我们注定会总是忽视卡夫卡明确主张的关于我们意图和行为的客观"真理"（Sartre 1966：325－326）。关于这种解释我们有太多话要说，它提醒我们注意遍布卡夫卡作品的极端的宗教谨慎、罪责感和内疚感；但是我当前的兴趣是他在《城堡》里对严格的人际关系的描述。

尽管卡夫卡关于人际关系的观点与一种激进自由教义并不明确相关，但它非常类似于萨特的观点，就像在以另一种方式，用更多具体细节谈论这第五种辩护理由和这一节的重要主题。在反思了《城堡》对共同体的绝望看法后，我通过指出一种观点的虚无主义后果而结束本节，这种观点是，人们之间真正的共同体经验缺乏基础，面对他者，逃避不确定性和恐惧的唯一办法，就是通过把他者转变为服务于自己的个人规划和关注的工具，持续努力地消除他者的自由对我的威胁。

和我们讨论的主题相关的一些主题出现在《城堡》中。第一个主题是主角 K 的孤立、孤独及其从头到尾无法找到任何值得信赖的、令人满足的人际关系。表面上看，他被带入一个村子，受雇为土地测量员，但他竭尽所能也不能确定他为何会被雇佣，或者如何开展他的工作。城堡里的官员们遥不可及，他永远无法突破文件、程序或官僚作风的雾障，以确切发现他被带到这个村子的理由，或他在这里究竟要做何事。在这个官僚体制中，他召唤不到一个人来承担他的事业，或者最低限度地承认错误，或承认犯错误的可能，尽管镇长告知他，村子里没有测量员的工作要做。

K 与村民的关系令人困惑。他在每个人那里都觉得自己是一个陌生人，一个令人讨厌的人，被许多他完全无法理解的阴谋控制——他饱受这种感觉的折磨。随着小说的进展，因为那些人对他的奇怪而无法预料的反应，他越发感到孤独、挫败和被利用。人们总是给出一些从不遵守的承诺，总是提供相反的信息。他无法确定他们声明的东西。他的求助总是遇到不满、恐惧、戏耍和漠不关心。他找不到一个可以信赖的人。作为一个整体，"根据他们永远猜不透的陌生而遥远的命令，"村民们"就像在风中"那样左右摇摆（Kafka 1969：153）。他不仅没有得到帮助，在共同体中发现一种有意义的生活，反而似乎在变得越来越糟糕的噩梦中生活。他尝试坚持过，尝试运用自己的资源最终通过城堡，尽管存在各种不可逾越的障碍，但是，他的所有努力都没有结果。

第二个主题是村民受到城堡官员的绝对统治以及他们对这种统治的完全接受。这个主题提醒我们注意萨特所谓与他者关系的两种基本方式。这一主题不断出现在卡夫卡的小说中，尤其出现在年轻女孩阿玛利亚的故事中，她被城堡官员唤去做性服务。官员的信件用一种非常下流的语言写成，没有一点点软语温情。它完全不是请求或恳求，而是蛮横的命令。阿玛利亚拒绝前往，而她为自己的尊严和荣誉付出的代价，是她的父亲失去他在镇子里的生意和地位。她的家庭被每个人排斥，因为每个人本能地站在了城堡官员的一边。村民们迅速地反对这个家庭，毫无异议地支持城堡官员明目张胆的不公，这些都证明他们的可耻，证明他们完全缺乏真正的共同体精神。

即使是阿玛利亚的家庭，也最终屈服于这种可耻，请求城堡官员的"原谅"，好像阿玛利亚做错了事。城堡对这个家庭的请求置若罔闻，假装对已经发生的事情一无所知，或者假装没有参与合谋。城堡一如既往地冷淡和漠不关心，因为在村民的眼中，它"总是占据支配地位"（274）。没有人愿意冒险质疑它的特权或权威。他们当前针对权威的态度，让村民的共同体感荡然无存；没有哪个人敢于支持他人或者独自一人反抗城堡。村民们完全屈辱地向外在权威卑躬屈膝。这意味着，没有人能够信任其他人，所有人都必须生存于持续的焦虑和恐惧状态中。

第三个主题是村民们的生活方式和官僚们的生活方式的明显类似。正如有人在小说开始部分所言："农民和城堡官员之间，没有什么不同。"（14）城堡里的每一个部门都和其他部分相分离，它们的计划和决定都是密不可知的，能够快速遮蔽它们的错误，令人艳羡地保护它们的特权。敌意、混乱和权利斗争无处不在，尽管看上去并不明显。每个官员都会被其他官员用难以撼动的地位和程序、大量的文件和报告来保护。这里，同样没有共同体的感受，或者为了共同事业而合作；只有竞争、猜疑和不信任，每个官员都持续背负着服从于他者暗藏的判断和神秘规划的重担。还有，对比他们地位低的官员们有意采取冷漠和蔑视的态度，这也是显而易见的。同样真实的是，没有人敢越雷池一步，没有人敢有独立的思想或行动。每一种决定或权力的实施都在暗中进行，以至于很难（即使不是不可能的）发现由谁来负责任。如果在这个庞大的官僚机器里确实有领导者的话，他（正如我们今天所说的那样）也一直保持着极其"不引人注目的形象"。

显然，城堡的官员和村民同样处于一种原子式的竞争状态，处于彼此对立和不信任的状态，这本质上是受一种体系奴役的状态，这种体系代表的，恰好就是人类共同体的对立面。唯一可能逃离彼此奴役的，是被官僚阶层顶部的那群人使用的权力，但即使是他们的统治也不能明显表现出来。官僚们的生活和村民们的生活明显的相似之处，通过小说表现出来，尽管城堡官员整体上占优势。卡夫卡所表现的村民及其领导者陷入其中的那种阴郁的生活方式，并非一种地方性的偏差，而是人类关系的实际状态。

第四个主题是一个关于男女之爱的失败的主题。即使是这样一种爱的强力，也无法在人与人之间锻造真正共同体的纽带。K爱上了酒吧女招待弗丽达，女招待似乎也深爱着K。但是随着关系的发展，这种爱被彼此的不信任一点点销蚀了。一方被另一方的某些言行所困惑，猜想一方被另一方以神秘的方式控制。弗丽达原来是克拉姆的情妇，K曾经竭尽所能希望与这个城堡高级官员建立联系。她告诉K，她相信他之所以占有她，是为了利用她见到克拉姆。当这种尝试失败时，实际情况也正是这样的，她猜测他会鄙视她。后来，一个名叫佩皮的吧妹尝试说服K，弗丽达之所以爱他纯粹出于自私——为了引起关注，为了让克拉姆嫉妒，或为了得到其他优势地位——而且这是她与K进入一种关系的唯一合理的解释，村里所有人都视K为一个值得同情的小角色，甚至是比吧妹还要卑微的角色。K开始猜疑弗丽达和自己的笨蛋助手结盟，他们可能都是城堡的工具或奸细。当他得知弗丽达首先散布阿玛利亚突破禁忌——严禁任何村民无视来自城堡官员的命令——的言辞后，他的猜疑得到了进一步强化。这是不是意味着，她在被城堡雇佣，仔细地监视着村子里发生的一切？

K有时候陷入这样的感觉中，即村子里的每个人，包括弗丽达，都只是在和他玩乐，用一种来自城堡的神秘态度对待他，而原因只有城堡自己清楚。他与弗丽达的关系开始恶化，最终由于她怀疑他的真诚和他无法不怀疑自己成为她的操纵工具而完全失败。他们的爱（如果曾经是爱，这一点卡夫卡也不是很清楚）同样伴随着不信任、操纵（不管是真实存在的还是想象的）和永远的不确定性与含混性，这会在村民及其统治者的生活中的其他方面摧毁对共同体的所有希望。人们再一次得到这样的印象，即在卡夫卡关于K和弗丽达的关系的描写中，他尝试描述的不是一种特殊的爱的变化，而是对一种普遍的真理的象征：所有在人与人之间建立共同体的尝试，都注定会失败。

卡夫卡对 K 与弗丽达之间爱的破灭的态度，让我们想起萨特的主张，即爱的失败是不可避免的，因为爱的理想扎根于一种矛盾。这种矛盾一方面是，人们想要一种被爱的自由，被自由地选择和珍爱，被带进他者的承诺和关注轨道的核心。没有人会通过与木偶做爱获得满足！另一方面是人们渴望一种完全控制他人的自由，以消除所有的不可预期性或含混性，消除每一种可能存在的猜疑或威胁。人们希望拥有他人的心灵和灵魂。于是，爱就是希望服从于被爱者的神秘自由，同时又希望通过自己的算计和意志，把被爱者完全还原成一个客体。人们梦想成为他人世界的核心，从而服从于他人的自由，又把他人带入自己世界的核心。萨特宣称，这种矛盾使得与他人在爱中达到统一的理想永远不可能实现。"自为与他者在一次超越过程中实现的同化，必然会导致他者的他者性的消失。"致命的冲突和不可避免的分手（以及由此而来的幻灭），从一开始就被置入爱的关系中（1966：447－449）。和人类经验的其他方面一样，男女之爱里也不存在真正的共同体的基础。

本节的主题相关于对人类共同体可能性的否定；现在，我们已经看到五种辩护理由。我们的下一个任务就是讨论这一主题与绝望于生命意义之间的关联。我们将指出三种关联，每一种都强调人类生存中的被剥夺性与荒诞性（或者至少在大多数人的处境和前景中如此），这似乎来自这样的前提，即人类共同体的成就是不可能的。

第一种关联由布里顿带来，他宣称对一种有意义的生活来说至关重要的是，"人们对彼此来说都是或都应该是重要的"（1969：184）。这是他关于有意义生活的四个标准中的第三个（我之前已经提及其他三个标准）。这一节的主题说明布里顿的第三个标准不能被满足。如果他的坚称是正确的，即这一标准是获得生命意义的必要条件，那么这里所讨论的观点却认为生命不可能有意义。关于这一标准，布里顿并不是仅仅给出一条简洁的说明；他具体地阐述了这一标准，并且以一种简单而有说服力的方式论证了这一标准，证明一种无法包含或从未包含与他人的任何持久的互动关系的生活，不可能有任何意义。

生活中最大的"非正义"中的一种，就是某些人难以实现最为重要的互动关系……尽管如此，积极的互相关心的可能性似乎是根本性的。所有的高级动物都在这个或那个方面享受彼此的社会性，这是生命的事实：哺乳动物的生命存在依赖于这一点；在人类社会中语言的存在依赖于这一点。在人那里，关系因为自身而被理解和评价。一顿不能共享的饭食会失去它的大部分价值，这是一个事实……（1969：185）

杜威曾经暗示过类似的生存意义标准，他宣称："共享经验是人类的至善。"（1958：202）因为这意味着一种完全剥去共享经验的生活，将会剥去任何深远的价值。

杜威和布里顿都是以亚里士多德的精神说这些话的，后者很久以前就在《尼各马可伦理学》中注意到，像某些哲学家想说的那样，不需要朋友的人会特别幸福，因为他本身就可以完全自足，这是极其令人难以置信的。亚里士多德自己的观点是，朋友是外在的善中的至善。他坚称："没有人会以孤独为条件选择整个世界，因为人是一个政治的造物，他的本性就是和他人住在一起……于是，幸福的人需要朋友。"[Aristotle 1941：1088（1169）b]亚里士多德还主张，最高层次的和最为持久的友谊属于这样的人，他们是有德的，因而会从朋友的角度出发好好对待朋友，而不仅仅是为了从彼此关系中获得有益于自己的东西。这样的友谊诚然非常少见，但它们给予生活一种品质，没有这种品质，就不能说我们已经实现幸福（*eudaimonia*）或"美好生活"的理想[1941：1060－1061（1156a－1156b）]。亚里士多德关于友谊的讨论同样适用于男女之爱或亲子之爱。

但是，根据本书这一节的辩护理由，亚里士多德强调的人与人之间的相互关爱和关心是不可能存在的。这意味着，人不可能拥有朋友或爱人，他们自身就值得珍爱，我们自己也不可能被他人以这种方式珍爱。人与人之间的关系要么是利用，要么是被利用。正如我们已经看到的那样，每个人都注定处于彻底孤立于他人的状态，或注定无休止地为获得纯粹个人利益而斗争。如果这是关于人类处境的真正解释，那么根据亚里士多德、杜威和布里顿的推理，我们只能认为，我们的生命缺乏实质性的意义维度，我们必须把自己托付给一种存在，后者被剥夺了长期以来都被认为是存在的最根本目标，以及幸福与充实的本质性根源。但是，由于和他人组成共同体是如此本能的需要和不可抗拒的善，我们似乎无法停止对它的渴望。于是，我们会继续徒劳无功地寻求，一次又一次地受挫和失望。我们的处境就非常类似于卡夫卡小说《城堡》中 K 的处境，他的生命注定是一场没有目的的追求。

当我们反思这一事实，即大多数文明化生存依赖于共同体可以实现这一假设，那么对共同体的否定和绝望于生命意义之间的第二种关联就变得明显了。如果这种假设没有基础，那么所谓文明就会在进一步的考察中变成笑话和妄想。文明生活的形式和体制——语言、传统、家庭、道德、艺术、教育、工业、誓言、法律等——都在为共同利益、价值和目的奠定基础，并且促进它们的实现。但是根据本书这一节所描述的那些推论，这些形式和体制都只是舞台道具。在幕后，人与人之间不存在合作、信任、共享，只有完全孤立和自我中心的人们围绕统治和权力展开的无尽斗争。文明建立在一个谎言之上，它的所有结构都是谎言的手段。

位于文明核心的谎言撞击文明个体存在的核心。对我们每个人来说，被要求每天以上千种方式保持一个文明人的姿态，会陷入谎言中，并不断默许它的存在。谎言如此聪明地通过文明的外貌被传达，以至于我们一直陷于某种危险的幻觉，即人与人之间存在或可能存在某种像共同体那样的东西。但是屈服于这种幻觉，就很容易成为某些人的阴谋诡计的牺牲品，他们认识得更清楚，更会快速地利用他人的天真无知和信任。于是，过一种文明社会的生活，就是陷入欺骗、诱惑、操纵的危险之网，一张似乎难以逃离的网。

即使个体能够到某个远离文明的地方去，也难以逃离语言或教养的影响；在这个正在变小的世界里，他不可能避开其他的文明影响。还有，这种远离只对少数有特权的人来说是有效的。于是，我们中的大多数人，而且很可能是我们所有人，会被迫忍受固有的传统和文明化生存的欺骗，直到终老。根据本书这一节提供的辩护理由，一个文明化的存在，必然生活于无所不在的荒诞中，这意味着注定要过一种有意伪装现在和坏的信仰的生活，这种生活和真理永远方枘圆凿。

在第三个方面，如果不存在共同体这样的东西，如果生活就是每个人反对所有人的斗争，那么少数人也许会赢，但绝大多数人必然会失败。在更深层次上，所有人都会失败。卡夫卡的《城堡》用并非不确切的语言向我们证明了这一真理。我们发现，只有位于等级制顶端的少数官僚能够获得主宰他人的确定地位；而其他人，城堡官僚中的其他成员和所有村民，都被置于一种完全依赖性和耻辱性的生活中。在这种生活中，他们不可能拥有属于自己的东西，不可能有自治感或自尊感。他们的生活完全是他人的工具；他们的角色是奴隶的角色——胆怯、小心，唯恐冒犯那些主宰他们的人。根据本书这一节所提供的辩护理由，这种窘迫就是大多数人最终的生活。只有极少数强者会占据优势；其余的人必然会丧失他们的自由，丧失他们在其他人面前的尊严。他们会习惯于软弱、难堪和羞辱。在权力与恐惧的斗争中，大多数人将会成为恐惧的俘虏。

但即使那些获胜者，也要付出很高的代价。他们将会失去朋友或爱人；他们将不再信任任何人，任何人也不再信任他们。他们将总是处于危险之中，他们的权力会被篡夺和颠覆。与他们的成功程度成正比的，将是他们把周围的人还原成机器的程度。那些成为他们的标的物的人们，将不再对他有敬佩、爱或关心之情，而只剩下怯懦的恐惧。毋庸置疑，作为一个奴隶，完全服从于他人的意志，这不会带来任何满足。但是一种冷漠而危险地主宰一切的生活，没有了友谊、信任或爱，同样没人喜欢或渴望拥有。如果这些是仅有的选项，那么一个不可避免的结论就是，人类存在是一种残酷而愚蠢的哑谜，不存在任何像实质或持久价值的东西。

四　前瞻

在这一章和上一章里，我用了七个小标题展示了为虚无主义立场所做的主要辩护。随着这项任务的完成，我现在准备解剖某些主宰性的假设（它们位于这些辩护的背后），并且开始在历史语境中批判性地考察这些假设。

我这样做，依据的是杜威的建议，即最有希望走出复杂问题的"纠葛"的方法，就是"凭借问题自身存在的力量重新思考那些概念"，因为正是这些概念悄悄构成了问题本身（1958：252）。

通过把这些假设置于它们的起源、发展和既有的运用语境，根据把我们带到这个时代的思想史的进程，我想要证明我们今天立于何处。如果这些进程的根源和演变各有不同，我们自己就可能彼此非常不同，我们的问题也可能各有不同，或者可能会从一个不同的眼光来看。充分意识到概念发展的其他可能性存在于过去，意识到这些可能性仍然适用于今天的我们，这能够让我们从批判性的视角看待现代世界的虚无主义问题，它提醒我们，对于我们已经习惯的和通常未经审查的思维方式，还是有替代物的。

但是，我需要把本书的任务置于更为宽广的语境中，指出虚无主义观念不可能仅仅建立在理智辩护的基础上，尽管我在这两章里主要关注了这些辩护。它同样出于发自内心的含糊宣示，它们有时候会产生强烈的效果。萨特对洛根丁一再遭遇的"恶心"感的生动描述，有助于我们认识这一事实。通过一系列所谓"消极关系"——其逐渐增加的影响，改变（或更准确地说，削弱）了我们的生命，让我们转向另一种完全不同的视点——虚无主义的病症会爬上我们的心头，在不经意间抓住我们。这样的经验会产生一种无所不在的恐惧与绝望情感，侵蚀那些曾经支撑我们的信心与希望。于是，就像宗教信仰寻求通过反思来理解一样，这些消极经验也寻求通过辩护来确定，而其中一些辩护非常类似于这两章所讨论的那些辩护。这不是说这样的辩护作为事后聪明被添加上去的，而是说它们总是被一种已经出现或存在的虚无主义意识赋予某种声势和可信度。

这些辩护包含了一些历史传承下来的假设，必须进行批判性的分析。不管我们如何倾向于服从这些辩护的虚无主义结论，这种倾向也需要根据我们的既有经验——包括这个世纪的社会经验——来研究。糅合了有条件的感受性和似乎存在的可信性的辩护，虚无主义的观点对某些人显得牢不可破，对其他人却是一种严重的威胁。

我间接提及的既有经验——比如第一次世界大战和第二次世界大战的破

坏性经验；20 世纪 30 年代的经济大萧条，还有当下越来越脆弱和相互依赖
的世界经济面临的破产危机；针对犹太人的"终极解决方案"，伴随这种方
案的噩梦般的怪诞形象，无故施加的普遍痛苦和死亡；能够瞬间杀死数百万
人、导致存活下来的人的后代基因错乱、对地球生态系统造成不可逆伤害的
武器的发展；从无限的科学进步到技术开始超出控制，可能导致大范围的军
事和/或环境灾难；世界上其他完全不同的文化，迅速缩短的地理空间和充
分的信息，让我们无所适从；每天晚上，我们都在起居室看到来自世界各地
的争斗和骚乱（而且是通过逼真的彩色图像）；由越来越流动的、都市化的
和官僚化的文明创造的孤独感、无力感和远离权力中心感都是很合适的研究
主题，非常有助于理解虚无主义在我们这个时代的出现。但是，它们是另外
一种研究的主题，由于它们太过复杂，牵扯太多，不适合在这里考察。于
是，我不打算提供一种关于现代虚无主义根源的广泛分析。相反，我要把我
的讨论限定于第三和第四部分，确立一些宗教和哲学假设，它们特别相关于
把虚无主义置于我们思想史的语境中。

最后，虚无主义不是一种独属于现代思想的态度或心绪，也不是只能在
西方的思想和社会历史背景下加以解释。正如斯坦利·罗森（Stanley
Rosen）所言，虚无主义是"一种长期存在的人类危险"，它"不可能被
'解决'，除非人性消失不见"（1969：xx）。希伯来圣经中的传道书，让这
种发现的真理性更加清晰，因为它的虚无主义观点先于现代心灵两千年就出
现了。我将在第五部分特别关注人类状况中的一些事实，它们有助于解释虚
无主义是一种永恒的威胁；我还将主张从虚无主义所解释的真理里获得一些
助益，而不是因为其疯狂的否定性而完全无视这些真理的价值。

第三部分

对虚无主义的宗教根源的批判性考察

第五章　人类中心主义、价值的外在性和作为一神论的宗教

是因为众神支持，神圣之物才是神圣的，还是因为神圣之物是神圣的，众神才支持它？

——柏拉图（Plato）（1973：178）

正如西方世界在过去一个半世纪已经表现的那样，理解虚无主义现象的一种方式，就是直面西方主要的宗教传统——基督教。毋庸置疑，这个长期以来一直支配大多数人思想与实践的传统的可信度和影响力，已经急剧下滑，让位于一种世俗化的观念。伯纳德·梅兰（Bernard Meland）和其他人曾经把这种世俗化的观念追溯至 17 世纪后半部分，即科学革命时期。梅兰说道，在那样一个世纪，我们可以目击"一种新的心灵共同体"的出现，它"以新的考察准则和形式为中心，开始挑战并最终取代曾经位于学术和学问核心并盛行不衰的基督教共识"。伴随这些新的考察准则和形式出现的，是"对工业的技术要求，直到科学和工业成为西方新的技术文明的基础"。其结果是"充分发展的现代主义意识，后者完全割断了自己与过去几个世纪的历史遗产的关联"。西方世界直到今天才开始真正感到这一世俗化进程的全面影响，尽管这一进程已经持续了三个世纪，并且正如梅兰所言，已经在 19 世纪末的欧洲和美国"变得可以认识和定义了"（Meland 1966：

16 - 17)。

无论我们如何理解基督教传统，它确实提供了一种统一而稳定的世界观，在其中人类生命拥有特别的尊严和重要性。因此，基督教传统的衰落和继之而起的技术文明的世俗心态，毫无疑问会留给大多数西方人一个生存意义的虚空，让他们遭受虚无主义心绪的蹂躏。

但是，虚无主义在西方还存在更加微妙并容易被忽视的宗教根源：一些来自宗教思想遗产的基本假设，几乎没有什么改变和受到什么挑战，就被带入了现代意识，或让位于与其非常相似的世俗替代物。我要做的，就是描述和批判这些假设。

我从扫描经典基督教观念的一些关键特征开始，以此强调那片在社会和个人生存织物上撕开的虚空，后者出现于基督教观念不再让人信服或强迫人信服，而又没有别的什么东西可以取代它的时候。然后，我会确定西方宗教传统的一些关键假设——它们仍然在塑造现代意识，或者已经变得非常接近世俗信仰——进而尝试发现这些假设如何相关于虚无主义心绪。我还会批判这些假设，或者至少是这些假设的宗教层面，就这些假设的背景或特征并非只与宗教相关而言。对第二种假设类型的分析的进一步批判，将会在后面出现。通过这种方式，我开始自己寻找反对虚无主义哲学的理由的使命，这一使命将不断接近我们在这一部分和下一部分所关注的东西的中心，并在第五部分最终完成。

一 作为虚无主义解药的基督教世界观

传统基督教世界观可以在六个主要标题下进行探讨：（a）对一个人格化上帝的信仰；（b）对历史的有意义性的信仰；（c）对特别的天启的信仰；（d）对自然从属于人类的信仰；（e）对一种客观道德秩序的信仰，它扎根于上帝的意志和目的；以及（f）对来生的信仰。正如我们将要指出的那样，这些信仰中有一些完全对立于第二章所讨论的一些虚无主义类型。这些信仰及其所描述的生活方式，构成了对生存意义的自信肯定，因此完全不同于本书主要关注的虚无主义类型。

（a）**对一个人格化上帝的信仰。**这一信仰意味着，一种非常像人的东西——一种有意识和有意向性的存在（Being），它创造和支持着世界——位于实在的核心。于是，人格性就不再是本质上非人格性的宇宙进程的偶然产生的副产品。它是存在的终极秩序，是所有其他东西的根源和解释。这个上帝还进入了和人类个体与群体的"我－你"关系中，能够响应他们的祈祷，能够站在他们的立场上行动。这些观念必然提升了人格性的重要性。上帝的目的和本性的历史性显现的高峰阶段，就是他化身为人——耶稣基督，基督教的这一信仰，进一步强调了人格性的重要性。

（b）**对历史的有意义性的信仰。**对基督徒来说，历史不是一个无限循环的圆圈，也不是一堆基本上没有关联的古怪事件的聚集。它有一个明确的开端，并且会到达一个明确的终点，因为为了达到上帝赋予它的终点，上帝也赋予了它开端。在这样的历史进程中，存在连续性、一致性和永恒的意义。

在基督徒看来，历史就像戏剧那样展开。自然是其舞台，并为其提供道具，而人类就是演员。剧作家和导演是上帝。人类演员有时候可能会在戏剧中插入一些即兴创作，有时候甚至会完全脱离剧本。但是由于导演的强力和智慧，这些即兴创作和脱离剧本的行为并不会严重影响剧情发展。它仍然主要按照他打算的那样向前发展，并最终走向他所预想的戏剧性结局。接受了在戏剧中的角色，人类的生命也就变得有意义了。因为他们现在是在和他们的创造者合作，去实现他们的生命目的、人类历史的目的以及作为一个整体的被创世界的目的。

（c）**对特别的天启的信仰。**人类演员如何发现并得到了剧本，这依然是个问题。对剧本的模仿，被赋予人类的日常经验，或者置于人类心灵的内在之处，舞台上的一些标记，以及对自然秩序中各种道具的安排，又为人们了解这出戏剧的大概提供了其他线索。但是，这些顶多只是一些迹象，不可能替代剧本本身的细节。

由上帝给出的完整剧本，相关于一段历史，后者或许可以称为**天启时**

代。这种揭示模式，通常被称为**特别的天启**，它如此具有绝对性和终极性，以至于会超越历史和文化的相对性。关于人类生命的意义何在，历史具有何种重要性——如果真有重要性的话，其他时代和文明或许也会拥有它们自己的观念。但是由于这些解释远离被基督教圣经所证明了的特别的天启，所以它们只能是虚假的，应该被拒斥的。

孤立无援的人类理性，可能难以理解或接受这样的特别的天启。但这正是孤立无援的人类理性的最为糟糕的地方。对所有时代、所有地方和所有人来说，都只存在一种真理。这就是基督教的天启真理，它在生命、教义、死亡的救赎和耶稣基督的复活中达到顶峰。理性的犹豫不决，只能证明其有限性。这里，不存在让人怀疑的空间，不存在面对其他可能存在的替代物时判断的暂停。天启能够赋予人类生命充分而完全的重要性，而且被承认是唯一能够这样做的东西。

（d）对自然从属于人类的信仰。在我们把自然比作上演历史戏剧的舞台时，这种信仰已经间接表现出来。但是关于这一信仰，我们还有一些话要说。在经典的基督教观念中，自然和人类被同时创造出来，也会同时走向终结（或者至少说，人类目前在地球上的这种存在形式，将会走向终结；正如我们在下文要指出的那样，人类将会以其他方式存在，或者到一个新的星球上存在，直至永恒）。这里留下一点疑问，即自然是否先期存在——是否绝对在先地存在——才能作为人类历史的舞台。

自然依其本性就适合扮演这一角色。它本质上与人类看待它、讲述它的方式没有什么不同。还有，就像它拥有的时间段相对要短，对应于人类在地球上的时间段，它的空间维度也相对较小。地球是万物、星辰、太阳的中心，而且所有的行星都紧密围绕它而旋转。天堂就在那纯净的恒星所在区域，而地狱位于地球的表面之下。

宇宙大戏剧在这些相对确定的时空维度中上演着。天堂里的天使们和地狱里的恶魔们都参与了这出戏剧，并且常常跑到尘世的舞台上表演，暗示着某种善恶已经进入人类生活。奇迹相对常见，因为自然界弥漫着一种精神意义，它服从于神性天意的频繁干涉。自然的存在主要是为了推动人类命运，人类在自然中就像在自己家中，至少他们需要这样一个家作为跳板，去选择更好更持久的生活，后者能够超越死亡，超越人类历史的变迁。

我在这里描述的自然画卷，来自古代和中世纪的基督徒，至少其中的一些细节如此。今天的大多数基督徒，已经不再从整体上赞成这样的描述。但是，感觉必须放弃这样令人舒适的宇宙——它被时空恰到好处地规定着——画卷，这是引入现代基督教世界观的可信性的诸多力量之一。

观点（a）和观点（b）一起构成基督教反对生存论虚无主义的方法的重要因素：首先，因为基督教赋予人的人格性关键的尊严和价值，肯定世界的创造者和他根据自己的模样造出的人类之间存在一种亲密关系；其次，因为基督教意味着人类生命有意义和目的，这不仅在个体层面如此，而且在作为整体的人类的历史经验层面也如此。

在观点（c）和观点（d）中，暗含基督教针对激进的怀疑论的答案，我们已经把这种怀疑论视为**虚无主义**的内涵之一。答案如下：自然在很大程度上是可以由人类理性把握的，因为它被创造出来时带着一种特征和比例，这使得它能够被人类理解和使用；而且人类被创造出来时，被赋予了认识和使用自然的能力。总而言之，人类理性尽管有一定的局限性，但还是可信赖的。当理性达到其限度时，特别的天启就会依照天意来补充。观点（d）还可以用来明确反对虚无主义的其他类型——**宇宙论虚无主义**。

（e）对一种客观道德秩序的信仰，它扎根于上帝的意志和目的。我们现在发现了基督教反对激进道德怀疑论——它构成另一种虚无主义——的答案。基督徒相信，关于道德领域客观而普遍的对错的知识，明确来自特别的天启，而且至少有力地显现在自然和人类经验中。道德之所以拥有一个客观而普遍的基础，是因为道德扎根于上帝的意志和目的中，就像犹太律法中的十诫及其他戒律，福音书里耶稣的例子和教义，以及保罗书信中的道德命令等诸如此类的东西所明确表述的那样。

另外，基督教肯定了人类根据这种知识行动的能力，也就是做有道德的人和进入道德关系的能力。道德生活是基督徒生活的核心部分，获得过一种道德生活的能力，是获得救赎的关键方面。这包括获得利他性的行动——不被自私的冲动所支配——的智慧和力量。还有，这意味着一种建立和支持真正的共同体的能力，这种共同体可以存在于宗教机构内，也可以存在于宗教机构外的社会、政治和经济秩序中。实现这种过道德生活的能力并非易事，但又是可能的，这种可能性来自基督的救赎，来自可持续得到的神性引导和神性力量。(这里还暗示基督教对政治虚无主义的反映。破坏本身没有正义可言，因为破坏根源于绝望，后者忽视了上帝的统治权，忽视了他的历史性行动和持续的显现赋予人类的创造性变革力量。)

(f) 对来生的信仰。基督教对人类生存的有意义性的肯定，完成于对无忧无虑的极乐来生的信仰，这种来生的拥有者，是那些通过自己对基督的信仰而获得救赎的人。这意味着，所有出现在这个地球上的悲剧或暴行，都不是最终的。善良的人可能会受苦或被杀掉——不管是因为犯罪、战争、政治迫害、意外事故还是因为疾病，所有的人都会面对最可怕的敌人——死亡，但是所有这些都不过是用来考验永恒生命的确定性的短暂插曲。因为在未来的生活中，上帝所爱的人将被永远带至他身边。"他将会擦掉他们眼中的泪水，死亡将会不再，让人悲伤、痛哭或痛苦的事情将会不再，因为之前的所有事情都已经过去了。"(Revelation 21：4；Revised Standard Version)

对我尝试通过这六个信条来总结的（都不太充分的）基督教世界观越来越少的坚守，会使那些受这种世界观影响的人深陷不安。这种世界观提供了某种观念，某种从很多方面看都必须被视为关于人类生存的非常令人满意和舒适的观念，它曾经对西方世界施加了深刻而长期的影响。基督教世界观的衰落，必然使人们提出这样的问题，即是否有其他观念可以替代这一观念。答案是"不"，结果人们开始走向虚无主义。这里的虚无主义指没有替代性的承诺和信仰模式，从这种模式出发，人类生命的意义也可以得到充分肯定。在这种意义上，基督徒的确信的式微，必须被视为西方现代虚无主义的主要历史根源。

但是，我们如果想要理解西方虚无主义的宗教根源，就不能满足于解释确信——比如我们上文指出的那六条——的说服力的明显下降所导致的令人不安的结果。我们必须要探寻一些假设，它们可以——至少在某种程度上——关联于传统西方宗教思想，后者持续存在的影响力，也在虚无主义哲学的出现过程中扮演着重要角色。

我并没有说，这些假设完全适合每一个西方人的思想，也没有说，我对这些假设的典型化，对现在或过去的基督徒们最为复杂的思想来说无论如何都是很恰当的。因此，我对这些假设的批判，不应当被视为对基督教本身——这种复杂的传统，可以得到各种各样的解释——的批判。我的主张毋宁说是，下面的这些假设，在一般而言的西方思想中扮演着突出的角色，并且通过一些关键方式促进了虚无主义的发展。我的主要兴趣，是探讨这些宗教假设和第四部分要讨论的那些哲学假设，如何进入关于虚无主义的争论，它们曾经在前面尤其是在第二部分被描述过。通过这种方式，这些假设将被发现和批判为虚无主义的重要根源。

二　人类中心主义：自然对人类的从属

第一个宗教假设认为，要么自然被一个和我们非常相像的宇宙人格所主宰，这一人格出于表现目的创造了这个作为整体的世界，他要拿它作为上演教养和救赎戏剧的剧院；要么我们无望地漂泊在一个陌生的世界，那里没有价值，完全不适合实现我们最强烈的愿望。没有这样一个人格居于世界的核心，带给它一张"人的面孔"，并且为了我们的福祉而小心翼翼地控制着它，世界就会陷入混沌而失去中心。这一假设不那么明确的神学版本认为，人类要么位于自然的顶端，把自然视为服务于人类需要和关心的工具；要么人类就无处可居。世界上所有的事物都必须主要以我们为中心，都必须关注我们的个人生存问题和前景，否则，这个世界就是无意义的，我们的生命就没有了目的。这一假设，或者类似于它的假设，在第三章第一节关于无神论与虚无主义的关联的讨论中，扮演着突出的角色。在前面章节的其他论述里，这一假设同样有潜在的影响。

如果我们发现或开始强烈怀疑，我们不是世界存在的主要原因或理由（*raison d'être*），那么这一双重假设就只剩下一重来作为替代物：我们在世界上的处境的绝对荒诞性。正如斯图亚特·汉姆斯菲尔（Stuart Hampshire）所表达的那样，我们一直视为理所当然的东西，是"我们在大自然中就好像在我们自家花园中那样，那是一处为我们所用、满足我们的快乐的地方"，并且，世间万物都"基于人类福祉而被安排"（1983：19）。当我们发现自己像加缪那样实在忍不住要怀疑这种根深蒂固的信仰，并且发现那个被我们经验的世界有太多的地方并不适合任何特殊的人类表演主题，或者发现这个世界可能并不像我们之前所想的那样完全服务于我们的目的和需要时，我们就陷入了绝望。因为我们认为，我们要么对我们在世界上的核心重要性有着清楚明白的认识和不容置疑的信心，要么一无所有（见本书第二章最后一部分加缪的议论）。

沃尔特·考夫曼帮助我们进一步理解了这种假设和虚无主义现象在西方的关联，他提醒我们，对佛教徒或受其他东方宗教传统滋养的人们来说，哥白尼和达尔文可能不会带来什么特别的打击或震惊（1963：375－376）。但是，他们的所作所为带给西方文化的却是极度不安和困惑。为什么会如此不同？一个重要的原因是，相较于西方，东方的宗教思想并没有那么明显的人类中心主义倾向。东方人从未被教导去相信整个世界都是为了服务于人而被设计出来的，或者说，自然只不过是一处临时搭建的舞台，用来上演一出由上帝导演的、发生在极其有限的人类历史中的戏剧。他们也没有学会去毫无疑问地假设，世界的终极意义——如果存在这样一种意义的话——必然存在于一位人格神那里，后者非常类似于人类个体，会带着有意识的目的和计划来行动。由考夫曼给出的这种文化比较是极具教益性的，因为它有助于我们更加清楚地认识这第一种假设在形成西方人的世界观过程中所扮演的极其重要的角色。①

但是，请注意这种假设是何等自负的人类中心主义甚至自恋，请注意这种假设是如何继续影响中世纪宗教和哲学的等级制思想特征。当我们不断发

---

① 面对伴随西方科学技术发展过程的自然去精神化现象，东方宗教的拥护者当然不会是幸福的。这里我们主要关注科学对自然的时空维度的急剧扩张，关注这种扩张暗中移除人类先前在自然秩序中的确定性和主宰性地位。

展的自然观念难以适应我们那舒舒服服的人类中心主义期待和要求时，我们的失望和震惊就会变成无家可归和绝望的痛苦。当尼采宣称人类中心主义的假设是虚无主义的主要根源时，他是正确的。"我们衡量这个世界的价值，"他说道："根据的是一些**与一个纯粹虚构的世界相符**的范畴……我们在这里所发现的，仍然是人的极度天真：他把自己视为事物的意义所在和事物价值的衡量标准。"（1986：13－14）于是，与这种假设相关的虚无主义，就是一种穿着现代装束的旧思想，它说明我们并没有彻底远离那曾经被普遍相信的传统基督教观念。[①]

但是，难道我们就不能不屈服于这一假设带给我们的虚无主义结论，并且挑战这个假设本身？对远离我们自己世界数百万光年的无数银河系世界的发现，以及对人类来到这个世界之前的无数世代的发现，会让我们质疑自己惊人的——如果不是庸俗的（Hampshire 1983：19）——信仰，即整个硕大的宇宙都以我们为中心。我们能够从达尔文的发现——出自其1837－1838年的笔记（节选自 Appleman 1970：73－78，p.78）："我们可能都被网在一起了。"也就是说，人类、动物和植物，在自然极为丰沛的能力中，可以找到一个共同的起源——中学到这一点；或者能够从当代生态学关于有机体存在的互联模式的视角——人类只是一个充满活力而不断进化的宇宙中的一个方面，这个宇宙已经不能再被视为仅仅服务于某个单一的物类，而必须被视为一个互相依赖的精密而复杂的网络——中学到这一点。

这种新观念的结果是人人都感到了不安。它摧毁了我们之前具有支配地

---

① 对基督教的一种适当理解能否显示它正如我这里所描述的那样是不断拟人化的，这值得争论。但我并不想进入争论。我并非主张基督教必然是拟人化的。就像所有历史悠久的传统一样，基督教能够也曾经被予以各种解释。最恰当的例子，是下文第二段提及的小林恩·怀特（Lynn White, Jr.）对圣弗朗西斯的引用。同样恰当的，是莫里斯·科恩（Morris Cohen）的发现，即中世纪思想把"人类愚蠢而傲慢的主张"和"上帝的至尊"相比较（1964：453）。对上帝至上主权的这种坚持，以某种方式抵消了暗含在中世纪思想与文化其他方面中的拟人化。我的观点只是，基督教相当程度上倾向于被拟人化地接受，而且这一主要趋势已经导致现在我们正在讨论的根深蒂固的假设。

位的立场；我们不再视自己为自然秩序的焦点。但是还有一种令人振奋的结果。总的来说，比起之前，我们现在在地球上更有实实在在的在家的感觉；所有居于地球之上的生命，都像我们的邻居和亲戚，和我们结成紧密的共同体。我们依赖它们，因为它们支撑了我们的生命，丰富了我们的经验。它们在这个技术时代能够继续生存下来，关键在于我们负责任的关注。在这种新近的观念中，自然不再被视为一个等级结构，人类位于其顶峰，而是被视为小林恩·怀特（Lynn Whtte, Jr.）所谓由所有造物组成的"民主社会"。①他认为，阿西尼的圣弗朗西斯（St. Francis of Assisi）是西方基督教世界中最早预见到新世界画卷这一方面的思想家（1971：91-94）。

有神论者（或者视虚无主义为有神论的唯一替代物的人们）可能会这样反对道：这一切固然都对，但是如果没有了上帝，世界就不再被视为创造性设计的产物，或者是被持续的天意眷顾的对象，因此会变得没有意义和价值。于是，认识到人类和其他种类的生命共处一种相互依赖的关系，这并不会让人觉得安适。像我们这样有意识的存在，很难说会在一个剥去了所有意义和价值的世界上有在家的感觉。一个由各种纯粹偶然、荒诞的生存构成的体系，尽管被命名为"民主社会"，也不会因此少一些荒诞。这种反对声音，显示了另一种以宗教为基础的假设，它同样需要批判性的关注。

三 价值的外在性

这第二个假设认为，只有当价值被从外面赋予它时，自然才是有价值的，还认为价值唯一可信的基础是深思熟虑的创造活动或有意识的意图。许

---

① 我们不要把怀特的民主分析推得太远。它意在提醒我们把自然作为生态系统的观念，并不意味着我们必须赋予一只蜘蛛和一个人同等的道德重要性，或者赋予每一种生物和人一样的道德价值。这种分析本身也不能告诉我们如何在人类之善和非人个体或类的善之间做出具体选择。这是另外一个问题。它意味着我们不应该再不假思索地认定我们——作为个体或类——的善才是最重要的，或者在所有情况下都是最重要的。

多有神论者（甚至包括尼采、加缪和萨特这样的非有神论者）似乎把这一假设推到这样的地步，即关于世界，只可能找到两种视角。要么，就像17世纪穆斯林神学家阿维森纳（Avicenna）这样的上帝信仰者所言，"自然中没有什么东西是没有目的的"（Hyman and Walsh 1980：259），因为自然中存在的所有东西都由上帝所造，都服从于上帝的法则；要么，我们居于一个完全"偶然"因而没有理由或价值的世界。我们看到，萨特笔下的人物洛根丁在小说《恶心》中就是这样推理的。孔（Küng）遵循的是同样的思路，把宇宙论、生存论虚无主义与否定上帝的存在关联在一起，宣称这样一种否定意味着作为整体的现实的无价值和空洞性（参见第三章关于第一种关联虚无主义和无神论的观点的讨论）。陀思妥耶夫斯基的小说《群魔》中的人物也得出了类似的结论，他们宣称在一个没有上帝的世界里，唯一的原则就是为生存而荒诞地斗争（1931：517）。

但是，我们为什么必须同意这种非此即彼式的教条主义假设？我们可以通过指出一个事实来质疑这一假设，这个事实就是，在"离开上帝，自然就没有价值"这样的观念里，存在对自然露骨的蔑视。这一观念要求我们否认自然拥有或能够拥有固有的意义；它假设自然可能拥有的唯一价值或重要性是来自外在的赋予。[①] 从我们已经谈论过的神性人类中心主义，从对自然固有价值的否定，到我们时代可悲地盛行的看法，即自然只不过是服务于我们每一个技术怪想的没有理性的"原材料"或"资源"，仅有一步之遥（怀特持有类似的观点；见氏著1971：90）。

还有，默认由第二种假设提出的二分法，意味着忘却人类思想史中的其他替代方案，比如，那些自然主义的世界观（道教就是一个例子；杜威在《经验与自然》中阐述的自然哲学是另一个例子）就认为，即使世界存在目的，也不应夸大目的所扮演的角色。这些视角都不会把世界视为上帝的创造，也不会根据作为整体的世界的目的来思考。但是这并不意味着它们必然

---

① 我在这里用"固有的"一词意指自然内在的价值，它们不需要外在的基础、起源或辩护来被承认，或被视为价值。我指的不是那些独立于所有视角或理解的价值。在第六章第一节，这一区分的重要性将会变得明显。

把世界判断为偶然的和无价值的，因为它们觉得没有必要限制有意识的目的和规划的产物的价值或重要性。

当我们把山峰或玫瑰花的存在不再归因于上帝，而是归因于固有的自然原则和力量——比如那些存在于地质或生态进化理论中的原则和力量——时，难道它们突然间就会失去崇高或优美？当我们不再把人类的存在置于神性创造的有目的行为中时，我们从爱人和友人那里获得的快乐就会突然不再有意义？宗教的或哲学的自然主义者发现，我们没有任何强大的理由可以得出这两个结论中的任何一个。他们即使回答不出西方神学家和哲学家们最喜欢的问题"为什么某物存在而无不存在？"也不会觉得焦虑。对他们来说，自然只是按其既有的样子、作为所有解释和意义的无可置疑的背景或语境来被接受。他们的观点并没有否认人类生命和经验中存在的目的；他们只是拒绝这样的想法，即必须得有像人类目的这样的东西来为世间万物辩护。

当我们不再思考目的时，目的为什么应该被要求？为什么所有的东西都应该模仿我们？认定必须这样做，就是一种还原论，这和把自然还原成一则数学运算或一架机器那样让人反感。自然应该被视为各种不同秩序和视角的多元共存。我们在自然中拥有一个位置，但这个位置处于更加复杂的周围环境中，而不只是一个支配一切的地方。不存在一种明显的需求，即让广博的世界听命于上帝这样的单一排序原则，或者把这个世界的每一方面都还原至人类的维度，或还原至类似人的可理解性、目的和价值。

事实上，正如巴雷特（在谈论马丁·海德格尔哲学时）所言，放弃传统有神论，会产生一种积极的效果，即允许存在的秘密被视为包围一切的和当下在场的，而不是把这一秘密"从我们身边推开，推至神性自然那遥远而隐蔽的领域"。与此相应，我们可以更充分地准备，去发现自然世界本身是何等的神圣和持久，而许多其他文化中的人们早已有了这一发现，并且和我们自己的发现并非完全不同（Barrett 1979：169）。这种发现可能意味着，我们不再期待或要求自然的神秘性可以根据某种有神性基础的"充足理由律"而变得可以理解，或者说，需要在自然之外的领域里寻找为自然这种神秘性辩护的理由。① 我们现在可以对环绕我们的自然产生一种敬畏、尊重和呵护之情，而之前这种情感只限于对上帝。

我们可以通过另一种方式利用这第二种假设，即注意暗含在这种假设里的一个信仰（它或许可以被命名为**次级假设**），并且证明其站不住脚。这个信仰就是，如果上帝存在，如果他在创造或维持万物时有一个目的，那么这个目的必然对我们有意义和价值。质疑这一假设，就是挑战这一观点，即没有了上帝，价值就没有了任何基础或支撑物。让我们看看为何如此。

柏拉图就是一个质疑了这一假设的思想家，至少其质疑是暗示性的。他在对话录《欧绪弗洛篇》中问道：是因为众神支持，神圣之物才是神圣的，还是因为神圣之物是神圣的，众神才支持它？第一种可能性意味着，众神认定的东西之所以是好的，是因为它得到了众神的许可；第二种可能性意味着，众神只是承认了那些本身就好的东西。但至少可以想象的是，众神能够认定某种我们根据自己的经验或反思难以认识到的东西为好的。在这种情况下，这种东西对我们来说可能不是好的——不管是何种意义上的"好"——无论众神如何坚持要我们接受它为好。他们可能严厉地惩罚我们违背或不尊重他们的命令，但是这些惩罚本身难以让我们确信这些东西是好的，除非在纯粹辅助性的意义上说，对他们的服从可能确保我们免受惩罚。

换句话说，认为我们只能被命令视某种东西为好，而不能确信某种东西为好，这是毫无意义的。我们只能根据我们的经验和反思来确信；我们只能从事物自身那里发现它的好（关于这一点见 Britton 1969：16 - 17，198 - 200）。如果事实如此，那么宣称价值、道德或其他东西要想有任何客观意

---

① 麦金泰尔（Alasdair MacIntyre）指出，萨特的假设，即"缺乏证明自己和事物如其所是的充足理由"，还有，"我们存在于一个没有意义的世界，我们必须不停地和不可避免地尝试赋予它意义"，在他的思想中扮演着基本角色。于是，萨特毋庸置疑会接受托马斯·阿奎那的"第三条道路"，即作为一个整体的世界是完全偶然的。他不像阿奎那那样从这一观点推出上帝的存在，而是推出存在的荒诞。事物缺乏存在的充足理由，意味着它们"只是以一种令人恶心的充实性存在着"（MacIntyre, in Warnock 1971：49）。值得指出的是，这第二种有宗教基础的假设，是如何在充足理由律的引导下完全进入萨特的一般观念，对他的荒诞至极的结论来说是如何至关重要。这再一次说明，我们的"世俗"文化依然受到植根于基督教传统的思维方式的深刻影响。

义或强制性力量，就必须基于神性目的，这是不符合逻辑的。神灵或许有助于我们对价值保持敏感，但无法通过简单的选择为我们创造价值。原因还是那样，即从我们的立场来看，神灵的选择很可能是任意的或不公正的，在这种情况下，这些选择可能不会被我们承认为好的。

认为某种东西对我们来说之所以是有价值的，仅仅是因为它来自神灵的裁定，这种看法不仅在上述意义上是不合逻辑的而且是极端危险的，因为它意味着我们应该同意一些原则并按照这些原则行动，而这些原则无法在我们的经验或理性中得到确认，因为据称这些原则只是建基于神性权威。但是与此相应，这意味着这种声明不需要道德核查；我们现在没有道德基础去"检验那些精神是否来自上帝"（I John 4：1；标准修订本圣经）。这是蒙昧主义和不受约束的狂信的秘诀，它能够、已经并且正在对社会和个体产生灾难性的后果。

柏拉图的质疑还提出另外一种可能性，它限制这样的假设，即只有植根于上帝的目的，价值才具有强制性力量，因为这种可能性暗示了价值已经是有价值的，它们独立于上帝而存在，它们也只是因为如此才被神灵承认。于是，如果神或众神的存在被否定了，**价值将仍然存在**。对柏拉图提供的两种选择的简单思考，会得出如下结论，即上帝的存在不仅不能拿来证明事物的价值，甚至不清楚是否**有助于**赋予事物以价值，而这些事物基于我们自己的固有经验和推理，已经至少被潜在地认为是没有价值的。于是，根据这第二种基于宗教信仰的假设，价值在世界上的存在，不能特意要求上帝的存在。①

四　信仰与有神论的同一

根植于西方宗教思想的第三个假设，认为信仰和有神论是一而二二而一

---

① 区别这两种观点，即事物只有在上帝赋予其意义或持续赋予其意义时才有价值，以及世界固有的、内在的价值可以根据造物主上帝得到最好的解释，是非常重要的。我这里批判的只是第一种观点，并没有考虑第二种观点。是朱迪·辛德勒（Judy Schindler）让我注意到了这两种观点的区别。

的东西，因此，失去对上帝的信仰，就是失去任何满足我们最深层次的宗教
渴望和需要的可能性。这种假设明显表现于尼采在《快乐的科学》中的悲
叹里，本书第三章曾经引用过这一悲叹来关联虚无主义和无神论的第三种观
点。这第三种假设至少在陀思妥耶夫斯基和托尔斯泰的思想中得到了暗示，
因为正如我们已经看到的那样，他们两个认为个体和社会的宗教需要只能由
对上帝的信仰来满足。但是，做出这样的假设，就是忘记了宗教经验和宗教
传统的多样性，它们曾经在人类历史的长河中大量涌现，并且可能继续在后
来的历史中出现。

我们已经指出，道教就是一种非有神论的宗教传统，它的关注点是自然
固有的力量和神秘性。其他形式的宗教自然主义还包括斯多葛主义、斯宾诺
莎主义、柏格森主义、爱因斯坦的宗教观（非常接近斯宾诺莎）和杜威自
然哲学的宗教层面。当然，这些形式的有神论和宗教自然主义，并没有穷尽
相关的宗教替代物。

于是，尼采的确信——陀思妥耶夫斯基和托尔斯泰显然也如此确信——
即远离对一神论上帝的信仰就是远离任何宗教希望或满足的可能性，必须受
到严肃的质疑。数以百万计的人们曾经被不属于一神论传统的宗教或宗教取
向滋养过，他们还将继续被滋养。在我们这个时代，我们应该意识到——尼
采似乎在他的那个时代没有认识到——宗教与对上帝的信仰不是一回
事儿。①

---

① 即使是在今天，我们西方人仍然有一个根深蒂固的倾向，即非批判性地把宗教等同对上帝
的信仰，这可以通过像约翰·希克（John Hick）这样敏锐的当代宗教哲学家来说明。他把
上帝的存在问题和伟大的宗教教义视为相同的事情。在他与迈克尔·古尔德纳（Michael
Gouldner）的论辩中，希克给我们印象深刻的观点是，对上帝信仰的缺乏，就是对一般意
义上的宗教信仰的缺乏，因为所有的宗教都是"以上帝为中心的"。因为对他来说，上帝
信仰的缺乏，明显就是宗教信仰的完全缺乏，无神论被认为患上了"基本的悲观主义"疾
病，缺乏"希望的基础"（Gouldner and Hick 1983：32，110－111）。这一观点与陀思妥耶
夫斯基和托尔斯泰的观点并无明显不同，后两者认为一神论的唯一替代物是虚无主义。在
其文章"信仰世界的新版图"（Cahn and Schatzi 1982：278－290）中，希克表现得更为审
慎，在那里他解释了一个明显的事实，即并非所有的宗教都是有神论的。不过，他仍然坚
持认为它们都是"神性的自我揭示"，都表现了经验"神圣者"或遇见"神性实在"的各
种方式（282，284，286）。

斯宾格勒和其他人可能会如此回应这一发现：尽管这种关于有神论的宗教替代物的谈论在纯粹理论层面确实是真的，但对上帝的信仰是如此深嵌于西方历史与文化，以至于这种信仰实际上和宗教就是一回事儿。这种思路受到如下观点的支持，即一种文化或任何一种文化都根本上是单一的整体，是不可改变的，它可以根据不变的"本质"来定义，这种本质持续存在于它的全部历史演变过程中（见我们在第三章第一节中关于斯宾格勒的论述）。

但是，我们为什么必须用这样一种一元论的、静止的和实体论的态度看待文化，尤其是当现代西方社会已经变得非常多元和充满活力时，当我们已经知道其他如印度那样的社会数个世纪以来必须在宗教多元主义中寻找生活方式时？为什么我们必须假设西方的信仰危机是一个死胡同？难道这一危机不能同时意味着一个新的起点，那里鼓励新的成长和变革方向，而这些成长和变革可能早已在进行中？

在《非理性的人》中，巴雷特指出，这些成长和变革确实已在进行中。他认为，近来的西方艺术史证明，一种剧烈的运动正在远离曾经被古典主义珍视的主导性观念，即"整个现实就是一个系统，其中每一个细节靠天意和理性服从于其他细节，并且最终服从于整体本身……"（1958：45）（巴雷特所指出的这一观念，可以被视为上一部分曾经提及的充足理由律的一种表现）。巴雷特说道，西方现代绘画、文学和其他艺术形式，已经突破了这种世界观。至少在某些重要方面，西方艺术正在变得更加类似于东方艺术，也就是说，变得更少等级性、整齐性和直线性，变得更多"无形式、有机性和无序性"（1958：48）。这种发展不能被视为灾难；它抓住了把我们引向"对世界的更加完整而更少虚假性的赞美"（Barrett 1958：51）的希望。它也可以导致在思想与精神上与东方的敏感性更为友好。与此相应，东方人也会向我们学习更多，他们的文化也会发生变化；但是这种改变不再会有灾难性的后果。

在一个急速变小的地球上，还有什么是比最近这些曾经一度孤立的文化开始相互影响更重要或更自然的经验？这样的经验无疑包含生存论的和社会学的危险，我们应该严肃对待。但是，我们不应当忽视它们所包含的创造性和希望。

在达尔文之前，我们西方人倾向于视自然的生物学形式和其他结构为永恒和固定的，但是现在，我们已经学会改变我们的视角。那么，我们为什么不能认为文化也是处于不断发展过程中的，为什么不能学会拒绝那阻止这些文化的创造性交流与改变的冲动？意识到我们的文化发生了根本变化，意识到必须允许自己的文化变得不再是中心，对很多人来说变得不再令人信服或重要，这并不一定是绝望的理由。这样的意识可以指引我们离开一个逐渐远离的过去的陈旧的确定性和安全性，走向一个诱人的未来的挑战性和冒险性。

我们中没有一个人确实在自信地计划西方（或者就此而言的东方）宗教发展可能带来的方向。认为传统有神论的衰落只能导致虚无主义的不适，就是在假装声称拥有关于未来的确切知识，但没有人能够拥有这样的知识。还有，这种思维方式显出一种宿命论的态度，后者不能公正地看待人类的智慧和发明，对文化本身的弹性和适应性一无所知。

我希望，通过批判这三种基于宗教的假设所表达出来的东西，不会被误解。说真的，对上帝的信仰，献身于基督教义，已经提供和继续提供着一个综合性的框架，无数人于其中发现了生活的定位与方向，而这个框架的丧失对这些人来说无疑是极度的创伤。这一点无可否认。我所质疑的是这样一种陈述，即这种信仰的丧失必然剥夺价值和意义的基础，而把他们或任何人完全置于一种被遗弃状态。

因此，我的观点旨在证明，虚无主义者对生命意义的绝望，并非直接或必然来自无法肯定上帝的存在，或无法坚持传统基督教义。它并不适用于作为一个整体的人类，因为这些观点并没有成功地展示对上帝的信仰一方面与这些教义的必然关联，一方面与生命意义的必然关联。似乎也没有任何可以绝对确信的理由认为，它只能历史性地或文化性地适用于西方人。①

---

① 本章的焦点是基督教一神论，但我们谈论的大部分内容同样适用于犹太教。我曾经致力于研究基督教，因为它曾经并仍然是拥有支配性地位的宗教传统。这并不意味我认为犹太教不重要，或者说它在西方历史中的角色不重要。

第六章　上帝的全视之眼、对确定性的探求和对世界的贬斥

> ……在一个被突然剥去幻觉和光明的世界上，人感到自己是一个异乡人，一个陌生人。他的流浪感没有什么可补救，因为他被夺去了对失去的故乡的回忆或对一个曾经允诺过的地方的希望。分离人与他的生命、行动者与他的环境的，可能就是这种荒诞感。
>
> ——阿尔伯特·加缪（Albert Camus）（1955：6）

一　上帝眼中的世界

基于宗教的第四个假设，表现为布里顿的声明，即宗教信仰"似乎需要一种从外面看世界的视角"（1969：197）。这至少对有神论宗教信仰来说是真的，因此，我们不必担心它是否适用于一般而言的宗教信仰。我所提及的这种假设，是一个概念，它可以被当作关于世界的充分知识，也就是说，它能够按世界自身真实所是的样子认识它，要获得这种知识，需要我们能够用"上帝之眼"（God's-eye）看待世界。为了能够这样看，我们需要提醒自己关于上帝的传统信仰的两个方面，它们赋予这一假设以宗教基础（这个

假设，或者与之非常接近的观念，还有重要的哲学根源，需要在后面考虑）。这两个方面包括：上帝"从无到有"创造了整个世界，而且带着无所不知的清晰性和完整性认识着他的世界。

由于这种观念中的世界被一个具有无限知识和智慧的上帝在深思熟虑中完整地创造出来，所以我们可以预料它将是一个设计精美、极富可理解性的人工制品。这个世界中的所有东西都不是多余的或不合适的；它的每个方面都来自一种有力的经济学基本原理。它从概念到结构都是完完全全理性化的。不用说，上帝对这种基本原理有着确切的知识，他的世界所仿效的就是这种原理。作为这个世界至高无上的创造者－设计者，上帝的知识不仅涉及它的基本结构，还涉及它的最为精致的细节。

但是，上帝作为创造者－设计者不仅相关于我们能够把握上帝的知识特征，他还必然完全超越于他所创造的世界。这个世界由于是他"从无到有地"创造的，所以不可能属于他的本质或存在的一部分。因此，他可以从一个完全"外在于"这个世界的有利位置来沉思被创造出来的现实，这让他能够以一种完全超然而全面的态度认识这个世界。人们通常认为，上帝完全超越于世界之上，这意味着他不占有时间或空间。他超越了有限的时间，存在于某种永恒的"现在"中。于是，他的知识不会受到对过去的遗忘或关于未来的不确定性的限制。而且，他的非空间性和非物质性，让他能够无时无刻无所不在，并且因此能够广泛而直接地认识发生在每个地方的事情。最后，由于上帝是纯粹的精神，没有身体的拖累，他的知识并不依赖五官的偶然性，或者依赖极为模糊而多样的感性经验。于是，上帝关于世界的知识是准确、完整和直接的，换句话说，这种知识是客观的、无所不包的和非视角性的。

这里我要表达的观点是，这些关于上帝所造世界的本性和他认识这个世界的方式的彼此相关的信仰，让布洛克（Blocker）所谓"关于意义和现实的天真的客观主义观点"（1974：73；亦见第二章以下）显得非常有道理和有说服力。根据这种观点，意义内在于现实本身，并且由事物的本质特征或真实本性构成。这些明明白白的特征作为现实的客观特性就存在于"那里"，完全独立于人类经验或解释。① 如果我们要想获得关于这个世界的充分知识，我们关于它的信仰和主张就必须完全对应于它的客观意义。

还有，我们必须能够证明这种对应，也就是通过一种无论何时何地有能力的人们都会赞同的方式，展示这个世界的结构和原则的合理性，以及这些结构、原则间的关系的内在逻辑。与此相应，这还要求我们摆脱所有受偶然的人类视角片面影响的信仰和主张。我们必须去除类似这些事情的歪曲和局限，如我们的情感兴趣和关联所具有的偏向性效果，实践生活中的紧迫要求，日常感性经验的不确切性和误导倾向，特殊个体、地方、时间和文化的相对性——所有这些都可能干扰我们按照世界本来所是的那样解释它的能力。我们应该指出这种意义、现实概念与科学主义世界观所支持的概念之间的相似性，后者曾经在本书第三章第二节予以讨论。

根据当下的这种论述，要想获得充分的知识，就要像上帝那样看待现实，而在西方神学传统中，上帝一直被认为是这样看待世界的：具有一种无比透明而全面的视野，它独立于所有的视角，直接聚焦于意义本身，后者就位于世界之中，等着我们去认识。于是，正如布洛克所言："这种观念坚称，人们不应当满足于低于绝对真理的东西，也就是说，应该直接把握事情本身的真实本性。"（1974：62）只有到下一章，我才能给出关于这一观念（它只是重申了目前正在讨论的第四种假设，尽管并没有提及我们赋予它的宗教基础）的背景和意义的全图，在那里，我将考察这一观念的哲学起源。但是现在，我要做的是批判性地反思这种观念的宗教背景。

我尝试从如下工作出发，即把所谓上帝信仰与客观性意义和真理之间的关联搞得更明确一些，从而观察这些关联是否能够禁得起批判性的审查。理解这些假定存在的关联的最好方法，或许是根据那些肯定这些关联存在的人们的观点，看看如果放弃上帝信仰究竟会发生些什么。

正在讨论的这个有意义世界的概念，是说这个世界的意义是完全客观

---

① 尽管这些意义被假定独立于人类的认知，但它们能够被持续拟人化地构想，以至于它们能够被视为预先创造出来以满足人类的使用和理解。于是，这里所讨论的观点与上一章所讨论的假设——自然服从于人类——之间，并不存在矛盾。

的，也就是说，是某种已经存在于那里等待我们发现和理解的东西。于是，充分的知识将会存在于信仰和声明中，它们可以描绘、表现或对应于这个世界的本质特征，还有那些可以理解的关系，这些关系把这些特征连成一个连贯的理性整体。如果我们把世界看作一件上帝通过前面已经描述的方式制造出来的产品，这种想法似乎会带来非常好的感受；但是如果没有了对作为创造者的上帝的信仰，这种想法似乎就难以说清楚了。因为带着这一信仰，我们可以把自然看作一个证据和记号的体系，它处处都显示着上帝的意向性和目的，还有他的技艺的特征。我们可以把自然视为一本"书"，它就那样摊开着，等待我们的阅读和破译；可以把它视为一件极为复杂精妙的产品，我们渴望理解它的设计和功能；或者可以把它理解为一道大型难题，解答这道题，需要我们发现它的基本概念和支配性的公理。

于是，如果用 17 世纪天文学家开普勒（Johannes Kepler）的话来恰当描述的话，充分表现这个世界，就只是去"在上帝之后思考上帝的思想"。意思就是说，作为客观世界的固有特征，所有的意义都独立于我们而存在，因为它们是被上帝放置在那里的。在《多元世界》里，詹姆斯简明概括了这一观念，尽管他并不支持它。根据这一观念，"由于上帝的恩典和裁定，真理依其本质绝对地存在，而不管我们是知道它还是对它一无所知，并且，即使我们这些有限的认知者都消失不见，它也会持续不变地存在下去"（1967：Ⅱ，28）。

如果我们发现自己不再信仰上帝（或者更准确地说，不再信仰现在正在讨论的上帝概念），那么我们就不再那么容易认为世界已经被赋予这种可理解性和意义了。原因之一在于，我们现在不再能够把世界看作通过有意的打算和设计而被从外面赋予了意义。原因之二在于，当我们不再信仰上帝，这个世界就不仅被剥夺了受造的目的和可理解性，而且不再是一个从完全外在的、雄视一切的地方看无限可知的世界。只要我们相信世界可以被这样认识，我们就可以确信它的可知性。自然而然的，假设世界具有内在的可知性和关系，它就能够被关于真理的合法声明所描述，而且，对知识的探求，就是对关于这些客观特征和关系的准确表现的探求。因此，对上帝存在的信仰，为世界拥有的固有意义提供了两个保证。没有这样的信仰，这种保证就会陷入危险，就会失去根基。

如果关于创造性的全知上帝的假设不再，我们似乎没有什么可以替代的东西，从而不得不把现实视为固有意义的缺失，视为平凡无奇的混乱，对此，我们只能赋予仅仅来自我们人类的解释和规划。我们被引向这一结论，即现实本身是纯粹偶然和荒诞的，意义不过是一种任意而虚假的人造结构。现在，真理似乎不再存在；事物也不再存在客观本性，我们的声明和这种本性或许相应，或许不相应。关于真理的声明被还原至无根的、纯粹主观的发明。

包含在这种情境里的，不只是宇宙论的或认识论的虚无主义，因为一个没有上帝的世界，一个根据这种论述必然完全没有内在意义的世界，是一个无法为我们围绕基本价值和生命意义所提出的迫切问题给出任何答案的世界。关于上帝信仰和真实知识——包括普遍价值的知识——的可能性之间的关联，刘易斯（C. S. Lewis）似乎有过类似的看法。在转向基督教之前的某个时刻，他突然认识到，任何让人满意的知识理论都要求我们"承认心灵不是迟来的附带现象，承认整个世界最终是精神性的，承认我们的逻辑是宇宙**逻各斯**的参与者"。刘易斯宣称，如果有神论颂扬的宇宙逻各斯不能得到肯定，那么我们就必须放弃我们对客观的"不容置疑的真理"——抽象的逻辑思想可以与之相应——的信仰，就必然不再相信普遍有效的道德判断的可能性（1955：208－209）。

上帝信仰与对一个我们只是简单描述了一遍的有意义世界的确信，这之间的关联最初显得很有说服力。但是，如果我们后退一步，开始批判性地反思，它们最初的可信性就会褪色很多。首先，一个能够以完全超然的客观态度观察世界的全知上帝的观念，会**损害**而不是支持我们对自己获得充分知识的能力的信心。比如，牛顿就说："只有上帝能看见对象本身。"作为一种"没有形体的、活生生的、有思想的和无所不在的存在"，存在于"无限的空间"中，上帝能够"亲密无间地看到事物本身，完完全全地感知它们，而且能够根据它们直接呈现给它的东西全面理解它们"。相反，人类囿于他们的感官，只能以间接而扭曲的方式认识世界，仿佛世界是通过感官经验来想象和显现的（1721：344–345，379；Burtt 1954：234，287）。

尽管牛顿表述和假设过现实主义的观点，即关于世界的准确特征和关系的知识可以通过新科学的方法和技术获得，但是他也非常清楚地意识到，在人能够获得的知识与上帝的知识之间存在天壤之别，这使他得出了实证主义的结论，即我们能够认识的，只是那个向我们显现的世界。① 我们可以用数学计算和描述这个可见的世界，但是对于那个如其所是的世界，可以被上帝直接地凭直觉看到的世界，我们永远无法企及。

启蒙哲学家康德非常敬畏牛顿的成就，他在《纯粹理性批判》里也得出了相似的结论。康德教导我们，我们被固定在自己对时空的感性直觉里，只能根据我们有限的人类理解力的先天范畴来组织和概念化这个世界。于是，一种出自上帝之眼的世界观，一种关于"物自体"——康德假设上帝能够理解它（尽管他否认这一假设有任何理论依据）的知识，被我们否认了［Kant 1958：89–90（B70–B71）］。超越人类视角，获得上帝观察事物的直接而非视角性的方式，这是一个无法追求的梦想。这个世界本身究竟是什么样的，就像上帝所知道的那样，我们永远没有希望看到。我们只能知道我们自己的经验的结构和内容。

正如这两个例子所证明的那样，对全知上帝的信仰，会产生这样的效果，即让这个世界的特征变得遥不可及，我们的眼睛永远看不到它的真实本性，甚至连我们最为不懈的观察和仔细发展的理论，都无法洞悉它们。于是，这种信仰不仅不能避免对我们认识世界的期望产生怀疑，还会通过摧毁我们一度拥有的能够充分描述客观真理和世界意义的希望，把我们推向更强烈的怀疑主义。它还会造成一种深刻的、疏离于真实世界的不安感，这个真实世界由于不可接近，必然永远和我们不相干。上帝信仰能够并且已经产生消极作用，这一事实让人怀疑存在于这种信仰和对客观知识可能性的确信之

① 牛顿在理性主义的认识论现实主义——强烈倾向于相信形而上学的主张——和克制的实证主义经验主义之间摇摆不定，关于这一问题，参见伯特的著述（Burtt 1954：239–240，and Ch. 7 *passim*）。

间的所谓必然联系。它还会质疑这样的假设，后者与构成充分知识的内容有关——我们已经在本书这一部分关注了这一假设——因为它意味着这样的知识对人类来说是不可能的。

这种假设存在的第二个问题与神性知识概念相关，后者预示了这种假设。我将要指出，这个概念之所以不可理解，是因为它充满了内在的矛盾和混乱。因此，现在摆在我们面前的、开始反对这种神性知识概念的知识理想和世界观，都是抽象无益的，假定它们也是没有道理的。事实上，如果推至其逻辑结论，就会发现它们支持虚无主义，并且成为虚无主义的重要根源之一。关于这第二种批评的讨论，将会用去一段时间，因为它涉及一系列微妙的衍生物，我们必须予以仔细探讨。

我们正在讨论的神性知识来自上帝，他的知识被假定为无所不包又绝对客观和超然物外，他被认为能够直接而非中介性地把握如其所是的世界，完全独立于任何有限视角。现在，如果上帝的知识被认为包含了这个世界上的所有事物，那么它必然也包含了所有有限的视角，因为根据推测，这些视角也是现实世界的组成部分。他必然直接进入每一种视角，不管这些视角是何等片面、扭曲或短暂，并且从这些视角出发经验这个世界。但如果是这样的话，这种视角的有限性必然会影响他的理解。于是，他的知识必然既有限又无所不包，既是视角性的又是非视角性的，这显然是矛盾的。一个位于时空之外、没有感官的上帝，必然也能够进入每一种时空性的感性视角（也就是说，在时空和感官的"局限"中具体经验这个世界），以便把这些视角的具体现实性带进他的无所不包的理解力中——当我们注意到这些时，这种矛盾就变得更加明显了。

还有，如果上帝确实能够进入每一种有限的视角，那么我们就会不再认为他是完全超越于或独立于这个世界的。因为现在，他必然或有能力完全内在于这个世界。于是，他对他的有限创造物的超越——这种超越曾被视为他能够站在一个绝对超然的有利位置理解如其所是的世界的原因——开始严重缩水了。或者至少，我们现在无法找到调和这种超越性和内在性的有效办法。如果为了应对这种困难，我们否认这些有限的视角属于这个世界，并且主张它们不必包含在上帝关于世界的无所不包的知识里，那么被人类和其他造物持续经历的有限经验和理解，将会失去本体论地位。我们会很舒服地为了无限之物而消除有限之物，把被造的世界的现实性完全纳入上帝的现实性之中。但是，这将会以另外一种方式危及上帝对这个世界的超越性。

我们不可能通过简单声明上帝的视野是所有有限视角的总和而且更多来解决这个问题，[①] 因为"所有视角的总和"这种想法没有意义。各个有限的视角至少在某些方面是不可比较的。在某个地方某一时刻经验这个世界，会阻止我们同时在另一个地方另一时刻直接经验这个世界。从一种历史 – 文化背景出发，基于各种记忆和期待或者类似的意识条件来做这件事，会限制我们彼此理解的能力。这足以说明，不存在非视角性的知识。上帝的知识可能包含了更多有限视角所没有的东西，但在拒绝其他视角或被其他视角拒绝的意义上，它总是"有限的"。按照上帝的方式认识世界，必然不同于按照一头狮子、一头海豚或一个人的方式认识或经验世界。每一种东西都有它自己的视角或观察点。当我们认为上帝通过一个"外在于世界的优越位置"认识这个世界时，我们已经默默承认，他的视角不过是众多视角中的一个而已。

上帝完全外在于这个世界，这一观念还暗示了神性知识这个概念其他难以理解的方面。知识要求在参与和独立之间保持一种张力；强调其中一方，排斥另一方，都会让知识变得不可能。这一点对上帝和对我们来说，似乎都同样真实。一方面，没有某种距离或分离，认识者会陷入被认识者中，失去他作为认识者的功能和地位。这种陷落也暗含在这样的观念中，即上帝能够完全理解所有看世界的视角，也就是说，能够全然投入这些视角自身所在的位置。正如我们已经看到的那样，这要求上帝完全内在于世界，并且看上去

---

① 戈特弗里德·莱布尼茨会认为，我错误思考了菲利普·维纳所谓"只有上帝能够直觉感知的所有观点的总和"以及这一总和构成了"真实世界的客观理性秩序"（Leibniz 1951: xl）。这种假设正是我现在要批判的，它的普遍影响表现在这样的事实中，即莱布尼茨的概念——上帝的极权主义世界观——与他的单子论体系的其余部分相矛盾，在那里，每个单子都代表世界上的一个独特视角。上帝也被莱布尼茨描述为一个单子，但由于上帝被认为无所不包和非视角性，所以他就例外于这个体系的其余部分。

消除了他与世界之间的任何真实的区别。另一方面，如果不参与或进入这个世界，上帝就不会受这个世界的影响。于是，对他来说，单个或整个思考关于这个世界的视角，就不再可能了，或者说，以任何一种方式来认识这个世界，就不再可能了。我们已经在第三章第二节指出，这种困难是如何导致身-心二元论的；它同样严重地导致了一种关于上帝与世界的观点，其中这两者被归于完全分离的领域。于是，"上帝完全超越于世界"这个概念，就和他能够认识这个世界的能力不相容了，就像和他完全内在于这个世界不相容那样。无论是完全的超然独立，还是完全的内在于世界，都不可能允许一个有意义的知识概念，不管这种知识是神性的，还是其他的。

让距离与参与之间的必要张力得以保持的唯一方式，就是强调所有的知识，无论是神性知识还是人类知识，都必须是视角性的，都必须是立足"此"地对"彼"处的认识。如果情况确实如此，那么"彼"处的某些东西必然保留其独特性，和他自己的内在视角一样独特。于是，非视角性的知识不可能存在。不可能存在一种知识，它囊括了所有事物的全部具体性和特殊细节。认为上帝拥有这样的知识，或者把这样一种知识作为理想来追求，就像建造一座空中楼阁那样不切实际。

关于知识中存在的参与和独立的张力问题，罗斯在《怀特海形而上学的视角》中给出了类似的观点，他提醒我们，"一种没有明显的视角局限性的意识，根本就不是意识"。这样一种意识会缺乏"关注点"。认识所有的东西，等于什么也不认识，因为关注需要排除。于是，我们不能说我们可以认识所有的事物。罗斯在别的地方也明确提及神性知识："所有的视角和秩序，包括上帝，都是选择性的和有条件的，都是排除性的和限制性的。"（1983：251，272）

萨特把我们的注意力集中到内在于一种无所不包的、非视角性的和完全客观的知识理想的矛盾上面。他指出，一种通过这种方式认识世界的能力，必然竭尽全力地进入所有有限的视角，并且因此变得和世界不相区分。这样一种存在必然既是自为的又是自在的。但是，这是一个矛盾的观念，因为它把萨特所理解的那种知识所要求的虚无化行动，混同于存在的命运或致密性。而且根据他的解释，由于认识的虚无化要求自由，这样的观念也会不合逻辑地混同于某种存在者的观念，后者的本性因为等同其所是或受其所是限定，也被完全决定和固定，但仍然对未来和自由保持开放。正如麦金泰尔（MacIntyre）所言，基于萨特的考虑，一种全知性的存在（比如，根据本部分讨论的这个假设，上帝就是这样的存在）"必然拥有一种人的自由和一种物的丰富性"（Warnock 1971：28）。或者，换成我们的话来说就是，这样的存在既需要和认识者完全分离，又需要与它所认识的世界无限统一，而这是不可能的。

萨特在一段话里宣布了这种不可能性，这段话可以证明他自己致力于一种视角性的认识理论。

> 纯粹知识的视点是矛盾的；只存在一种参与性知识的视点……一种纯粹知识事实上就是没有视点的；因此，这种知识虽然是关于世界的知识，其依据的原则却位于世界之外。但这样说没有道理；那个正在认识的存在可能只是知识，因为他会被他的对象所规定，而且因为他的对象会消失在相互关系的彻底模糊中。于是，知识可能只是一种参与性的知识，它在一个确定的视点里达到巅峰……（1966：377）

萨特唤起我们注意认识的不可避免的视角性和有条件性特征，以及由此注意全知上帝的不可能性的另一种方法，是指出所有可能的视角都是有限的，因此是不可能被任何意识穷尽的，不管这种视角的幅度有多大。一种发现这种视角的不可穷尽性的简单方法，就是反思一种存在，这种据说能够理解一切的存在总是能够把其他的视点加于它的理解之上，也就是说，它对自己的意识能够意识到那些对象，而且因此它对自己的意识拥有意识的附加内容，以此类推，以至无穷（1966：764）。

非视角性认识的不可能性，还会让主张事情、意义或真理的绝对客观状态独立存在于所有视角之外的观念站不住脚。谈论物本身、世界本身、现实本身、意义本身、真理本身或者任何类似的语词，都不再有意义。所有这些概念都没有意义，因为每一个这样的语词都意味着这样的可能性，即某种现实的、有意义的、真正的东西独立于所有的视角而存在。但是，世界本身并不一定有意义；确实，世界本身可能并不存在。世界只是可能有意义的；它**只是通过关系**才变得有意义，而这种关系来自这种或那种视角。即使这种方式也会让人误入歧途，因为在理解行为之前不存在"它"，因为个性化或对任何事物的承认，包括世界本身，都是某种意义。因为意义是一个关系性概念，它意味着非视角性的意义不可能存在。于是，这个世界对这个或那个认识者、这种或那种经验来说，从这种或那种视角来看，以这种或那种方式来看，才是有意义的、真正的和现实的，等等，端赖于那视角的"角度"。我用角度所表达的，是认识的条件和途径，它们包括在视角之中。

由于这个世界永远不可能被全部理解，假定各种视角的排他性和不可穷尽性——从人们所站的立场出发，就可以看到这一点——并且由于意义和真理都是关系性概念，所以认为自己拥有完全确定和固有的意义或真理，这种观念是荒谬可笑的。意义和真理存在或来自与认识者、被认识者之间的特殊关系；它们不可能仅仅从被认识者一方获得。于是，正如布洛克所强调的那样，思考或寻求一个世界的特征，这个世界是"绝对的"或完全客观的，是非关系性或非视角性的，不受任何特殊条件或关注限制的，就是在渴求"一种不可解释的解释"，就是在期盼一种逻辑矛盾变成现实（Blocker 1974：61，116）。由于意义本身是一个没有意义的概念，所以我们正在讨论的这种知识理想，假设我们对知识的声明能够充分到可以准确表现这个由上帝创造和支撑的世界——绝对地、外在性地存在的世界，远离与有限的认识者或潜在的认识者结成的关系——的全部特征和关系，实在是荒谬可笑的。

人们或许会反驳说，世界确实拥有独立于任何与有限认识者结成的关系的意义，因为这种意义永远为上帝所知。于是，在一种纯粹客观的意义上，这个世界是有意义的。但是，这种看法设定了一种情境，后者类似于第五章第三节曾经谈论过的情境。在那里，我们发现，某些选择可能对上帝来说是有意义的和有价值的，对人类来说却并非如此，因为根据我们自己的推理和经验，它们的意义或价值并不能得到我们的承认。还有一种类似的观点也认为世界具有客观的意义，因为上帝永远知道它有意义。从我们人类的视角来看，这种观点虽然允许世界对上帝来说是有意义的，但并不能确保对我们来说就是有意义的。只有在我们发现这个世界存在于我们自己生活的内在条件和环境中时，它才可能是有意义的。而且正因为如此，**不可能存在，也不需要存在**任何外在的担保人！于是，我们再一次发现，意义不是某种能够完全独立于各种视角或解释而存在于"那里"的东西。从意义这个术语的本来意义来说，没有这样一种所谓纯粹"客观的"意义的东西。它根本不可能存在。

这个结论对有些人来说，上帝的存在或不存在都没有什么不同，对另外一些人（其中一些是虚无主义者）来说却存在重要的差异。就像渴望这种客观意义是荒谬的，被基于人类无法获得意义而来的焦虑感所折磨，或被基于存在于如其所是的世界和我们所经验的世界之间无法逾越的鸿沟的绝望感所折磨，同样是荒谬的。但是，有一些类型的虚无主义，似乎正是建立在或部分建立在这样病态的焦虑感和绝望感之上的。比如说，萨特的洛根丁，在认识到"（人类）解释和推理的世界，不是存在的世界"（1964：174）时，就被一种"恶心感"所征服，于是背叛了他的假设，这个假设指的是，显现人类概念和经验的世界与客观存在的世界之间存在固有的、令人恐怖的断裂。

同样的断裂也出现在萨特的《存在与虚无》中，尽管他在这本书中致力于一种视角性的认识理论。这里，正如我们已经看到的那样，萨特强调了把有意识的自为和野蛮的、非解释性现实的自在统一起来的不可能性。这一点我们是赞同的。但是，他坚持认为，我们作为人类最为根本的欲望，就是去获得这种统一，他把这一理想等同于上帝的概念（1966：694，762）。这种等同对我们的目的来说非常重要，因为它强调了上帝信仰和我们曾经讨论过的充分知识之间的历史性关联。如果萨特是对的，而且人类本质上不得不一直寻求意义和真理——这些意义和真理对他们至关重要，但又完全客观、独立于人类视角——那么他的结论也许是对的，即人类生命是一种"无用的激情"（1966：754）。因为根据他自己的和我们的分析，人类生命沉迷于追求一种根本不可能的东西。但是他这个关于人类生命的沮丧判断必然令人惊讶，因为这个判断依赖于存在一种不变的人性这样的假设，而他曾经在别的地方极力否认这种假设。

萨特思想的麻烦之处可能比这一点还要严重。它存在于这样一个假设中，即有一种自在的东西，它"不需要为了存在而自为"（1966：761）。他确实而且必须否定这种自在之物的意义，因为根据定义，自在之物外在于任何认识关系。但是他在自己的体系中赋予自在之物如此重要的角色，这使得自在之物具有灾难性的地位和作用。自在之物是我们希望认识的，可是一旦我们能够认识，它又必然成为让我们绝望的东西。一旦开始这种认识，那么现实本身，事情那被假定具有的、超越我们人类创造的真实状态，就会被发现是一个沉默而难以对付的领域，它必然会挫败人类认识世界并从中发现意义的需要。于是，关于这个世界的悲剧性真理，就被认为不存在"真正的"真理或意义；所有的东西都是偶然和荒诞的。由于设定了这种自在世界——这种致命的设定，在整个西方思想史中都很常见——萨特被困于一种二元论中，不存在逃离的可能，其不可避免的唯一结果就是确信宇宙的荒诞性和人类生存的无效性。[1]

还有，不管我们是否设定了一个自在世界，对我们已经讨论过的客观意义的拒绝，必然导致所有关于真理的声明或关于价值的建议的彻底主观化，从而屈从于虚无主义。但是对一个非视角性的、非关系性的客观意义的拒绝，不一定就产生这样的结果。为了证明为何如此，我将在第九章引进一个关于充分知识的替代性概念，后者并不受表现性真理理论或绝对主义的意义观束缚。我还要在那里把不可避免的视角多样性以及由此而来的多元主义真理和价值概念，与纯粹相对主义的概念区分开来。

我对第四个建基于宗教的假设的第三和第四个批判，呼吁我们关注这一

---

① 这些关于非视角性意义和认知的观念的批判性反思，受到布洛克《无意义的意义》的启发，与此相应，也深受马丁·海德格尔的著作尤其是《存在与时间》的影响。我的批判同样受到罗斯的深刻影响，他在《怀特海形而上学中的视角》里支持怀特海对形而上学观点的完全视角性的修正。布洛克和罗斯比我更有资格在这里讨论意义和实在的视角主义观点。

假设关于时空的地位，因此关于人类在世界上的位置和重要性的思考。由于上帝的认识方式是特有的，据说他不会占据或以任何方式依赖时空，所以真正的知识必然与时空无关，这意味着时空是不重要的和虚幻的。由于我们的生命充满了时空的限制和挑战，所以从上帝的终极立场来看，生命必然也是不重要的和虚幻的，或者至少说，生命中那些以时空为先决条件的方面，必然如此。于是，人类生命的大部分——即使不是全部——变成了无意义的幻觉。

理解上述话语意味着什么，对我们的暂时性生存来说尤为重要。如果上帝能够用一双永恒在场的全视之眼理解发生在过去、现在和将来的每一种事情，那么一种开放的未来就真的不可能存在。如果没有了开放性的未来，过去和未来之间的区别将不再，而时间将变得虚幻。沿着上帝永恒的世界观来思考客观性，就是去选择一个静止的世界，其中没有什么东西曾经真正改变过，其中我们毫无理由地被迫寻求价值的具体化或保存，只因为没有什么事情会发生，所有将会永远存在的价值都已经被实现。

在这样一个世界里，不可能存在人类责任或自由这样的东西，人类生命或人类活动也不可能有任何意义。人类不管做什么，都没有什么不同。甚至他们能够"做"任何事情这一想法，都是荒谬可笑的。于是，通过一条不同的线路，我们被带向一个结果，它类似于科学主义世界观的还原论所导致的结果（第三章第二节），后者同样在追求一种纯粹客观的世界观时，诋毁着人类的自由和价值。

如果这就是关于世界的终极真理，那么对生命意义的绝望就是一个预定的结论。想象上帝能够通过独立于所有视角——包括时空性视角——的方式认识世界的真理，就是在嘲笑人类的存在。认识这一后果，我们有更多理由拒绝这样的假设，后者与充分知识的本性有关，我们曾经予以讨论。颇具反讽意味的是，被许多人视为可以有力对抗虚无主义的上帝观念，居然可能直接导致虚无主义。我们已经讨论过上帝观念导致的虚无主义后果。我们应该强调的是，这些后果来自我们关注过的各种特别的上帝概念；我们没有理由假设，它们来自所有的上帝概念。但是，正是这个概念持续有力地影响着西方思想，尽管通常是下意识地影响。

非视角性认识这种理想，以及与之相关的、对一种独立于所有视角和关系的绝对实在和意义的信仰——这两者都相关于无所不在的上帝概念——促使我们确信，真正的真理必然是普遍的和不可改变的，也就是说，是不受地点和环境的相对性限制的，不会因为时间的变化而改变。这种确信紧密相关于第五种基于宗教的假设，我们将在下一部分予以讨论。正如我们将要看到的那样，这种确信属于这种假设的几个宗教侧面中的一个。

二　对确定性基础的考察

第五种受宗教影响的假设，是指任何关于知识——被确证为知识——的声明，必然要么带着无法推论的确定性被认识为真的，要么通过源自或可以源自清楚而明确的命题——它们是绝对真实或肯定真实的——而被判断为真的。它们的推导方法通常来自进一步的假设，本身必须是不容置疑的。

这种关于真正知识的试金石的假设，尤其是其用于那些被判断为真的非确定性命题的概念，通常被命名为**基础主义**。尼古拉斯·沃尔特斯托夫（Nicholas Wolterstorff）曾经指出过西方宗教和哲学思想中广泛存在的一种基础主义假设：

> 从中世纪晚期以来，基础主义就已经成为西方思想理论中的统治性理论。它可以上溯至亚里士多德，并且从中世纪开始，有大量的哲学思想在为它作阐释和辩护。在基督徒和非基督徒那里，它都是主流的传统。它曾经被认为既反对基督教和基督教学术的可能性，又为基督教和基督教学术的可能性作辩护。阿奎那、笛卡尔、莱布尼茨、贝克莱、逻辑实证主义者们——他们所有人，以及其他更多的人，都是基础主义者。（1984：30）

在第四章开篇部分，我们已经看到，在对知识的可能性进行怀疑主义的拒绝时，莱勒和昂格尔都极力强调这样的必要条件，即关于知识的可信声明，必然要么是确定的，要么是可还原至一种确信的基础的。加缪在哀叹人类企图获得客观性知识的无效历史时，似乎也假设了某种基础主义的理论，他用这种理论意指理解的确定性和可理解性。对他来说，理解要么就是这样的，要么什么也不是（见第二章第五节）。

对基础主义的哲学背景，本节暂不予以考虑，以便集中精力思考其宗教背景。基础主义的哲学基础与表现将在后面详细讨论。基础主义的宗教背景的两个重要方面，已经在前一节中得到初步的描述，而其第三个方面作为对古典基督教世界观的概述的一部分，也已经在第五章第一节被提及。

首先，据说为了获得或近似获得上帝眼中的世界观，我们必须除去文化遗产、情感偏好、直接的实践牵连、非批判性的感性经验等片面影响，然后寻求关于知识的声明，后者能够获得足够的、处于任何时空、位于任何想象得到的环境中的人们的一致认同。这就是说，真正的知识将包含普遍、必然的真理，后者效仿的正是上帝全视之眼永恒的不变性。获得这种不变性，将确保我们克服生命在这个世界上的相对性和偶然性，确保我们把握客观存在的现实性，后者不会被虚假的前见、偏见或臆见所扭曲。

让我们确信我们确实已经获得这样的知识的方法，似乎只能是把我们关于真理的声明限制为这些声明，它们要么凭直觉就是确定的，要么可以还原至一种确定的或绝对可靠的命题。只有通过这种方法，我们才可以让我们的声明免于现在或将来的反对声音，才可以让它们被所有人接受，存在于各地的人们有能力判断这样的声明，并且因此赋予它们永恒的普遍性，而后者被视为真理的标志。从这个角度看，基础主义理论被认为非常自然地符合我们已经讨论过的充分知识概念；它提供了唯一一种可以想象的方法，通过这种方法，获得非视角性的、上帝眼中的世界观，就获得了确定的证明和保障。基础主义假设的宗教背景中的第一个事实，就是它与上帝概念和上帝认识世界的方式——我们在前一节曾经详细讨论过——之间的亲密关联。

这第五种假设背后的宗教影响的第二个方面，已经暗含在上一节里，我们曾经在那里指出，当我们衡量自己获得充分知识的可能性前景时，不仅我们对理论性理解的渴望面临危险，而且我们解决道德价值和存在意义这样的紧迫问题的能力也面临危险。同样，基督徒和其他有神论者在面对知识问题时面临的危险，远大于他们的理论好奇心从终极问题那里获得的满足。最为紧迫的需要，不仅是去获得关于人类生存目标的理解，就像上帝已经赋予它的那样，还是去充分理解并正确践行上帝曾经为实现这些目标而提供的丰富手段。简而言之，对这些人来说，根本的问题在于他们获得救赎的希望。

对于这种头等大事——或者至少对很多人来说似乎如此——不允许有任何的不确定性或含混性，因为这种不确定性或含混性很容易欺骗我们，把我们带入歧途。这也不意味着这样的假设，即一个充满爱意的上帝为他的人类造物提供的东西，不足以让他们拥有确信或者拥有确信的能力，这种确信相关于他们的救赎所依赖的信仰和道德问题。于是，在基督徒和其他西方宗教群体中存在一个共同的信仰，即上帝让人们——至少那些他将拯救的人们——发现自己能够找到关于他的神圣意志的确切而不容置疑的知识，如果他们动身前往他已经为他们指明的救赎之路，这一点就是必需的。

但是，这种确定的知识究竟如何可能？大多数基督徒都认为，可以在圣经里找到，他们相信圣经里包含了或证实了上帝的特别启示。这种看法构成了基础主义假设的宗教背景的第三个方面。许多基督徒都主张，确定的知识还可以通过人类理性获得，或者通过人类经验和理性的混合获得。但还有一些人认为，不存在像有序理性或经验这样的东西，只有信仰的确信，他们把这种确信与圣经教义和不同的理性联系起来考察。在所有这些情况中，我们可以看到基础主义主题的各种表现。确实，基础主义的假设及其对所有可信的真理需要的确定基础的要求，都在基督教思想家们那里扎下了深根，至少从他们的信仰在西方占据支配地位开始就已经如此。

为了给上一段话所概述的观念提供进一步的细节，让我们首先转向这一观念，即圣经提供了确定性真理的基础，其他普遍的真理都可以从那里推导出来，这就是基础主义假设的第三个宗教层面。基督徒对特别天启的持久信仰，通过为一系列权威性真理暗示其必然性，使得它们适用于所有地方和所有时间，成为被辩护的知识声明的基础，为西方思想中的这种假设提供了重要的动力和支持。

被基督徒视为理所当然的是，圣经描述了客观世界的本性和意义，就像上帝本人所看到的那样，圣经还明确传达了上帝带给人的目的。这种观念暗示我们有责任拒绝那些真理声明，它们要么不是来自作为基础的圣经，要么和圣经教义不一致。正如我们已经知道的那样，一些基督徒已经走得太远，以至于无法坚持圣经中的每一个语词都直接来自上帝，因此也无法坚持认为圣经内容的每一个方面都因为神性权威而显得不容置疑或绝对真实。在其宗教语境中，圣经文本无错误的观念，可谓基础主义特别强烈的表现。

基础主义的假设还以其他方式影响宗教思想。奥古斯丁和阿奎那，这两位在圣经传统中扮演重要角色的人物，毫不犹豫地把知识等同于确定性，并且认为基本的确定性不仅在圣经里被权威性地设定，还可以通过人类理性来发现。奥古斯丁相信圣经文本无错误，但并不满意把宗教教义仅仅建立在这一基础上，或者仅仅通过非质疑地赞同其权威性而接纳它们。他强调神性启示在发现真理过程中所起的作用，这些真理的确定性，既可以通过理性认识，也可以被理性地推论出来；他还认为，对这样的真理的追求，是"寻求理解的信仰"的神圣责任。于是，正如海曼（Hyman）和沃尔什（Walsh）所言："奥古斯丁的著作以充满激情地探寻确定真理为标志。"（1980：15；亦见Cochran 1944：400 - 405，409）在他最为权威的著作中的某个地方，奥古斯丁得意地比较了"基督教信仰的确定性"和"新学术"（the New Academy）让人虚弱的怀疑主义，后者曾经让他的早年生活深陷不安（*The City of God* XIX，Ⅷ；Hyman and Walsh 1980：108）。

阿奎那用自己的方式把不容置疑的理性命题和人类经验联系在一起，从而为圣经的诸多教义建立起独立的证据，并且为那些陈述和解释——他判断它们经不起严格的理性证明——创造了一个哲学框架。与奥古斯丁一样，他也没有在圣经基础的权威性、基本真理和这些真理必然具有的言外之意——它们可以通过小心运用人类理性获得——之间发现什么冲突。尽管他确实承认，圣经里的某些真理不能被理性地证明，但他明显相信，上帝及那些有福的人，确实可以带着理性的确信认识圣经中的特殊命题的真理性，对这些命题，我们居于尘世的人别无选择，只能依据其权威性完全接受。于是，从它们高高在上的位置来看，圣经的基础及其内涵与理性的基础及其内涵几近同一，对阿奎那来说，这证明了所有圣经教义原则上都具有理性的确定性，即使它们不能被我们这些居于尘世的人认识（*Summa Theologica* I，i，2；Wolterstorff 1984：149）。

奥卡姆的威廉，曾经尖锐地挑战阿奎那对通过自然理性和经验获得神学真理或其他真理确定性的能力的信心。但即使像他这样的偶像破坏者，也没有表现要废除基础主义假设本身的倾向。奥卡姆坚持认为，理性或经验只能得出或然性的结论。由于他和奥古斯丁、阿奎那一样，假设真理和确定性是一个东西，因此他必须否定这些结论，否定知识——在这个词的全部意义上——的特征。但是，他头脑中根深蒂固的观念是基础主义的，即真正的知识存在于某种东西那里，后者要么本身就是可知的，要么是可以通过本身可知的命题证明的（Klocker 1983：41－42），而他真正关注的，是给予基督教义肯定性知识的地位，是让他的认识论在所谓"信仰的确信"中扮演一个关键角色。通过明确坚守被圣经所揭示的东西，他声称，基督徒通过由洗礼浸入他们头脑中的信仰的可喜发展，能够意识到确定性真理，后者超越了所有犯错误的可能性和脆弱性，而这种错误根植于普通理性和经验中。凭借这种方式，他们可以获得关于宗教的特殊教义和其他真理的确定知识。这样的知识，不仅建立在对圣经权威的他律式默认之上，或者建立在经常导致怀疑的自然理性与经验的缺乏说服力的或然性之上，而且建立在一种植根于信仰、清晰而无误的个人确信感之上。这种个人确信让我们的双眼看到了客观确定性，而由于缺乏信仰，我们可能永远不能认识或理解这种客观确定性（围绕这些话题对奥卡姆著作的引用和讨论，见 Klocker 1983）。

于是，尽管奥古斯丁、阿奎那和奥卡姆彼此间存在很多差异，但他们都明显共享一种基础主义的知识理论，而这正是我们当前的主题。正如已经指出的那样，所有把圣经作为宗教信仰绝对权威的基础的基督徒，都会悄然无声地认同这种理论的某个版本。新教运动的战斗口号"唯信圣经（*Sola Scriptura*）！"充满激情地呼吁人们重返圣经基础，以此作为基督教信仰的最终权威。这些例子已经足够说明，漫长的西方宗教思想史充满了对基础主义假设的热情。现在，既然我已经把这种假设置于其宗教语境中，并且确认了它的宗教背景的三个重要方面，就可以开始对其中的每一个方面都进行批判性的反思了。

这种宗教背景的第一个方面，是两种想法的密切关联，其中一种是尝试尽可能接近上帝世界观的永恒性和非视角性的理想，另一种是对某些基础及其逻辑内涵的追求。在这种关联中，第一种想法被视为知识的终结，第二种想法被视为获得这种终结的最为合适的手段。我在前一节表述的反对这种知识理想的原因，也与寻求确定性基础的假定必要性相关，以至于这种假设也关联于对这种理性的追求。当我们发现自己不再能够接受充分知识的目标这个概念，我们也就不再关注这样的知识如何能够得到所谓的证明或担保。

但是，通过批评基础主义宗教背景的这第一个元素，我们还要说些什么。为真理声明寻找确定基础，同样建立在这样的事实之上，即那些被某个时代视为不可置疑的宗教或其他思想模式的确定性，通常最终都会变成令人半信半疑的猜测。比如说，对奥古斯丁和阿奎那来说是如此重要的确定性，对我们来说似乎总是不那么确定。把这一事实归咎于我们缺乏信仰，正如奥古斯丁和阿奎那所做的那样，或者归咎于我们难以带着充分集中的理性注意力反思对阿奎那来说显而易见的假定起点和内涵，这是近乎从个人偏好出发的争论，或者几乎等于回避问题的实质。而无论哪一种，都没有说服力，都无法让我们相信。尽管我们也可以尝试，但生活在今天的我们已经不能再给自己搞许多确定的（或某种程度上只是貌似可信的）前提和论点了，虽然这些东西对奥古斯丁和阿奎那这样的思想家来说是真的，或者说是无可置疑的。

阿奎那认为，只要引用一个大家都熟悉的神学例子，自己就能够让所有人确信，关于这个时时刻刻持续存在的世界，必然有一种超验性的解释，于是，上帝的存在可以被还原至明确的确定性。他的论证在他那个时代明显具有极强的说服力。但是在我们今天这个时代，同样的论证已经不能让很多思想家完全相信了，即使他们不厌其烦地仔细研究阿奎那著作的体系和内在逻辑，或者带着同情心努力走进中世纪的思想模式。

来自哲学的一个生动例子也支持同样的看法。伊曼努尔·康德列举了一些体系，它们的基本原则在他看来是可靠性、确定性和完整性，这三个思想主题，已经被他那个时代的欧几里得几何学、亚里士多德逻辑学和牛顿物理学发展到了顶点。他确信，他好像已经在他自己的《纯粹理性批判》所展示的"批判哲学"中（尤其是在康德为本书写的两个"序言"中）达到一种确定性和终极性。但是对今天的我们来说，这四个体系中没有一个仍然还是关于终极真理的可信声明；针对每一个体系而有的独特而极具合理性的替代物，已经被人们思考出来。

很明显，时光的流逝，确实让我们的思想和推理方式发生了根本的不同，不管这些时光看上去多么与我们无关。在宗教领域，这一点就像在其他领域一样真实。我们并非不受任何约束的思想者，我们也不可能成为这样的思想者。作为时间的造物，我们在历史和文化语境中各自不同地推理、发现、创造、评价、计划和行动。即使我们提问题的方式，也会随着我们所处文化与时代的变化而变化。在谈论前苏格拉底哲学家们寻找何为自然（*phusis*）的本性这个问题的答案时，菲利普·惠莱特（Philip Wheelwright）把这一点说得很清楚：

> 像"是什么"这样的一般本体论问题，从来就不是一个纯粹的问题：它依赖于某些假设，来作为可能的或可接受的答案；而且由于这些假设在不同时代和不同的观念氛围中采取不同的形式，所以一个问题的准确意思将会发生相应的变化。一个问题出现于某种人类参照系，其中自然存在对某些替代性答案的期待，或者至少存在某些一般性的答案。（1960：10）

带着这种一般性的发现，惠莱特开启了一种关于特殊信仰和期望的讨论，这些信仰和期望在前苏格拉底时代的希腊人那里是不证自明和不容置疑的，但在今天看来却是稀奇古怪和牵强附会的。

这并不是说，我们都完全是我们的文化遗产的奴隶。这首先是因为我们有能力理解、欣赏和学习其他文化的各个方面；其次是因为我们自己的文化遗产为我们的努力既提供了机会，又提供了限制，而且我们也完全能够随着时间的变化以影响深远的方式改变它。确实，我们不得不改变自己的文化，以便用它回应不断出现的新问题、挑战和机会。文化的这种活力和可塑性，清清楚楚地展现在西方文化的历史中；我们现在就正在经历这个历史变化特别剧烈的阶段。不过，我想在这里建立的观点，是我们深受文化的影响和塑造，它为我们提供了无法逃避的环境，我们必须于其中引导我们的需求和得出我们的结论。我们并非在真空中思考；不管我们如何具有创造性，我们总是在既有条件下产生新的思路和方向。从知识不可避免的视角性——我们已经在前一部分高度强调过这一点——来看，文化和传统对我们思想的永恒影响，是一个关键事实。

在一种文化的历史中发展出来的这些视角的差异并非绝对的；我们已然可以从中发现连续性和共同性。但是，这些差异的存在，已经足够让我们至少怀疑这样的假设，即还残留一种不可改变的确定性，它不受任何既有文化的变化的影响，更不要说会超越所有文化在其发展过程出现的所有变化，超越所有特殊的地域，那里可能会出现各种不同的发展模式。即使还有这样的残留存在，也不能保证它的真理性。还有，过分使用这种残留来处理与宗教相关的具体而紧迫的议题和问题，可能会太过模糊和抽象。更重要的问题在于，假如我们能够继续设定，这种重要的确定性的残留在所有文化的历史中能够保存到现在，但我们如何能确定，它会在未来时空的变化中继续存活下去？

这个尖锐的问题迫使我们认识到，必须承认作为一种心理状态的确定性，不同于"获得担保的确定性"——我们或许可以这样称呼它。我们如何能够确信，一种给定的作为心理状态的确定性可以获得担保，即可以为之提供一个永不磨灭的真理标志？我们都有过这样的经验，即曾经确信我们宣称要记住的东西，但后来发现我们错了。在这种情况下，无论我们的确定性在当时显得多么生动和有力，但在此刻，我们都不得不承认它已经变得毫无根据。确实如此，在某个时候曾经不可置疑的东西，换了个时间就会变得可疑，而且谁也不敢绝对保证，类似的情况不会发生在任何独特时空里的普遍确定性身上。

反对把我们关于知识的声明建立在一个绝对确信的基础上，这种观点的冲击力，也可以在昂格尔为怀疑主义所做的辩护里发现，我们曾经在第四章第一节予以讨论。但是，同样需要被质疑的，是昂格尔的（以及莱勒的）假设，即如果没有确信这样的基础，就不可能有知识这样的东西，因为这就是在毫无异议地假设基础主义的知识理论。我将会在后面围绕这个主题进一步阐述。但是现在，我们已经足可以严肃质疑这一观念，即我们应该努力效仿那上帝的世界观里假定存在的不变的永恒性和绝对性，争取找到一个确定性的基石，并于其上建造一座坚不可摧的真理堡垒。

但是，究竟什么样的救赎希望和保证——这是最为急迫的关注——位于每一种宗教的核心？难道确定的基础，或者可靠而不容置疑的真理基石不是关键，至少在谈到那些直接相关于这种关注的问题时确实如此？这个问题把我们的注意力转向了基础主义宗教背景的第二个方面。这似乎是一个有洞察力的观点，每一个严肃对待宗教的人都会这样承认。但是我认为，必须承认的是，那些类似于已经提出的、用来针对基础主义假设的第一种宗教倾向的论述，这里同样也适用。

尽管救赎主题极其严肃，但也无法确保我们曾经在生命中某个时候无异议地接受的那些救赎命题，会在其他时候继续被我们接受。从一种信仰转变为另一种信仰，这样的事情的确会发生。众所周知，在生命后来的某个时候，在经验的压力下，人们不得不放弃或实质性地改变他们最为强烈的宗教信仰，他们可能从未料到会出现这样的情况，或者说，改变信仰的实际效果，可能比他们最初想象的还要令人不安。比如说，约翰·比佛斯路易斯（John Beversluis）就指出，刘易斯（C. S. Lewis）曾经把上帝之善概念视为理所当然的，并且在其早期著作里极力为之辩护。但是在经历了他至爱妻子的死亡——刘易斯曾经在他的《悲伤的观察》里描述过这种经验，并且尝试从中发现一种神学意义——后，他彻底改变了这个想法（Bebersluis 1985, Chs, 9, 10）。

同样无法确保的是，被这个人视为理所当然的宗教命题，会在另一个人那里也被视为理所当然的。我们个人对一套救世神学声明的确信感，本身并不能够确保这些声明的普遍性。由于宗教在这个世界上的多样性，每一种宗教都有它自己热情推荐的救赎之路，所以显而易见的是，关于救赎本性的深刻分歧必然普遍存在。它们存在于各种人等中，他们的生命显示着各种典型的虔诚和信仰符号。它们不仅存在于各种宗教传统之间，还存在于各种宗教传统内部。没有证据证明，这种宗教多元主义会在可预见的未来发生明显变化。

不过依然真实的是，某种确信确实还存在于葆有真正宗教信念的人们之中，而不管他们的特殊宗教追求究竟是什么。正如我们已经指出的那样，这种确信特别依附于他们关于救赎希望和途径的宗教教义，而且重要的是，我们能够公正对待它。但是，对这种确信事实的充分承认和说明，不必诉诸基础主义就可以获得。确实，坚持基础主义的知识理论，只能模糊它的真正特征，就像我现在就要去证明的那样。

我们习惯于认为，对救赎的相信要求一个可认识的确定性基础，这种想法混淆了两种确信类型，它们实际上是明显不同的。西方的宗教思想家们更容易受到这种混淆的影响。它搞乱了奥古斯丁、阿奎那和奥卡姆的思想，让他们各自支持一种基础主义的知识理论，而他们确实没有强烈的宗教理由这样做。我们这个时代的一位基督教神学家，保罗·蒂里希（Paul Tillich）曾经坚持区别这两种确信的重要性，还发展出了许多思想来描述这种区别。

我所提及的这两种确信，已经有了各种标签：蒂里希把它们命名为**理论性的确信**和**生存性的确信**（theoretical certitude and existential certitude）（1957，Chs. Ⅰ，Ⅱ，esp. 33 - 55；亦见 1951：22 - 23，94 - 105，我关于这一问题的讨论见 1981：205 - 210）。他告诉我们，第一种确信，是对相信（belief）的确信，而第二种确信，是对信仰（faith）的确信。**理论性的确信**意味着，对于一些相关于真理声明的命题，我们不可能怀疑或否定它们，从而给予它们认知性的赞同。对这样一种确信的追求，需要批判性的分离和距离，或者一种"客观性"的心境。之所以如此，是因为我们的利益包含在这些命题中，它们如果是真的，将不仅仅对我们自己来说是真的，还会对任何地方或时间有理性的人们来说都是真的。于是，我们尽可能多地尝试保持我们对这些命题的考察不受我们个人的需要、情感或好恶影响，不受任何个人的或现实考虑的影响。我们寻求确证这些命题，研究它们的逻辑结局和逻辑关系，以便获得理论性的理解，为了保证没有其他原因。

这种类型的命题的可能例子，就是数学或逻辑学里的公理或定理，就是哲学或科学推理的基本原理，或者是一些声明，它们涉及一些直接的感性数据，被认为我们可能从这些数据得出的一些可修正的推论。我在这里并不关心这个问题，即是否任何理论的确定性都能给予我们关于现实性的知识（也就是说，它的真理不仅是确定的，还是非同语反复的和不平凡的），而只想去解释这样的确定性会是什么样的，而我们会怎样认识它们。但是，我应该指出，这个问题的一个消极答案，已经在我早期对非视角性认识的可能性和获得绝对知识的希望——它们被确保可以免于所有暂时的或文化的多样性的影响——的批判中暗示出来了。①

通过比较和理论性确信相关的批判性独立心境，蒂里希指出，生存性的确信（或对信仰的确信）意味着一种强烈的激情和融入它所关注的对象。它反映的是一个人总体的生活姿态，是能够在最深层次上给予一个人的存在以完整性、目的和意义，表达"终极充实的希望"（1957：2）的证据。它不仅仅在理论性确信的意义上是可认识的，而是来自一种"个体

---

① 正如下文所述，蒂里希关于这一问题，同样给出了一个消极性的答案：

关于实在的知识从来没有充分的证据来让我们确信。认识的过程是无限的。除非进入获得关于全体的知识状态，它绝不会走向终结。但是这样一种知识无限超越了某个有限的心灵，只能被上帝所描述。每一种来自人类心灵的关于实在的知识，都有或高或低的可能性。（1957：34）

指出这一点是有意思的，即蒂里希把关于全体的知识归于上帝，本章第一节已经讨论和批判过这种声明。但是，暗含在这一声明中的东西，类似于牛顿和康德的声明中暗含的东西。于是，他并没有坚称上帝之眼世界观是人类知识的理想。他还——而且这对我们的目的来说可能是最有意义的一点——假设世界上有人具有这样关于全体的无所不包而永远正确的观点（或者至少说这种象征主义对我们具有重要价值和意义）。这一观念很容易导致这样的猜测，即存在像意义本身或外在于关系也就是世界的意义的东西，像被上帝那样完全而非视角性地看到的东西。正如我们已经看到的那样，这一猜测暗中给予了真理的对应理论重要支持。

自我的全身心的和专注的行动"，其中认识、情感、意志和行动的源泉都融为一体（1957：8）。

这种专注的行动对蒂里希来说就是信仰的行动，它的"确信"来自它注入一个人生命各个方面的无处不在的重要性和整合力量。由于一个人的信仰是一个人存在的关键、核心或基本取向和允诺，自然没有什么东西能比它更为根本或不容置疑。我们甚至可以说，一个人的信仰是"基础性的"，只要我们记得这是在一种存在意义上而非理论意义上来说的。用蒂里希自己的话说，生存性的确信是"平静的、积极的信心"或"在一种终极关怀状态中对自己的勇敢的肯定"，而这正是信仰的本质（1957：21）。① 蒂里希赋予信仰及与之相应的生存性确信的角色，非常接近于萨特赋予人们的"原初计划"，或者是路德维希·维特根斯坦（Ludwig Wittgenstein）赋予人们的"生命形式"或"像一个人那样活着的方式"（见本书第四章第二节；High 1981：257－258，264）。②

---

① 蒂里希在他的信仰动力学分析中同样赋予生存性怀疑核心角色。这种怀疑是对存在于信仰行动中的危险的意识，这种危险就是，"被视为终极关怀的东西"最终可能被证明只是"初步的和暂时的关怀"，从而难以兑现它的承诺，即给予一个人的生命决定性的意义和充实感。如果事实如此，获得救赎的希望就会受挫，生命意义就会破碎。蒂里希还谈论过生存性怀疑的一个密切相关的根源：怀疑对信仰的象征性表现会足够充分，以至于能够接受信仰的全部意义，并且事实上已经意识到这些表现会扭曲信仰，或者难以为信仰辩护（1957：44－54，95－98）。蒂里希说道，在像我们这样的有限存在的信仰中，生存中的危险和不确定因素不可能被移除；它只能被我们鼓起勇气接受。因此，正如我们已经在别处所宣称的那样，对他来说，对信仰的确信不是绝对的；它"和黑暗的怀疑与绝望如影随形"（Tillich 1957：16－17；Crosby 1981：210）。马格里奇（Muggeridge）同样谈论过暗含在信仰行为中的生存性怀疑因素："越相信，越怀疑。"他如此解释自己的观点："你越接近于理解我们的存在的真实本质，就越有可能怀疑我们表达这种理解的能力。"（1980：27）。

② 不像蒂里希把生存性确信完全置于宗教范围，我指出，他所谓的"信仰"具有或世俗或宗教的表现形式。我用以区分这些表现形式的方法，是追问信仰对关怀的聚焦是否根据我赋予宗教兴趣对象的六个"人格化"功能，然后，我将指出，这种兴趣具有一种世俗信仰的特征。我不仅反对蒂里希，否认所有形式的信仰都是宗教信仰，还允许存在有人缺乏任何信仰（包括宗教信仰或世俗信仰）的可能性。这是一种理解作为一名生存论虚无主义者意味着什么的方法。相反，蒂里希坚称每个人都拥有某种信仰（Crosby 1981：201－202，212－215，233－275，294－295）。

由于这种生存性确信的态度，特殊的命题，尤其是那些关于最为根本的希望和生命目的的命题，可以获得一种确定而深刻的信任，后者使我们无法想象这些命题是虚假的。马尔科姆·马格里奇（Malcolm Muggeridge）极其清晰地表述了理论性的怀疑如何与生存性的确信共存于一个人的内心："上帝当然不可能说谎。他还可能从来没有存在过，尽管比起我自己的存在，我更确信他的存在。"（1980：12）我们并不会满足于视这些命题仅仅对我们或者同属于我们信仰圈子的人们来说确定为真。我们还要视它们对所有环境中的所有人来说都为真。于是，在我们对待这些命题的态度里，存在一种意图的普遍性，尽管对它们关于普遍真理的声明，我们无法拿出极端基础主义的证据。与此相应，我们可以像维特根斯坦那样说，"我带着**完全的**确定性行动，但是这种确定性是我自己的，"并且继续说，"这里，存在某种普遍性的东西；不只是存在个体性的东西"。（Wittgenstein 1969：174，440；High 1981：258）我们能够充分意识到，我们是在从某个视角出发而言说。我们能够理解其他人可能并不持相同的视角，而且因此可能并不接受那构成我们信仰和行动、使我们的生命专注而完整的东西为真，更不要说确定性的真。因此，对于通过尝试使他人确信我们的宗教命题具有客观的确定性，或者来自一种客观确定性的基础，来使这些命题赢得普遍的赞同，我们不应抱有幻想。

道斯·海（Dalls High）把我们正在谈论的信仰命名为"永恒的信仰"。他关于这些信仰的下述声明，明确概括了我们尝试明确的理论性确信和生存性确信之间的区别，这有助于我们搞清楚这种区别的消极内涵，即遮蔽在宗教外衣下的基础主义假设：

> 永恒的信仰，包括宗教信仰和伴随而来的舒适的确定性，（1）并非一种论述的逻辑链条的首要前提，（2）也不是不能自为的或超越任何正当理由的。关于后者，它们似乎只针对这样的例子，即正当理由必须包含指定的推理、检测和证据等步骤。关于前者，我们需要看到的是，如果永恒的信仰或积极性被视为首要前提或预设，那么它们就

不能作为基础而存在，因为它们总是能够被赋予一种逆行的推力。但是，如果这些信仰是或被视为我们行动和生活的方式，那么它们就会像基础或起到基础的作用。于是，宗教信仰并非选择一个前提，引用一个证明的逻辑链条，然后下定决心去信仰，好像已经为论述找到了一个不可置疑的前提，或者已经发现这种论述是前后一致的。（1981：262 – 263）①

这种对生存性确信或永恒信仰的关键角色的强调，就像"我们行动和生活的方式"这句话所表达的那样，让我们相信奥古斯丁和奥卡姆是正确的，他们宣称，特殊的宗教命题开始在信仰的促进下被视为确定的真实。在这种意义上，而且也只有在这种意义上，认为关于一种宗教传统——一个人围绕这个传统制定自己整个人生的路线——的核心救赎声明可能存在或确实必然存在确定性，是正确的。但是，所有这些都与理论形式的基础主义假设无关。

基础主义宗教背景的第三个方面，对神性天启——被假定为对所有人都具有绝对的权威性——的呼求，受到各种各样的批判，我们这里只需要提及几种即可。这种呼求存在的第一个并且也许是最明显的问题，是这样一个简单的事实，即许多所谓的天启或权威的经文，在世界上的许多宗教那里都可以发现。基督教的圣经不过是其中的一个而已。于是，依赖它而获得宗教真理，并不等于找到了不容置疑的权威的基石。人们为什么依赖这种特殊的经文而不是其他，这仍然是一个问题。如果这个问题遇到这样的声明，即只有这些经文确确实实来自上帝，我们会问，我们如何相信这种声明是真的？对我们来说，似乎没有办法确定，这里的"确定"，是基础主义所要求的绝对理论性的确定。

一个严肃的基督徒，可能会被期待去存在性地确信圣经的真理，并且可

---

① 海在做出这个声明时引用了维特根斯坦的文字（Wittgenstein 1969：103，105，205）。短语"舒适的确定性"就是维特根斯坦的术语（Wittgenstein 1969：357 – 358，and High 1981：259）。

能确信圣经真理相对于其他世界宗教的经文的优越性。但是正如我们已经看到的那样，这种确信尽管伴随宁静的信念和普遍性的意图，但无法最终忽视由宗教传统的多元性提出的问题。这些传统中的每一个都有它自己的神圣文本，而且这些文本都通常被那些属于这一传统的人们认定能够很标准地表述他们自己的生存性确信或信仰的特征。于是，很明显的是，诉诸一种权威性的启示，并不能为理论性的确定性提供一个基础，从那里可以推测宗教信仰的确定真实的内容。

但是，假设这一点对每个人来说都是不言自明的，即基督教圣经是上帝给人的明确启示，或者我们可以令人信服地证明情况确实如此，我们也仍然存在这样的不确定性，即无法克服一切怀疑地告诉别人圣经的教义究竟是什么，或者圣经的启示究竟意味着什么。即使圣经的每一个命题在其原初形式中都不容置疑地真实（不管它们都意味着什么），情况也是如此。因为第一，我们拿不到圣经最初的手稿；我们拥有的只是副本，而且这些副本还并不总是一致的。第二，这些副本都是古代文化的产物，都是用古老的语言写成的，生活在今天的学者们必须去解释它们，以便尝试理解或翻译它们。这些学者并不能总是保持一致，即使他们能够做到意见一致，我们也不能绝对确信，他们没有下意识地把来自他们自己的历史或时代的假设植入文献中。第三，圣经本身经历了数百年才最终完成，并且包含了大量不同的书籍，各种不同的风格，由背景各有不同的许多人或群体写作或编辑而成。要在这样的文集里发现单一的信息，就需要挑选和解释，这可能导致并已经导致各种坦诚的分歧。第四，圣经缺乏理论性著述平实的准确性和无修饰性，而总是表现出高度象征性的、隐喻性的、诗性的或映射性的语言与风格，这意味着它为不同的解释提供了足够大的空间。第五，圣经所言从其字面意义看有时候被假设为正确的东西，最终经过检验证明只是一种长期存在的解释，这种解释是如此令人熟悉和亲切，以至于被我们视为不容置疑的。三位一体教义就是一个很好的例子；人们也可以从圣经中找到这样的教义，但它们都不是不容置疑的。第六，基督教的历史显示，圣经可以用各种不同方式来解释，而且许多明显的分歧恰好是因为诉诸圣经的权威才产生的。沃尔特斯托夫准确概括了这第二种被我们拿来质疑圣经基础主义假设的思路："即使圣经是一部不容置疑的书，但是如果我们不能毫无疑问地理解这些不容置疑之处，它对我们又有何益？"（1986：61）

当然，迄今为止，我们所说的话绝对没有否定这样的事实，即圣经对基督徒来说是权威性的，或者对基督徒来说具有启示作用和意义。我们所质疑的，只是基础主义的圣经权威性本质概念。近些年来，有许多基督徒也开始批判这种概念。上文两次引用的沃尔特斯托夫，就是这样一个好例子，我曾经引用他的杰作《宗教范围内的理性》来发展这一节中给出的观点。

基础主义的圣经权威概念，类似于前文批判过的意义本身或真理本身假设，因为它倾向于认为，圣经拥有一种绝对的、外在性的权威，它完全独立于不断变化的人类解释、视角或关系。颇具反讽的是，对于像基督教这样的赋予历史以如此重要性的宗教来说，它的大多数支持者中有一些坚持认为，圣经的权威性应该以一种完全非历史性的方式来理解。实际上，他们所坚持的是，圣经是上帝向他的被动的秘书口述完成的，所以它的构成中，不可能有易错的人类解释或各种历史意识的元素。他们把圣经丰富的风格和写作方式，把圣经为不同人所写，被不同人所写，在各种不同历史环境中写就等等这样的事实，强行置入一种单一教义的紧身衣中。他们坚持认为，圣经的意义必须对每代人都同样准确，必须把圣经视为应当严格遵照的固定教义，而不允许把它的伟大置于一种变动不居的意义流中，后者可以也必然适应不同环境和时代的创造性发现。①

简而言之，这些解释者（注意，他们也无法避免成为解释者）如此强调圣经客观的不容置疑性和有约束力的权威性，以至于看不见这样的事实，

---

① 正如一位作者所言，一种有生命力的宗教的权威经文，不仅会限制，也会鼓励——甚至授权——创造。它不仅在设定标准的意义上是"授权"（authorizes），还在为出现创新性的神学思想趋势和新的自我理解模式创造氛围的意义上是"作者"（authors）。于是，尽管"神学部分来自权威化的［经文］的授权，但大量的神学被允许来自特殊的授权"（Brown 1985：26－29）。布朗论圣经权威的本性的文章非常值得一读。它和沃尔特斯托夫的著作，为本节关于基础主义的各种宗教版本的谈论提供了特别有价值的背景和内容扩展。

即圣经只会对它持续丰富和改变其生活的那些人具有启示作用，这意味着，它的权威性，就像对信仰的确信，是生存性的，而非理论性的。也就是说，就像任何其他神圣经文一样，圣经也必须在每一个人的生命中发现新的肯定性和意义，而且对每一个信仰者共同体来说也是如此。把圣经不再视为绝对正确的命题的基础，而视为一本书（或者更恰当地说，是一套书），其权威性存在于它的激励和更新力量中，赋予生命连贯性和目的的力量中，以及面对人类最深刻的宗教渴望和需要富于启示性的言说力量中，可能会更有意义。关于这种力量的声明，不可能被一劳永逸地保证，而必须在日常生活的挑战和斗争中，在每个新的历史时期中，面对出现的新问题和新经验，持续接受考验。由此，先前的理论确定性即使可以获得，也会变得毫无助益。它们已经变得毫不相干。

我已经在这一部分确证并批驳了宗教对基础主义假设的三个方面的影响。由于我已经证明，基础主义密切相关于我已经批判性地讨论过的充分知识和客观意义概念，并且由于某些类型的虚无主义明显依赖于这些概念，所以本节和上一节的讨论对虚无主义批判本身来说也具有重要意义。通过发起对这种信仰——即唯一可信的关于真理、价值和意义的声明，就是被证明是普遍的、永恒的和排他性的声明，而且能够决定性地证明这些特征的唯一方法，就是能够把我们的声明固定在一个绝对确定的基础上——的挑战，我也开始着手处理虚无主义的一个基本前提。因为，许多虚无主义者（还有虚无主义的批评者）已经视为理所当然的是，如果这些目标是不可获得的，那么我们的信仰和价值承诺就会失去所有的合法性，我们就会只剩下彻底的相对主义和主观主义这样的替代物——换句话说，只剩下一种无所不在的任意性和荒诞性处境。我稍后将会继续追问这个问题，指出，这种处境并非唯一可行的替代物。

在本章上一节中，我已经考虑过虚无主义的另外一个主要的宗教根源：一种由基督徒的视野构成的文化表现出这样的倾向，即反对现在这个世界，而赞美另外一个世界，相信后者在等待我们超越尘世存在的死亡、苦难和失败。

三　对这个世界的反对

马格里奇认为，"宗教信仰的基本特征"是"在这个世界上，我是一个陌生人。我不属于这里。我只是在这里停留片刻，而且这里也确实是个好地方，一个有趣的地方，但是我不属于这里"（1980：29）。他的这段话，指出了以宗教为基础的第六个假设，基于本节所要表述的原因，这个假设可以被视为虚无主义观念的根源之一。这种想法认为，这个世界不是我们真正的家园，并且和即将到来的那个世界相比，它所提供的充其量只是初级的、粗劣的、不能令人满意的和不完全的。这一假设已经暗含在第五章所概述的基督教世界观的第六个特征中。它播下了一粒虚无主义的种子，因为它在这个世界和即将到来的世界之间设定了尖锐而令人不快的对比，以至于一旦我们发现自己不再能够对来世抱有希望，或者不再有充分支持这种希望的东西，我们就会很容易失去对我们生命意义的信心。

让我首先对比一番那另一个世界所允诺的天堂和当下此刻的生活。一般而言，相较于这个世界被感知到的各种不完美，天堂被认为从所有可能的角度看都是完美的。我们可以用更为具体的语词来阐明这种差异。第一，在即将到来的世界里，我们自己，我们所爱的人和朋友，都不会死亡或遭遇死亡的威胁。第二，时间不再瞬息即逝，机会不再有在短暂的生命中丧失的危险；人们所有的新的存在都向永恒开放了。第三，这里不再有罪恶或道德的邪恶，不再有意志的虚弱或道德的不充分。第四，人们之间不再有仇恨或敌意，不再有强者对弱者的欺凌，不再有竞争、嫉妒或碾碎一切的孤独。相反，这里是一个完美的共同体。第五，不再有无知或不充分的知识；绝对的确定性和理解的详尽性，已经从理想变成最终的现实。[①] 第六，这里不再有疾病、老年、丑陋或畸形，心灵的伤害，意外事故或自然灾害的威胁，或者

---

① 参见我在前一节关于阿奎那的分析，他确信有福的人来世将会对这些圣经教义拥有确定而完全的理解，而这些教义在他们的此生却是如此神秘，以至于无法被不加怀疑地接受。关于阿奎那对来世的知识的看法，我将在本节稍后予以更为具体的谈论。

苦心确保我们的生活的需要。换句话说，这里将不再有"物理性的"（与道德无关的）恶。于是，不再有居于冷漠、任性的自然环境并受其摆布的焦虑。第七，世上无处不在的所有不公正都得到妥善解决。在救治性的炼狱和惩罚性的永恒地狱里，所有作恶者都会受到相应的惩罚，而无辜者和从善者会得到公正的补偿或奖励。第八，将不再有悲伤、失望、罪愆、对过去的悔恨、对未来的焦虑、愤怒、挫败或任何消极性的感受，它们折磨着我们的尘世生活，严重滋扰着我们的情感。第九，也是最重要的是，不再有和上帝的隔离感或距离感；上帝的人类造物们会在一种快乐而神圣的友谊中最终发现他们终极的完满和平静。

这种对来世生活宁静而满足的信仰的后果之一，已经被拜尔指出来了：我们会强烈倾向于认为现存世界是一处可怕的山谷，其中充满了麻烦、苦痛和不确定性，本身了无趣味，没有意义，只有视作即将到来的更好生活的有益试验和准备，我们才能忍受它的存在。拜尔说道，对许多传统基督徒来说，

> 在尘世的生活只是一段短暂的插曲，是灵魂在肉体的监牢里暂时的关押，是一段简短的考验和测试，注定要以死亡告终，注定要从痛苦和苦难中解脱。真正重要的，是肉体死亡后的生活。一个人的存在要有意义，不是根据这种生活能够提供什么，而是根据一个人的不死灵魂能够从死亡和永恒的痛苦中拯救出来，根据它能够获得永恒的生命和永远的幸福。（Baier, in Sanders and Cheney 1980：48）

这种根深蒂固的基督教观点，"作为基督教判断完美生活的标准，会鄙视任何缺乏这种完美生活的不充分之物"——与之相伴的是现代人对不朽逐渐减少的信心，对此拜尔主要归因于科学的影响——被他视为当代虚无主义最为重要的根源之一（Baier, in Sanders and Cheney 1980：60）。

我认为，拜尔的这一评价是正确的，西方虚无主义的一种主要推力，就是由许多受到基督教来世信仰影响的基督徒和非基督徒长期以来形成的，这种信仰用一种完美的标准——它是对超越死亡的理想世界的希望的基础——

看待尘世生命，并因此严重贬低尘世生命的价值和重要性。① 当不朽的希望变得越来越模糊和不确定，就像今天生活在西方的许多人都已经感受到的那样时，对待现实世界的这种鄙视态度却依旧保持下来。我们仍然假定（不管是有意识地还是无意识地）这种流行的关于我们尘世存在的判断标准，尽管我们已经不再可能接受基督教关于来世的补偿性希望。与此相应，我们对待现存生活的残酷观念，必然会把我们推向虚无主义的悬崖边缘。于是，不同于尼采（用考夫曼的话来说）"在对这个世界的愤恨中寻找理想世界的根源"，我们可以把他的分析翻转过来：我们可以在基督教的理想世界中发现愤恨这个世界的根源。

与这种长期存在的来世信仰密切相关的第二个后果，是对待死亡的纯粹贬斥的态度。我们西方人长期以来都倾向于认为，人类的死亡不属于生命的正常组成部分，而是一种不自然的诅咒，其施与我们的可怕力量，只能通过确信将来的复活才能予以打破。当我们不再拥有这种确信时，死亡的诅咒（死亡仍然被视为这样的诅咒）就给整个生命罩上了无望的棺布。死亡的前景，现在被视为对生命本身的极端控诉，是对生命无法改变的悲剧性和无效性的极端性启示。《时代》杂志 1965 年的一篇论死亡的论文，简明地概括出了这种态度，后者视死亡为"通往虚无的门"，所有的生命都不过是没有意义的序曲（"On Death as a Constant Companion"：53）。

当复活的希望不再能够被舒舒服服地假设或本能地相信时，我们的被抛

---

① 我要再次强调，我在这里并非谈论作为一个思想体系的基督教。我的评论并非对这样的基督教而是对受基督教影响的主要思想方式的解释或批评，这种思想方式是片面的，因为它难以解释基督教观点的其他起平衡作用的方面。比如说，《创世纪》教义就告诉我们，创新是善。《诗篇》告诉我们，上帝御风而行，在天堂里咆哮。耶稣发现，上帝的眼睛长在麻雀头上，而且是他在维持着野百合的生长。基督教的道成肉身教义，是上帝在尘世生活中的表现，既是完全神圣的，又是完全人性的。另一方面，圣经的一些段落如《哥林多前书》15：12－19 部分，通常被解释为，如果没有被基督的复活所保证的复活希望，基督教信仰就是无效的，所有人的生命就都是可悲的。这种通常的解释意味着，如果没有来世的希望，生命就是无价值的；《罗马书》8：18－25 部分，想象着宇宙万物都处于"终生的奴役"中，都渴望获得补偿，就像我们人类"打心里渴望""肉体的补偿"那样，也被以类似的方式所解释；如此等等，还有许多。这是正确的解释吗？这不是问题所在；我只是想说，它是西方人常见的观点，而类似这样的观点，正是我正在描述的虚无主义的重要根源。

感和苦涩的失落感，会让我们把死亡视作一个难以言表的恐惧主题，尽可能不要去想它，用一切可能想到的委婉语或遁词来掩饰它。现在，思考我们的死亡是令人不能容忍的，因为这意味着被迫承认存在的空洞性，不再有希望在一个完美的来世达到生命的巅峰。我们不敢想象我们从一个信使那里得来的死亡思想，我们猜想这个信使一定承载着关于某些难以言表的可怕灾难的信息；我们无法直面我们认为人类生命应该传达的真理。但是，这个世界上还有什么比死亡的事实更为普遍的或不可能被忽视的？随着不朽的希望破灭，我们从现在让我们着迷的虚无中发现了存在精神黑洞的证据，后者把一切东西都吸入了它的黑暗之中。

最后，基督徒对超越死亡的完美天堂的迷梦，可以让我们倾向于视界限本身为某种可耻和邪恶之物，某种我们的生命要想有意义就必须确信能够超越的东西。比如，我稍早前曾经谈论过一种观念，即在来生，我们的知识将不再有限制。所有能够被认识的，都将被认识，并且是带着绝对的确定性被认识。阿奎那曾经如此表述这一观念，即只有当人们已经发现知识的完整性因为"神性本质的视野"——也就是说，因为所有事物终极原因的本质的视野——而变得可能时，从而停止渴望认识事物时，对人类来说那"终极而完美的幸福"才可以得到。由于相信被祝福者的生命会达到一种完美的幸福状态，他认为亚里士多德在《形而上学》开头所讲的那种令人苦恼的好奇心，将会在新的生活里得到全面满足（*Summa Theologica* Ⅱ，Ⅰ，Ⅱ，8；Hyman and Walsh 1980：521）。

对知识界限所持看法，同样适用于其他方面的不完全性和局限性，它们标志着我们在这个世界上的生活。根据传统基督教的教义，我们有权期待，当我们进入永恒的天堂后，所有的不充分感、渴望感、需要感、争斗感和需求感都会被消除。但是同样，如果对不朽的希望变得暗淡起来，与之相伴随的对有限存在的诋毁，就很容易在我们的心里扎下根，以至于我们觉得自己被宣告过一种充满痛苦的挫败和失望感的生活。我们曾经拥有和上帝一样完美的美好希望；但是现在，我们必须屈从于过一种微不足道的尘世生活的暗淡前景。对比似乎太过尖锐，痛苦难以忍受，以至于我们开始走向绝望。

对无限幸福的来世的信仰，真的是让这种生活变得有意义的必要条件？当我们不再认为这种生活是在死亡彼岸等待我们的完美生活的准备阶段时，我们得出结论说这种生活不值得一过，这真的对吗？在消极意义上回答这些问题的一个好理由，被拜尔表达出来了。他声称，"基督徒对尘世生活的评价误入歧途了，因为它采用的是一个非常不公正的高标准。"这种标准的假设"不合逻辑，就像我会拒绝称任何高大的东西高大，除非它无限地高大，也会拒绝称任何美好的东西美好，除非它绝对没有任何缺陷，或者拒绝称任何强大的人强大，除非他是无所不能的"。拜尔继续说道，"即使我们真的能够得到一个完美无憾的来世，但根据这一标准来判断我们的尘世生活，也是不合逻辑的。"这就像拒绝所有的候选人，因为他们没有阿尔伯特·爱因斯坦那样的智力或创造性天赋（Baier，in Sanders and Cheney 1980：60 – 61）。

从这一推理得出的结论是，我们应该根据我们在这个世界上经验到的普通标准来判断这个世界，而非根据所谓完美无缺的另一个世界的非凡标准来判断这个世界。我们没有权利只因为所有合格的或有限的平凡物品缺乏完美而谴责它们。我们可以对我们在这个世界上的经验做出内在的判断，它完全独立于我们对待基督教来世承诺的特殊态度。拜尔的强调非常正确。他仔细考察了存在于此生意义的肯定和来生的期待间的所谓关联逻辑，证明这种关联并不像我们假设的那样紧密或有说服力。对一个完美来世的信仰的丧失，并非绝望于此世的充分原因。我们应该根据各种理由而非根据和这样一种被视为合理的生活理想的比较得出结论，认为这种生活不值得一过。

对虚无主义第六个宗教根源进行批判的第二个方面，是质疑暗含在传统基督教来世信仰中的完美概念。叔本华的发现（见第三章第四节）里就包含了这种批判，他指出，比起打拼或痛苦，无聊是更为糟糕的惩罚，它就像一只猛禽盘旋在我们头上，一旦发现我们不再有欲望或需求，就会猛烈攻击我们。他的发现强迫我们提出这样的问题：能够想象我们这样的存在者，会真正幸福地生活在一种状态中，那里没有危险、没有不确定性、没有神秘、没有挑战或风险，没有努力追求的东西，没有会促进发展和改变的东西？不需要思考很久，我们就可以认识到，我们很难认为这种静止的生活体验是完美的，很难认为它会让我们获得持久的满足。叔本华的洞见指向了相反的方向，说明这样一种生活很快就会单调得让人无法忍受，让人感觉是在地狱而非天堂；以至于我们很可能不惜付出毁灭自己的代价，以便重新返回我们之前的尘世生活状态，一种充满不确定性和易于受苦的状态。

认为我们会在来世被非常彻底地改变，以至于诸如此类的考虑都毫无意义，这样想毫无助益。因为我认为，我们无法想象如此彻底的改变，如何还会允许连续性，或者允许认同我们的尘世生活。那幸存下来的并且在这样一种来世中找到满足感的，很可能不是**我们**，而是另外一种完全不同的存在。在新生命中复活的，可能不是我们，而很可能是完全不像我们的那些从零开始的造物。与此相应，这种生活所允诺的完整和充实，似乎与我们是谁和是什么毫不相干。

我之所以写下这些文字，是尝试想象生活在一种完美状态究竟意味着什么，在这种状态中，将没有思想的劳作，没有伤脑筋的事情，不需要寻根究底，不需要更清楚地表达自己，不需要再思考或再修改我的观点。换句话说，让我停止认识事物的渴望——在阿奎那那里这种渴望状态对来生的幸福至关重要——究竟意味着什么？这不等于说，我在晚上离开书桌，第二天早上再来时，却发现有好事者已经在我睡觉时写完了这一章，而且比我写的要好得多？如果我的所有努力，包括天堂中所有人的努力，都同样如此毫无意义——因为他们已被假设必然处于这样一种无事可做的状态——那这究竟意味着什么？我们的生命究竟还有什么意义或目的？我们究竟如何逃脱无目的感或无聊感？

据说，在我们所讨论的这种来世生活中，所有的善都会永恒地实现。但是，这在逻辑上似乎是不可能的，因为有些要求时间的流动和在我们当下的生活中扮演关键角色的善，是明显缺乏的。其中一种善就是热情和挑战，它们属于努力实现尚未实现的目标的所有工作过程，不管这工作属于理论领域还是实践领域。另一种善是自由。在一个静止的世界，一个连最低程度的危险、不确定性或犯错误的可能性都不存在的世界里，一种为真正的选择提供自由的开放未来，根本不可能存在。原因很简单：根本不可能选择更低程度的善；在每一种情况下都可以保证选择至善。而且，那种提前确保的"选择"，总是让我们别无选择的选择，从而根本不是选择。我们也不会拥有任何像责任感这样的东西，以帮助指引未来的路线，因为当下的就是完美的，是不需要促进的，而且它向最为遥远的未来的不断持续前进，会得到完全的保证。在这样的来世，我们会获得绝对安全的善，但代价却是失去冒险和自由的善。绝对安全的完善，意味着冒险和自由的完善的消失。

尼尼安·斯玛特（Ninian Smart）曾经指出，在基督徒通常假设的那种天堂乌托邦中，① 其他许多我们当下视为非凡之善或美德的东西，也都不再存在。比如说，不再有需要慷慨或自我牺牲的情境，因为没有人会缺乏任何东西。由于来世不再有危险存在，人不再需要直面和战胜恐惧，所以勇气这一美德将没有用武之地。拒绝诱惑，面对障碍，发展自己的道德和求善能力，这样的美德都将不再存在，因为诱惑和障碍都已不存在（Smart，in Pike 1965：108 - 109）。

此世的善是辩证的、难以捉摸的和复杂的。我们无法总是确保能够把握它们；即使我们可以清晰地把握，它们也总是很快陷入矛盾；我们总是很难判断如何恰当地把它们引入特殊情境下的实践中；而且我们总是得面对实现这些善的具体障碍。但也正是这些原因在激发我们的创造性，刺激我们的冒险精神和对自由的责任，让我们曾经描述过的那些美德有得以表现和发展的可能。相比之下，来世所承诺的完善似乎是单调的、片面的和

---

① 斯玛特的意图，不是为了批判传统基督教的来世概念，相反，他想要证明，由于"道德讨论植根于宇宙的现状（或更为狭窄地说，植根于地球的现状）"，并且"适用于一种情境，其中人类是一种确定的存在"，所以我们不能以上帝能够把我们造得如此至善就完全否认他的存在。他称这种否认为"乌托邦命题"（Smart，in Pike 1965：112）。但是，正如我已经尝试证明的那样，他的分析也对完美来世这一观念有批判之意。

完全没有吸引力的。

在如此反思的背景中，我必须认同戈特霍尔德·埃夫莱姆·莱辛（Gotthold Ephraim Lessing）那众所周知的观点，他认为比起通常认为上帝才有的无限知识，选择人类的有限性更为适合：

> 如果上帝伸出右手代表所有的真理，伸出左手代表不懈地寻求真理，一边警告我们不要犯下永恒的错误，一边对我们说，来选择吧！我会在他的左手下方恭顺地低下头并说道，"我的父，请赐我这一礼物；那纯粹的真理只属于您所有。"（Werke，Ⅹ，53；Kierkegaard 1951：195）

做有限的和不完全的存在，要求努力和拼搏，不惜付出怀疑、受挫和痛苦的代价，这对我来说——对莱辛也明显如此——就是做一个人所意味的东西的必要组成部分。我无法想象这种情况完全变化后我们还能发现幸福。

如果说在一种静止的完美状态中还有幸福的话，那么幸福也只对其他存在而非我们是可能的。我无法想象这种幸福对我们如何可能。这不是说，所有关于来世的概念都必然是同样的缺乏吸引力；我们有理由拒绝的，是那种关于静止的完美的无限状态理想。尽管在一种不那么具有反思性的心绪中，我可以感受到传统基督徒关于来世之完美的描述的吸引力（我们中有哪一个不曾经渴望完全的理解或绝对的安全？），但我想我必须最终认定它们对我们这样的存在者来说不仅是不可理解的，还是完全不适宜的和不受欢迎的。这一结论完全对立于被我们视为虚无主义第六个宗教根源的那个假设的两条分支，其中一条是说，对比于对来世完美生活的希望，此世生活是肤浅的、不能令人满意的和不完全的，另一条是说，这种希望，并且只有这种希望，才能赋予我们的生命以意义。

即使我们不考虑这两种批评，还有第三种批评同样会至少危害这一假设的第二个方面。这两种批评已经反驳了这样一种观念，即没有对完美的来世生活的希望，此世生活必然是无意义的。第三种批评寻求证明，对完美来生的信仰本身就非常不利于对此世生活意义的肯定。它的方法，就是提出这样的问题，即为什么上帝会把我们置于这个尘世之上，而他本来可以一开始就把我们置于天堂中的。如果来世是对我们此时此刻的生活的完美实现，如果和来世相比，此世的生活是支离破碎的和不完整的，那么我们为什么还必须忍受这种尘世存在的折磨？

对于这个问题的最初还有些可信度的答案，可以追溯至公元 2 世纪的艾雷尼厄斯（Irenaeus），并且由我们同时代的约翰·吉克（John Kick）和其他人表述出来。这个答案就是，我们需要经历此世生活的折磨和苦难，以便发展我们的特性。这个世界并没有被上帝造成一个快乐的天堂，而是造成了生成灵魂的溪谷。上帝想要进入与自由存在者的关系中，这种自由存在者被赋予选择他或背叛他的机会。他渴望与人而不仅仅是傀儡或机器人相关，后者只会完全崇拜和服从于他。另外，如果上帝让我们一开始就免于任何欲望或需要，我们就不可能理解我们对上帝的创造性依赖的本性和程度（Hick 1963：40－46）。

但是，这一答案会招致很多反对意见，它们如果汇集在一起，就会侵蚀这个答案的可信度。因为首先，正如吉克本人所指出的那样，此世生活的苦难似乎"既会发展人的精神，也会碾碎人的精神，而且，在生活的挑战和机会面前，人们既可以保持胜利者的姿态，也会彻底趴下来"（Hick，in Edwards 1967：Ⅲ，139）。所谓尘世教育过程，似乎总难实现它的神性目标，即让人类获得理性，去掉顽固的傲慢或怨恨，这一事实削弱了基于这一目标而让生命受苦的合理性。

第二，这种生活中即使有也只是很少一部分的人，似乎会从他们的死亡中学到假定的教训，即他们不再会受哪怕一点点的罪恶的影响。但是人们相信，在来世，人们将不再倾向于罪恶。于是，在我们的尘世存在和天堂存在之间，一道明显的裂痕再一次显现了，而且我们此世的本性与来世的本性之间的连续性或同一性问题也再一次显现了。如果人们要想适应一种完美的天堂生活，一些完全非连续性的和新的东西，必然要添加进尘世的品格教育与发展过程，也就是对无法作恶的能力的点滴灌输。根据这个事实，即我们的尘世生活的斗争通常无法在我们那里生产出这种能力，这种能力必然最终作为一种奇迹或礼物赐予我们，那么为什么这种完全的回避罪恶的能力不从一开始就灌输给我们？

把这个问题置于许多基督徒的信仰语境中，它就会变得更加紧迫。这些基督徒包括像奥古斯丁和马丁·路德这样令人崇敬的教师，他们相信永恒的救赎并非建基于任何人类成就或逐渐增加的发展过程，而只是建基于上帝的恩典。为什么上帝不是简单地通过恩典向我们灌输完全依赖于他的那种必要的感觉，并且把我们立刻置于天堂中？正如奥古斯丁所言，"我的重任是我的爱；因此不管我在何处出生，我都是出生。"也就是说，我们总是不可避免地根据我们在自己身上已然发现的那些爱或倾向来做决定（*Confessions* Ⅷ，ix，10；Cochran 1944：445）。于是，为什么上帝不会把他的爱完全倾向于他的所有人类造物，远离较少的爱的扭曲和腐败？

第三，我们可以用吉克对尘世极乐观念的批判来反对完美天堂的观念。即使我们的经验能够成功教育我们完全失去作恶的兴趣（这样的经验即使有，也很少），但在天堂般的极乐状态中，我们似乎会永生不朽，在那种情况下，不断增长的自鸣得意或反抗心态，以及对我们在此世学会的要为上帝负责和依赖上帝的教训的遗忘，都可能会发生。如果我们被造得在来世完全不可能存在这种可能性，那么我们将不再真正地自由，上帝也将永远只与傀儡或机器人做伴。只有在短暂的人类生命中，上帝才能和他的人类造物——作为自由的和负责任的人——中的任何一个做伴（假设我们暂时搁置奥古斯丁关于每个尘世生命路线的神性预言的教义）。在剩下来的时间里，他将会引导现在已经完全隔离于真正自由的危险的存在者，进入无处不是极乐的状态中。如果这种状态对所有永恒之物都是足够的好，那么它为什么对尘世就不能是足够的好？或者，如果这是它最好终结于此的状态，为什么它不能说是开始于此的状态？

换句话说，如果我们最终会完全不再有一开始就具有的那种感受邪恶和痛苦——个人的或受这个人的选择影响的他人的邪恶和痛苦（比如，想想纳粹大屠杀）——的自由（因为我们必须进入一个完美的天堂，那里不可能存在邪恶或痛苦），那么这种一开始就有的自由还有什么意义？根据标准的基督教教义，许多人会犯下滥用在尘世的自由的罪过，不仅没有获得一种天堂般的来世的完善，还会被诅咒受到惩罚性地狱的永恒折磨，当我们反思这一点时，这个问题就会变得更加尖锐。并非好像上帝会惊讶于或尚未准备好那大量的用于永恒惩罚的恶和持续的受苦，他在创造他的自由人类的造物时，把这些恶和苦难带进了世界。就像本章稍早前指出的那样，他通常被基督徒们假设超越了时间，能够带着一种永远在场的直接而全面的视野，观察所有在当下展开的事情。但是，即使没有这样的认识他的造物的本性和倾向的全知能力，难道上帝就不能预测到他们将会滥用他们的自由，并且是在某种灾难性的程度上滥用？这种被赠予的短暂自由——它很快就会被永恒这种赠予远远超过，在这种赠予中，所有被祝福的和被诅咒的，都无法自由地改变他们的观念和行动，哪怕是在最权威的程度上也是如此——对那么多的上帝造物们来说，真得值得付出彻底毁灭的可怕代价？[①]

我正在得出的主要结论就是，基督徒的天堂（尤其是只限于某些人居住的天堂）概念，似乎会让这种生活变得比它所显现的那样更加没有意义，更加无关紧要，因为这个概念意味着，我们服从于上帝，后者允许所有的邪恶随着人类自由而出现，却没有任何最终可以辩护的理由。关于这个世界的道德邪恶的谈论，必然也是关于这个世界的物理邪恶的谈论，因为对天堂的信仰暗示着，上帝能够创造一种没有这些邪恶的存在，而且他还能够为被祝福者在来世创造这样的存在。在此世的我们有时候可以发现预防特别的物理邪恶的方法，比如，我们可以最终找到治疗某种疾病的方法。为什么上帝不从一开始就阻止人们这样做？为什么他会创造他们？一个充满爱的上帝会允许无辜的儿童被可怕的疾病夺去生命，以使他们的父母或其他相关的人更加

---

① 希克认识到，没有缓刑希望和恢复功能的永恒地狱概念，不可能和上帝的善和解。远没有成为完美正义的终极状态的一部分，这样无尽的"刑罚永远不可能达到任何善的效果，并且恰好因此会构成尚未实现的邪恶，而这会让神正论变得不可能"（Hick, in Edwards 1967：Ⅲ，139）。我们还可以补充道，这会让下述想法变得不可思议，即天堂里有福的人在意识到他的同类在永恒的地狱受苦时，还能无限地幸福。

清楚地意识到自己对他的依赖，这真可以让人相信？如果我们认为一个无辜儿童因为一场难以预防的疾病而遭遇的痛苦和死亡，是上帝为了达到不可告人的目的而意愿的或允许的，比起我们只是把这一切归于盲目的命运，我们难道不会必然更加严肃地质疑生命的意义？（McCloskey，in Burr and Goldinger 1976：135 – 136）那么，根据这第三种批判，一种完美来世的看法，可以使我们的此世存在显得丢人现眼，荒诞至极。

我在这里并没有考察一种完美的来生概念的所有方面，也没有考察那些替代性的观点，后者相关于超越死亡的生活，一些今天的基督徒可能在为之辩护时觉得更舒服。我也没有回应关于这三种批评的可能存在的反对意见。但是，关于第六个以宗教为基础的假设，已经有足够的问题出现了，它们可以解释这个假设的令人怀疑之处，证明那些来自虚无主义、关乎虚无主义的论证，可以用一些重要的方法来解释。在第五部分，我将会返回这个问题，即完全脱离于任何天堂或上帝观念的在此世受苦的程度或死亡的事实，是否涉及人生的无意义性。但是，我的下一个任务，是批判性地考察虚无主义的一些基本的哲学根源。

第四部分

**对虚无主义的哲学
根源的批判性考察**

第七章 对应 - 实体与科学的霸权

> ……我们推断，构成所有物体的最小粒子都是……广延的、坚硬的和无法渗透的、可移动的，并且具有一定的惯性。这是所有哲学的基础。

> ——艾萨克·牛顿（Issac Newton）（1953：4）

稍早之前，我们已经看到虚无主义哲学作为一种明确的运动开始在19世纪中期的西方出现。但是就像16世纪和17世纪的科学革命的出现并非空穴来风，而是可以在文艺复兴和中世纪后期找到发生条件那样，近年来逐渐明确的虚无主义观念可以被视为——至少可以被部分视为——哲学思想的各种趋势的顶峰，而这种思想的起源可以追溯至现代时期的开端或更早一点。我不打算拿出四个章节的内容详细说明这些趋势，或者甚至注意到所有的趋势，而是打算关注那些比较重要的趋势，并再次运用前面部分所使用的策略，在那里我们寻求理解一些作为虚无主义观念基础的关键的宗教信仰或有宗教影响的假设。在这一部分的几章里，我确认并批判几种哲学假设，它们也都可以被视为在虚无主义思想的形成中扮演了显著的角色，尽管它们并非总是被清楚地认识到。另外，我还要关注这些宗教和哲学假设之间的关联，这些关联提醒我们，这两种假设不可能总是完全不同，而是有时候会以一些意味深长的方式交混在一起。

一　对应与实体

虚无主义的第一个哲学根源，是在传统的实体形而上学语境中提出的对应真理概念（the correspondence conception of truth）的假设，和这种形而上学在现代时期对物质观念（the idea of matter）的新的使用。我之所以使用"概念"而非"理论"，是因为这种真理观只是在最近才被清楚地视为众多可能理论中的一种；它在很长一段时间以来都被理所当然地视为真理的唯一明确的意义，而且直到今天还被很多人这样理解，尽管仔细考察这种意义，它会出现严重的困难。

我将首先解释对应真理概念，逐步探讨它与实体形而上学的紧密关联——很长时间以来，它一直与后者保持着联系——并且在这种与物质观念相关的形而上学中突出一种关键的新发展。接着，我将展示这个真理概念所有的一些基本困难，揭示这些困难如何被新的实体性物质（Substaintial matter）观念更加严重地表现出来，这种观念在现代早期开始流行。我还要确定这些困难如何与虚无主义相关。然后，我将要讨论一种关于对应假设的尖锐批判，后者以一种简单而有力的方式证明，质疑这种假设，选择一种不同的真理理论已经成为需要。最后，我还会讨论一种替代性理论，它可以避免对应观念的许多问题。在本章的各个地方，包括这第一节，我将利用早前章节里包含的发现和观点来展开论述。

那么，什么是对应真理概念？亚里士多德在公元前4世纪表述了一种看法："说某物是其所不是，或者说某物不是其所是，这是假的，而说某物是其所是，不是其所不是，这是真的……"（*Metaphysics* 1011b26；Aristotle 1941：749）换句话说，如果一种陈述描述了一种既存的事实或事情的状态，它就是真的；反之，如果它宣称某种并不存在的东西存在，那么它就是假的。一种信仰或一个句子为真或为假，取决于它与实在的对应或不对应。一个经常被阿奎那拿来表达这一观点的表述，就是真理是事物与思想的对应关系。这种真理概念有许多表现形式，从亚里士多德到他的老师柏拉图，从希腊化时代的斯多葛派到中世纪中期的阿奎那，一直到 20 世纪的著名哲学家莫尔 （G. E. Moore）、罗素、（早期）维特根斯坦和阿尔弗雷德·塔斯基 （Alfred Tarski），等等 （Prior, in Edwards 1967：Ⅱ，223－232）。这种真理概念也是被日常男女普遍接受的观念。

我们可以为这个概念找到一个来自早期现代的思想家范例，他在一本名叫《论真理》（出版于 1624 年）的专著里详细论述过这一概念。他叫切尔伯里的爱德华·赫尔伯特勋爵 （Edward Lord Herbert of Cherbury）；他的著作曾经被理查德·波普金 （Richard Popkin）在后来的《从伊拉斯谟到斯宾诺莎的怀疑论史》中谈论过。赫尔伯特关于对应观念的贡献，清楚地表现在他对何谓真理、如何获得真理的表述中。他告诉我们，存在四种真理。第一种是"物是其所是"（veritas rei），这种真理是我们寻求通过其他种类的真理来认识的真理，这些其他真理相关于认识真理的人，而非对象本身。

其他三种真理分别是关于事物显现给我们的真理、概念真理和赫尔伯特所谓"共同观念"的真理——某种内在真理，不仅靠它们对个体的不证自明，还靠它们被所有理性存在或正常、成熟的人们承认为真理。他建议将最后一种真理作为我们判断我们的主观表现或概念符合不符合事物自身的真理的原则性标准，尽管他还强调这一重要性，即确定感知的合适条件和概念形式符合要求，能够周密解释这一点如何能够做到。以这种方式，他寻求解决一种新近出现的匹罗霍恩怀疑论 （Pyrrhonian skepticism）危机，这种怀疑论在 16 世纪被许多思想家尤其是蒙田 （Michel de Montaigne）解释过 （Popkin 1979：151－156）。

我们对赫尔伯特的兴趣，不在于他的体系的那些细节，而在于这个体系在那个时代的象征意义。首先，它显示了对对应真理概念的毫无疑问的接受，他的批判者们并没有挑战他的这一概念，尽管他们的批判非常尖锐。比如，皮埃尔·加森狄 （Pierre Gassendi）在一封致赫尔伯特的信中，以及在致他们的共同朋友艾利·狄奥达提 （Elie Diodati）的信中，指责赫尔伯特并没有解决这一问题，即向我们显示如何在关于事物自身的真理、概念化的主观条件和经验之间架起桥梁，因为关于所谓共同观念，并不存在普遍的赞同。对于某些人来说毋庸置疑的观念，对另外一些人来说就是可疑的。于是，我们就停留在出发的地方，在那里只有上帝知道事物的真正本性。赫尔伯特最多解释过那些条件的本性，我们依靠这些条件理解自己的经验，但他并没有为理解那无条件的"物是其所是"提供一个基础。加森狄并没有明确批评赫尔伯特的真理概念，他只是说在这个概念的语境中，赫尔伯特难以实现他的目标。

其次，赫尔伯特计划的一个重要方面，是他求助于确定性（certitude）作为走出怀疑论绝境的道路。他宣称，感性经验不能让我们"刺破事物的外壳"。但是有了共同观念，我们可以达到确定性，从而为确定何时"我们的主观能动性获得关于事实的准确知识"或何时一种既有的主观表现"完全在外部符合它的起源"奠定一个坚实的基础（Herbert 1937：135，105 - 106，101；Popkin 1979：156，154，153）。如上所述，加森狄的批评主要在于，在赫尔伯特的论文中详细描述并且如法典般的共同观念，并不能得到普遍的承认。笛卡尔的发现也可以列入类似的批评，即因为很少有人尝试根据天赋的内在真理的"自然之光"来控制他们的理性，对普遍赞同的求助本身难以作为真理的一个标准（Descartes 1897 - 1910：Ⅱ，597 - 598；Popkin 1979：161）。

于是，问题在于发现一种确定性，它能够在面对加森狄所谓"各种几乎建立在各个主体之上的观点的激烈冲突"（Letter to Diodate，in Mersenne 1955：337；Popkin 1979：158）时成为真理的可靠标准。这种令人困惑的无所不在的分歧，是中世纪共识最终被打破的前兆，而且正如波普金所证明的那样，共识的被打破，由宗教改革这样的运动和对古老的怀疑论观点的新关注表现出来，并变得日益严重起来。对于早期现代的思想家们来说，为共识寻求新基础而求助于确定性，要么通过赫尔伯特的共同观念，也就是内在真理，要么通过让所有关于知识的声明都接受还原至所谓纯粹既有的感性经验来检验，这些都是非常具有代表性的。人们相信在这些方法的每一种使用中，或这些方法的联合使用中，能够发现通往实在本身的知识的道路。在讨论展开时，我将会返回这两种方法寻求确定知识。但是，我们可以注意到这一点，这两种方法的每一种都是先前章节里讨论和批判过的基础主义观念的变种。

伴随对应真理概念的一个重要的假设，就是实体形而上学（substance-attribute metaphysics），它广泛存在于 17 世纪和 18 世纪的哲学中，构成赫尔伯特所谓"物是其所是"哲学的基本观念。根据由亚里士多德发展出来的"实体"这一古典概念，实在包含各种实体，它们中的大多数（非物质性的存在，比如外星智能和不动的移动物例外）都是四种因素的联合：质料层；明确的本质或物质形式；各种偶然性特征，会在时间中发生变化，而实体本身不会变化，后者被它的本质特征所规定；以及一种与这种实体相应的偶然变化的匮乏或潜能。由于知识是普遍的，所以那些本质的或偶然的形式都是事物的可知方面，但我们不可能这样获得那位于质料层之下的东西的知识。它不是一种事实，而只是一种潜能，那些显现出来的可能性，会在任何时候通过一系列特别的形式变成事实（*Metaphysics*，Ⅶ，in Aristotle 1941：783 – 811）。

基督教思想家们长期以来都习惯于认为，人类具有一颗不朽的、自我维系的灵魂。这种观念不仅受到基督徒对来世生活的信仰的影响，还受到柏拉图主义的影响。随着亚里士多德主义在 13 世纪的复兴，人类灵魂被阿奎那这样的基督教亚里士多德主义者视为一种亚里士多德所谓非物质性的实体（non-material substance）。在人类的生命中，灵魂被设想为"某种确定之物的形式"，但不像动物的灵魂，它是不朽的、自我维系的，因此是会在肉体消失后继续存在的（*Summa Theologica* Ⅰ，lxxv，6；Ⅰ，lxxi，2；Hyman and Walsh 1980：500 – 505）。相反，亚里士多德把"灵魂"或人类的理性生命原则设想为人的有机身体的独特功能或本质形式，它无法离开人体。基督教的观念被笛卡尔和约翰·洛克这样的哲学家带进现代，他们认为，人类灵魂是一个凭借自身力量而存在的实体，它有自己的确定形式和独特的偶然性特征。

其他与亚里士多德实体教义的关键不同，进一步加深了心灵与肉体之间的鸿沟，这一鸿沟已经存在于基督教的灵魂不朽并自我维系的教义里。对亚里士多德的突破，开始在 17 世纪居于主导地位，它视物质为一种根据自身力量而存在的实体，有它自己的本质特征，还有各种适合于它的偶然性特征。这种观念不同于亚里士多德的观点，后者认为物质只是物质性实体的一个方面，即容易被/根据各种形式现实化的潜能的要素。伊沃·莱克勒克（Ivor Leclerc）指出，这一关于物质概念的突变，受到《自然哲学》（1621）这本书的重要影响，它的作者是一个名叫塞巴斯蒂安·巴索（Sebastian Basso）的医生。莱克勒克证明了被巴索和其他 16 世纪和 17 世纪早期思想家们——他们中的大多数都是医学院的学生，关注物质元素和它们的化学结合理论——支持的这种关于物质的新看法，是如何迷惑了像笛卡尔、加森狄、伽利略和牛顿这样的名流的（Leclerc 1972：34 – 35，143 – 148，184，232）。①

现在，既然我们已经在对应真理概念和亚里士多德给出的实体教义的关系中批判性地评估了这种概念，并且谈论了刚刚提及的教义的两种表现，那么结果如何？由这些事实的混合提出的五个问题开始凸显。第一个问题是，我们难以知道如何去评估认知者的品质和被认知者的品质之间的对应程度。

---

① 作为实体性实体（substantial entity）的物质概念本身当然不是全新的概念，只是在 16 世纪和 17 世纪突破亚里士多德教义的语境中是全新的。留基伯（Leucippus）和德谟克利特（Democritus），还有伊壁鸠鲁（Epicurus）和卢克莱修（Lucretius），都在很久以前就已经认可了一种物质概念，它类似于在早期现代成为标准的那个物质概念。另一方面，柏拉图也拥有一个类似于亚里士多德的物质概念。正如科普尔斯顿在讨论柏拉图的形式理论时所指出的那样，如果感性特殊性无法被带入形式的界限，那它就是不可理解的，也就不是完全实在的。于是，柏拉图把感性特殊性遣至"无法规定的（to apeiron）"的区域，或"无序""无规律"也就是"混沌"的区域（Philebus 16e，Timaeus 30a；Copleston 1962：Ⅰ，Ⅰ，214 – 215）。科普尔斯顿这里并没有把柏拉图与亚里士多德做比较，但亚里士多德的作为一个相关事实存在完全的实体性实在中的质料层概念，与柏拉图的感性特殊性——它们不参与形式——有着惊人的相似。两个人都把物质当作物质，当作一种不可知的潜能。科林伍德（R. G. Collingwood）指出，约翰·道尔顿（John Dalton）在 19 世纪初期为现代物质概念提供了一条重要的新思路，它把这一现代物质概念和早期希腊的原子主义区别开来。但是，这条思路并没有改变作为实体的物质这一基本观念。德谟克利特的原子主义不同于道尔顿的原子主义，只是因为"希腊人的原子是无差别的物质的不可分粒子，而道尔顿的原子［直到卢瑟福（Rutherford）才开始划分这些原子］是这种或那种物质的不可分粒子，是氢、碳和铅的不可分粒子"（1960：18）。

怀疑论者在对应真理概念的语境中挑战我们，证明当特殊的经验或声明事实上可以对应于一个绝对客观世界的结构时，他必然总是赢。给出这样的证据似乎是不可能的，因为正如理查德·罗蒂（Richard Rorty）提醒我们的那样，我们没有"外在于我们当下表象的超验立场，从那里我们可以检查这些表象与它们的对象之间的关系"（1979：293）。正如加森狄批判赫尔伯特时所言，我们能够希望的最好的东西，就是对这样的事情，诸如我们经验的样式，我们的概念化的特别模式，或我们的语言的形式与内容，能够有更清晰的认识；我们绝不可能期望证明，在这些事情和一个假设完全独立而无法解释的世界之间存在一一对应关系。如果真理要求这样的证明，那么真理就是不可能的，认识论的虚无主义就会得到确证。

康德的《纯粹理性批判》让我们足够明确这一点，即使我们能够获得关于特殊信仰或声明的确定性。因为关于这一点我们无法给出决定性的证据，即确定性不只是主体间的，反映我们作为人类的组织的共通性（如康德所相信的那样），或可能是我们特有的文化普遍存在的特征，倒不如说确定性是让我们获得接近实在本身的特权。坚持认为真理必然意味着对应，缺点在于我们似乎在外面消除了真理成就已获得保证的任何可能性；在与认识论虚无主义的比赛开始之前，我们就已经输掉了比赛。在其他地方，还存在认识论虚无主义和生存论虚无主义之间的密切关联（比如，在第四章和第六章的开头部分）。

第二个问题是，对应真理概念依赖于绝对主义的、非视角主义的真理和意义观，我们已经在前一章第一节中对这种观念进行过批判。当我们把这种真理概念和古典的实体概念关联在一起时，这种倾向就会变得非常明显。根据实体概念，实在由大量实体性实体构成，它们具有自身的地位和意义，完全不相关于任何它们之外的其他东西。正如伊丽莎白·克劳斯（Elizabeth Kraus）所言，古典的实体观"把质和量的范畴置于关系范畴之上，难以认识到质和量本身相关于它们的表现方式，其中所有实体都**为**其他实体而**存在**，并不存在孤立的实体"。她用火的例子来解释她的观点，她说道，"'热'在被手感受到时就**是**火——是火对手来说的情态性存在——这并非一种偶然，通过这种偶然，一种潜在的实在被把握住了"。同样，"噼噼啪啪声"在被耳朵感受到时就是火，"红色"在被眼睛感受到时也是火（1979：2，53）。她要攻击的观点就是，一种非视角性的实在本身、意义本身、真理本身，恰好就是赫尔伯特所谓"物是其所是"。

根据这种实体论观点，实体是其所是，意味着它们独立于特殊的经验或解释语境；它们所拥有的特质被认为来自完全自治的它们自己，而非任何视角或关系。于是，知识的任务就是捕获实体这些独立存在的意义或真理，确保我们关于知识的声明不能被来自认知主体的我们身上的任何东西所败坏。这个概念类似于我们早前谈论过的希望获得一种上帝之眼世界观的想法。于是，从一种哲学方向来看，对应与实体教义的混合支持充分知识和客观意义这样的观念，我们之前曾经追溯过它们的宗教根源。我们曾经把这些观念与虚无主义关联在一起，并且寻求证明这种关联根本站不住脚。

这把我们带向了等同于思想和事物的可靠知识概念所导致的第三个问题。如果事物根据实体论术语来思考，那么事物的某个方面必然总会逃避我们的理解。正如亚里士多德所言，质料层的下面不可能被认识；只有实体所显示的特征可以被认识。但是人们自然而然地都想穿透这些特征的面纱，进入物本身，或者想全面理解物本身。否则，我们就没有办法知道，我们所感知或想到的特征是否就是实体真正具有的特征。难道这些特征中有一些不可能是这种实体性现实作用于知觉或认识者的第二级效果，而并非这种实体自身的原初特征？或者更加令人困惑的是：难道所有这些特征不可能都仅仅是心灵的功能，或者都是完全不可分析的，因为它们不可能关联于任何潜在的实体、精神或物质，因为所有这些东西都无法让我们确定有权接近实在本身，而我们为了拥有真理，认为自己必须能够接近实在本身？

这个问题折磨着约翰·洛克，迫使他承认，那潜在于其特征表现之下的实体是某种"他不知道那是什么的东西"（1959：Ⅰ，391－392）。这就是说，他被古典的实体论教义所引导，去假定外在的实体，但作为一个经验主义者，他又被迫承认，自己对这些外在于所有经验或关系语境的实体可能会是什么完全没有想法，也不可能有想法。这种物本身，类似于萨特的自在存在（being-in-itself），没有任何意义可言。但是，根据对应真理概念，我们的诚实的信仰和声明要去符合的，正是这样的物本身！对应真理概念和实体教义，对唯心主义并且最终对怀疑主义有着很强的吸引力。洛克只是含混解释过的这种怀疑主义，在他的经验主义同伴乔治·贝克莱（George Berkeley）和大卫·休谟（David Hume）那里已经变得非常明确了。

当然，萨特并不支持实体形而上学，他也不是英国经验主义者。但是，他的无意义的客观实在——我们必然永远疏离于它——观念，非常接近于洛克的那种"他不知道那是什么的东西"，这暗示着两种观点共享一种哲学的（而且正如前面章节所述，很可能也是宗教的）起源。至少就他们都迷恋赤裸裸的、不可解释的纯粹客观实在而言，洛克和萨特都不由自主地想象着一道横亘在他们自己和那是其所是的世界之间的难以逾越的海峡，然后感受着从海峡对岸的荒诞之所刮来的冷风，浑身战栗（尽管他们战栗的程度并不相同）。①

第四个问题相关于价值的地位。尽管这样的想法可能有几分道理，即真正的信仰对应于既存事实，但是关于价值的信仰是否会因为对应于这样的事实而成为真正的信仰，却是完全不清楚的。一个基本的理由是，事实和价值总是处于对立状态；我们都经常意识到根据价值来改变事实的责任。另一个理由是，即使当某些价值已经（比如，在个人生活或社会制度中）实现，我们也不能满足于它们得到实现的事实，而是必须为它们的保存或完善继续努力。不同于古典形式的对应概念让我们倾向于把事实思考为在先存在的大量实体的特征，价值要求的似乎是一种未来指向，包含着一些期望、目的和意志的元素，而作为对应真理的观念并不符合这些元素。比如说，当亚伯拉罕·林肯（Abraham Lincoln）说美国是"人类最后也是最好的希望"时，他并非仅仅指涉一种既存的事实，而是在宣布对未来的责任。而且我们似乎可以说，他在通过他的陈述宣布一个重要的真理。

为了回应这种反对声音，主张对应的理论家们会说，林肯的话之所以具

---

① 关于洛克和萨特的比较，我借鉴了布洛克的观点（Blocker 1974：89）。

有真理的元素，是因为它让人们注意到存在于事物的现存状态中的一种潜能，而这种潜能"确实就在那里"。但是，这种回应并没有针对这种反对声音的指向，因为位于这种声音核心的，并非这样的潜能（尽管它已经承认相关于对它的真理的评估），而是尝试把位于其他情境中的潜能带入现存情境中的责任。正是关于这种责任的陈述，可以被我们判断为关于真理的重要声明，因为这种真理，这种声明不仅仅依赖于它与真正的可能性的含蓄关联。与此类似，说"这种维生素对我来说很好"，不只是在预测有规律使用它后会有的生物学效果——因此还有对既定的可能性的注意——还是在宣称，这些可预测的效果值得去追求。

如果把对应概念理解为客观性和真理的意义，就会产生这样的结果，即否定价值声明的认识论地位，并且把价值声明彻底主观化。杜威详细分析了这种后果，然后总结道："如果真正的客体被完全对应于知识－客体，那么所有的情感或意志客体都不可避免会被排除在这个'真实的'世界之外，并且不得不在一种隐秘的经验主体或心灵中寻找避难所。"（1958：24）这种价值的完全隐秘化，让与任何既有生活方式相关的选择、价值和目标都变得站不住脚，或无法争辩，并且因此变成纯粹任意性的和荒诞的。道德的虚无主义和生存论虚无主义，就是这样做的后果。

我们正在讨论的这种综合各种因素的现象的第五种消极内涵，尤其相关于一种新的物质概念，这种物质凭借自身成为一种实体性实体。这种内涵在于，被视为精神实体（spiritual substance）的人类自我，现在开始被疏离于它自己的肉体，后者被视为纯粹物质性的东西，更不要说是远离自然的存在，现在开始逐渐被视为一系列的物质实体（material substance）。这让下述问题成为不可思议的，即心灵的特征或功能与物质的特征或功能会有某种关联，因此对作为思想与事物之对应的真理的要求可能会实现。灵魂与肉体，人类与自然，现在似乎没有了任何共同之处。每一方都是一种独特的存在，都是一系列终极真实的实体性实体，它们和其他系列实体的关系变得模糊而不可解。主体与客体之间的关系已经被紧绷到快要断裂的临界点。

杜威把我们的注意力带向这种立场的不连贯性，他把这种假设（在 17

和 18 世纪广为流行）解释为精神现象在物理事件中有它们的基础或原因，并且证明了这与实在分裂为两种完全不同的实体如何前后矛盾：

> 世界被分裂为两种独立而没有关联的经验领域，其中一个是心灵的领域，一个是物理的领域。然后，这两个存在领域虽然完全分离，但可以明确而精密地互相契合——就像一系列有序而有限的震动，对应于那被直接感受到的棱镜光谱的视觉品质。这种观念代表着极端的不可置信。（1958：267－268）

还如杜威在其他地方所指出的那样，把心灵和世界彻底分离，又继续认为心灵的行动能够影响世界，也同样没有道理。他哀叹道，我们有时候"发现比起重新思考我们的前提，从两个不想关联的前提的关联中找出问题来，要更容易一些"（1958：286）。

当我们尝试调和对应真理概念和把实在分为完全不同的实体——它们各有完全不同的特征——时，类似杜威所提的问题就会出现。当伯克莱惊讶于自治的心灵实体的特征如何能够被视为类似于或代表完全不同的物理实体的特征时，他就提出了一个公正的问题（*The Principles of Human Knowledge*，Section 9，in Berkeley 1965）。换句话说，在两种完全独立的存在领域——分别由物质的新概念和灵魂的旧概念限定——之间，如何可能存在任何可能的关联或关系？

毫不奇怪，一种趋势在现代早期已经开始出现，即按照分离的两个因素的一方解释世界，而完全排除另一方，并且通过这种方法尝试解决彻底不连贯性的危机，后者紧随新的物质观而来。我曾经在第三章相当详细地讨论过这种不连贯性和唯物主义还原论的趋势，它们相关于来自自然科学的方法和发现对自然的描述。现代科学长期忠诚于一种实体论的物质概念，它所采用的物质原子论，一直统治到 19 世纪末。莱克勒克指出，这种类似的忠诚仍然存在于今天的革命性新科学关于"基本粒子"的谈论和持续研究中（1972：242，286，314－315）。

关于自然科学在导致上述现代心灵的危机中所扮演的角色，我稍后还会进一步讨论。但是一方面指向唯物主义还原论、一方面指向心灵主义还原论（比如，伯克莱的主观唯心主义，它在休谟的怀疑主义现象论中达到了逻辑顶点）的趋势，作为尝试解决危机的方法，最终和二元论的对立一样，也无法逃脱虚无主义的结局。我们似乎已经没有其他的选择可用了。我想，只要我们仍然坚持在我们已经阐明的其他因素的语境中假设对应真理的概念，这种情况就会持续存在。

通过指出来自这个概念的五个消极后果或核心问题，我已经在其现代背景中质疑了这个概念。这些问题中，有一些已经在前一章就提出来了，在那里它们被置于一种宗教语境而谈论。当我稍后把对应真理概念和另外一个相比更能站得住脚的真理观作比较时，我们将会获得关于这一对应概念的另一种批判视角。但是在结束这一节之前，我想呈上一种对对应观极具破坏力的批评，它会把这种对应观视为虚无主义第一种哲学根源的主要特征。解释这种批评，会让我们更加清楚地意识到，有必要发现一种替代物，它要少一些无法克服的悖论和问题，并且尽可能不会导致虚无主义的后果。

这种批评的主旨是，对应概念不仅设立了一个不可能达到的目标（人们已经认识到这一点），而且支持着一种与任何真正的知识问题毫不相干的理想。在一篇名为《笛卡尔的邪恶天赋》（首次出版于1949年，再版于1966年）的论文中异常清晰地表达出这第二点的哲学家，是布斯玛（O. K. Bouwsma）。在讨论布斯玛的论文之前，我们必须指出，笛卡尔在他的《第一哲学沉思录》里表现出来的一种特质，它可以证明笛卡尔毫不怀疑地献身于对应真理概念。与此相应，这种献身清楚地表明《沉思录》的主要问题的形式与方向：如何避免患上彻底的怀疑论这种瘫痪症。

笛卡尔要区分的，是"一种观念的客观实在性"和它的"形式实在性"。**客观实在性**只是作为观念的观念的实在性，它远离任何超越自身的指涉。而一种观念如果涉及或对应于世界上的某种事实，就具有**形式的实在性**。笛卡尔的问题准确来说就是：我如何知道我的任何观念具有形式的实在性？我是否能够至少确定，那些清晰而明确的观念，也就是毫不含糊和不容置疑的观念，能够对应于这个世界的基本实体和结构？不，我不能，笛卡尔说道，因为至少可以想到的是，存在一个骗人的恶魔或邪恶的天才，它在我这里创造了一种牢不可破的信念，即我的某种观念类似于或对应于现存的实在，可实际上没有什么实在可以对应。于是，笛卡尔把怀疑论的可能性引入了对他来说似乎是最为激进的形式，关于和实在并且因此和真理相对应的完全虚伪的形式，他全力以赴信仰的形式。

正如我所解释的那样，布斯玛的论点是，这种完全虚伪的假设——根据对应真理概念而显得非常可信，并且会按照笛卡尔规划的线路准确发展——根本就是胡说八道。因为它是胡说八道，所以我们必须在扔掉这个假设同时，也要放弃同样没有意义和不相关的对应真理概念。通过设定两种欺骗情节——它们都由骗人的魔鬼策划——布斯玛把我们带向了这个结论。

在第一个情节中，魔鬼创造了一种特别的欺骗情境，其中布斯玛文章里的男主角汤姆的世界有某个根本的方面被改动了，但其他方面并没有变动。魔鬼在纸上改变了所有物质的形式。但是通过我们通常使用的幻觉经验测试，即确定那似乎存在于镜子后面的"房间"事实上只是我们所处房间的反射映像，汤姆很快就识破了这一骗局。同样，汤姆通过近距离的审视、触摸、倾听和嗅闻等等，很快就发现他的女朋友米莉已经被那个邪恶的天才从活生生的存在变成了纸上的形象，而房间里钢琴上他送给她的花，还有那钢琴本身，都发生了同样的变化。

汤姆看穿欺骗情境的能力激怒了魔鬼，他决定用一种方式——它完全不同于汤姆已经注意到的那种方式——把世界上的所有东西都改变。于是，汤姆现在完全没有意识到任何已经发生的欺骗，继续自信地过着他的生活，完成着他之前的那些判断。魔鬼沮丧无比，因为汤姆被彻底地欺骗了，却又毫不自知。于是，魔鬼化入汤姆的心灵，对他悄声说道，他完全被骗了。这一点类似于笛卡尔的怀疑，即他的观念或信仰，无论显得多么不容置疑，都无法对应于那如其所是的世界。魔鬼对汤姆解释道，他，这个魔鬼，有一种第六感，他能够凭借这种感觉感知到事物的真正本性，能够使汤姆相信，他所感知的东西没有一个和他想象的一个样，也就是说，他的所有信仰都无法对应这个世界的现存事实。

但是，汤姆完全对这些信息无动于衷，这让魔鬼惊讶无比。汤姆之所以无动于衷，是因为他不确信魔鬼告诉他的一定是真的。汤姆之所以不确信，是因为魔鬼没有理由能够说服自己所宣布的真理适用于他。他的世界里的所有东西还和过去完全一样，而不像第一个故事情节，在那里只有一些东西发生了变化。魔鬼或许会说，他有第六感证明汤姆的所有信仰都无法对应于现实，但汤姆所处的情境决定了他只能把魔鬼的话当作魔鬼的声明，因为魔鬼无法提供给他可以独立支持这种声明的证据。而且汤姆并没有把魔鬼的话当作证据。

换句话说，汤姆选择忽视完全欺骗或彻底怀疑的可能性，而这种欺骗或怀疑曾经如此深刻地威胁着笛卡尔心灵的宁静。布斯玛的观点是，汤姆完全有权利这样做。一种完全的欺骗情境是没有意义的，因为它不允许对比诚实的经验（当我们在镜子后面走动，并没有发现房间时，或者触摸米莉的头发，发现它有绉纱纸的质地和声音时，我们就有这种经验）。

不管我们的概念和经验能不能对应于这个世界——这个"确确实实是其所是的"世界——都同样不相干和不重要。在最终的分析里，我们能够发现或使用的区分真理与谬误的最好标准（比如说，一致性、简洁性、连贯性、经历过去和未来的充分性、多产性等等）都与对应观念无关，因为即使它们都得到了满足，对我们来说，我们拿来检测的信仰或声明是否符合假定独立的、不可经验的和不能解释的实在，都没有什么实质性的不同。于是，我们可以安全地忽视任何虚无主义的结论，它们似乎来自真理的对应概念的假设。根据布斯玛的分析，对笛卡尔和他那个时代的其他人来说似乎是具有重大意义的可怕问题，现在看来只是一个伪问题。①

---

① 有人可能会认为，我混淆了两个彼此独立的问题：真理的本质问题和评估真理的标准问题。正如罗蒂指出的那样，在我们的语言中，"真正的（true）"一词的意义不等同于"绝对确定的（warranted assertible）"（或用我们的话来说，能够满足区别真理和谬误的最好标准）。但是，他否认这种语言学的区别有任何哲学方面的重要性。"哲学书里大部分被认为是关于'真理'的讨论，事实上只是关于辩护理由的讨论……"任何想要从关于我们的声明或信仰与外部实在的对应的谈论——作为存在于他们的辩护程序之上的问题——中找出哲学意义或证明哲学必然性的尝试，都会失败。这些尝试之所以会失败，是因为它们不可能给讨论增加任何可理解的或可溶解的东西，绝对确定性的问题不可能掩盖这样的讨论（Rorty 1980：279 - 295，esp. 280 - 282）。这也似乎正是布斯玛的观点。

二　科学的霸权

我用**科学的霸权**来命名被分析和批评为虚无主义根源的第二个哲学假设。我用这个短语所表达的，是现代哲学的一个强烈倾向，即在处理与其他领域的思想的关系时，赋予自然科学的方法和声明一种权威性和终极性，而这一点和中世纪赋予神学权威性和终极性没有什么本质区别。这种倾向主要表现为三种彼此密切关联的信仰。

第一种信仰是，只有自然科学有资格解释自然的原则和特征。这意味着哲学和其他知识学科没有能力质问关于自然秩序的科学发现，而只能在这些发现构成的框架里活动，让这些发现引导它们的考察，支持它们的结论。一旦这些结论和科学声明相冲突，它们必须被弃置不顾，以支持那些和科学声明一致的结论。相反，科学在发展自己对自然的解释时，没有相应的责任去处理哲学或其他学科的问题、关注或发现。

科学被赋予垄断自然研究的权利，这种确信受到了另一种信仰的支持，后者曾经在第三章第二节予以讨论，即自然科学的方法是完全非个人性的和客观的，不受个人偏见或前见干扰，并且完全不受人类目的和价值影响。于是，通过恰当使用这些方法而对自然进行的描述，被假设为按照自然本身所是的那样——如果人类完全不存在，自然依旧如此的那样——进行的描述。至少就物理自然而言，根据当下正在讨论的这种一般假设，只有科学能够为我们提供关于赫尔伯特所谓"物是其所是"的可靠描述，或者提供尽可能接近于上帝之眼世界观的东西，我们曾经在上一章谈论过这种世界观。我们之所以这样认为，是因为不断稳固积累的理论发现，在逐渐揭示自然被长久遮蔽的秘密，并且能够让我们逐渐接近于完全理解自然的基本结构、特征、模式和法则。

现代第三个表现科学霸权的信仰是，科学思想规范着理性的恰当使用。因为人们已经理所当然地认为，自然科学方法构成了真理设定的最为客观而可靠的方法——如果不是唯一的方法的话，所以哲学和其他所有渴望精确而基础牢固的思想体系的学科，被信应该竭尽所能地尝试模仿或达到科学的方法。这种观念很快成为现代哲学的主流，并持续影响至今。

本节我主要关注这三个互相关联的信仰中的前两个，在下一章再关注第三个信仰。第三个信仰虽然直接相关于科学霸权，但是本身足够独特，具有影响深远的后果，值得我们把它作为单独的虚无主义哲学根源。

让我们从这个信仰开始，即只有自然科学有资格解释自然秩序的特征和运行方式。莱克勒克把这一信仰的出现关联于上一节讨论过的新的实体论物质概念。这个概念赋予了以物质实体特征与功能为主题的研究合法性，有助于物质、精神二元论的出现，这种二元论受到巴索和伽利略的明确支持，在笛卡尔那里得到系统发展，并且进入了牛顿的观念。莱克勒克指出，伴随着对这种二元论观念的不断接纳，一种关于科学与哲学各自领域的共识也发展了起来。

自然研究现在被完全归于自然科学。科学开始被视为关于自然本性的所有问题的终极仲裁者。而另一方面，哲学被限制在自然科学已经完成其工作并得出其结论后剩下的领域，也就是心灵或精神领域——去关注科学方法论的认识论倾向这样的主题——或者是被公认的对物理世界的科学描述为精神活动留下的地方。

莱克勒克指出，科学与哲学分工的结果之一，就是长期以来被视为哲学重要分支的自然哲学，不再作为一个考察领域而存在。因为科学与哲学各自走向独立的道路，一个关注物质，一个关注精神，哲学家不再有持续考察自然科学——涉及物质领域，现在被视为自然领域——的根本范畴和假设、基本方法或一般声明的空间。哲学不再把对自然概念的哲学考察视为自己关注的主要领域之一，而和自然研究走得最近的哲学，就是对自然科学及其方法的逻辑考察和认识论考察，也就是科学哲学（Leclerc 1973：159）。即使是这种考察，直到最近也没有达到明确的批判性，还总是阿谀逢迎。科学对自然研究的垄断，意味着它有效地躲避了基本的哲学批判，包括那种寻求区分禁得起严格的科学考察和支持的声明，和被科学家以科学的名义假设或解释、更具哲学特征的声明的哲学批判。

根据莱克勒克的分析，科学与哲学分工的第二个后果是，科学对自然研究的霸权，很快扩大到所有研究主题，所有知识学科，包括哲学。他这样描写这一后果：

> 科学开始被明确或含蓄地视为首要的和根本的事业，由于这一事业，我们获得了积极的知识——不知从何时起，这份事业被称为"科学"，也就是"知识"——而哲学，就它还和科学保持一点相关性而言，被视为第二级事业，用以反思科学的事业。（1972：351）

于是，哲学失去了让新出现的关于自然的科学描述，或者是自然科学家正在运用的假设和有时候影响巨大的声明，接受哲学自己的批判性分析的责任。不仅如此，哲学还开始默认科学实质上拥有对哲学和所有其他类型的思想努力的否决权（Leclerc 1972：226－227，350－351；1973：159，165）。这种默认已经达到被称为**科学主义**——这是不受限制的科学霸权的另一个名字——的地步。

莱克勒克所指出的第二个后果是可预见的，这至少基于两个原因。第一个原因是，**自然**（nature）这个术语可以被轻而易举地解释为**世界**（the universe），解释为一种周围环境，所有的人类事业，整个的文化经验，都在其中发生。被如此解释的自然和实在（reality）——至少是关于实在的最为广泛的思想——成了非常接近的同义词。[①] 于是，科学对所有思想领域的彻底霸权已经是不言自明的了，因为自然研究成为它的绝对特权。

---

① 这种自然观和第五章第二节提及的生态学视角密切相关。根据这一视角，人类被视为这个星球上的有机体共同体的必要组成部分，而非站在其他有机体的对立面，拥有一个本体论的独立地位或外在的统治地位。这种观点和这样的观念相关，即自然而非上帝或其他超越自然的原则，才是基本的既有物，根据这种既有物，所有的理解和接受才会起作用。人们可以坚持这一观点，而不必假设只有自然科学才有资格提供关于自然现象的可靠理解或解释。人们也可以支持这一观点，而不必否认区别人类文化和自然的非人类方面的重要性，因为解释文化的出现和独特角色，可以被视为一个充分的自然概念的任务的一部分。同时，人们也会认识到，这些自然概念本身也是人类文化的产物，而且具有历史境遇性和条件。我将在第九章进一步讨论最后一点。

我也认同这样的看法，即由于从现代早期直至当今，哲学家和其他思想家们越来越相信科学方法是完全非个人性的和客观的，能够得出不需要批评或讨论的决定性结论，所以，把自然研究完全归于自然科学，同时让科学声明独立于哲学批判，把自然科学的霸权扩大至覆盖所有的理论考察领域，这一点得到了极大的强化。这些方法，很快就被视为对通往真实知识的道路的长期研究所取得的最高成就。于是，不仅通过物质的实体性概念和自然哲学的消失（莱克勒克强调了这一点），而且通过全面讨论过的暗示科学霸权的第二种基本信仰，关于这种霸权的一般假设得到了巩固。

就现代早期而言，能够说明我们正在谈论的东西的一个好例子，就是康德"批判"时期的著作。上一章第二节已经指出，康德设定牛顿物理学已经达到极致并臻于完成。基于这一假设，他赋予《纯粹理性批判》的任务，是对物理学的可能性进行详细的哲学解释，也就是说，是在人类经验和概念化中，为被他毫不怀疑地设定的物理学基本原理和法则的普遍性和必然性寻找基础。尽管存在这样一个事实，即他那个时代对自然的科学描述给道德和自由的地位与重要性——这些主题对康德而言意义重大——带来了大量问题，但他并没有想到要批判科学本身的声明，而是在已被接受的牛顿物理学语境和他认为必需的自然概念中，竭尽所能应对这些问题。

他能完成的最好结果，就是建立一种涉及完全不同的理性和经验的二元论，其中理性适用于科学，而经验适用于道德和自由——这个策略，把关于自然的理论研究完全归属于科学，允许对科学描述的自然画卷（在那里，所有的东西都因某种原因而被决定，因此，在那里人类目的或价值没有容身之地）保持非批判的态度。我们已经指出像康德那样的二元论方法的虚无主义内涵，除了其他方面，这种方法还会产生这样的效果，即从自然秩序中切除人类及其文化目标与价值，让人们无法清楚解释他们在这种秩序中出现的理由，无法解释他们作用于这种秩序或被这种秩序所影响的理由（见第三章第二节）。

在我们自己这个时代，关于自然和人类生活的关系，罗素（至少在他的两部著作中是这样，见本书第二章第二节、第三章第二节）也给出了一种二分式观点，它在某些重要的方面和康德观点非常相似。就像康德那样，他也设定了科学关于自然研究的绝对霸权，也同样在科学对自然的描述里找不到对人类文化来说至关重要的目标和理想的存在。但是，不同于康德赋予某种独特理性——他所谓"实践理性"——的道德表达以认识意义，罗素否定了任何道德表达的认识意义。正如我们已经看到的那样，他还宣称，知识只能通过科学方法得到。我们已经在先前的章节里指出过罗素观念——科学主义的一个当代版本——中的宇宙论虚无主义和道德虚无主义。

近年来，关于科学，像莫纳德和斯金纳这样的思想家也表达了一种类似于康德的态度。但是，他们把科学对自然领域的霸权扩展至整个生命领域，这使得他们某种程度上又接近于罗素的观点——把整个知识领域都归于科学的主宰。他们的策略是尝试让人类存在的每一个方面都适应于自然科学的方法和声明，他们认为后者具有无所不包、不可置疑的终极性。我们先前已经指出过莫纳德和斯金纳各自的科学主义——或者是对完全的科学霸权的毫无异议的假设——所具有的虚无主义后果。

对第二种哲学假设——我们已经描述和解释过表现这种假设的两种信仰——提出异议，就是要质疑从科学的自然概念到人类生命意义的虚无主义绝望这样一个一般的论证线索。这个线索已经在第三章第二节详细描述过了。那么，我们该如何批判这两种信仰？

我们应该从一开始就指出，第一种信仰——只有自然科学有资格考察自然的特征和规律，也就是说，自然哲学不再扮演任何角色，不再被需要——并非因为承认或敬畏现代科学的独特成就而成为必需的。科学发现和科学理论对于理解自然的进程来说至关重要，这一点固然不可置疑，但说科学的考察方法是理解自然的本性的**唯一**可靠的方法，或者说这些科学方法形成我们关于人类在自然中的地位的观念的**唯一**决定因素，却还不是不可置疑的。更重要的是人类不能根据科学来评价这个声明。它不是一个科学声明，而是关于科学本身的适用范围和资格的声明。

第一个表现科学霸权的信仰，是方法论的和形而上学的，而不是绝对科学的，因为它是关于作为整体的科学方法的陈述，如果我们接受了这种陈述，它就会完全主宰我们的自然概念。这意味着，这种信仰本质上是哲学的，应该建立在哲学的基础上。它没有什么直接的科学依据。比起这种信仰所表达的，还有其他看待科学方法和科学声明的形而上学内涵的方式。需要强调的是，对这种信仰的辩护或反对，并非对现代科学的辩护或反对，因为这完全是两回事儿。认为虚无主义建基于对自然的科学描述，这种论证会变得非常无力，因为它们倾向于视第一种信仰为理所当然的，难以在相关的哲学反对意见和替代方案语境中认识到这种信仰的可争议性和辩护需要；或者因为它们倾向于无争议地假设，这种信仰和对现代科学贡献的适当承认是一回事儿。

关于这第一种信仰，莱克勒克给出了另一种详尽的批评。他的批评的核心，是说科学与哲学领域的分离——以上文描述的方式进行——对双方来说都已经成为十足的灾难。因为，不仅哲学难以处理相关于自然的概念和形而上学问题——这些应该完全属于哲学的能力范围；而且科学也失去了针对它的核心假设和范畴的建设性批评——哲学能够提供这样的批评。莱克勒克主张，现在迫切需要的，是恢复自然哲学在我们文化的思想生活中原本占有的重要位置，这个位置出现于科学革命之前，并且直到 18 世纪牛顿物理学的胜利，都还保留着（1972：31 - 32，227）。

莱克勒克相信，最近的物理学革命为完成这种恢复埋下了种子，因为它明显改变了科学家思考诸如连续性 - 非连续性、物质、空间、时间和运动这些基本范畴的方式，从而显示由牛顿物理学给予这些范畴的内容总是有争议的，是绝对不可能被视为可以免于基本的批评或不能换一种解释的。他的书就在尝试着用一种充分的历史视角持续批判性地评估科学的自然描述及其内涵，以此确定恢复自然哲学的需要。在从牛顿时代一直到 19 世纪末都占据主宰地位的科学描述的关键特征里，他都能找到逻辑的和形而上学的不充分性，而这些特征，直到今天还在扭曲着我们对自然的看法。

莱克勒克还给出了一种走进当代自然哲学的方法，它不仅能够严肃解释近代科学的发现，为古代科学中的自然描述分析它们的批判性内涵，还能够把自然主题和它自己的批判性、建设性视角关联起来。于是，并非根据

"科学和哲学这两个独立的事业"——其中第一种有研究自然的特权——来思考，我们可以学习思考一种主要的事业，"对自然的考察，拥有两个互补、互助的方面"（Leclerc 1972：351）。他的观点来自西方哲学与科学关于自然的重要观念的整个变化和发展史的语境，令人信服地完全反对第一种信仰，后者表达关于科学霸权的根深蒂固的哲学假设，我们早前曾经考察过这种假设的虚无主义后果。

对这种信仰的第三种批判，呼吁我们关注关键术语**自然**的含混性，提醒我们严肃对待这种含混性及其后果。这个术语可以表达各种不同的意义，其中有三种意义对我们的讨论来说尤为重要。自然可以表达的第一个意思，是指那被经验到的实在最容易被自然科学的特有技巧所研究的一些方面。另一个意思，是指除了人类之外（而且可能还包括上帝和其他精神存在，如果有人相信这些东西确实存在的话）的整个世界。如果科学对自然的霸权只是相关于第二种意义上的自然，那么这就意味着一种二元论的观念，它相关于人类和被科学描述的自然的关系。第三种意义上的自然，指的是所有的实在，也就是说，是指世界及其包含的所有东西。如果自然在这种意义上被视为自然科学独有的领域，那么关于人类与科学描述的自然的关系的科学还原论观点——莫纳德和斯金纳的观点——就会得到默许。当我指出科学霸权从它最初局限于物理自然的研究，扩展至对整个考察领域包括哲学的统治时，我已经暗示了术语**自然**开始向第三种意义发展的一般趋势。①

很明显，自然的第二种和第三种意思，完全不同于第一种意思，并且并非来自第一种意思，或者至少还有附加前提。但是，科学在考察第一种意义上的自然时所取得的明显成功（尤其是如快速的技术进步所展示的，它的

① 莱克勒克注意到，根据词源学的考察，术语 physical——常常被视为自然科学的正当领域——来自希腊语 *phusis*，通常指的是"那存在于事物中的最终的东西，事物根据它而存在，并且根据它而是其所是"（1972：103；see also 48，101－107，315）。莱克勒克的这一观点支持了我们对术语"自然（nature）"的含混性的理解。"自然"从其第一个有限的意义到更具包容性的第二个和第三个意义，得到了希腊语 *phusis* 的意思——反映在我们通常使用的短语"事物的本质（the nature of things）"中——的支持。

理论有助于让这一点变得可能）①，导致一种微妙而有力的心理学趋势，后者不断强化着这样一种假设，即科学对第二种、第三种意义上的自然的研究也拥有霸权。我认为，没有认识到并批判性地衡量术语**自然**的含混性的后果，也有助于这种强化；因此，这也可以被视为哲学家和其他人非批判性地接受科学霸权的重要原因之一。事实上，很少需要为科学关于第一种意义上的自然的研究有特权这一点作论证，并不意味着对第二种或第三种意义上的自然的考察必然同样是非科学的特殊能力莫属。

通过进一步发展这第三种批判，我想在这里指出，理解自然科学职能范围的最为合理的方式，是把它和第一种意义上的**自然**关联起来，然后明确承认这第一种意义是片面的或选择性的，不能包含这个术语通常的更为宽泛的意义。通过以这种方式限制科学的职能范围——虽然不是自然的全部意义——我们可以阻止我们文化的明显趋势，即设定科学对自然研究的霸权，同时我们还可以赋予自然科学应有的角色和作用。另外，这种方法能够让我清楚地看到，我们用来把科学的统治范围扩大到其他两种意义的自然的二元论和还原论，并非对自然的科学描述留给我们的仅剩选项。认为它们就是仅剩选项，这种假设暗含于第三章曾经讨论过的从科学的自然观到虚无主义的论述中，现在可以被视为对科学霸权的非分析性的和不合情理的信仰的一个分支。让我们更为详细地考察这第三种论述。

首先，我们可以把自然的哪一部分或经验实在的哪些方面特别归于自然科学的统辖范围，或者认为它们特别适合自然科学特殊方法和技巧的考察？因为我已经在别的地方谈论过类似的问题，所以我就从那本书里借用一些声明，它们相关于那些似乎非常适合这种描述的现象。这样的现象"在可控条件下是可预见的和实际上可重复的"，而且"能够以某种准确而有规律的方式显示其形成原因或基础"，或者能够"显示和其他特殊现象的持久关系"。另外，这样的现象"可以根据一种一套精心设定、高度

---

① 不过，迈克尔·格里高利（Michael Gregory）提出过一个重要观点，他提醒我们，工业革命的大部分内容"是鼓捣小发明的人而非这样的科学家们促成的"（1984：14）。

一般化的法则体系来解释"，或者更为理想地说，它们"在特殊情境中的出现，可以被**还原**为精心设定、高度一般化的自然法则的内涵……"（黑体字为后来所加）还有，这样的现象会是这样的现象，就像科学理论所解释和预测的那样，它们按既定规律必然而然的出现和相互关系，不仅可以被一种完全经验式的方式所肯定，还可以（再一次，更为理想地说）被能够想到的经验性事件——它们被理论的预测明确排除了——所否定（Crosby 1983：247）。对科学理论预测的可还原性、公式的精确性和高水平的可计算性的强调，意味着科学分析和解释应该尽可能用量的或数学的术语来表述。总而言之，经验实在的那些最容易被自然科学的特殊技术考察的方面，将会是那些能够（或被证明能够）显示准确的规律性和可预测性的方面；将会是那些能够被准确设计、仔细控制的试验肯定或否定的方面；将会是那些完全可衡量和可量化的方面。①

当然，还有可能的是，这种描述不仅仅适用于自然或经验实在的一部分，而是适用于其全部。况且，就有这样的人认为如此。但是，目前还没有决定性的证据证明这种看法的真理性，而我们的大部分经验似乎在反对这种看法（稍后会详细论述这一点）。于是，我们似乎完全有理由视自然科学为高度选择性的，也就是说，它只关注经验实在的某些方面，而不关注其他方面，而且可以说，它之所以能够获得精密性、严格性和成功，正是因为它以不得不忽视经验实在——它具有全部的复杂性和具体性——的其他关键方面或维度为代价。莫顿·卡普兰（Morton Kaplan）呼吁我们关注物理学的选择性，并且指出这种选择性的作用："如果物理学家的物理实体被来自其他学科的大量可变因素给玷污了，他们会很难直觉到他们的普遍法则。"（1971：

————————————

① 这里，我所谈论的，当然是通常被假设为科学解释的理想的东西。至于正在实践的科学家们或既有科学理论已经在何种程度上实现了这一理想，那是另外一个问题了（Crosby 1983：250，n.2）。比起其他自然科学领域，这一理想更接近于物理和化学领域，但即使是在这两个领域，关于自然现象的已被接受的解释，也不能总是恰到好处地体现它。于是，存在于通往自然的科学方法和其他方法（如哲学家的方法）之间的界限并非绝对不可改变。事实上，这个界限一直都是模糊不清的，这让莱克勒克更加坚持这样的看法，即只要考虑自然哲学领域的问题，就需要在科学和哲学之间建立一种互补关系。

96）。用这种方式看待自然科学，就是拒绝承认科学对第二种和第三种意义上的自然的研究有霸权，就是否认科学能够扮演表现上帝眼中的物理世界的角色，进而把它视为关于自然的众多视角中的一种有限的、片面的视角，需要其他重要视角来做补充。

我们还可以从另外一个方向，即通过反思关于科学霸权的第二个信仰，进一步阐明和支持这一关于自然科学视角局限性的论点。因为，科学的选择性不仅可以根据其局限于自然的某些特殊方面来看，还可以根据它的方法所预设的宽泛语境来看。我对这个主题的反思，可以被视为反对科学霸权的第四种论述。一旦大家看到这些反思，我就会返回这一猜测，即二元论或科学还原论，是科学的自然描述留给我们的仅剩选项，这也能够充分说明这种猜测为什么会被误解。

这第四种论述特别相关于表现科学霸权假设的第二种信仰，即科学方法是完全独立而非个人性的，能够以一种完全客观的态度解释自然的特征，不会受到人类偏见或价值的扭曲。某种程度上，这种批评是说，这种观点是对科学方法和科学研究成果的无法证实的理想化。更重要的是，它忽视了这个事实，即科学是一种人类努力，是来自容易犯错和可以讨论的人类视角、承诺和决定的成果。任何消除科学的人性基础的尝试，都是在削弱科学自身的基础。

这一点可以从很多方面来辩护。我在这里只指出两点。我从指出莫纳德在限制科学推理的理由时存在的一个悖论开始（见第三章第二节）。他的限制行为意味着，理性具有反思自己的范围和意义的能力，亚里士多德把这种自我意识和自我批判能力命名为"对思想的思想"。但是被莫纳德拿来作为完全客观的预设的理性自我反思能力，歪曲了他把理性限制在严格非个人性的正规思想模式里的努力，因为这种能力是一种友好随意的力量，它包含在很多种思想模式中，并赋予这些模式以意义。

莫纳德意识到这种悖论，尝试解释这种悖论，但没有成功。他承认，如果不赋予所谓客观性假定至高无上的**价值**，科学就是不可能的。可是，由于他坚称价值可以没有理性特征或不被理性辩护（也就是说，这些价值可以容许没有科学的正当理由），所以他被迫得出结论，认为科学这个对他来说唯一的客观合理性典范，建立在一个完全主观和非理性的承诺之上。而且，他还很满意地从这里离开了。结果，他并没有全力解决这一悖论。他无法在自己的思想中消除这种悖论，这一点警告我们，科学家们在尝试限制对科学推理的推理，把事实和价值完全分离时，会犯下某种根本性的错误。这还会警告我们，科学方法和发现是完全独立与客观的，这样的声明完全站不住脚。

莫纳德对科学主义的解释和辩护中出现的这种悖论，让巴雷特确信，正式的推理技巧只在人类承诺、信仰、行动和目的这样的宽泛语境中有意义，这说明这些技巧并非科学主义认为的那样是独立的、自足的或无所不包的。巴雷特评论道："每一种技巧都用于实现某种目的，而这种目的决定于这种或那种哲学观念。这种技巧不可能生产那指引着它的哲学。"（1979：117）韦尔也有类似的发现，他指出，科学"只有在一个有结构的和有意义的世界里才是可能的"，在这个世界里，目的和价值扮演着一个根本角色。他继续说道，"希望把理解还原为科学，这是荒诞可笑的，"因为"科学是人在世界上的行为，在他尝试科学地认识这个世界之前，他**就在理解**并**已经理解**了这个世界"（1965：183，185）。

科学推理本质上既不是完全客观和独立的，也不是无所不包的，因为它很难公平对待重要性、评估和选择这些更大的语境，而它就在这些语境中活动，并从这些语境获得意义。那些有规律地运用科学推理的人们，并不需要关注这种科学推理的设定基础，不需要就其资格或活动范围提出任何探索性的哲学问题。他们满足于视这种基础为理所当然的，满足于探讨经验被选择的一些方面，科学的考察方法能够解释的那些方面，而不需要关注经验的整体。通过这样做，通过接受用选择性求清晰性和精确性的交换条件，科学家在理论理解和技术发明两方面享受到了相当程度的成功。

于是，我们针对表达科学霸权的第二种信仰的论述的第一方面，意味着科学方法和科学知识如果以自身为依据就是无意义的和无法解释的；它们预设了巴雷特和韦尔所言的宽泛的理解背景，即使是莫纳德，也不得不勉强承认这个非正式的、可评价的和有目的的背景。把可靠的理性限制在独立的、正式的、"客观的"思想模式中，对科学来说是致命的，因为这种限制剥夺了科学所有的理性基础。亨利·詹姆斯（Henry James）关于科学主义的拥护者的声明在他那个时代是非常切题的，它提醒我们注意科学推理的有限范围："博学之士们犯下的最大错误，在于幻想科学**包含一切**而不是**被包含**……"（Brooks 1932：176）

我们当下的这种论述的第二个方面，呼吁关注非正式的想象和发明在科学理论自身——远离刚才强调的宽泛的意义语境——的设计和肯定方面所扮演的角色。于是，我们开始用另外一种方式质疑表达科学霸权假设的第二种信仰。

基本的科学理论不是被简单"发现"的，或者是从世界那里解读出来的，它们通常也不能根据严格的逻辑或正规的运算而获得。今天被广泛接纳的看法是，这些理论给予模式、类比和猜测核心角色，从而必然被视为具有创造性的想象力的构成物。里昂·布里渊（Leon Brillouin）非常简明地表达了这一观点：

> 一旦我们放弃把以一种人类尺度进行的实际试验的基础建立在大家都熟悉的僵死客体之上，我们的心灵就会在突然间面临一个无法理解的事实。想象力的角色开始占据优势了：天文学、地质学、基本粒子或核子学，还有生物学——在所有这些领域里，严格的逻辑都不再是充分的。实实在在的推理败下阵来，想象力开始统治一切。（1964：45）

事实上，像各种数学体系那样的正规推理模式，只能被视为一种模式或一种想象力的构成物，它们中的一些说法被证明能够有效解释经验的某些方面。这些数学模式的发明，并不允许正规的推导或解释置疑；它不能被"客观地"说明。

还有，由于被认为永远为真的理论框架有助于控制自然，支配那些用来肯定它们的"事实"的意义，所以甚至那些对科学理论的经验性肯定，也不能说可以免于非正规的推理模式的沾染与影响。这里起作用的，不仅仅是存在于理论自身中的关键的想象力事实，还有暗含在科学理论化每一个阶段的价值、目的和决定。正如韦尔所言，那些假定存在的事实，依赖于"科学家的公理，而对这些公理的选择也确确实实是一种选择，也就是说，是一种价值判断"。于是，"事实只有通过价值才变得有意义"这句话，确实大有深意。没有理论选择"将是不可想象的"，他继续说道，"在事实的岩浆里，在完全没有价值的情况下，将不可能有选择"（1965：182 - 183）。片刻的反思也可以让我们确信，只有在科学考察这样的有目的的人类行动语境中，事实才会变得有意义。于是，对科学理论的肯定不仅在某种重要程度上具有理论负载性，而且在某种重要意义上具有价值负载性。①

如果我们忘记了科学是片面的，或者如上所述是受限制的，如果我们假设科学方法和结果不会犯所有人类的事情都会犯的错误，我们就会很容易受到这种观念的诱惑，即科学对自然的描述只给我们理解人类与自然的关系留下两个选项：二元论或科学还原论。然后，我们要么把人类及其精神和文化生活尖锐对立于科学所描述的自然，要么尝试把人类存在完全置于科学所描述的自然之中。不管在哪一种情况下，我们都在走向虚无主义，因为就像第三章所述，这两种选择都不会在自然秩序中为人类找到一块儿有意义的地方。

有必要看到的是，这两种选择作为形而上学的解释之所以失败，不仅仅是因为它们会导致虚无主义的**归谬法**。衡量它们的失败的另外一种方法，是它们都不能解释科学自身的可能性。二元论的失败，是因为它尝试被科学的自然解释遗漏的所有东西都塞进一种完全不同的存在秩序中。由于二分实在，它无法解释人和自然的相互关系，而如果我们要去理解自然秩序，就必须预设这种关系的存在。科学还原论的失败，是因为它无法赋予目的和价值重要角色，而目的和价值内含于科学理论化的每一个行动中，只有这种理论化是某种存在的行为时才有意义，这种存在能够自由衡

① 当考虑之前谈论的科学解释的理想时，我们必须记住这些关于科学推理的背景和重要性的观点。它们与这一理想并不矛盾，而是把它置于具体语境，并且有助于厘清它的特征和局限性。

量各种替代物，并且根据理性从中选择，或者更为根本地评价自由而理性的考察过程。

很明显，当我们认为二元论或科学还原论是科学一旦起作用就只能留给我们的两种形而上学可能性时，我们一定犯了某种错误。本节的观点在于，问题的核心是对自然科学资格的错误感知。和莱克勒克一样，我们认为，自然科学本身不可能给出一种充分的自然哲学，这个研究领域，必须被理解为以形而上学为名的哲学事业的主要组成部分。① 不同于科学——我已经指出，科学是选择性的，有其特殊的职能范围，它的成功也必须以它的选择性为代价——形而上学必须致力于包含人类经验和思想所有的复杂性、幅度和深度，不仅包含那些被自然科学强调过的有规律的、数学化的和可以被准确测试的方面，还包含所有其他方面，诸如审美洞见和表现，道德价值感和责任感，还有那些关键的存在主义挑战和对人类生命之外的关注。

当然，形而上学的观念本身也是抽象的，但是它们的视角性不同于科学的视角性。形而上学家们寻求的解释体系可以被称为**一般性的抽象**，也就是说它们被设计成通过文化表现的所有独特维度和多样性，为我们的经验整体提供高度一般性的、统一的视角。上述论证的意义在于，自然科学必须被视**为选择性的抽象**，也就是有意关注经验的某些特殊方面（就像我们提及的那些方面），而对其他方面很少或不予关注。

_____

① 术语形而上学（metaphysics）正如我这里所使用的那样，并不意味着"物理学之上（beyond physics）""物理领域之上（beyond the physical realm）"或"经验之上（beyond experience）"。形而上学是对经验和一般特征及这些特征的相互关系的结构。正如怀特海所言，一个恰当的形而上学体系的特征或范畴将会是一般性的，这不仅仅是说它们对所有类型的经验（比如说感性经验、情感经验、记忆经验、好奇经验、审查经验、目的经验、价值经验等等）都是非常适用的，还是说它们"不可避免地相关于对任何发生在（经验）里的事情的分析"（1926：84 note）。如果我们发现我们能够理解某种类型或某个方面的经验，却不需要（或明确或不明确地）求助于一种特殊的形而上学体系中的一个或多个范畴，那么这个或这些范畴就会显示是非一般性的，而这个体系本身也会显示在这一方面是不恰当的。关于这一观念与怀特海形而上学的关系的讨论，见克里斯蒂安的著作（Christian 1983：40 - 44）。

于是，认为自然科学——一种根据其方法和路径表现为选择性抽象的学科——能够构成或者甚至替换一种充分的哲学（它相关于自然和人类在自然中的角色），这是严重的错误。杜威正确地坚称，所有重要的体验模式，而非仅仅那些受到自然科学关注的模式，"都是自然的某些真正特征显示自己的现实化的方式。"他正确地警告我们，像自然科学那样，从范畴上否认那些恰好被遗漏的东西的实在性或重要性——因为它们与被选择性强调的"特殊问题和目的不相关"——是非常愚蠢的（1958：24－25）。二元论和科学还原论都以各自的方式陷入这样的错误，即混淆了选择性抽象和一般的综合性，因为它们都假设科学对自然的描述具有完全的形而上学充分性。从科学革命时代到今天，这种错误一直在折磨着西方文化思想及其一般观念。

比起二元论或还原论，还有其他形而上学方法也可以公平对待科学本身的可能性。它们也可以很好解释人类生命和经验在自然秩序中的地位和重要性。比如说，怀特海就于1920年代和1930年代，在他的宇宙论著作《过程与实在》中构想了一种有机的、突生进化的自然模式，以及人类在这种自然中的地位。怀特海的模式既不是二元论的，也不是还原论的。人类和自然的其他方面的区别，只是程度的区别，而非种类的区别；但是这种区别让人类扮演了一个与意识、价值和自由相关的角色。这种模式的自然概念和整体实在概念，既是泛心理主义的，又是泛物理主义的，从而突破了由二元论支持的存在于这两个领域之间的不容变更的区别。它没有假定事实和价值、因果关系和自由之间的严格区分，而是寻求解释经验中这些事实间辩证的相互作用。于是，它可以充分利用科学的各种成果，却不会堕入科学主义，或者错误地设定自然科学无法胜任的霸权。

怀特海的形而上学观并非没有问题，但我想说的是，比起二元论或还原论，这种形而上学更加接近一种我们需要完成的、连贯而又充分的形而上学体系。不过，我这里的目的，不是极力辩护这种体系的优越性，而是呼吁我们注意它也是一种重要的替代办法，当我们从科学的自然视角出发，假定二元论或还原论是仅剩的选项时，我们会忽视这样的替代办法。我们还会谈论其他的形而上学替代物,① 但是这里提及一种,已经足以证明我们的观点。

如果我们严肃对待一些假设的可争辩性(这些假设被置入各种论述中,它们相关于现代科学的方法与发现,也相关于人类生命的虚无主义观念)——尤其是关于本节讨论的科学霸权假设的可争辩性——我们就会认识到,这些论述的大部分破坏性力量会得到消解,这些论述也会受到来自不同的、更加具有批判性的视角的审视。这些论述所依赖的那些通常不言而喻、未经考察的信仰和偏好,绝非我们时代虚无主义的唯一根源,但确实是主要的根源。因为,我们的时代不仅仅是一个科学时代,它也正在成为一个科学主义的时代。

---

① 其他关于自然和人在自然中的位置的形而上学方法,能够被视为二元论或还原论的重要替代物的形而上学方法,包括杜威在《经验与自然》中、安德鲁·范·梅尔森(Andrew G. Van Melsen)在《自然哲学》中表现的方法,当然还包括亚里士多德的多元主义形而上学。梅尔森的自然哲学主要建立在亚里士多德的形而上学之上,但他是在现代科学的语境中解释这位希腊哲学家的观点的。

第八章　笛卡尔思想中来自方法的 真理和虚无主义的种子

没有方法，最好别想考察真理。

——勒内·笛卡尔（René Descartes）（1967：Ⅰ，9）

在上一章，我已经指出作为虚无主义主要根源的第三种哲学假设，现在我们将对此进行分析。表达科学在现代的霸权的三种信仰之一，就是确信渴望精确而基础牢固的体系的哲学和其他学科，必须尽其可能运用自然科学提供的分析方法和证据。

这一信仰不仅完全影响了现代哲学的一般策略和特殊内容，还对其他学科的发展产生了深远影响，成为现代思想的主流观点之一。像社会学和心理学这样的学科，本身就是哲学的近亲旁支（自然科学最初也是哲学的近亲旁支），而且它们作为独立的考察领域出现，很大程度上可以追溯至这第三种哲学假设。现代哲学以及作为整体的现代思想的策略和内容，包含某些虚无主义的趋势，我将会批判性地考察前面已经提及的虚无主义论述的背景。

本章第一节考虑中世纪的考察方法与现代被理解为科学方法的方法之间的明显区别——当然还有一些重要的类似之处。这一部分的讨论，为第二节考察笛卡尔致力于运用自然科学方法从事自己的哲学研究打下基础。

我之所以如此关注笛卡尔，是因为他的思想传给了他的继承者们，或者极为清晰地表述了一种一般化的语境和问题意识，而大多数现代哲学（以及大多数现代西方文化）就发展于其中。套用怀特海那句关于柏拉图的名言，迄今为止的现代哲学史，就是对笛卡尔的一系列注解（笛卡尔在很多方面都是一个柏拉图主义者，不过这是另外一个故事了）。考察笛卡尔哲学体系将会揭示，在他的充满自信的理性主义乐章里，暗含着一些虚无主义的旋律。我认为，这些旋律很大程度上来自笛卡尔用科学方法研究哲学真理，而且这些旋律在后来的思想里变得越来越明显。其中一些旋律已经在前面的章节里被提前说过了；其他一些旋律将在第九章和第十章详细说明，在那里，它们将会作为附加的虚无主义哲学根源而被谈论。

一　中世纪与现代的方法

我从指出存在于自然科学方法——或者说现代思想家已经普遍认为这种方法是自然科学方法——与中世纪达到真理的方法之间的三种区别开始。第一种重要的对比来自这一事实，即中世纪的方法，寻求已经被圣经教义和长期的基督教传统视为真理的东西的内涵与关联。任何关于真理的声明，要想得到那个时代的学者们的认同，必须和这两个终极权威保持一致。权威的斗篷同样罩在柏拉图、亚里士多德和普罗提诺的哲学方法之上，在中世纪思想发展的各个阶段，圣经解释和基督教传统都已经和这些哲学方法巧妙地交织在一起。

因此，中世纪的方法根本上是他律的。它指向过去的权威，倾向于系统解释和梳理这一权威关于所有主题——包括自然主题——的核心主张。这种对既有权威的依赖，在中世纪极为普遍，甚至那个时代的思想家很少想到关注来自感官的证据，很少关注那些被视为不证自明的理性原则。

相比之下，科学方法从一开始就被视为发现未知真理的方法。比如说，伽利略把这种方法和亚里士多德的方法作了比较，宣称后者有助于确定我们的推理的连续性和有效性，但无助于发现新的东西（Burtt 1954：76）。新方法被假设指向未来而非过去，它的根本精神被视为自律的考察和新的发现，而非对已被接受的权威的依赖。

经过最初的一些令人瞩目的成功，科学方法很快就被认定能够颠覆过去关于自然秩序的结构与运行的大多数根深蒂固的信仰——通过实验检测和直接批判性地反思这些信仰。"在关于自然问题的讨论中，"伽利略在 1615 年的一封致克里斯蒂娜大公夫人的信中说道，"我们不应该从圣经的权威出发，而应该从实实在在的实验和必要的证明出发。"（Burtt 1954：83）

两种方法间第二个明显的不同，是各自关注的焦点不同。中世纪方法的焦点是价值、目的和生存的充实问题。小约翰·赫尔曼·兰德尔说道，这种方法的主要践行者托马斯·阿奎那思想的主要目的，"就是智慧，即对意义和事物的重要性的理解，尤其是对人的主要目的的理解，对人类生活及与其相关的所有造物之意义的理解；因此，它的对象就是那唯一能够赋予生存目的的上帝。"（Randall 1976：98 – 99）不同于这种方法对价值、目标、目的和意义——它们密切相关于人类日常生活——的关注，科学方法的关注点，就像现代早期的人们已经看到的那样，是物质实体的特征和动力因的运行方式；是对高度一般化法则——它们能够以一种精确而全面的方式描述、预测和解释物理实体的功能和它们之间的因果关系模式——的发现；是自然"如何"运行而非"为什么会"运行。

于是，不同于中世纪的方法主要关注人类，而对凭借自身成为主题的自然的研究没用多少兴趣，新的科学方法关注的是物理自然，而不关心人类生活及与其相关的特殊问题和兴趣。中世纪方法把人类的需要、目的和关注视为它对世界的解释的关键；科学方法倾向于把人类完全排除到它的自然概念之外，而把如何在自然秩序中为人类找到家园的问题留给了哲学。

两种方法的第三个区别，与数学及与其相关的问题——自然应该被多元地看待，还是应该被统一地看待——有关系。中世纪方法极少关注数学分析或推理。它的关注点是理解事物的定性本质（qualitative essences），以及由各自定性本质规定的不同物质实体间的相互影响模式。这种方法假设，这些不同类型的物质作为一个整体，一层一层地组成存在和价值的彼此绝对分明的等级，由最高的存在者上帝安排，并且服从于这种安排。于是，这两个孪生观念，即世界是一个定性的和价值的领域，以及世界是一个等级分明的多元领域——它们由存在的完全不同的水平或等级组成——被视为理所当然的事情。

与此不同，科学方法主要被视为数学式的。作为这种方法的特别研究主题的物理自然，也被视为本质上是数学式的或定量的（quantitative），这种观念相关于我们之前讨论过的把自然物质视为凭借自身存在的新观念。于是，伽利略能够带着赞美之情把自然视为一部"伟大的书……它用数学语言写成，单单自然一个词，没有三角形、圆和其他几何图形，人类不可能理解自然……"（*Assayer*，1623，Gingrich 1975：370 - 371，n. 10）与此相应，新方法寻求理解和解释的数学原则，后者能够适用于整个世界，从极其微小的地球到最为遥远的星际空间。这些方法的指导原则，是对自然的统一性的信仰，不管在何处，构成自然的物质全都一样：它们本质上都是数学式的或定量的。这种确信意味着，自然的所有复杂性、多样性和辉煌之处，都可以被还原至几条用数学方法表述的、普遍适用的原则和法则。实现这种简洁、彻底的还原，是科学方法的基本使命。

这三种不同，人们都已经很熟悉，曾经予以广泛讨论。而那没有被普遍认识或解释的，可能是兰德尔的观点，即尽管有这些重要的且影响深远的不同，但二者之间还是存在一些基本的相似之处。

兰德尔给出这种观点的第一个语境，是欧洲受教育阶层在学习科学的技艺——比如牛顿根据自己的万有引力原则对开普勒归纳出来的行星运动规律的演绎——时广泛存在的好奇和赞美之心。这些技艺并没有改变，反而重新激发了"中世纪托马斯式和亚里士多德式知识集合体理想，这种知识集合体是可以还原的、普遍的和绝对可靠的，是一个伟大的逻辑体系……"兰德尔继续说道，这种新科学

> 在笛卡尔和斯宾诺莎那里，只是从亚里士多德的三段论逻辑形式改变为欧几里得的几何命题形式。就像几何学一样，这样一种科学必须建立在一些绝对真实的公理之上，而其他每一种自然法则都将从这些公理

演绎出来；而且，18 世纪①科学理想的特征在于，不管如何求助于经验以给出这些公理，去形成主宰现象的特殊法则，没有一条法则被视为绝对确立的，除非它能够被纳入这样一个极具普遍性的演绎体系。（1976：261）

兰德尔给出的一个恰当例子，是开普勒关于经验事实的一系列貌似假说的观点，即一条假设通过理性证明这些事实间有序的数学关联，真的能够解释它们为什么是其所是，而它们在其他假设里仍然是多样性的和不相关的。通过这种检测，开普勒指出，相较于托勒密的假说，哥白尼的假说必须被视为真理（Burtt 1954：65）。于是，存在于中世纪和科学方法之间的重要的相似之处，就是二者都寻求体系化的思想，这种思想的每个方面都可以被还原至一个完全确定的基础。

第二个重要的相似之处在于，对应真理概念仍然被预设着，与之相伴随的，是获得一种非视角性的、关于物理世界的上帝视野，就科学方法来说，就是准确的数学推理和精确的实验测试。当伽利略宣称关于自然的任何数学谈论都能够客观、确定地描述自然的结构和功能，完全独立于容易犯错误的人类判断时，当上帝本身对数学分析和证明能够让我们理解到什么并没有更加清楚的认识时，他就是在表述真理概念和理想的知识。这种知识是可以期待的，因为上帝这个伟大的几何学家已经根据严密的数学必然性规则创造出了整个世界（Randall 1976：237；Burtt 1954：75，82）。现在唯一不同于中世纪的是，数学，而非圣经、基督教传统或来自定性本质的推理，成为寻求绝对确定性和上帝之眼世界观时所热切依赖的基础。即使从基本原理和法则推演出经验事实的思想，也不是全新的，它非常类似于亚里士多德在《后分析篇》里提出的科学证明概念。但是，把这些基本原理和法则限定为那

---

① 兰德尔的描述同样适用于 17 世纪。这种科学理想当然很大程度上受到哥白尼发表于 1543 年的《天体运行论》的启发。兰德尔指出，这部著作包含有"惊人的思想……旧有的权威都被发现是错误的，即使是观察所得和常识也是错误的；只有被数学计算控制的理性才是可信的"（1976：230）。

些能够被数学式地表述或推导的原理和法则，这个理想还是不一样的。

兰德尔关于这第二种相似性给出了一种恰当的看法，他说科学家是在通过他们的现代考察方法尝试"达到一种绝对的真理体系，后者完全独立于任何（人类）……心灵力量的……局限性"。寻求"对世界的完全而完美的理解与解释——只有上帝才能够做到这一点，他们的理想仍然是一个天启体系，尽管他们已经放弃了天启的方法"（1976：267）。于是，从现代科学及与其密切相关的现代哲学方面来看，我们仍然在强调寻求确定的基础，客观主义的真理和意义概念，以及获得一种上帝之眼世界观（a God's-eye view of the world）的理想——在第六章里，这些东西都与宗教影响相关。

让我们尝试带着这些关于中世纪方法和科学方法的对比和比较，更准确地描述早期现代思想家们关于科学方法本性的思考。新方法的两个要素是基础性的；它们非常清楚地表现在伽利略在寻求关于自然的真理时对"实实在在的实验和必要的证明"的坚持中。于是，科学方法有其经验性的一面，还有其演绎性的一面；这两方面有助于启发现代哲学的两次运动，即经验主义和理性主义。两种运动都尝试在研究人类和人类制度时，应用那被视为科学方法最重要或最实用的方面。

在讨论笛卡尔寻求运用或适应这种科学方法解决他自己领域问题的途径之前，在思考暗含在他的思维步骤及其结果中的虚无主义倾向之前，我们还要给出两个辅助性的观点。其中一个相关于演绎分析的角色。某种程度上具有类似于亚里士多德的观念，即科学证明中的一个基本步骤，是把被研究的实体分解为各种本质特征或形式因，伽利略和牛顿非常强调把经验现象归纳为其数学特征或元素的需要，只有这样，它们才能被带进数学演绎和证明的领域。伽利略认为，只有当我们的感性经验被分解为量的各个方面，我们才能洞悉它们的真正本质，或者看到被视为一部数学巨著的物理自然的"初阶"（Burtt 1954：78 – 81，208 – 212，220 – 221）。

第二点是科学方法在确证假说时对最高程度的数学精确性的强调。就像这种方法开始于把经验现象归纳为它们的数学方面，它也通过在数学上极为精确的实验检测其假说来得出结论。这种检测假说的方法，非常不同于中世纪建立真理的方法。比如说，开普勒拒绝自己广受推崇的火星理论，因为他的结论和他所依赖的第谷·布拉赫（Tycho Brahe）的经验研究相差了八分钟。正如伯特（Burtt）所言，没有一个中世纪的思想家会这样坚持理论必须绝对符合被观察的事实（1954：61，64）。总而言之，科学方法不仅融合了演绎和经验的元素；它的演绎方面是数学式的，而它的经验方面要求把感性现象分解为数学特征，并且根据最为严格的量的准确性标准来检验假说。

为什么现代哲学家在他们自己的学科领域里如此坚持运用科学方法，或者说会如此接近于他们所理解的科学方法？他们为什么会如此轻易就默认了这第三种哲学假设（本章要讨论的主题）？理由之一，是科学与哲学不能被明确区分开来，就像后来那样。它们的管辖范围只能沿着莱克勒克所描述的线路（前一章讨论过）逐渐分离。但这种解释并不充分，因为这第三个假设仍然被 17 世纪和 18 世纪的哲学家们坚持着，即使他们中的大多数人都认识到他们的研究范围限定于心灵或精神领域而非物理自然领域，后者现在完全属于自然科学的研究对象。

其他一些解释也可以简要说明一下。其中一个无疑是哲学家渴望拥有自己的学科和自己的建设性理论，它们也能够拥有新兴物理科学越来越多的确定性、进步和威望。另一种解释是，他们需要发现一种权威性的方法，以此发展和辩护科学革命所需要的新世界观，并且反对其中世纪前辈的世界观。哲学家们还需要一种建立真理的方法，他们凭此可以回应近来复苏的、颇有威胁性的怀疑主义思潮（第七章的主题）。其他非常重要的解释，还包括与封建主义死亡和中产阶级兴起——伴随后者的是其民族主义观念、自由贸易需要和对待既有权威和体制的批判性态度——相关的社会、政治和经济事实。这些事实刺激着哲学家们寻找新的社会理论和实践的基础，还有为实现这一目的而已经握在手中的科学方法。

二 笛卡尔思想中的虚无主义种子

当理性主义哲学家尝试运用科学方法解决哲学问题时，他们特别强调科学方法的数学性或演绎性一面。与此相应，他们主张数学推理模式是哲学反思和论证应该渴慕的理想。在笛卡尔那里，**纯粹哲学**和**自然哲学**（物理科学）之间的区别还不像后来那样明显，尤其是在牛顿《自然哲学的数学原理》于 1687 年发表之后。笛卡尔不只是一个哲学家，还是一个物理学家和最高水平的数学家。他把科学方法——主要强调的是其演绎性的一面——既应用于物理学问题，也应用于认识论、心灵哲学和形而上学问题。

他相信，由于这种方法已经很好地应用于物理自然，就像哥白尼、开普勒和伽利略的惊人发现所证明的那样，我们有理由相信它也可以在其他领域有出色表现。正如兰德尔所言，笛卡尔是一个"把伽利略的观念明确阐述出来并加以一般化和普及化的思想家"。在笛卡尔于 1650 年去世时，他"已经把关于自然的数学解释的声名推广至全欧洲……"（Randall 1976：222，240）另外一个结果是，他还普及了伽利略的科学方法概念（或者至少是他自己所理解的科学方法概念），让许多人和他一样开始确信，这种方法能够完全适用于哲学。

正如笛卡尔所解释的那样，这种方法的第一个特征，是它要求我们放弃对习俗、权威或未经分析的假设与信仰的依赖，只去接纳那些不能被怀疑的东西为真理，而要拒绝一切哪怕只被我们最轻微地怀疑的东西。由于感官有时候会欺骗我们，所以我们也不能相信它们，直到理性同意我们这样做为止。我们必须完全摧毁之前的信仰结构，就像一个人在重建房子前先要推平之前的房子那样——因为它的基础被发现存在不安全的危险。一切从头再来，我们必须奠定一个绝对确定的基础，如果我们能够找到建立这个基础的材料的话（Descartes 1967：Ⅰ，89）。笛卡尔方法的这第一个特征，使人想起新科学的精神，后者曾经颠覆了多少过去关于自然秩序的珍贵信仰，从多少关键的方面挑战了似乎是感觉的直接证据的东西，而且凭借其创新性的发现和证明方法大胆设立了一种完全不同的世界观。

笛卡尔方法的第二个重要特征，是它以科学认识方法的数学性层面为模范。于是，它回避了仅仅是可能性的东西，完全要求一种演绎性的论证模式。在谈到方法时，笛卡尔说："所有方法中我最喜欢的是数学方法，因为数学的证明是确定的，推理是有据可循的。"（Ⅰ，85）就像数学推理位于新科学的核心，笛卡尔把数学推理视为纳入他的方法中的推理的典范。他认为这种方法不仅能够解决几何学和物理学领域的问题——它已经并且正在解决这些问题——还能够解决人类所有思想和经验领域的问题。

笛卡尔指出，他在发明解析几何——它用这种几何把之前曾经分离的几何和代数领域惊人地综合起来——时运用了这种方法，并且获得了巨大成功（Ⅰ，93－94）。在那里所展现的理想，即让不同领域的原理和真理都符合"统一的理性计划"（Ⅰ，89），正是他关于以数学为模范的演绎证明和全面的演绎性知识体系的理想。正如我们早前已经看到的那样，这也是开普勒的理想，他以此为基础，断言哥白尼的体系为真，而托勒密的体系为假。

笛卡尔方法的第三个重要特征，是他从分析走向综合。就像伽利略坚持认为我们必须把感性经验分解为定量的方面，以便使它们顺应于数学式演绎，笛卡尔也坚持认为，我们必须把我们的思想分解为最简单的成分，然后从这些成分出发演绎性地建立起任何领域里的整个知识结构。于是，在他看来，一个真正的知识体系，可以被拆卸成彼此不相关的单元，又能够一点点地重新组装起来——就像我们拆分和重组一部机器一样。

就知识而言，那些可拆分的单元，就是笛卡尔所谓"清晰而明确的观念"，或者是"某些真理的萌芽，它们自然而然地存在于我们的灵魂中"（1967：Ⅰ，121）。从这些"最为简单和容易理解"的对象开始，我们就可以"一点一点地慢慢形成最为复杂的知识"，它们一步一步或"按照适当顺序"作用于我们的反思，直到（正如他在 1644 年首次发表的《哲学原理》里所表述的那样）我们"及时获得关于整个哲学的完美知识，获得最高程度的智慧"（Ⅰ，92，214）。

这再一次让我们想起了机器的比喻，尽管这个立即出现在笛卡尔心中的比喻似乎指的是欧几里得几何或自己的解析几何那样的数学体系。这些几何学和机器，都是密闭的、正式的体系的例子，正如笛卡尔在哲学推理中追求的目标。它们都要求不变的程序或顺序，即从简单的部分和子程序到更加复杂的部分和子程序，直至最终的结果：在几何学那里是由连锁的公理构成的完整的合成体，在机器那里是各部分间顺畅的相互配合，以及由此产生的整体的可靠运转。①

但是，在笛卡尔的思想中，科学方法的另外一个组成部分，即对假说进行切实的实验检测，又扮演着什么角色？他承认通过他的演绎方法发现的原理和关系，都是高度一般化的，不可能解释所有特殊的经验事实——不仅仅能够证明这些事实可能发生的原因，还能证明它们**必然**发生的原因，或者是它们为什么不会以其他方式发生的原因。要想拥有关于这些特殊事实的知识，我们只能依赖于我们的经验，但这种经验必须被理性小心控制或纯化；我们不能突然得出结论，而感官总是倾向于使我们这样。还有，我们应当时刻牢记我们应该尽可能地从第一原理演绎出尽可能多的经验事实（Ⅰ，121）。对笛卡尔来说，我们无法从我们心灵的内在潜能中推导出所有被认识到的事实，这是人类心灵的局限，我们无法超越。正如我们已经看到的那样，这之所以是个局限，是因为对他来说，理想的知识，是把所有真理都包含在完整、连贯的演绎体系里，也就是说，来自对这一体系的第一原理的确定而不含糊的推论。

对笛卡尔来说，不能被演绎性地推导的经验事实，是一种低水平的真理；他有时候会被这些事实弄得非常尴尬。他更感兴趣的，是那些"主要的和最有序的"（最普遍的和最有规律的）经验效果，它们可以通过适当运用他的方法被还原（Ⅰ，121）。但是，经历那些更为特殊的事实，有助于我们发展演绎体系，因为这可以刺激我们意识到心灵自己内在的原则。这些特殊的事实还可以提供检验这些体系的粗糙的试金石，也就是说，由于这些

---

① 笛卡尔对数学的狂热，可以和他对机器的狂热相媲美。在《论人》（《论世界》第二部分，死后发表于 1662 年）中，他把人类身体（他视为一部机器）和贵族花园喷泉里存在的精细设计的液压机构作了一番详细对比。他认为，身体的功能也可以比作"钟表或水磨的运动"（see A. R. Hall 1981：193 – 194）。在《谈谈方法》中，他指出，最近由威廉·哈维（William Harvey）发现的血液循环的每个方面，都"必然和各个器官的配置相一致"，就像"钟表的运行都和它的钟摆和齿轮的力量、位置和形式相一致"。他以此证明，身体就是一部机器（1967：Ⅰ，112）。这里的短语"必然和……相一致"意味着与数学证明的相关性，在他继续考察血液循环之前，笛卡尔强调了这一相关性的重要性。

特殊的经验是可能的（它们的出现就已经是证明），演绎体系必然能够解释它们的可能性（尽管它不能解释它们的存在事实）。

总而言之，笛卡尔的知识理想相关于演绎和绝对的确定性；他对可能性不感兴趣。他曾经在《谈谈方法》里轻蔑地谈及"那些不知道数学证明的力量、不习惯于区分**真正的理性**与仅仅可能的理性的人……"（Ⅰ，112；黑体字系后来所加）。中世纪学院派哲人们满足于证明事物可能会怎样（Ⅰ，86，125）；而笛卡尔想要证明，只要人类认为可能，它们必然会怎么样。他认为这是物理学和哲学的共同目标。①

笛卡尔运用科学方法解决形而上学问题所造成的后果，是我要关注的下一个问题。在这一哲学部门里，他通过耐心使用已经获取的方法，热切地寻求并且坚定地相信一种确定性，后者甚至超越了在几何学里发现的确定性（Ⅰ，106，135）。几何学必须依赖一些基本原理，而后者的真理性，即与现实世界的符合，至少允许某种程度的怀疑。同样程度的令人不安的怀疑也会攻击数学物理学。笛卡尔曾经自诩是一个物理学家，"给我广延和运动，我将建构起整个世界。"（Randall 1976：241-242）但是，如果物理学的发现被置于一个绝对确定性的基础上，就要求有一个更为基础的阿基米德点，以确保数学和数学物理学强有力的演绎不只是对我们心灵结构的反思，而是对客观世界的结构的反思。

在他主要的形而上学著作《第一哲学沉思录》（1641）里，笛卡尔宣称他已经在他无法否认他自己的存在——不管他多么费尽心思地尝试在他对这种存在的信仰中发现哪怕一点点的怀疑，都做不到——时发现了这一阿基米

---

① 关于经验在笛卡尔思想中所扮演的角色的更多详细考察，参见科普尔斯顿的著作（Copleston 1963：90-95）。当笛卡尔在《哲学原理》（1644）中构建他的自然体系时，他对作为感性经验对立面的理性直觉和演绎证明的着重强调，给他带来了麻烦。霍尔（A. R. Hall）曾经谈到这部书"与经验的模糊关联"，指出"笛卡尔物理学包含大量解释……这些解释如果看上去似乎非常可信，没有矛盾，实际上也都不可确证"。更倾向于经验性的下一代科学家如牛顿，认为笛卡尔难以（用霍尔的话）"真正面对任何单一自然现象的错综复杂性"，"难以用理论……解释详细的考察事实"。根据霍尔，正是这种抱怨使牛顿在《数学原理》里发出著名声明："我不会虚构假说。"（A. R. Hall 1981：115，121-122，106-107）

德点。无论他会怀疑什么，而暗含在这一怀疑行为中的，是对正在从事怀疑的存在的绝对确信。从这一绝对的确定性出发，他继续展示完美上帝——因此不可能是一个骗子——的存在、精神和自然实体的本质特征以及支持这种描述的物质自然的现实世界。通过毫不畏惧地运用这种彻底怀疑的方法，他最终沉浸于胜利的狂喜中。他冒着失去整个世界的风险，现在又重新完全得到它，并且使他那最为根本的确信免于更进一步的攻击。

我们无法怀疑笛卡尔对他的成就所抱信心的真诚态度，他相信，通过把科学的考察方法应用于他自己的哲学研究，就可能实现这些成就。但是，他的结论真像他相信的那样确定和牢不可破？如果西方哲学后来的混乱历史是某种象征的话，那么答案就是否定的。但是，我们这里更感兴趣的是植入笛卡尔形而上学计划及其结果中的虚无主义种子，这些种子所结成的果实恐怕只有在我们这个世纪才能看到，才能全面理解。比起哲学家们有些神秘的争议和辩论，还有一些东西更加危险，因为我们在笛卡尔的计划里发现了关于我们仍旧居于其中的世界的第一份规划，即使是在我们这个世纪的最后几十年里。

笛卡尔计划里最为明显的虚无主义种子，可能是它对绝对确定性的要求。他的所谓"系统性的怀疑方法"，不是其他，就是一个尝试挖到某种地基的过程。他视为理所当然的是，他只有通过这种方法才能获得真正的知识，他认为是普遍的、绝对的、永恒的和不可置疑的知识。正如我们已经看到的那样，这种知识观在西方宗教传统中有其根源，伴随这个传统的，是其关于上帝眼中的意义和真理概念，以及对绝对可靠的启示性经典和不容置疑的理性命题的基础主义诉求。

西方古典哲学思想，或者至少是其中形成中世纪观念的一部分，同样以这种方式看待知识。对柏拉图来说，知识的获得，意味着通过一种持续的辩证推理过程去理解先验的、不可改变的形式。任何无法理解这种永恒原型和它们的彼此连贯、必然相关的复杂模式的知识，都不是知识，而只是意见。亚里士多德把关于这个世界的可靠知识等同于对存在于实体中本质形式的某种直觉，等同于用三段论从这些形式的逻辑关系中推演出关于感性经验的有规律事实。普罗提诺关于知识——包括关于价值的知识——的本性和可能性，有着类似的演绎性假设："由于存在一颗灵魂，它根据正义和善来推理——因为推理是对此而非彼的正义与善的考察——所以必然存在某种永恒的正义，作为我们灵魂中这种推理的源泉和基础；否则，这样的推理怎么可能持续下去？"（*Enneads* Ⅴ，Saunders 1966：260）

如果我们把西方典型的宗教和哲学传统与笛卡尔对证明的精致性的渴求，对诸如哥白尼、开普勒和伽利略的数学物理学成就的钦佩之情关联在一起，我们就会明白他为什么要把知识等同于确定性。他同时还被自己对所处时代哲学的强烈不满所驱使，被一种需要所驱使，即拒绝这种哲学所表现的世界观的很多特征，重新树立一种完全不同的世界观，这种世界观与刚刚出现的新物理学保持一致，都建立在一种绝对确定的基础上。他还受到文艺复兴时期怀疑主义的影响（Descartes 1967：Ⅰ，99），受到新科学的影响，完全不相信没有被理性确信的感性证据。对感性的贬损，尽管有时候有利于为怀疑主义作辩护，但同样接近于柏拉图的精神，后者教导我们不能信任直接来自感性经验的结论，只有依靠心灵的内在能力和源泉，才有希望发现真理。

所有这些，都让笛卡尔对绝对确定性的要求，对演绎推理的绝对准确的要求变得完全可以理解了。但是，我们可别忘了，他发誓拒绝所有形而上学命题——它们是完全虚假的，并非来自绝对确定的基础，或者本身缺乏内在的确定性——这使他的转圜空间非常狭小，让他的哲学很容易受到反对，这些反对意见已经开始质疑获得确定知识的可能性（第六章第二节）。由于他的系统怀疑方法所能预见的两种替代物，要么是绝对的确定，要么是绝对的怀疑，而不允许有任何中间道路，所以他的哲学的明确特征与意图从一开始就接近认识论虚无主义的边缘。

如果笛卡尔难以应对那些坚决反对寻求确定基础的意见——而且我也没有在他的思想里发现任何可以用来成功抵御这种反对意见的有效策略——那么他的整个计划和思想体系就像他自己所承认的那样会一败涂地。于是，就像莱勒、昂格尔等人已经宣布的那样，知识被证明是不可能的，这该怎么办？难道我们必须承认无物能够被认识，不仅包括对事实的可靠解释，还包括那些能够让我们发现生命意义及与价值、目标相关的知识？这真是有可能的。只要我们设定这种受到笛卡尔支持的知识模式，虚无主义的结论似乎就是不可避免的。但是，我们不应当忽视其他的可能性：这种绝望的结论所依赖的知识概念，尽管貌似有理，并且被我们的思想传统珍爱有加,[①] 却是完全错误并需要彻底重新思考的。我将会在后面重新回到这第二种可能性。

但是，当我们想要尝试评估包含于笛卡尔计划中的虚无主义种子时，除了绝对确定性的不可能获得，我们还需要解释更多的东西。他的作为阿基米德点的数学广延和可测量的运动——被视为自然秩序中何谓真实的标准——剥夺了自然的大多数特征，而自然正是靠这些特征显现给我们的感性生命，并且剥夺了自然所有的价值或意义，而如果从我们的宗教、审美或道德感受方面看，它应该具有这些价值或意义。正如他所看到的那样，科学的推理方法教导我们，我们在自然世界中可以完全确定的，并且因此能够获得的关于自然世界的真正知识，就是它的数学的或量的特征（对他来说，这最终意味着自然世界的空间性或几何学广延性）。自然中我们有资格确定为真实的，只有这一点。自然主要是数学特征主宰的领域；所有其他我们可能会赋予它的特征，都是被错误赋予的，因为所有其他特征都是第二级的，都只存在于我们之中，存在于我们的人类主观性之中。

正如刘易斯（C. S. Lewis）所言，当笛卡尔被他那个时代的这种坚硬、刺目的世界观控制时，"我相信，几乎所有我爱的东西，都是想象出来的东西；几乎所有我认为是真的东西，都是冷酷而无意义的东西。"（1955：170）布拉德利（F. H. Bradley）也以类似的方式总结了这种观点："一方面，自然是一场秀，它的真实性只存在于最初的品质中。另一方面，自然是感性生命的无限世界，它吸引我们的同情心，扭曲我们的好奇心。它是居于其中的诗人和留心观察的自然主义者的对象。"（1969：435）根据笛卡尔的

---

① 正如杜威所指出的那样，像笛卡尔那样对确定性的要求，同样包含在经验主义哲学中。对经验主义者来说，来自感性的简单数据就是"不会出错的理解的对象"，而整个可靠的知识建筑必然建构在这一基础上（Dewey 1960：65）。

第一个阿基米德点，刘易斯和布拉德利提及的用以联系世界的，与性质、价值、情感相关的非正式、非科学的方式，没有任何真正的意义。关于客观存在的自然，它们什么也没有告诉我们，而只是撑起一面镜子，照见了我们主观存在的内部状态。

现在，不管自然具有什么样的价值，这些价值都会被视为从外部任意施与自然的，是人类目的和意志强加给自然的。于是，笛卡尔的自然概念，和宗教关于价值的外在性假设——第五章曾经谈及这一假设——有关联。但是由于他认为我们根据理性无法理解自然那对上帝来说才可能有的目的，坚称我们只有希望理解自然的动力因的机械作用，所以在他的形而上学里，能够把价值强加给自然的唯一源头就是人类主体（1967：Ⅰ，230－231）。世界完全遵从于人类目的，这种观念带来的令人陶醉的力量感，在《谈谈方法》某段话里充分表现出来，在那里，笛卡尔梦想发明一种"实践哲学"，它对物质力量与活动的探讨，将能够让人类成为"自然的主人和拥有者"（Ⅰ，119）。他没有看到围绕在这个美梦周围的，是一个噩梦。

那些受到笛卡尔的物理世界描述支配的人们，可以认为自己有资格忽视他们关于自然的最基本的感受，并且遵循计算理性的指导，把自然视为一个盲目运行的因果体系，服从于人类随心所欲的目的，这种看法，集中体现在忠心耿耿的笛卡尔派学者思想中，他们把活生生的动物钉到墙上，剖开它们的肉体，冷静地观察它们的痛苦扭动，以一种平静的科学客观性精神研究它们的内在组织在死亡前的抽吸和跳动。这些有着科学精神的绅士们，不需要注意任何侵入自己内心的罪恶感或具有移情作用的恐惧感，因为笛卡尔的方法和推理已经确定，动物只是自动机而已——尽管它们表现出来的与之完全相反——只是物理世界呼呼旋转的大机器的一部分而已（Singer 1975：209）。

于是，当笛卡尔的方法被坚决应用于自然时，它不仅会强奸我们的感官，还会残酷地威胁我们最为本能的反应和倾向。它迫使我们进入宇宙论虚无主义者荒芜、冷漠的世界，关上了通往我们西方人一直都视为温暖而可靠的自然家园的大门。对活生生的自然世界的这种彻底贬斥，作为时尚一直流行至今。这种自笛卡尔和科学革命的早期时光以来一点一点渗入思想和意识最深层次的贬斥态度，有助于解释我们当代人为什么极容易受到虚无主义心绪的侵扰。

笛卡尔哲学中关于中世纪和现代自然观的严格对比，被萨特小说人物洛根丁面对大海时一段痛苦的沉思生动地表达了出来。洛根丁把他对大海的感受与一个念着祈祷文走近他的牧师的感受作了比较。带着中世纪观念的牧师，轻松而满意地看着大海，因为对他来说，大海"也是一部祈祷书"。"微妙的颜色，微妙的香气，春天的灵魂，"海水闪闪烁烁的绿色与蓝色，这一切都具有实际的价值。它们所言说的，不仅是上帝，还是充满品质和价值的自然，作为人类精神家园的自然。不管自然呈现出来的东西有多么不完善，我们都不必过分担心，因为它们都会在即将到来的永恒生活中得到弥补。但是，现代人洛根丁却从一个完全不同的角度看待大海，看待作为整体自然象征的大海："真正（TRUE）的大海是冰冷而黑暗的，充满了各种动物；它们慢慢地游在这层薄薄的绿色荧幕之下，这荧幕是专门为了欺骗人才做成的。"（Sartre 1964：167）洛根丁之前还说过，大海看似平静的表面下暗藏着怪兽，它们有着巨大甲壳、"钳爪或尾鳍，在黏液中缓慢移动"（108）。于是，真正的自然，不是可以带给我们亲切、喜爱和容易熟悉的感受的东西。相反，它令人绝望的冷漠，使人感到恐惧和陌生。

关于自然的类似结论，同样包含在加缪于《西西弗斯的神话》中表现出来的宇宙论和生存论虚无主义中（见第二章第五节的谈论）。加缪并没有谈论科学的自然描述。但是，我们可以推测，这种描述就潜藏在他作为现代儿童而具有的敏感性背后，它有助于形成他和萨特所假设的那种尖锐的二元对立，其中一方面是现实本身永恒不变的荒诞性，一方面是人类主体性对客观价值和意义可怜又可笑的渴望。

笛卡尔的第二个、据说更为基础性的阿基米德点，即他自身存在的不可怀疑性，也是一颗虚无主义的种子，比起我们已经讨论过的那个阿基米德点，它所导致的灾难性后果一点也不逊色。谈论两个阿基米德点自然非常怪异，但这是一种让人们注意到笛卡尔观念两面性特征的方法，它指向对立的、不可调和的两个方向：**客观主义方向**，它根据正式的数学推理、几何和机械原则思考自然的每一个细节；**主观主义方向**，它坚持自我意识的第一性，主张其他东西都是派生出来的，都是成问题的。他的观念也表现为两种难以调和的历史视角之间的对立，其中一种面向新实体论的物质概念，以及完全根据唯物主义的术语来看待的自然，另一种面向传统关于精神性灵魂的信仰，这种灵魂的存在不需要肉体，在这个被上帝创造出来的世界上，它是价值和重要性的焦点。追踪至这种观念的逻辑结论，笛卡尔的这第二个支点留给我们的只是一种主观主义，它是如此彻底，以至于让我们不仅极端怀疑我们与世界的关系，包括我们与其他人的关系，甚至极端怀疑我们与自己的身体，与自己的过去和未来的关系。

说我们在专注于我们自己的意识时，会发现我们不可能再怀疑，这究竟意味着什么？根据笛卡尔，作为一种实体的个体灵魂的存在，完全不同于物理自然的实在性，前者被其能思想这个本质特征所规定。任何思想活动，比如尝试思考或确定自己的非存在，都能为个体的灵魂实体或**思想实体**（*res cogitans*）的存在提供确定的证据。但是，笛卡尔信心满满地求助于他自己的精神实体的存在，把后者作为他的形而上学的阿基米德点，这只能证明一件事情：他并没有足够彻底地落实他的系统怀疑方法。

比如说，他从未怀疑过暗含在这种求助中的、被他那个时代非批判性地设定的实体形而上学。但是，像笛卡尔之后那个世纪的休谟，我们这个时代的威廉·詹姆斯、罗素、怀特海等等哲学家，都已经发现质疑——如果说不是完全拒绝的话——这种不证自明的形而上学假设的可信理由。要做出这种发现，必然得用后见之明来评估笛卡尔的思想。但是这也说明了，认识到一个人什么时候会把系统怀疑方法彻底落实，这即使不是不可能的，也是非常困难的。暗藏在某种文化中的还在孕育状态的假设，太容易被误解为具有不容置疑的确定性。

还有，笛卡尔说过，当我们尝试否定我们自己的存在时，我们**同时**可以绝对确定地说，我们不可能否定我们自己的存在。如果严格运用笛卡尔的方法，我们似乎在某种程度上可以怀疑自己曾经在之前的某个时刻存在过，或者，我们将会在未来的任何时刻继续存在。因为他坚决主张，我们会拒绝任何不能被证明有着不容置疑的确定性的东西，所以，随着时间的过去，他必然根据他自己的方法拒绝相信他自己的存在。因为根据规定，所谓实体，就是至少在一段有限时间里保持不变的东西，而它的偶然特征（笛卡尔称之为**方式**）却会发生改变，所以，他必然拒绝他的实体性存在。于是，如果他坚持要求绝对确定性，那么能够留给他的，就只能是思想的片刻活动的存在：一个越来越小直至消失不见的阿基米德点！

当笛卡尔宣称"我的生命之路可以被划分为无限多的阶段，其中没有哪一个会以任何方式依赖于另一个；而且因此根据我们不久前存在过，并不一定得出我现在必然存在的结论"（1967：Ⅰ，168）时，他就让自己面临这种批判了。换句话说，他似乎总是已经准备好承认，在暂时的意识中不存在确定的基础，以认定存在一种持久的物质实体，后者支持意识行为作为它的特征或方式。我们甚至不能确定地把不连续的意识瞬间彼此联系起来，以便让它们随着时间的过去而保持连续性。①

支持这第二个结论的理由——至少在笛卡尔自己的思想语境中如此——是他主张我们无法在我们当下的意识里发现与过去或未来的关系。在上述引文中，他宣称，没有哪一个存在的瞬间"以任何方式依赖于另一个"。他甚至走得更远，主张如果上帝没有在每一个新的瞬间从头再造他们，人的精神

---

① 可是，这种关于不连续的、纯粹当下的或不持续的意识瞬间的观念明显只是虚构。我们永远不会经验到这样一个瞬间，它完全不受过去的影响，或者完全没有对未来的期待。马塞尔·普鲁斯特（Marcel Proust）以这种方式向我们谈论记忆对我们无处不在的影响："一小时绝不仅仅是一小时，它是一个充满了香气、声音、计划和心情的花瓶。我们所谓的实在，就是我们的感觉和同时围绕着我们的记忆的某种融合。"（1949：35）理查德·莫里斯（Richard Morris）也提醒我们，

　　主观性的当下不是一个精确的瞬间。如果是这样的话，我们就无法听到钟表发出的"嘀-嗒"声。我们是同时而非分开地听到了"嘀"和"嗒"，这一事实似乎可以说明，它们都包含在心理学的当下中。与此类似，如果主观性的"现在"持续的时间是零，那么我们就无法听见音乐的节奏。

　　莫里斯还补充道，"如果'现在'是一个瞬间，那么我们就无法感知运动。充其量，我们只能注意到一个移动的身体在不同的时间片刻里占据不同的位置。"（1984：146 - 147）我们将会看到，这里的最后一句话，明显和笛卡尔的运动观一样。

实体不会从一个瞬间到下一个瞬间地存在下去（Ⅰ，168）。

笛卡尔的灵魂－实体概念，类似于他的物理运动概念。他用位移或位置改变来定义物理运动，甚至所有物理变化。他进一步宣称，运动可以被还原为广延，后者是物质实体唯一规定性的特征，意思是说，所有的运动总的来说就是对一个接一个的延展区域的占有。但是，关于这个从第一个到第二个空间区域的运动过程，他并没有给予形而上学解释。同样，他也没有解释任何从一个意识瞬间向下一个意识瞬间转换的过程。于是，每一瞬间都必然被上帝造得特别具有当下性和完整性，不存在随着时间的流逝继续发展与变化的内在潜能。颇具反讽意味的是，笛卡尔把经院哲学的亚里士多德式"变化"概念嘲弄为"某种可能存在的东西——就其是可能的而言——的现实化"（Ⅰ，46）。比起他认为如此清晰和明确的点－瞬时概念，经院哲学的这个定义对我们关于变化和自我在时间中的连续性经验来说，似乎更加充分。

这是一种怪异的实体，它本身没有持续存在的力量，可以被分解为相互区别的、被分别创造的单元，彼此间没有内在的联通性。但正是因为这种作为实体性灵魂的持久存在（我们可以这样假设），笛卡尔在《沉思录》里的其他地方宣称超越了所有可能的怀疑。是什么导致了这种悖论式的结果？这部分是因为他坚决主张绝对确定性，并且隐隐约约承认这种绝对确定性——如果真的存在的话——只能应用于对当下瞬间的意识。他的宗教信仰，即有限造物从其一开始存在就依赖于上帝的支撑力量，也扮演着重要角色。

人们猜测，藏在笛卡尔推理背后的还有对他的两个阿基米德点的不相容的混合。他曾经下意识地把变化和时间几何化，认为它们似乎能够被无限细分为独立的、完全当下性的单元，就像几何学家的直线上可以彼此明确划分开来的线段。还有，他可能受到对待变化与时间的科学方法的严重影响，这种方法通过把它们分割成可计算的单元，让它们成为可衡量的，并且因此成为在数学上可计量的。对数学物理学来说，这是一个方便而必要的途径，可以用来解释量化分析方法或伽利略、牛顿谈论过的解决办法。作为变化与时间的形而上学解释，这种方法的充分性并不那么明显或有说服力，但似乎是笛卡尔对绝对确定性的顽固要求所能留给我们的全部东西。

这一点，在我们考虑下述结论的第二个原因时会变得更加明显，这个结论就是，根据笛卡尔自己的估计，我们不可能确定地认为自己就是连续性的物质，或任何持久不变的实体。为了成为这样的实体，我们必须依赖于我们的记忆。但是，就像感觉一样，记忆会误导或欺骗我们，因此总是向怀疑打开大门。根据这种考虑，还有其他因素，笛卡尔为什么不会放弃他对自己的实体性存在的关键确定性的声明，从而堕入彻底的怀疑主义？他为什么不会结束于一种自我观，它类似于叔本华的自我观和萨特的洛根丁的自我观，后两者都绝望地认为，只有当下独立的短暂瞬间才是真实的？他为什么不会同意洛根丁的看法，即过去的已死亡，而任何通过记忆重新捕获过去的尝试，都极有可能把过去扭曲得认不出来？他为什么不会同意洛根丁（和休谟）的观点，即"任何事情都可能"在未来"发生"，因为我们没有理由彻底切断当下的意识，即相信未来会类似于过去？现实性对他来说，为什么就不像对尼采那样，会堕入非结构性的混沌？

所有这些问题的答案，都在于笛卡尔对上帝的求助。通过持续的再创造，上帝确保有限自我在时间中的存在，从而赋予那本身没有持续性力量的自我以持续性。上帝确保了记忆的可靠性和世界的可预期秩序（1967：I，183，224）。假如上帝不做这些事情，笛卡尔推理道，上帝就会是一个骗子。他想，他能够带着绝对的确定性证明，这个上帝不仅存在，还不可能是一个骗子。但是，笛卡尔思想对上帝的这种求助，至少存在两处根本性的困难（还有第三个困难，我们将会在后面联系他的意志概念再来谈论）。

第一个困难在于，这种求助揭示了笛卡尔第二沉思里设定的阿基米德点的可疑性，它说明，上帝的实在性，而非对笛卡尔自己的实体性存在的意识，才真正是他的体系的牢不可破的确定性。这等于把他的体系扔进了矛盾和混乱的泥潭，因为笛卡尔关于他自己的实体性存在的确定性，被设定为一种清晰而明确的（因此也是绝对真实的）观念的典范，而且他在为上帝的存在辩护时明确依赖于这种关键的确定性。第二个困难在于，根据笛卡尔的推理，上帝**确实**经常欺骗我们，因为他让我们假设我们是实体性的自我存在，并且随着时间自行变化和发展，而实际上（如果笛卡尔的分析被接纳的话）我们不过是一系列完全当下性的、瞬间即逝的伪实体，我们彼此间多多少少都是相似的。于是，这个系列里的每一元素，大概都拥有一些早已做成的记忆，它们创造了一种作为单独的自我实体在时间中持续存在的**幻觉**。

笛卡尔的这种自我模式，让我们不得不想起萨特的不间断的自我概念，后者作为一连串前后相继的虚无化行动而存在，其中每一个行动都能够在任何给定瞬间"完全自由地"彻底重造或改变过去，后者是特别消极而迟钝的，比起我们似乎在经验中有可期待的基础，它原则上更容易服从于意志的主宰性力量（见第四章第二节）。萨特的这前后相继的、不断更新的虚无化意志行动，不仅类似于笛卡尔的彼此不关联的自我瞬间；还暗示了一种强大而完全自由的意志力量，凭借它上帝不断创造出完全不同的人类自我。根据萨特，上帝在笛卡尔世界的每一瞬间的所作所为，我们人类也都有能力完成。

在两个哲学家各自的自我观之间还存在一个相似之处，即不管哪一种自我，都是一个"无"。笛卡尔的无限可分的自我，实际上是非实体性的——尽管他的主张完全与此相反——不管从这个术语的技术性含义还是非技术性含义来看，都是如此。而另一方面，萨特的积极自我，时时刻刻都在虚无化，它来自自在的永恒不变的实在性这一点被遮蔽了，它与刚刚逝去的过去的连续性，要么没有被解释，要么完全根据它自己的自主决定来解释（尤其参见第四章第一个注释）。

萨特自我观的确切根源，当然不同于笛卡尔的自我观的确切根源。萨特并没有有意识地尝试在他的哲学思考中运用科学方法。但是笛卡尔却这样做了，这使得自我和世界之间钉入了一根楔子，让他和他在现代时期的那些模仿者们尝试以彼此独立的主观意识为基础来辩护或解释自我经验和世界（比如，洛克的"简单观念"，休谟的"简单印象"，我们这个世纪的认识论学者提出的"感性数据"或"感性内容"）。第四章强调了萨特哲学很大程度上仍然处于二元论传统中，在那里，我还讨论了他的一个确信，即重复的瞬间自由活动，可以用来把人类解释成周围世界的可理解结构。这些思考，还有其他地方的思考，暗示着笛卡尔和萨特之间的相似性不纯粹是偶然的，而是来自共同的概念使用，这种概念使用——很大程度上要感谢笛卡尔本人——已经成为现代精神的必要组成部分。

这两位思想家的观点的一个存在主义后果，就是被囚禁于当下瞬间的感觉，被无常的时间流逝折磨的感觉，因为我们无法相信自己对过去的记忆，也无法相信自己对未来的期待。我们甚至不清楚自己的意志决定会如何影响未来，或被过去如何影响，因为在两位哲学家的思想体系里，自我和时间都是完全不关联的。①

如果我们连我们自己在时间中的存在都不能确定，我们又如何确信自己拥有自然的身体，或者确信一个自然的世界确实存在？而且，我们如何确信世界上还存在其他人，他们和我们一样是有意识的存在，或者和我们共有一个世界？笛卡尔第二个阿基米德点及其暗示的激进主观主义转向还意味着，我们必须从我们的个体自我意识被设定的首要性出发演绎出世界的其他部分。但是正如我们已经看到的那样，我们现在似乎不再确定拥有一个连续性的自我，而完全被困于直接当下的孤独之中，从而没有理由确信**任何**超越于或外在于这种转瞬即逝的片刻的事物的存在。

---

① 我这里谈论的，是萨特《存在与虚无》中的哲学观的实际效果，而非其最初意图。这一效果主要来自他对彻底自由的强调（见第四章第二节）。萨特充分意识到，"一旦我们把当下局限于当下，我们将会永远走不出当下。"他也明确批判过笛卡尔（和康德），说他们开始于"一种时间的假设，这种时间是不连续的，本身会消解为纯粹的时间聚集"。他还说道，"结尾被正确地说成是因果颠倒——也就是说，是未来状态的效果，"它暗示了当下与未来的关联（1966：151 - 152；160 - 162）。但是，他似乎乐于沉迷于这种"未来状态的效果"，也就是向未来可能性的完全开放，和人类自由面对这种可能性时不受限制的角色，就像他对另外一个极端——过去状态的效果——极端鄙视一样。通过拒绝允许过去的累积效果（包括一个人自己的选择）可以对当下的自由行动施加难以克服的限制（包括那些我们在某一时刻赋予过去的意义和可能性），从而迫使这些行动在任何情况下都是片面的而非完全的自由行动，萨特同样暗中否定了我们当下行动的任何可预测的效果，也就是这些行动对未来选择所产生的任何可计算的、可累积的限制性效果。在这种情况下，不仅当下与过去的关联会成为问题，当下与未来的关联也会成为问题，而且我们也会返回另外一种时间（和自我），后者只是彼此分离的瞬间的聚集。

笛卡尔再一次求助上帝把他从形而上学的困境拯救出来，而他正是由他的体系的内在逻辑无情带进这一困境中的，但他这样做时还带着镇定的自信。他已经打心里确定上帝的实在性，因此很乐意被他设定的上帝存在的证明所说服，这种证明根深蒂固地存在于他所属文化既有的思想模式里。对他来说，思考他自己的存在，同时也就是在思考上帝的存在。他难道不是一个有限的造物，他的存在必须时刻依赖于上帝？

但是，如果我们并没有被他关于上帝存在的证明所征服，这部分是因为我们猜测这些证明包含循环推理的元素；① 部分是因为它们并不能把它们带给笛卡尔及其同时代人（即使并非全部）的确信也带给我们；更可能是因为它们对我们来说太过熟练、舒适，太过容易依靠，以至于应付不了他的体系中存在的不连贯性危险，这又会怎样？在这种情况下，只有执着于当下瞬间的唯我主义还能保留下来，它是能够从日常经验的具体性中拯救出来仅有的一点确定性知识。于是，系统怀疑的方法将会在此过程中让我们完全失去这个世界和我们自己的灵魂。

经过更为仔细的考察，我们发现，对笛卡尔本人来说如此幸福的事情——它们本来受到怀疑，又在一种绝对确定的新基础上重新赢得信任——现在已经被彻底否定，达到荒诞的极致。因此，他对科学考察与推理方法的使用，可以被视为虚无主义的一个根源，这不仅对他来说如此，对所有用确定性或精确的科学程序和证据来发现知识的现代人——他们都认同他的绝对数学化的或"客观主义的"自然概念，或者认同他解决认识论、价值论和形而上学问题时的完全主观主义的方法——来说同样如此，

萨特的洛根丁同意这三个假设中的每一个，这意味着在这些方面（还有其他方面）事情还没有被扯得太远，以至于看不到他就是一个被剥夺了上帝信仰的笛卡尔主义者，或者是一个比笛卡尔本人还更一贯的笛卡尔主义者：这种人一直活到得出他们的终极结论——这种结论是笛卡尔哲学的隐蔽

---

① 我已经讨论过的循环论证因素，表现为依靠确信某个人的实体性存在来证明上帝的存在，然后又依靠上帝确保这个人的持续存在，后者面对着记忆和期待的不可靠和不确定。

趋向和言外之意——并且发现这个结果是令人厌恶和无法忍受的。洛根丁之所以对知识感到绝望，是因为他的经验和信仰不能证明演绎推理的确定性和准确性，[①] 因为他很难得出结论，即名称、概念、关系、描述和解释等等都关在他自己的脑袋里，与世界上的任何事物都没有对应关系。他受到一个令人恐怖的无意义自然的威胁，这个自然对着他最深层次的人类渴望傻笑不已。他完全陷入一种当下时刻的主观性之中，不仅与世界和其他人隔绝，还与他自己的过去和未来隔绝，从而和他自己的自我完全疏离。

在小说《恶心》中，萨特以极度令人痛苦的细节证明，笛卡尔哲学不仅仅是抽象的理论，同样适用于人类生活的具体环境。他通过这种方式——尽管可能是不经意的——让我们更加充分地意识到包含在这种哲学中的虚无主义种子，这种哲学清楚表达了现代性的某些核心主题，它们从一开始就相关于一种不受约束的激情，后来却开始沉重地压抑人类精神。

到目前为止，我们已经讨论了笛卡尔形而上学中的三颗虚无主义种子：他对绝对确定性的要求；他剥去自然的所有东西，只剩下数学特征和机械功能；以及暗含在他对自我意识的首要性和确定性的求助中的彻底主观主义。我们已经看到，这三颗种子中的每一颗，都来自他决定使用物理科学的方法——他所解释的物理科学方法——来解决哲学问题。笛卡尔哲学中的其他两个虚无主义倾向，还有待讨论。它们也可以被追溯至他对科学推理方法的吹捧。

笛卡尔哲学中的第四颗虚无主义种子，相关于那些文化元素，它们不能被归因于确定性基础，或者说关于它们的地位和他的方法之间的关系，他并

---

① 洛根丁所渴望的演绎推理的准确性和确定性的主要象征，是歌曲《总有一天》。每当这首歌的唱片放起来，音符就一个接一个带着强烈而可靠的必然性，带着类似于"金属般的透明性"的清晰而明白的确定性连续出现。相反，生活是不连贯的和完全不牢靠的；我们关于知识的声明，貌似远离不确定性、惯例和偶然性，实际上远没有这首歌的明确的必然性。洛根丁在这里证明自己根本上是一个柏拉图主义者或笛卡尔主义者，他极度失望地发现，在这两位哲学家意义上的知识根本不可能实现，但他又设定这种知识是唯一重要的知识（Sartre 1964：34-35）。在《恶心》的结尾，他放弃了自己去认识的渴望，意识到认识的无效性，而决定去写小说，这象征着他决定和这样的观念妥协，即人所能做得最好的事情，就是根据他们的自由行动为自己创造一个世界。

没有清楚说明。我要讨论的那些元素包括传统、艺术、宗教和道德。这些文化范畴之间的区别可以说是人为的，因为它们以一些重要的方式彼此贯通，但这正符合我们的目的。第五颗也是最后一颗虚无主义种子，相关于笛卡尔自然概念和人类意志所扮演的角色这两者相互冲突的倾向。一旦笛卡尔主义的这最后两种虚无主义倾向得到说明，我将用某些关于方法论假设的一般批判性评论来结束这一章，而这些假设，就是虚无主义的第三个哲学根源。

从笛卡尔在方法论方面"坚决主张剥去之前得到的所有观念和信仰"（1967：Ⅰ，90），主张推平所有没能建立在确定性之上的基础这里，我们可以看到什么样的文化倾向，看到文化在人类经验中扮演何种角色？让我们首先看看我们如何称呼**传统**。在《谈谈方法》里，笛卡尔警告我们，一种文化对过去事件的解释，对经典教义的解释，对模范祖先的成就的解释，往往把事实和想象、理性与激情混为一谈，并且倾向于粗劣的夸张，所以我们必须拒绝受到它们的影响。不同地方的社会习俗和实践各有不同，它们的起源也被掩藏在时间的迷雾里，所以那些热衷于绝对清晰和普遍真理的探究性心灵，对此不会有什么兴趣（Ⅰ，84－85，87，91）。根据类似的推理，正规的想象、故事、神话和仪式——一种文化的成员凭此获得目标，并引领他们的集体事业在时间中发展——都有它们的地位，尤其是对那些没有受过教育的人来说更是如此。但是，由于传统的这些方面的意义非常多样并且模糊不清，它们似乎被视为真理的源泉。传统的教训只有在某种程度上可以形成单一的意义，表述为清晰而明确的命题，并且归入演绎性体系中，才会具有知识的资格。

比起笛卡尔方法的其他方面，这一方面更能显示出他是一个（用麦金泰尔的话来说）"孤独的认识论英雄"（Warnock 1971：57），让他所属文化积累起来的经验和知识接受他个人的理性力量的专横审查。正是从他决定远离范例和习俗，把自己作为主要的研究对象，调动他的个体心灵的所有力量的那一天起，他告诉我们，他终于开始实现了思想的进步（1967：Ⅰ，87）。这里，笛卡尔还显示出自己是现时代真正的代表，这个时代是如此信任和强调个人主体的思想与经验，而这个个人主体概念，在后来的现代人如施蒂纳、茅特纳、尼采以及早期萨特的观念里获得了确定的形式。我将在下一章详细探讨这个概念，在那里，它会被视为虚无主义的另一个主要哲学根源。

正如麦金泰尔再一次指出的那样，以及我们在上面所看到的那样，当我们比较中世纪和现代的推理方法时，同样非常现代的是这样一种观念，即权威和理性总是彼此不和，相信任何权威，包括人们所处文化传统的权威，都是非理性的（MacIntyre 1981：41）。于是，笛卡尔的推理理想远离中世纪的理想，走向另外一个极端：不同于后者倾向于完全依赖过去，他完全拒绝相信过去！他要与之明确划清界限，让自己完全转向未来，用他自己心灵的内在资源建立起一个全新的知识体系。

暗含在这两个紧密相关的典型现代概念里的，是这样的确信，即不仅和自己的文化传统保持一定距离是**非常可取的**，而且完全拒绝它们的影响，站在外部，以一种独立的、纯粹分析性的态度评价它们，也是**可能的**。这种确信是斯金纳《桃园二村》男主角的主导原则之一，他以自己完全拒绝过去为自豪，他认为过去是扭曲和错误交织的泥潭。"没有什么能比一种历史感更能搞乱我们对当下的评价了，"桃园二村的创建者，行为主义心理学家弗雷泽说道。他继续宣称，"我们能够给予我们年轻人的……是对**当下**力量的把握，一种文化必须应对这种力量。你们的神话，你们的英雄——还有历史和命运，都见鬼去吧——只有**当下**！当下就是一切。当下是我们能够以一种科学方式应对的唯一的东西。"（Skinner 1948：239）

这个孤独的认识论英雄寻求摆脱传统的陷阱和其所处特殊历史环境的限制，希望带着纯粹的感受力站在理性的法庭面前。如果他当前时代的同伴是斯金纳，那么他早先的对应者就是宗教英雄马丁·路德，后者决心摆脱数个世纪以来的基督教解释负担，认为根据他自己发现圣经的本来意义是可能而必要的。带着这种假设，他自命为孤独的信仰者，站在批判性的有利位置，冒险挑战和重思他那个时代的整个宗教传统、实践和体制。路德所谓的法庭，是圣灵的引导，而非科学理性精神，但其英雄主义的个人主义基调仍然表现得清清楚楚。

路德与笛卡尔、斯金纳的一个重要不同，是这个宗教改革者坚持认为，探索性的个体必须仍然以历史权威和传统为基础继续前进：这个权威和传统就包含在圣经之中。路德以比较遥远的过去的名义尖锐批判那最近的过去，说明他是一个过渡性角色，主要代表的是文艺复兴的典型方法，而不是现代心灵的成熟典范。相反，笛卡尔和斯金纳，坚持从没有任何文化预设开始的必要性，从擦去所有传统文化态度和信仰痕迹的青石板开始的必要性。①

但是，即使粗略考察一番笛卡尔思想，也会发现他并没有让自己成功远离传统和历史条件，或者从零开始成功建立自己的形而上学。相反，他继续没有任何质疑或抵触地接纳了很多继承自过去的东西。我们已经指出他对对应真理理论、对作为唯一可靠的推理方法的基础主义和还原主义、对实体与属性教义、对上帝的实在性以及对"我们所拥有的一切（包括我们精神存在的每一瞬间）都来自上帝"（1967：I，105）这一观念的非批判性设定。这一系列的例子虽然还不够充分，但足以暗示，彻底清除一个人的过去，或者做一个非社会化、非历史性的存在，是不可能的，不管他的个体感有多么强烈。

但是，如果笛卡尔完全充分地实现了他的计划究竟会怎样？后果可能完全不同。要想弄清楚这是为什么，我们必须认识到，正是传统的那些不确定或不很明确的方面，或者不能被确切证明的方面，为理解提供了必要背景，而我们的理论和实践努力，就发生在这种背景中。正如玛乔丽·格瑞纳（Marjorie Grene）所言，我们作为人类总是"困于界限的含混地带，界限的一边是我们的知识的清晰的表面，是其公式化的、非个人性一面，另一边是知识的沉默且通常未知的线索，通过它们，我们可以走进明确的核心"（1966：33）。笛卡尔在其他方面是如此坚持我们的有限性，在这里却似乎完全忘记了这一点。

我们必须不断依赖这些不明确但又不可或缺的线索，以便获得一种语境

---

① 不过，正如我们将要看到的那样，在笛卡尔的方法所要求的，与他能够或愿意运用这种方法在他自己的文化传统上的程度之间，存在相当大的不同。这一不同明显表现在他关于神性启示无可怀疑的权威性的声明中。在这一方面，在具体的实践中，他关于过去的观点与路德并无不同，尽管他所宣称的方法暗示着一些不同。

或领域，其中"明确的提问和回答可以产生"（Grene 1966：32）；获得那宽泛的、最不清晰的世界观（包括我们对世界上有价值的重要东西的难以言说的信念），其中我们所有的推理都发生于其中；获得我们带入每一种考察的含混假说或期待——这些大部分都是我们所承传统的贡献。语言本身可能就是那沉默的社会化背景存在的最清楚不过的例子，对我们来说，它的意义模式必须被视为理所当然的，只有这样才能引导我们的考察或交流，也才能对这些考察或交流的结果进行辩护。我们的教育模式同样在形成我们的一般观念过程中扮演关键角色，就像文化方面的习得态度和反应——它们通常下意识地起作用——主宰着我们与其他个人、群体和世界的其他方面的日常互动。

笛卡尔如此坚持认为，除了那些清晰而明确的东西，其他东西都应该弃之不顾，这否定了理解它们作为关键角色的不清晰维度，以至于如果彻底运用他的方法，后果将不可能是一个被明确肯定的体系，而必然是失败而无效的彻底沉默！他对自己暗中把明确的东西建立在不明确的东西之上没有意识，这使得他难以看到自己方法的灾难性后果。在他的方法的这一方面——如果不是其他方面的话——我们可以认识到，它提供给我们的，与其说是对关于我们自己和世界的无所不包的上帝视野的保证，不如说是一种抽象的理性主义的片面一瞥，后者完全低估了它要去认识的东西。这种理性主义如果彻底落实，将不可能认识任何事物。

我们刚刚谈论过的这种为知识探索和理性辩护知识声明不可或缺的语境，不可能产生于诉诸清晰而明确之物的方法，也不可能被这种方法来证明，因为它的所有方面都必须是**预先设定的**。于是，知识的进步不可能仅仅来自历史和社会语境的持续辩证运动，也不可能仅仅来自个人的经验、洞见和理性——在这种辩证运动中，传统的无声影响不可能被弃之不顾，而必然总是内含于它们之中。一种与过去之间的新的断裂，还有一种坚持，即每一种能够被真正认识的东西必然被降至清晰而明确的观念的绝对起点，让我们不可能知道任何东西，因为没有假设的理解语境存在，其中对确定知识的寻求活动可以发生。笛卡尔的方法如果得到充分运用，会很快耗尽自身，证明不可能实现它自己。在前面的章节里，我们曾经批判过对科学的完全客观性和独立性的信仰，这种信仰是笛卡尔对明确方法的绝对资格的过度充分却没有根据的信任的另一种表现。

笛卡尔的方法不仅难以解释理论考察的非正式的、不明确的、通过文化传播的语境以及其在知识探索中扮演的关键角色，而且必然否定艺术、宗教和道德的认识意义，从而让它们变得次要和微不足道，不能被提升为清晰而明确的观念体系。但对所有人来说，这些方面，还有传统本身，才是生存价值和意义的主要来源和表达。芭芭拉·汤普森（Barbara Thompson）关于传统——精妙地交织着艺术、宗教和道德的元素——在英国统治最后时期对印度的印度教徒子女的意义的谈论，适用于所有时代和地方的人们。

> 一个孩子学习生活和直面死亡的方式，就像他学习走路或谈话那样：通过家人充满爱的鼓励，通过有意义的游戏，这种大部分内容由神话、童话、传说和寓言表达的生活和死亡方式，在家庭里一代一代传了下去。（1985：33）

我马上就要谈论笛卡尔方法对宗教和道德的影响，但我首先想说的是它对艺术的影响。

笛卡尔告诉我们，诗和修辞术（根据他的看法，可能包括所有形式的艺术）可以受到高度赞美，因为它们能够表现创造性的天赋和技巧，还有情感和说服力量，但是它们对知识的贡献极少，完全无法和可靠的数学推理学科所建立的知名功勋相比（1967：Ⅰ，84 – 85）。我们可以通过考虑一种自由艺术——小说，来简单评估一下他的艺术观的内涵。选择这个特殊的例子似乎非常恰当，因为小说这个现在可谓家喻户晓的文学形式，正好出现在笛卡尔为哲学寻求新的基础的那个世纪。[1]

当代小说大师米兰·昆德拉说过，小说的荣誉在于，它能够表现和传达

---

① 我在这里提到的，当然是塞万提斯（Miguel de Cervantes Saavedra）的《唐吉诃德》，后者首次完整出现于 1615 年。

某种本质性真理；这是分析性理性主义方法所忽视的东西。他把这种本质性真理表达为"关于不确定性的智慧"，以及关于难以逃避的"人类事件的相对性和含混性"的智慧。由于小说的本质不是清晰性和简洁性，而是含混性和复杂性，所以，"每一篇小说都在告诉读者：'事情不像你想象的那样简单。'"但正是在这里，我们遇见了"小说的终极真理"。根据昆德拉，位于小说这个艺术形式核心附近的另外一个东西，是它能够确立一种和过去的连续感，一种和已经逝去的过去继续对话的感觉："每一部作品都是对之前作品的回答，每一部作品都包含之前小说所有的经验。"小说决心成为"持久存在的东西，成为连接过去和未来的东西"，这是真正的小说和各种"推翻过去""把时间缩减至仅仅当下一分钟"的伪艺术的根本区别。最后，与受科学主宰的、"强迫人们进入特殊知识的管道"的现代性不同，小说能够确保我们发现作为整体的我们自己和世界（1984：15，17 – 19）。

昆德拉关于小说（乃至整个艺术）在文明生活中的功能的观点，类似于爱德华·C. 阿斯维尔（Edward C. Aswell）的观点，他曾经这样评论美国小说家托马斯·沃尔夫（Thomas Wolfe）：

> 汤姆（托马斯的简称—译者）坚信，一个作家，或者任何其他艺术家，能够期望的最高东西，就是能够贴近观察生活，如其所是地发现生活——不仅仅是表面，而是发现内在的真实性——然后按照其发现的那样，用准确的色彩忠实地描绘出生活所有的光与影，即使我们当中那些从摇篮到坟墓都处于半盲状态的人（也就是大多数人）也不会发现不了这些光与影。
>
> 有些人可能会想，这种观点中的艺术家更像科学家，但是，当我们进一步比较时，这种字面意义上的区别就会失去意义。真正研究人性的科学家就是艺术家。他是唯一具有理解整体之人的视野的人（Wolfe 1941：362）。

艺术被生活的全部、被"光与影"所占据，而非仅仅满足于思想和经验清晰而明确的表面特征，这使得艺术外在于笛卡尔方法的范围，后者喜欢的是明确的区分和清楚的分类，局限于意义明确的声明和演绎性证明。

但是，正因为存在于这种方法适用的范围之外，像小说这样的艺术作品才能公正对待人类存在的不可穷尽的复杂性。小说的真理，可以来自过去最幽深的源泉，表现我们共有经验和共享文化中那一直最为重要的东西。和笛卡尔的方法——它不信任含混性，拒绝任何关于想象力或感受的认识论声明——相比，艺术家可以自由地探索和充分地解释人类经验的每一个方面——不管这些经验是何等难以捉摸或不明确——从而为我们提供一种不可或缺的理解和认知方式。追随笛卡尔，我们这些处于当今文化中的人们，倾向于认为这样的意识模式是次等的和可疑的，因为它们缺乏科学的"客观性"。但是，这是因为我们混淆了客观性和准确性、确定性，难以发现另外一种更重要的客观性，后者直接相关于全面性和深度。

一种文化如果没有这第二种客观性，一个人如果缺少这种客观性，注定只能浮在生活的表面，而缺乏直面生活含混性、不确定性和风险性的勇气和视角。艺术能够以一种系统怀疑的方法所不能的方式清楚揭示人类存在的挑战和秘密。但是，笛卡尔的方法却会把这些挑战和秘密，或者是它们最为核心的贡献，排除在所有知识和真理声明之外。这里，我们已经看到在后来出现的虚无主义、令人恐惧的"黑暗的深渊"和"深深的痛苦"的先兆，对莫纳德和我们时代其他思想家认为我们必须学会接受的为科学准确性和客观性所付出的代价，我们痛悔不已（第三章第二节）。

一种文化的宗教遗产中，也有很多东西和上面关于艺术的描述相一致。扔掉这种遗产——除了那些清晰而明确的东西，或者能够被确切证明的东西——这种文化的意义和重要性中的最为重要的部分将会丧失。宗教传统的持久力量，并非简单存在于明确的声明和证据中，而是存在于永恒的神秘中，存在于它对持续性、连贯性、确定性以及对这种神秘的出场的希望中。这种力量还存在于那种仪式化的制度中，对日常生活的宗教惩戒责任中，它是一种复杂的实践象征：各种规定的表现与行动，它们表现出虽然不清晰但非常深远的意义，后者不能被还原成语词声明，更不要说表述成一个清晰而明确的命题声明体系。

正如第六章所讨论的那样，宗教领域中遭遇危险的东西，主要是对存在的确信——整个生活方式的源泉和支撑物——而非被笛卡尔思想召唤的明确的理论确定性。传统必然在这里扮演着一个根本性角色，因为我们中没有哪个人能够凭空创造一种宗教或一套持久的宗教象征体系。① 因为，笛卡尔的方法似乎特别不适合解释和发展对存在的这种确信。难道我们因此必须否定这种确信，否定这些给予这种确信以形式和表现的宗教传统？难道我们必须得出结论，说宗教只适合唤醒精神，而无助于启蒙心智？这些似乎是笛卡尔所宣布的规划的清晰内涵。我们可以在他的方法中隐隐约约地看到后来所谓实证主义观念的最初表现，后者认为宗教（包括艺术与道德）完全属于模糊而不可分析的情感领域，不可能具有任何认识论的重要性。

但是，笛卡尔再一次无法把自己的规划带向其逻辑结论。当谈及宗教时，他更像一个中世纪的代言人，而非一种新观念的预言者，后者呼吁解放所有不能变得清晰而明确的心意。比如说，他解释道，圣经里所说的上帝的启示，能够提供无助的心灵不可能发现或理解的补充。和他的方法形成对比，他宣称这种启示"不可能一点一点地把我们引向可靠的信仰，而是一下子就把我们提升到这种信仰"。而且他很乐意赞成这样的观点，即"神学指明了通往天国的路"，尽管他的严厉批评反对经院的思想（1967：Ⅰ，229，438－439，205－206，84）。② 这样的观点，似乎很难和他坚决与过去一刀两断的呼求保持一致！

当然，出于谨慎形成这些声明也是可能的，尽管我们没有理由质疑它们的基本真诚度。对我们来说，一种更加直接的重要问题，是笛卡尔对他自己

---

① 这里关于宗教所说的东西，同样适用于信仰的世俗形式。关于后者的看法，参见第六章第七节。

② 笛卡尔宣称"神学指明了通往天国的路"，这让人想起伽利略。在致克里斯蒂娜大公夫人的信中，伽利略赞同巴罗尼乌斯红衣主教（Cardinal Baronius）的声明，即基督教圣经是我们赖以发现通往天堂之路的东西，而不是用来理解如何去往天堂的东西。后者的任务由物理科学的方法独立完成。参见尼尔森的著述（Nelson, in Gingrich 1975：364－365，371，n. 11）。

文化的宗教传统的明确而无异议的赞成，更能让他和他的读者远离他的求知方法的虚无主义后果。他并没有完全否定他所属文化中那些不能变得清晰而明确的东西。这意味着除了其他之外，他没有抛弃他那个时代生活意义的主要根源，尽管这一根源难以符合他的推理方法的要求。

我已经谈论过笛卡尔方法对文化的艺术和宗教层面的影响，但关于它对道德的影响还没有特别提及。在《沉思录》这部旨在研究基本的形而上学问题或"第一哲学"的书中，他从头到尾都对价值问题——不管是审美价值、宗教价值还是道德价值——保持着令人奇怪的沉默态度。在《方法论》里，当特别谈及道德价值时，他告诉我们，在他开启探求真理的道路时，他决定遵循某种暂时的伦理。这意味着诸如此类的事情：他会遵循他自己国家的法律和习俗，尤其是那些他从小就接受的宗教教义；他会尽其可能地尝试发现最为稳健的行动路线，而绝不会走极端；他会采纳那些对他来说最具可能性的关于生命行动的建议；他会寻求征服他自己而非命运（Ⅰ，95 - 98）。但是，在他的《沉思录》中发展出来的形而上学体系中，或者在另外一部重要的形而上学著作《哲学原理》里，关于道德能否或如何建立在一个清晰而明确的观念基础上，关于如何根据他的方法处理或应该怎样处理一般价值问题，他并没有给出什么信息。①

在《哲学原理》的附录"致读者的信"中，他确实宣布，以"对其他科学的充分认识"为前提的"最高而最完美的道德科学"，是"最终的智慧"（Ⅰ，211）。这意味着他相信他的方法有能力生产出一种完整的道德体系。但是，他从未给出这种完美的道德科学，这可能是因为他认为这需要一种详细的人性科学，而他并没有自称已经建立这种科学。我们从他的哲学著作中所能得到的全部东西，都只是关于道德论题的模糊线索和简单陈述（Copleston 1963：150 - 156）。于是，关于他的方法与道德价值的关系，他留给我们的，只是一张期票。

---

① 在最后出版的著作《论灵魂的激情》（1649）中，笛卡尔对待整个价值问题，包括道德义务的特殊内容等的态度，都是同样模糊而不确定的。

和本书主题相关的三个观点，由笛卡尔对道德价值地位和内容问题的处理（或未处理）显现出来。第一，他无法**证明**从他的方法中能够推演出一种充分的道德体系。他无限期地推迟解决而非直面这一核心问题。他的临时性的伦理学策略——这种伦理学非常肯定传统道德价值，热切求助于基督教传统权威，暗中依赖他所属文化中的那些未经分析的假设——倾向于钝化他的方法中所包含的虚无主义最初趋势，或者对这种方法提出的存在价值和意义等关键问题不予回答。但是，这些问题并没有就此消失。在那些比他自己更努力地充分实现他的规划的人们的思想中，这些问题很快就浮出水面。

第二，笛卡尔明确假定，形而上的事实问题，可以完全不依赖价值问题而得到解决。笛卡尔没有把价值经验或所有思想、经验的价值维度视为形而上学体系从一开始就必须予以考虑的基本材料，而是认为在形而上学问题被全部或大部分解决之前，可以把整个价值问题先悬置起来。把形而上学和道德彻底分离，把事实问题和价值问题彻底分离，这一点完全不同于柏拉图、亚里士多德、普罗提诺和中世纪其他思想家们的形而上学体系。但是，这开始成为后来思想的一个基本特征，并且产生可怕的后果。它可以被视为现代时期虚无主义最重要的根源之一，我将会在第十章对此再次予以讨论。

第三，笛卡尔关于一种精确的道德价值科学——它植根于一种全面的人性科学中——的梦想，预示着后来的哲学家们同样会尝试从个人主体的直觉或经验中获得道德价值。和笛卡尔一样，他们也相信，这是对人类本性和人类理解的基本原理进行考察的一个方面。早期现代哲学的一项主要事业，就是尝试说明这些原理及其道德后果。完全和笛卡尔本人一样，这些哲学家也希望道德价值可以从孤立个体的主观性中抽绎出来，就像蜘蛛从它自己的肚子里抽出织网用的丝一样，① 完全独立于个体的历史和社会环境，也不需要依赖过去或传统权威的引导。于是，这再一次把我们带到主观主义转向这个主题，我们曾经

---

① 是弗朗西斯·培根（Francis Bacon）的《新工具》启发了我的这一想象（Burtt 1939：67）。

在前面讨论过这个虚无主义的根源，下一章我们还会进一步予以考察。

笛卡尔形而上学中的最后一颗虚无主义种子，主要相关于他的人类意志概念，不过我还想对他的神性意志观念也考察一番。正如我们将会看到的那样，这个概念会向两个相反的方向发展，预示着两种极端的虚无主义立场，它们与第四章讨论的意志相关。一方面，笛卡尔思想中的一些元素会指向因果决定论，就像叔本华、弗洛伊德或斯金纳的思想一样；另一方面，他思想中的另一些元素又完全指向一种人类自由教义，就像施蒂纳、萨特或加缪的思想那样彻底和激进。

让我们首先来看看那些决定论趋向。其中最为明显的，莫过于笛卡尔对如下观念的坚守，即"机械法则……就是自然法则"（1967：Ⅰ，115）。那希望被科学的推理方法充分理解的物理自然，完全是一个决定论体系。在这个体系里，不存在任何新奇的元素，或自由的空间，也不存在类似亚里士多德的终极因这样的东西的可识别的活动。它的每一个特征和事件，都可以用关于它的最为一般的结构的知识和关于它的动力因的相互作用的知识来解释（至少原则上如此），就像欧几里得几何学中的所有定理都可以从这个体系的公理、法则和基本定义推演出来一样。数学的和物理的是同一个意思，原因与结果的关系，就像正规运算中前提与结论的关系一样。在自然领域里，必然性统治着一切。物理世界，就是受数学启发的演绎推理方法的镜像。

第二个决定论趋向，相关于笛卡尔的上帝概念。他的方法服从某种推论，即上帝必然在任何方面都是无限的或完美的。对笛卡尔来说，这个结论必然意味着两个密切关联的东西，即上帝的知识是无所不包的，甚至可以推及遥远的未来，而且他的力量也是绝对的。上帝"不仅永远知道事情是什么或者能够是什么"，笛卡尔说道，"还能意欲和预先规定它……"（Ⅰ，235）与这种关于上帝的无所不知和无所不能的确定知识相关的，是我们自己的自由的不证自明性。但是由于我们的知识是有限的，而上帝的知识是无限的，所以笛卡尔告诉我们，我们不要希望自己能够调停存在于这些相互纠缠的确定性之间的矛盾（Ⅰ，234－235）。

于是，人类一方面陷入受因果关系决定的自然，一方面被无所不知、把控一切的上帝主宰着；而且，笛卡尔对人类自由的实在性和重要性的坚持——我们马上就要谈论——开始变得令人绝望地和危险地不连贯。在这里，就像在他发展出来的形而上学的其他地方一样，他应用自己方法所得到的实际效果，与他关于"理性体系的统一性"的宏大梦想格格不入。

把他的形而上学推向决定论的，不仅仅是他的自然和上帝概念，还有他关于人类自我的观念。我们已经看到，他的方法及其对绝对确定性的要求，让他如何确信在自我从这一刻到下一刻的存在中，不可能存在连续性的内在力量，因此自我必须被持续不断地再造出来。但是，如果自我的每一瞬间都完全由上帝所造，还怎么会存在人类自由这样的事情？每个人的生命线路都必然直接而无条件地归因于上帝的连续性活动。从这个角度看，笛卡尔的自我概念除了是一段段彼此独立的瞬间意识外，不可能预先安排任何事情。它不允许存在直接经验的潜能，后者允许在可能的未来选项中作选择，或者执着追求和实现既定目标。就像笛卡尔的自我概念与过去没有真正的连续性，这个自我也没有能力对未来实施任何程度的把控。每个人的未来，似乎都完全握在上帝手中。

当我们衡量了存在于笛卡尔思想中的这些明显的决定论倾向，发现它们与他一直坚持的人类自由的关系是如何模糊不清的时候，我们就不会奇怪，像斯宾诺莎那样的思想家会寻求运用笛卡尔的几何推理方法，以这样的方式消除所有关于人类自由的谈论。斯宾诺莎把人类生命完全归于自然的决定性秩序；仅仅通过把上帝等同于自然，他就消除了存在于自然过程的决定性力量和卓越上帝的自由之间的所有张力或冲突；他还大胆宣称，由于只有神性自然本身具有持续存在的能力，不需要依赖任何超越其自身的东西，所以神性自然必然会被视为世界上唯一的实体性实在。通过这种方式，他坚定不移地把所有东西都并入一个正式的体系中，以满足那种比笛卡尔的方法更全面的新方法的苛刻要求，并且以一种非常重要的交易为代价寻求连贯性，这就是完全放弃人类自由。从斯宾诺莎的决定论哲学到叔本华阴暗、顺从、绝望的宿命论，不过一步之遥，这两位哲学家都以自己的方式让虚无主义的种子——它存在于笛卡尔的形而上学中，存在于一种新型世界观中，而笛卡尔形而上学为之提供了最早的也是最具挑战性和预言性的系统表达——开花结果（关于决定论和虚无主义之间的一些关联，已经在第三章和第四章第二节予以讨论）。

不过，尽管他的体系里存在哲学决定论倾向，但在笛卡尔的认识论里，人类意志自由仍然是一个关键要素，因为这种自由能够让他解释我们为什么会在思考时容易犯错，而这种解释和他对清晰而明确的观念的理性主义信仰，和他对上帝之善的绝对确信相一致。他认为，当我们愿意把那些我们并没有以清晰、明确的观念为基础尽力证明的命题肯定为真时，我们的思考就会出错。"意志比理解的范围和界限要大很多，"而且这可以解释意志能够肯定错误和正确命题的能力（I，175）。但是，当我们愿意肯定错误的命题时，责任全在于我们自己，而与上帝无关，就像我们自己愿意犯下道德错误或罪过那样。

自由对笛卡尔的重要性，还可以在他的如下声明中看到：是意志自由，而非任何其他人类特性，能够证明人类能够胜任"上帝的形象和外表"。相较于存在于我们之中的那种强力，即"选择做某事或选择不做某事的能力（也就是肯定或否定、追求或躲避某事的能力）"，我们的其他能力，诸如记忆力或想象力，甚至理解力，都似乎"程度不够，极其有限"。笛卡尔说道，我们能够直接意识到"意志可以扩展到不服从任何限制的地步"，而且当我们自由选择时，"我们并没有意识到任何外在的力量在强迫我们那样做。"尽管他曾经适时指出，比起我们，上帝的意志能力更是"无法比较的大"，但他也注意到，当我们的意志本身被"正式而准确地"思考时，它们似乎并不比上帝的意志更少一些自由（I，174–175）。很明显，笛卡尔对人类意志的力量印象深刻；这一事实，还有他用意志解释我们容易犯认识论错误的事实，能够说明他并不愿意抛弃自由（就像斯宾诺莎那样）以消除其体系的悖论或不连贯性。

还有一种看待笛卡尔的自然、自我和上帝概念的方式，如果加上他对我们意志力量的核心角色和广阔范围的强调，能够指向完全对立于决定论的结论，能够指向完全不受限制的人类自由观念和意志的绝对任意性观念。通往这三个主题的路径，就像用于解释笛卡尔哲学中的决定论主题的路径一样，也与应用他的方法所产生的某些后果相伴随。

尽管下述话语为真，即对笛卡尔来说自然是一个决定论体系，但下面这句话同样为真，即人类自我并非自然的一部分，而是某种独立的实体或实在。物理自然和人类灵魂之间存在尖锐区别，是他认为他的方法能够带给我们的诸多不容置疑的结论之一。这种二元论的立场具有巨大的潜能，可以从两个方面提升人类自由的角色。第一个方面在于，自然现在表现为一个巨大无比的机器，缺乏任何内在价值或重要性，并且因此容易被受到科学武装的人类心灵以各种他们认为合适的方式预测、利用和统治。在这种看法中，自然的规则进程，完全服从于人类及其自由选择的目的。第二个方面在于，我们完全无法搞清楚自然的因果进程怎么会对人类主体令人赞叹的自律产生任何决定性的影响，如果它们真的在自然秩序之外和之上的话。

当我们再次考虑自我在时间中的不连贯显现——不过这一次是从完全不同角度来看的——这种关于自我能够完全独立于因果关系而行动的能力的意见，就会得到进一步充实。如果在过去、现在和未来之间不存在连续性的过渡，那么每一个当下的瞬间就都可以被视为绝对自由的，因为它不受过去的约束性影响。如果把这种思路推至最终结论，我们就会得到一幅关于个体意志的统治的画卷，这种意志类似于施蒂纳的个体意志，它具有每时每刻完全根据自己的自由选择建构自己的真理和价值的能力。我们还会得到非常类似于萨特的那种相关于人类自由的普遍力量和重要性的教义。

当我们反思笛卡尔的神性自由概念的某些方面时，这种与施蒂纳和萨特的关联会更进一步。正如我们已经指出的那样，对笛卡尔来说上帝的无限或完美的一个必要内涵，是上帝的力量必然是绝对的。当他坚称上帝的力量是如此不受限制以至于不能说上帝会受到逻辑法则本身的束缚时，他就在推进这种观念。上帝自由地创造这些法则，而且如果他想让只有山峰而没有深谷成为可能，让二乘以四等于七成为可能，让具有不均匀的半径的圆成为可能，让三角形的三个角的和不等于两个直角的和成为可能等等，他都能轻而易举地做到。

这意味着，在清晰明确的观念的确定性和必然关系背后，存在着一种终极的偶然性和任意性——它们属于完全不受限制的神性意志。凡是适用于逻辑真理的，也适用于道德价值；如果上帝选择以另一种不同的方式创造了这些道德价值，那么它们可能会变得非常不同（Ⅱ，248，250－251）。笛卡尔可能会赞同奥卡姆的声明，即上帝会要求人类意志去恨他，而这种意志可能会服从；这种意志在此生或来世这样做时，可能是正确的，因为它只是在肯定和实践那让任何人类行为都成功的东西，也就是根据上帝所要求的任何东西（Leff 1975：506）。于是，笛卡尔无疑对柏拉图在《欧绪弗洛篇》中提出的困境的两边都想予以肯定（见第五章第三节关于这一两难困境的讨论）。

施蒂纳和萨特关于人类意志的力量和角色的观点，非常类似于笛卡尔关于上帝意志的观点。这三位思想家都强调意志行为创造了可理解性和价值，而且根据最终的分析，这些行为都是任性的。真理就是真理，善就是善，因为上帝——或者人类——任性地决定它应该这样。施蒂纳和萨特都主张，让理智服从于意志，或者让真理和价值服从于彻底的自由，让偶然性最终主宰世界和人类生活。施蒂纳、萨特和笛卡尔的不同，在于他们把意志的主宰性力量置于人类个体之中，而笛卡尔把这种力量置于上帝那里。他们的无神论的后果之一，就是他们赋予人类个体更多的角色，而这些角色在传统中通常被赋予上帝，并且上帝之决定和命令完全是荒诞的这一观念，开始转移到人类个体身上。那种荒诞性已经存在于西方神学传统的某些方面，尤其是中世纪后期的唯名论神学——奥卡姆是其主要代言人——中。但是，只有当降临尘世，靠近人类时，这种荒诞性才变得更加明显和令人不安。这可能是因为逗留在奥卡姆和笛卡尔等有神论者的信仰中的希望，即上帝**有理由**做出那些决定，即使我们无法理解那些理由。但是，任何这样的理由，似乎都承认上帝的"超级冷漠"，笛卡尔就曾经如此坚定主张（见下文）。

于是，在笛卡尔的体系里，确定无疑地存在一种指向非理性主义或非批判的唯意志论的根本趋势。考虑到这种体系是理性主义典范的代表，这一点极具反讽意味。这种方法本身导致这种令人震惊的结果，因为笛卡尔视为清晰明确的真理的，是上帝的无限性包含他完全的意志自由。正如他所言，这一命题包含一种令人烦恼的内涵，即上帝以这样一种方式建构了我们的心灵，以至于我们不能思考非清晰明确的观念，而他本人却可以轻松做到——这意味着当上帝和人类在"理解被假设为相同的真理"时，他们所"意识到的，并非相同的真理"，于是在某种根本的意义上，上帝总是在欺骗我们

（Miller, in Sesonske and Fleming 1966：48）。① 不仅如此，这一命题还意味着，意志而非理性，是真理和价值的基础，而真理和价值本身没有地位，它们的全部意义都来自意志的任性行为。

上帝可以在任何时候把我们认为不可能的事情——因为对我们来说，它们是不可思议的——变得可能，把我们认定是假的东西变成真的，或者把我们认定是绝对邪恶的东西变成善的东西。如果我们尝试说他从未做过这样的事情，最明显的回应就是，他没有责任和他自己保持一致或忠实于我们。没有什么东西对上帝来说是义不容辞的；没有什么东西可以约束他的意志的绝对权威。当他谈到"上帝的超级冷漠"——他把这视为"上帝全能的超级证据"——时，笛卡尔已经承认了这些。如果有任何理性先于他对何为可能、何为真或何为善的分类，这种理性就会指定他做出这些选择而非那些选择，从而剥夺他的自由（1967：Ⅱ，248，250－251）。②

这里，我们不仅会强烈地想到施蒂纳、萨特和加缪的唯意志论的主观主义——其中没有任何吁求能够超越意志的任性行为——还会想到尼采的权力意志观念，他把这种意志视为世界的根本原则，视为所有关于真理和价值的明确声明的潜在基础。在第十章里，我将会进一步追踪这一趋势，它已经可以在笛卡尔形而上学中发现，并且以理性为代价指向意志的统治，它可以被视为虚无主义的另一个主要哲学根源。

在这一节里，我已经指出，存在于笛卡尔形而上学中的虚无主义种子，可以追溯至——至少很大程度上可以追溯至——他尝试用一种建基于数学物理学技巧的方法来解决哲学问题。在笛卡尔自己和之后的世纪里，这一假

---

① 当我们注意到，根据上述考虑，运用笛卡尔的方法所能达到的所有结论——包括他关于上帝的本性的结论——必然最终完全不可信时，这种反讽意味就会进一步加强。我们的思维方式，作为清晰而明确的观念——说这些观念还有替代之物，这是不可思议的——的标准，必然完全不同于上帝的思维方式，而且因此完全不同于他对实在的感知。这一后果让对应真理概念相形见绌，以至于它渴望以毋庸置疑的命题为基础，获得上帝眼中的实在观。

② 这里我还想补充一点，对笛卡尔来说，对神性自由的任何类似剥夺都是不可能的，但是这个术语在这个语境中的意义不再是清晰明了的。它的不清晰性，可以用来衡量他赋予上帝意志的角色中暗含的荒诞至极的倾向。

设，即我们应该把科学方法扩展至所有思想和经验领域，而且唯有这种方法能够为我们提供获得真正理解的可靠路径，开始变成老生常谈，尽管它并没有完全按照笛卡尔的方式被思考或运用，并且通常产生不同的结果。

兰德尔指出，笛卡尔为牛顿铺平了道路，"他可能完全可以被视为最伟大的笛卡尔主义者……"（1976：240）。与此相应，牛顿的成就转而极大促进了笛卡尔哲学所宣扬的这种物理学方法的普遍化：

> 牛顿爵士如此成功地影响了关于自然的数学原理的综合，以至于它标志着科学的数学化理想，标志着自然科学和理性科学在整个思想领域的同一化。在洛克的启发下，人们开始根据似乎是理性的和可推理的东西，来发现和规划一种关于人性和人类社会的科学，来批判现存的宗教和社会传统。18世纪两大观念，自然和理性……从自然科学那里获得意义，并且延伸至人的领域，导致人们尝试发现一种社会物理学。人和他的体制被包含在自然秩序和被接受的科学方法适用范围里，在很多地方，这种新发明的社会科学都和物理科学雷同。（1976：255）

这里，我无法详细探讨这种雷同化过程。我们只需要说，笛卡尔对建基于物理科学考察和求证方法的万能性的确信，已经被现代思想史中的各种角色——如托马斯·霍布斯、斯宾诺莎、洛克、伯纳德·德·丰特奈尔（Bernard de Fontenelle）、休谟、康德、克劳德-亨利·圣西门（Claude-Henry Saint-Simon）、奥古斯特·孔德（Gugust Comte）①、约翰·沃森（John

---

① 孔德某种程度上类似于斯金纳和莫纳德，梦想一个建构于科学原理之上、由科学专家指挥的社会。丰特内尔和圣西门也有类似的观点。丰特内尔宣称，"几何学的精神不能只限于几何学领域，道德、政治、批判甚至雄辩术方面的著作，相同情况下如果由一个几何学家来写，会显得更好。"（*Oeuvres Completes*, 1818, *Preface sur l'utilite des mathematiques et de la physique*, Ⅰ, 34: quoted Randall 1976: 254）当然，我并未列出所有分享笛卡尔对科学方法的谄媚和普遍化企图的思想家。比如说，威廉·莱斯（William Leiss）就指出，"像孔狄亚克、达朗贝尔和孔多塞等思想家，他们完成了这样一个观念，即一种单一的方法，可以适用于所有的科学，这种方法对社会研究是有效的，就像它对自然考察是有效的一样。"（1974: 78）

Watson)、鲁道尔夫·卡尔纳普（Rudolf Carnap）和奥图·纽拉特（Otto
Neurath）——所认同，这已经足够了。

比如说，卡尔纳普曾经在 1932 年表达过这样的立场，"科学是一个统
一体，所有经验性声明都能够用一种单一的语言来表达，所有的情感状态
都是一种状态，都可以通过相同的方法被认识。"他指出，这种基础性语
言，就是物理学语言。诺伊拉特（Neurath）在同年出版的著作里也这样
宣称，所有的经验声明都能够用物理学语言来表达，而所有不能被如此表
达的声明，要么是同义反复，要么就是废话。还有，所有的科学形成一个
统一体，并且都是一样的"自然"，意思是说，它们的重要声明都可以还
原至物理学的声明。没有独立的"精神"科学领域，也没有属于这一科
学自己的独特主题或方法（Passmore 1966：379－380）。① 根据这种观点，所
有声明中最无意义的声明，可能是为诸如"什么是生命的意义？"这样的问
题提供的答案，因为我们没有办法在这些答案中做出科学的选择（Passmore
1966：375）。

笛卡尔对自然科学及其方法的极端谄媚——这种精神也藏在卡尔纳普和
诺伊特拉的主张背后——同样充斥于那些我们每天都可以从报纸上读到和从
电视、收音机里听到的声明（它们通常都以一种庄严的语气表述出来）之中，
比如"科学说道……""科学已经发现……"或者"科学将能够……"等等，
好像科学并非特别容易犯错的人类的工作，或不仅仅是所有技巧或方法中可
以选择的一种，而是一种超级心灵，是所有智慧和真理的唯一来源，是决定
每一种富有争议的问题的终极权威，或者是决定哪些问题会有答案哪些问题
不可能有答案的终极权威。像心理学、社会学、经济学甚至历史学这样的学
科的实践者们，通常都会不顾一切地想要让我们相信，这些学科和物理学或

---

① 帕斯莫尔（Passmore）提及的卡尔纳普的"作为科学通用语言的物理语言"和诺伊拉特的
"笔记"，都发表于 1932 年的《知识》杂志上。尽管他们对自然科学及其方法的普遍化，
在 1940 年代还能找到哲学方面的辩护者，但他们的立场的稳固性已经因为专业哲学家们的
一系列根本性批判而受到削弱，对于今天的哲学家们来说，这一立场已经无法获得广泛认
同（更多细节，见 Passmore 1966, Ch.16）。尽管如此，卡尔纳普和诺伊特拉关于自然科学
的一般态度——笛卡尔态度的现代伪装——仍然在很多方面影响我们的文化观念。

化学一样，完全配得上"科学"这个神圣的名字，而它们自己所使用的方法，就是自然科学的方法。被这些人弄得不知所措的，是 18 世纪自然主义者乔治·布丰（Georges Buffon），他呼吁方法的多元性，但这种多元性也还是在自然科学范围内的多元性（Cassier 1961：77 - 80）。

于是，罗素、斯金纳和莫纳德并没有独自拥有他们的科学主义观念，这种观念——正如我们已经揭示的那样，这种观念富于虚无主义内涵——也不特别属于甚至主要属于我们这个世纪。这三个思想家的观念，不过是从 17 世纪发端一直稳固流行并不断壮大至今的潮流的一部分，而这个潮流的源头，就是笛卡尔的哲学，在这种哲学里，他第一个以一种彻底的方式展示了现代的所有观点和问题意识。

我之所以花费如此多的时间追踪这种哲学里的虚无主义种子，是因为我赞同巴雷特的观点，即笛卡尔主义"绝不仅仅是哲学史中的一个过渡性的插曲"。它"事实上是近三百年来西方文明的秘密历史"（Barrett and Aiken 1962：Ⅰ，36）。之所以这样说，除了笛卡尔要求把自然科学方法扩展至对整个经验实在的研究，宣称只有这种方法能够生产可靠的知识，当然还有其他原因，只不过这些原因很大程度上还是可以追溯至这一点，就像我已经尝试证明的那样。如果巴雷特是对的，如果我把这一点视为本书的核心主题也是对的，那么当我们仔细地并且批判性地审视了笛卡尔思想的主要内容和具体影响后，我们就可以对我们自己的处境和我们时代的虚无主义倾向产生比较清晰的认识。在下两章，我们还会谈论关于这些声明的另外一些证据。

我用一些关于作为本章主题的假设的批判性总结来结束这一章。同时，我还会质疑这种假设所趋向的虚无主义结论，它们不仅存在于笛卡尔的思想中，还存在于那些人的思想中，他们和他一样，相信自然科学方法应该成为所有推理的标准，应该成为所有思想和经验领域的标准。我主要指出三个批判性观点，它们每一个都包含在这一节的讨论中：被这种假设所支持的那种理解方法的不被承认的抽象性，这种方法所产生的明显的异常，及其隐约显示的傲慢自大。

笛卡尔方法的抽象性已经从几个方面给指出来了。它忽略了所有不能通过演绎确定得到的东西。它排除了自然中以及我们与自然的关系中所有不能被还原为广延和数量的东西。它把意识限定为当下时刻的唯我论。就知识而言，它否定传统或公共经验的任何作用，否定艺术能够有助于我们的理解。它宣称能够处理一系列根本的形而上学问题，同时却不用明确关注我们思想和经验的道德维度。它暗中否定了故事、神话、象征和仪式对我们理解世界所起的作用。如果得到彻底使用，这种系统怀疑的方法，就会以知识的名义，否定大多数给予宗教传统（或神圣信仰体系）以唤醒力量和实用性的东西。

笛卡尔对无法持续存在的瞬间的设定——他认为，他的方法对毫不含糊的确定性的要求，需要这一设定——可能是一个最为明显的例子，能够说明他允许自己的方法对我们的经验的明显特征视若无睹。持续性的瞬间——它们作为记忆与期望的暗示，因此充满无法消除的模糊性和确定性——缺乏像刀刃那样的存在于它自身中的清晰和精确的瞬间。他把物理世界和精神世界破碎成一个个静止的瞬间，这种倾向揭示了一种模仿数学物理学的方法的趋势，后者对确定性的要求胜过一切，希望用整齐的、更为可控的抽象性，替代活生生的经验那难以捉摸的复杂性。

笛卡尔的思想证实了陀思妥耶夫斯基的发现，即"人总是如此偏爱体系和抽象的还原，以至于他已经准备好了去故意扭曲真理，准备好了去否定他的感官能够把握的证据，以便证明他的逻辑的正确性"（*Notes From Underground*, in Kaufmann 1956: 68）。颇具反讽意味的是，正是这种对逻辑的痴迷，会导致虚无主义的荒诞，而这种荒诞，正发生于逻辑专注于一种单一的推理方法，专横地统治整个生命，恣意践踏所有不能服从其狭隘命令的东西时。

我还指出过，笛卡尔的方法会导致一些重要的异常和矛盾出现。比如说，我们被告知自己会影响这个物理世界，或者会被这个物理世界影响，尽管我们作为纯粹精神性实体，无论如何不会与世界建立任何关系。我们被告知能够确定自己作为精神性存在物的实体性存在；但是我们同样被告知，我们唯一可以真正确定的事情，是对正在流逝的瞬间的孤立意识。我们被告知，上帝预知和预定了所有的东西，但又被告知我们是自由的；我们被告知物理世界是一种决定论体系，但又对我们的自由行动反应灵敏，从其外部产生影响。我们被告知那些无法符合系统性怀疑方法要求的，都不可能是可靠的知识，但又被告知毫不怀疑地依赖神性启示也是可以的。笛卡尔宣称他会怀疑所有的东西，但对他放进自己思想中的许多关键假设，他从未质疑或辩护过。

这些异常给他的体系增添了一种综合性的氛围，而它本来是缺乏这种综合性的。他们有助于使他免受其方法的全面内涵的影响，如果更加连贯地追踪，这些内涵会明显揭示其方法的虚无主义倾向，甚至会迫使他最终用彻底的沉默替代自信的理性主义。如果他更连贯地追溯这些内涵，他可能会被迫重新思考他对科学方法的独有资格的允诺，因为正是这种允诺而非其他什么东西，孕育了那些已经完全感染了其整个体系的异常。

最后，在笛卡尔的考察方法里，我们可以隐约发现一种傲慢。那是一种假装中立的傲慢，它宣称能够拥有正确的方法解决所有的问题，而不会受各种偏见或成问题的价值允诺影响。但是，笛卡尔明显偏向于新科学而非亚里士多德的物理学；偏向于理性的命令而非感官的证据；偏向于演绎性的推理模式而非其他模式；偏向于科学方法而非其他方法；偏向于理论的分离而非存在的牵连；[①] 偏向于静态的存在哲学而非动态的生成哲学；偏向于基本的基督教信仰而非其他宗教传统的信仰；如此等等。他所谓的"客观性"因此必然令人质疑；他还是他那个时代的孩子，尽管他具有不可否认的原创性和天赋。和其他人相比，他并非从零开始，或者在推理时没有受任何价值或偏见影响。完全独立与客观的梦想，坚定的、英雄般的个人主义梦想，并没有被笛卡尔实现，也不可能被任何有限的人类存在实现。

但是，我们这里要关注的，不是笛卡尔的这些潜在的偏见和允诺，因为任何思想家都无法避免这些偏见和允诺。他尝试强加于我们的，是他哲

---

① "在笛卡尔那里，反生存论的偏见是最为明显的，"蒂里希说道，"人成为纯粹意识，一个彻底的认识论主体；世界（包括人的肉身存在）成为科学考察和技术管理的客体。在他的生存论范畴中，人已经消失不见了。"（Tillich 1953：131）

学里的全面客观性的要求，是科学方法这全面客观性幻觉，就像这种客观性已经强加于他自己，而这已经成为我们的批评对象。因为这种幻觉能够解释我们时代大多数的虚无主义苦痛，这种苦痛植根于这样的感知，即这个科学世界，这个"确实如此"的世界，远离我们最为直接的人性利益、努力和关注。

于是，存在与价值之间的鸿沟就被划定了。我们现代人崇拜科学的倾向——把它供奉在"神庙里的祭坛上，让它远离生活的艺术"（Dewey 1958：382），好像它本身不就是一种艺术，充满了它自己对有限的、历史中形成的感性的和想象的假设、评价和建构——的后果，就是价值开始被视为任意的、主观的和不那么真实的。"对价值的批判，不管是道德价值还是审美价值，"杜威说道（我们可以加上"还有存在的价值"），"变得矫揉造作或女人气十足，它要么表现的是个人的好恶，要么建立起一大堆令人讨厌的规则和权威。"（1958：383）当极其重要的价值问题被逐出客观知识（也就是科学知识）领域，它们要么被抛给各种奇怪的个人喜好和私人选择，要么任由某种外在的权威随意宰制。

拥有一种推理方法，它能够免于所有的偏见和价值承诺，并且能够按照世界的客观存在状态既不多也不少地描述它，存在于这种幻觉中的危险的傲慢，可以通过我的一个研究生的经验非常生动地向我证明。他正在写一篇关于咨询伦理的论文，他的一部分研究内容，是采访我们学校的教职工和管理人员，以发现哪些类型的咨询能够起作用，什么样的伦理学问题会被涉及，还有人们对待这些问题会有什么样的态度。大学里技术类学院的一个管理者告诉他，自己没有什么可以调查的，因为他的论文计划聚焦的是一个虚假的主题。这个管理者为什么会如此认为？他解释道，因为每个人都知道，伦理学纯粹是一种个人意见；它没有"客观性的"地位或实用性。因为伦理学问题不可能被科学地解决，所以它们是不可解决的。当学生告诉我这番对话后，我想起柏拉图《申辩篇》里的某个地方，那里苏格拉底谈及他那个时代的技巧高超的匠人："仗着他们娴熟的技艺，他们宣称完全理解其他的所有主题，不管是多么重要的主题，而我觉得这种错误要远远超过他们的积极

智慧。"(*Apology* 22d, Hamilton and Cairns 1973：8 – 9)

　　如果不能看穿这样的傲慢，那么我们就很容易默认科学的霸权，默认被单方面承认的推理模式的限制性暴政，好像对这些事情的假设不会指向我们当前文化的偶然的、很多方面都很可悲的特征，而是指向永恒的真理。由于这样的默认，我们特别容易受到虚无主义的侵袭。正如格雷戈里（Gregory）所言，我们时代的悲剧，并非科学的进步已经被视为可以使基督教世界观变得无效；而是这种进步已经被视为可以使所有非科学的世界观都变得无效（Gregory，in Brock 1984：17）。于是，我们要么选择一种世界观——它明显难以解释我们每天都在苦苦思考的价值和意义等核心问题——要么选择虚无。但是，这实际上是在两种虚无之间作选择，因为在科学世界观（或我所谓科学主义）的核心，是虚无主义的虚无，是荒诞的幽灵，它的空洞凝视，会使所有的东西都变成石头。

第九章　认识论、语言哲学和伦理学中的
　　　　　主观主义转向

　　　　经验的个人主题已经替代所有实在的大戏。路德问道："我有什么理由存在？"现代哲学家问道："我怎样拥有知识？"重点开始落在经验主题上了。

　　　　　　　　　　　　　　　——怀特海（A. N. Whitehead）（1948：127）

　　在第七和第八章里，我曾经讨论过三种假设，它们是过去一个半世纪里虚无主义世界观的哲学根源：对应真理的概念，它相关于古典的实体教义和现代的物质实体教义；科学的霸权，尤其是与自然概念相关的科学霸权；还有这样的观念，即可靠的真理能够通过应用自然科学方法到哲学及其他学科中获得。我们已经看到，最后一种假设如何在笛卡尔的哲学里播下虚无主义的种子。与这些种子相关的一些假设，我们之前已经予以谈论，而另外一些预示着虚无主义哲学根源的假设，是我们这一章和下一章的主题。

　　本章要考察的假设，是现代哲学的主观主义取向。通过这种考察，我要强调的是哲学已经开始关注个体自我，认为自我优先于和独立于所有据称外在于自我的东西：自然世界、其他人、社会体制、由社会描述的角色和责任、文化意义和价值、传统和历史语境。"当代人的自我，"西天庆二说道，"是一种笛卡尔式的自我，自觉地作为某种对立于这个世界及其中所有事物

的东西而存在。"（1982：13）。他的话把笛卡尔哲学准确定位为这种假设的根源，因为它在这种哲学里发现了这种假设的第一次明确表达和支持。

我将探讨在现代哲学三个领域——认识论、语言哲学和伦理学——起作用的第四种假设，批判性地分析它与虚无主义的关系。作为我的批判性讨论的顶点，我将勾勒一种替代性的知识观、交往观和价值观，它们不那么容易走向虚无主义的结局，而处理主宰现代思想的这些主题的一般方法——本能地归因于所谓独立、自律的自我的方法——总是会走向这一结局。

一　认识论

当罗林斯（C. D. Rollins）说"笛卡尔必须为引进现已被认为成问题的唯我论负责"（Edwards 1967：Ⅶ，488）时，他指出了现代哲学尤其是认识论的所谓主观主义倾向的笛卡尔式根源。笛卡尔的观点——即他能够确定而直接认识的东西只有他自己，而任何别的东西的存在都是成问题的，都需要被还原至不证自明的自我意识——中不仅有一条唯我论的线索，这种唯我论教义主张只有我存在，而世界上所有似乎不同于我的东西，实际上只存在于我们自己的心中。这种唯我论倾向还暗含在他对一种观念的"客观"实在性和"形式"实在性的不同的强调中。他说道，我们可以确定一种观念的"客观"实在性，因为它是我们心灵内容的一部分，相关于我们确定的存在。但是我们的观念是否能够告诉超越我们之上的实在性，这仍然是很成问题的。

笛卡尔哲学的这种唯我论转向，也可以在他对精神实体和物理实体的明确区分中看到，因为这种区分意味着我们孤立于且独立于一个完全不像自己的世界，一个不相干的"外部"世界，它甚至包括我们自己的身体。我们如何经验或认识这样一个和自己完全相区别的世界？在康德那里，这个自在的世界很快就变成了纯粹的先决条件，只给心灵留下感性印象和这些印象间的有序关系，以作为知识的对象。还有，笛卡尔的方法要求我们抛弃过去的一切，因为我们不能从那里获得绝对的确定性，这种要求让个体自我反对公共信仰和实践，即使不反对，也只是单独赋予个体自我以权威，来决定这些信仰和实践中哪一些才是合法的。笛卡尔还一直喋喋不休地谈论着感觉的非现实性，谈论着根据他自己的内在推理过程的支配性命令来判断和矫正这些感觉的需要，从而在自我和那个想当然的世界之间建立起另外一种微弱的关联。

最后，甚至笛卡尔的"实体"定义，即"一种东西，它不会为了存在而需要其他东西的存在"（1967：Ⅰ，239），也有这样的意思，即个体性的精神实体是某种自治的存在，它自给自足，和世界的其他部分保持距离。他紧接着告诉我们，这个定义明确只适用于上帝。但是正如怀特海所指出的那样（1978：50），这个定义在某个重要的方面适用于所有实体性存在，因为根据定义，这些实体本身之间也不可能直接相关联。正如亚里士多德所说，实体不可能从其他实体那里"推断出来"或"存在于"其他实体"之中"，只能通过它们各自的特征互相影响（*Categories*，2a；Aristotle 1941：9）。正如本书第七章第一节所言，实体必然总是隐藏在它的特征之下，这种观念让洛克（明显带着挫败感）把实体描述为"某种他不知道是什么的东西"。这意味着，我不能直接认识超越我之外的实体，不管是精神实体还是物理实体，只能认识它们假定存在的作用于我们心灵的效果，也就是我们心中的观念。

但是，我如何确定这些观念不就是我自己的实体的特征？我如何**知道**它们来自其他实体，或者说这些观念中的每一种都对应于那些实体的真实特征？这个问题因为笛卡尔的下述观念（已经被洛克所接受）而变得越发严重了，即我的很多观念都没有涉及心灵之外的东西，这些观念中只有一些特别的观念——洛克所谓"第一性的质"观念——对应于物理世界的特征。对于后来的思想家如莱布尼茨、贝克莱和休谟来说，证明这样的观点相对比较容易，它们类似于那些有助于证明我们的观念中有一些只是第二性的或它们的指涉是纯粹精神性的观点，可以对我们的所有观念产生相同效果，从而会侵蚀这样的信心，即至少这些观念中有一部分是第一性的，或者是能够代表自然世界的。这里，我自己之外的所有东西都再一次变得不确定了。

正如我们已经看到的那样，笛卡尔已经被引向悖论式的结局，即他无法认识他自己永恒存在的实体性自我；他所能认识的，只是片刻的经验，他有权把这些经验视为只能靠上帝的存在而不间断地存在的自我的特征。但是对上帝的信仰能做到的，充其量只是确保他一个类似于精神"实体"的再创造的持续过程，这些实体间没有内在的关联。这里，自我被孤立和切割到了极致，就像无边无际的怀疑性海洋中瞬间就要被淹没的确定性小岛。

笛卡尔哲学的主观主义和自我中心主义，或者至少是他的思想中那些刚被列举的方面，绝没有让他觉得异常，而是给后来大多数的哲学留下了难以磨灭的痕迹。正如罗伯特 C. 索莱蒙（Robert C. Solemon）所言，

> 从笛卡尔时代一直到现在，哲学的主流都由这种主观主义的立场所规定，这种立场强调，是**我的**思想，**我的**经验，**我的**推理，**我的**道德偏见和原则，构成了所有人类知识和价值的基础。（并不总是很清楚的是，这些第一人称单数的"**我**"和"**我的**"在何种程度上能被第一人称复数的"**我们**"和"**我们的**"替换；"第一人称"究竟是什么意思。）（1983：58）

主观主义偏见在现代认识论中存在的证据，可谓唾手可得，不需煞费苦心就能找得到。我将会引用一些例子（包括来自我之前的谈论的例子）来证明它的无所不在的影响。

明确存在于笛卡尔的声明——"我清楚地发现，对我来说，没有什么能比我的心灵更容易被认识的了。"（1967：Ⅰ，157）——中的主观主义立场，也可以在洛克那里找到，他在《人类理解论》中宣称，我们能够通过一种"内在的绝对无误的感知"认识我们自己的存在——对自然世界的信仰达不到这种感知，不仅如此，所有"我们的知识都只建立在我们的观念之上，围绕我们的观念而应用"（1959：Ⅱ，304－305，188）。就像笛卡尔对自然科学方法的应用，让他把理性分析为清晰而明确的观念的基本建筑模

块儿，洛克对类似演绎方法的使用，也让他理所当然地认为，经验——他所谓最高上诉法庭——能够被分解为简单的感性观念，以及他所谓简单的**反思**观念，也就是心灵最初对感性观念的反应和作用的观念。然后，就像笛卡尔从他的理性简单物（simples of reason）出发那样，他继续尝试从这些经验简单物（empirical simples）出发，建造一个新的知识结构，后者完全建立在他自己反思性的考察之上。

以这种方法为基础，洛克大声宣告他能够发展或者至少开始发展一种人性理论，它可以在罗伯特·波义耳（Robert Boyle）、克里斯蒂安·惠更斯（Christian Huyghens）、牛顿和其他自然科学的"大师级建筑师"在物理自然领域创造的氛围中完成（1959：Ⅰ，14）。他的《论文集》的第一卷，就是在持续论证对"固有观念"的拒绝，而洛克用这个词主要表达的意思，似乎是可以在权威或传统的基础上接受的信仰，或者那些只是视为理所当然的、却并没有被合适的考察方法检验过的东西。这些继承来的、未经分析的、非批判性的观念或信仰，被他视为"倒在通往知识的道路上的垃圾"，一道浓密的"灌木丛"，那些像他自己那样拥有新方法的探险者，现在可以把它们彻底清除（Ⅰ，14）。

于是，这个经验主义的支持者洛克，和理性主义的支持者笛卡尔一样，举起的是本质上相同的的大旗，即坚定的、直接的、方法导向的考察。对两位哲学家来说，所有可靠知识的起点都是每个人自己心灵的内容。自我能够直接而确定地知道的，只有这种心灵的内容。以自然科学方法为模范的哲学推理技巧，把我们无情地引向这一结论，后者成为所有真理的基础（展示了第三种和第四种虚无主义哲学根源的交叉点）。①

任何外在于个体心灵的事物的存在必须被推断出来，因为它不能被

---

① 这个句子和上一个句子，同样证明了第六章里讨论的虚无主义根源与第三、第四个哲学根源之间的重叠，即对确定性基础的寻求。正如我已经指出的那样，这种寻求的目的，是获得关于真理的非视角性的、永恒的上帝之眼的观点，它延伸至第六章所解释的另外一种虚无主义根源。具有反讽意味的是，孤独个体的主观性在现代时期变得更加普遍，被视为通往完全客观的真理的唯一确定的道路。

直接认识或经验。一个外在的世界必须从那些观念推演出来，它们是特殊的认识主体的特征或特性（Locke 1959：Ⅱ，186）。对洛克来说特别成问题的是对过去的信仰或对未来的期待的地位，因为不存在观念的"必要关联"，这些观念在当下此刻不会包含超越此刻的任何事物。这里，我们会同时想起笛卡尔和休谟。就像笛卡尔一样，洛克求助于他的上帝信仰给予他的确信，即在时间中存在一个真实的世界（而且根据暗示，也存在于一个实体性自我），它独立于那些内在于他当前意识的观念（1959：Ⅱ，325－328，334）。

恩斯特·卡希尔（Ernst Cassirer）关于对托马斯·霍布斯来说有资格作为知识的东西的声明，同样适用于笛卡尔和洛克——以及大多数现代哲学家——的方法论承诺和主观主义立场：

> 我们只能理解那些我们能够让它们在我们的观察下发展的东西……如果人们想要"认识"某种东西，他必须自己构成它；他必须让它从其个体性的元素开始发展下去。所有的科学，关于物质世界和理智世界的科学，都必须围绕这一生产知识对象的行动展开。（1961：254）

卡希尔所说的行动，是孤独个体的行动，这种行动要探测的是他自己的主观思想和经验的深度，以期望在那里发现作为自然、人性、社会和宗教的本质内容和主导原则的最初根源的原材料。①

但是，理性主义和经验主义的逻辑顶点，原来都是彻底的怀疑主义或认识论的虚无主义，这证明了两种方法都无法打破它们用最初的假设——自我意识的绝对第一性——为自己设定的困境。

————————

① 比如，可以比较休谟的主张：
  所有的科学都和人性有或多或少的联系；而且……不管这些科学如何普遍地远离人性，它们仍然通过这种那种方式返回人性。即使是数学、自然哲学和自然宗教，某种程度上都依赖于人的科学；因为它们位于对人的认识之下，被人的力量和才能所判断。（1980：xv）
  与此相应，人的科学建立在内容和原理的基础上，后者通过持续的内省分析而被发现。

从理性主义方面看，潜在的怀疑主义最终在康德哲学里浮出水面，后者对我们认识自在世界的能力，或者以理论理性为基础获得任何形而上学知识的能力表示绝望。我们所能知道的，就是由感官的内在直觉组织的感觉材料，以及理解的范畴。这是康德第一批判的核心观点，他把这本书描述为"关于方法的著作"，或者关于纯粹思辨理性的"完整计划"（1958：25），这再一次揭示了现代哲学特别着迷于方法。在康德这里，这种方法被设计用来在哲学基础上一劳永逸地解释牛顿物理学的可能性，还有它与经验主义的和完全理性主义的（尤其是数学化的）思想模式的复杂纠葛。

通过比较他自己的方法与哥白尼天文学对人的优越地位的彻底改变，康德暗示道，他的论著将要求我们不再尝试决定我们的心灵是否或何种程度上相关于外在的对象，而是决定经验对象如何必须符合我们的认识的主观条件——这说明，哲学的重心已经从公共世界决定性地转向个体认识者的私人世界（Kant 1958：22 - 26）。在一则能够响应卡希尔的霍布斯描述的声明里，康德（在其出版于 1790 年的《判断力批判》里）写道，"只有根据我们的概念，并且把概念变成现实，我们才能看透一个事物。"（1951：231）于是，我们能够确切认识的，只是我们自己心灵的内容和结构；而所有其他的东西，都还隐匿在黑暗之中。

但是，康德毫无异议地设定，他自己的思想和经验的根本特征和其他人的完全一样，因此（正如索莱蒙所言）他能够从"我"轻易地转向"我们"，或者从关于他自己特殊本性的结论轻易地转向关于一般人性的结论。由于他理所当然地认为他成功地还原和解释了适用于所有人心灵的共同结构，所以他认为自己已经证明了一种主体间的客观性，尽管他宣称自在世界的不可接近性。但是，处于这个世界之中——他的"批判性"或"先验"唯心主义永远让自己独立于这个世界——这必然既是任何其他人的独立存在，也是他们的根本特征。他在《纯粹理性批判》的体系里没有打下基础，以设定其他人的实在性，更不要说他们与他自己的精神过程的共通性。于是，尽管他有意如此，但他无法为自己的声明——他已经在笛卡尔、洛克问题缠身的认识论的实在论和贝克莱、休谟怀疑主义现象论之间发现了一个确定的中间道路——举出一个令人信服的例子。

从经验主义方面看，主观主义转向所暗含的怀疑主义，在休谟的著作里开始变得特别明显。这位苏格兰哲学家认为，我们只能认识我们内心的印象，这种印象在他的体系里所具有的特征和作用，类似于洛克感觉与反思的简单观念。因果关系原则，对休谟来说代表我们从稍纵即逝的印象走向持久存在的世界——这些印象可能会被认为符合这个世界——的唯一可能的路径，它本身可以完全还原成简单的印象，而（正如洛克本人已经注意到的那样）这些印象彼此之间没有"必然的关联"。① 与此相应，求助于这一原则给我们的印象以本体论参考，是一种循环，从而是无效的。这一点在贝克莱的唯心主义里是如此适用于精神实体（包括上帝），就像它适用于物理实体那样。

谈到我们关于未来的演绎推理，休谟坚持认为，这些推理缺乏来自我们印象的经验支持，因为我们不可能在我们的印象之间或之内发现任何必要的关联，而只有这样的发现才能保证我们本能的确信，即未来将会显示和过去的连续性。关于我们的记忆的可靠性，也存在类似的问题。休谟主要通过记忆与想象展现给心灵的力量和生气来区别它们，这种分析可能会用心理学术语解释我们信任自己的记忆的倾向，但无法告诉我们这种倾向能否或何种程度上承认认识论的正当理由。更重要的是，我们的印象之间完全没有任何关联，这让我们的记忆高度可疑。当下的印象里没有包含过去的印象，因此也就不存在从一种印象走向另一种印象的连续性。

我们总是特别倾向于相信一个持久存在的外部世界，相信一个来自可知过去的可预期的未来，关于这一点，休谟没有反对。他就这种倾向提供了一些心理学解释，这些解释超越了把一些印象的力量或生气和别的印象作对比

---

① 不过，洛克的认识论并没有像休谟那样是连贯一致的唯名论。洛克的术语"观念"有时候指的是休谟所谓"印象"，也就是特殊的影像或表象，任何既有的经验都被宣称可以分析为这些影像或表象，而在其他地方，"观念"又意味着心中的普遍概念。我将在本章稍后部分指出洛克在使用观念一词时具有的含混性，在那里，我要讨论他的语言理论与休谟更为彻底的唯名论之间的关系。

的方法，而是以三个联想原则为基础，他把这些原则的"吸引人"的力量和物理科学里的引力原则关联起来（1980：12－13）。① 但是关于上述信仰，他并不能发现理性的辩护理由。对他来说，可靠知识的唯一对象就是印象，而每一种印象都是独特的和独立的，彼此间没有任何实质性的关联（233）。这就是那些稍纵即逝的意识的碎片在他的哲学中构成的关联，正如我们已经在笛卡尔的认识论里看到的确定性的最后残余那样。它们同样可以拿来比较牛顿科学的物理微粒，这些微粒是完全自为自足的，没有显示任何内在的关联原则，只能由外在强加的力量带进关系之中。

休谟说到，由于每一种印象都可能被视为与众不同，都可能是独立的存在，是不需要别的东西来支持的存在，所以我们可能会得出结论，即印象就是"实体"，只要这个定义对实体的解释就是如此（233）。于是，他赞成一种原子论的或彻底唯名论的认识论，即一些彼此独立的单元通常被一种完全来自外部的"温柔力量"——联想的心理学倾向——带进关系模式（10）。这种认识论的整个机制是自闭性的，不可能为相信存在一个超越当前经验各种分散材料的世界的信仰提供辩护理由（尽管它确实能够提供解释）。在休谟那里，就像在笛卡尔那里一样，即使人类主体在时间中的连续性也会溃散为一堆片片断断的、彼此不相干的印象。没有哪一种哲学能够让我们确信任何一种东西，除了主体意识每一个独特瞬间的短暂内容。

作为一个自信的、代表性的实在论者而非怀疑论者，洛克曾经在一个地方说过，人类理解"就像一个完全避光的密室，只留下一些小开口，以便让外在事物的可见的相似物或观念进来……"这些小开口或窗户，就是感

---

① 休谟的三个原则提醒我们注意牛顿的三个运动法则。每一套原则或法则都在各自领域——自然科学领域和人性科学领域——扮演同等关键的角色。尽管他的哲学有所谓怀疑论倾向和结论，休谟和康德一样，似乎毫无困难就可以假定，他对他自己的心灵的运行机制的分析，或对他自己的经验的形式与内容的分析，同样适用于所有的人。于是，他打算发展一种"人的科学"或一系列普遍的人性原则，而不是仅仅探讨他自己的主观性的洞穴（1980：xv）。在《人性论》前言中宣布要建立这样一种科学——就像该书书名所揭示的那样，是关于"人性"的科学，而非"休谟的本性"的科学——时，他在他的个人印象和世界之间发现了一条明显而不可逾越的鸿沟，却轻易就越过了它，丝毫不觉得有论证的需要。

官，只有通过它们，少量的光线才能够"进入这间**暗室**"（1959：Ⅰ，212）。顺着洛克的主观主义立场——暗室这个生动的比喻足以说明这种立场——推论下去，休谟勉强得出结论，认为即使我们能够认识，那所谓的感官的窗户也可能只是镀了银的玻璃镜片，它们反射和再反射的，只是密闭的人类主体从无数不同角度和层面看到的自己。

17世纪和18世纪认识论思想的主观主义偏见和倾向，在接下来的两个世纪继续存在。根植于笛卡尔、被康德进行"哥白尼式"改造的理性主义哲学，被19世纪绝对唯心主义引到一个方向，又被20世纪现象学哲学（尤其是这种哲学的早期阶段）引到另一个方向。通过现象学哲学，理性主义哲学走向了存在主义。具有洛克经验主义气质（当然在一些重要方面也受到笛卡尔影响）的认识论体系，在19世纪和20世纪继续发展，并且作为经验－心灵哲学，和洛克观点中的怀疑论倾向——被休谟明确化了——做斗争，同时保留了两位英国哲学家共同设定的方法论框架的大部分。我无法在这里详细阐述这些发展，但是会在检视这些发展时提出几点意见，以揭示它们与当下正在讨论的虚无主义的哲学根源的关系。我对继承18世纪而来的经验主义哲学的评论，会非常适宜地出现在谈论本章第二个主题——语言哲学的主观主义转向——的语境中。

冒着过度简单化西方哲学史中一个复杂运动的危险，我认为我们可以把绝对唯心主义解释为对笛卡尔和康德提出的两个基本问题的回应。这两个哲学家都假设自然世界完全独立于心灵，而心灵也完全独立于自然世界。换句话说，他们两位都是心－身二元论者。但是，心灵进入非精神性的世界，会因为存在于笛卡尔二元论——我们已经在多个地方谈及这种二元论——中的某些不连贯性而陷入危险；尤其是当后世哲学家发现，笛卡尔关于第一性的质和第二性的质之间的重要区别的关键论点站不住脚的时候，这种危险会变得更加严重。和笛卡尔一样，康德也设定了独立于心灵的世界的实在性，但又坚持认为，这个世界根据理论理性原则上是不可认识的。在这种情况下，即个体心灵被设定对立于一个不可接近的自在世界的情况下，它必然会被推向唯我主义的方向。心灵能够希望"知道"的所有东西，都只是它自己的主观状态。

后康德传统中的绝对唯心主义者们——约翰·戈特利布·费希特（Johann Gottlieb Fichte）、弗里德里希·威廉·谢林（Friedrich Wilhelm Schelling）和乔治·威廉·黑格尔（George Wilhelm Hegel）——通过拒绝心－身二元论，或者更准确地说，拒绝康德的非精神性物自体世界，宣称实在作为一个整体，不是其他，就是心灵或心灵的显现，来寻求解决世界的可认识性这第一个问题。他们的方案，是一种心灵主义的还原论，我们曾在第七章第一节谈论过。但是，这种改变又从另外一个方向引出了唯我主义的危险，因为它主张这个"世界"本身是不完整的或没有地位的，而只是个体心灵的建构。绝对唯心主义者解决这第二个问题的方法，是指出虽然这个世界不是其他就是心灵，但它不只是我的心灵或你的心灵，而是宇宙心灵的内容或创造。于是，通过这两次改变，绝对唯心主义首先寻求确保实在的可认识性，因为实在绝非和心灵不同，而是完全精神性的，其次寻求确保实在独立于个体心灵。

但是，这种应对唯我主义问题——由笛卡尔、康德和17、18世纪其他哲学家们的认识论的主观主义取向提出——的解决方案本身并非不存在严重的困难。我将会简单指出三个方面的困难。其中一个就是绝对唯心主义者继续理所当然地肯定康德的主体间客观性假设。我们已经批判过这种假设意在回避唯我主义问题。在绝对唯心主义哲学中，我必须仍然从我的主观性——就像笛卡尔和康德认为的那样，它是原初给予的——开始。但是现在，我不能再仅仅设定其他心灵的存在，以及赋予他们我相信在我自己的意识中起作用的形式和原理，而必须来一次更大的跳跃，假定实在作为一个整体是唯心的，是通过模仿我的心灵的假定结构建造出来的。

于是，这种哲学并没有解决唯我主义问题，而只是在康德主体间客观性——是对一种不可知的形而上学实在的惴惴不安的替换，而它本身却建立在笛卡尔主观性的不安全基础上——快要散架的认识论地板上又搭建了一层形而上学楼阁。后康德唯心主义存在的这第一个困难，藏在比它的成问题的拟人论——它把所谓人类意识的普遍结构转换到作为整体的实在那里（Copleston 1985：Ⅶ，24）——更深的地方。它藏在一处令人震惊的鸿沟中，被这鸿沟隔开的，一边是被视为第一位的个体主观性，一边是对假设存在的一般人类意识的客观状态的设定，也可以说，一边是这些状态，一边是对所有纯粹精神的或唯心的实在的描述，它们被同样的认识论状态——现在已经转换成形而上学原理——所建构。

绝对唯心主义方法存在的第二个困难，是它用康德的一种不可知性简单替换了他的另一种不可知性。宇宙心灵被绝对唯心主义设定为根本的实在，世界上的所有东西都是这种实在的模型或显现。它是康德"知觉的先验统一性"的有意识的规划，现在也被赋予了形而上学的而非仅仅认识论的地位。康德曾经指出，我们必须设定知觉的先验统一性角色，因为如果没有这一角色，我们的经验可能会陷入混乱的不统一中。将不再有统一的意识领域，认识过程只有在这一领域才能进行，也将不再有对感性多样性（从休谟开始就有的一种假设，相关于经验的原始材料的特征）的分散材料的系统组织，或者是对感性直觉和理解范畴的中枢性协调。但是，由于知觉的统一性先于所有现象意识，而且被所有现象意识视为前提条件，所以所有表现在经验中的区分、辨别或界定，都不能适用于它。就像洛克的物质和精神实体，我们只能知道它**存在**（也就是说，它为所有知识所要求），但别指望理解它是**什么**（Kant 1958：136 – 138）。

当被转换为潜在的宇宙实在时，知觉的先验统一性仍然保持着它的不可知性，至少在费希特和谢林的哲学里依然如此。我们并不清楚，就我们曾经提及的笛卡尔和康德二元论哲学问题，即对人类理解力来说实在本身的无法接近性问题，绝对唯心主义是否提供了解决方案。费希特宣称，这个世界是神性生命的形象或计划。这种神性生命，在他的哲学里就是潜在的实在，超越了人类心灵的理解范围，只能通过形象和图画表现自己。我们都知道，这些形象和图画不是实在本身。与此相似，谢林认为宇宙心灵或绝对是纯粹的同一性，它在自身中吞没了主体性与客体性之间的所有差异。这种区别和所有其他的区别都外在于绝对，也就是说，它是绝对不为人知的。我们只能满足于认识它的现象，而不可能认识它本身（Copleston 1985：Ⅶ，85 – 87，123 – 125）。考虑到理解实在本身的问题，我们自然会怀疑，这些观点相较于笛卡尔和康德的二元论究竟有何明显的优越性。

确实，黑格尔，我们唯心主义三人组合中的第三位，特别强调绝对精神的可知性，坚称绝对精神正在稳步走向一种自我知识，后者就像历史所展现的那样显示在人类逐渐展开的意识中。但是主观主义的偏见和唯我主义的倾向同样秘藏于这种绝对唯心主义中，尽管黑格尔的声明与此相反。当他确信，绝对（the absolute）迄今为止已经在绝对唯心主义尤其是他自己的绝对唯心主义中达到最高程度的自我意识时，这种偏见和倾向就极为清楚地（并且充满讽刺地）浮现出来了（Copleston 1985：Ⅶ，179，243 – 244）。于是，理解黑格尔，同时就是理解绝对实在或绝对精神在不断前进的自我揭示中呈现的最新阶段（还有所有之前的阶段）。在作为黑格尔自己的反思的副产品的哲学体系里，精神能够最清楚地认识自己，也能够被最充分地理解——至少是发展至今的这段历史。①

我谈论的是存在于绝对唯心主义之中的潜在的偏见和倾向，而非绝对唯心主义本身明显的意图。比如说，黑格尔让康德宣称"我们所认识的事物对我们来说只是表象"，它的"本性属于另外一个我们永远不可企及的世界"，然后继续谴责康德的"主观唯心主义把意识到的事实还原为纯粹个人的世界，完全由我们自己创造的世界"。他还指出，对事物的恰当解释"是把它们的存在建立在普遍的神性理念中而非它们自身中"。这种由他自己提出的把事物的存在建立在普遍的神性理念中的观点，确实"和康德的观点

---

① 列奥·施特劳斯（Leo Strauss）的思考指出，黑格尔的历史分析的逻辑，会迫使他得出不那么克制的结论，即绝对已经在黑格尔哲学中达到了自我理解的当前巅峰。施特劳斯认为，黑格尔必然从他自己的推理中得出结论，即历史的"过程原则上已经完成"于他自己的时代，而且因此完成于他自己的哲学；"因为如果历史还没有完成，人们就会——比如说——不知道未来的阶段是否会导致理性的自我毁灭"（1961：146）。但是，黑格尔确实宣称自己知道这不可能发生；于是，至少在这一意义上，他的哲学必然被视为展示历史——过去、现在和将来——的无所不包的画卷。但是，科普尔斯顿主张，假设黑格尔认为哲学已经在他那里终结，这会是愚蠢的，因为德国唯心主义坚称，哲学只能够表现当代世界，因此不能超越它自己的时代。"很明显，"科普尔斯顿说道，"建立在黑格尔原则之上的后继哲学，必然会包含绝对唯心主义，即使他的体系揭示自身为一个更高的综合的一个片面时刻。"但是，这并不同时意味着声明不再存在任何后继哲学，或者不再存在任何完全不同于黑格尔哲学的哲学（1985：Ⅶ，244）。

一样是唯心主义的；但是比起那个批判哲学家的主观唯心主义"，黑格尔的观点"应当被命名为绝对唯心主义" [*The Logic of Hegel*, trans. W. Wallace (1892)，93－94；引自弗里德里希的导论，Hegel 1954：xxxii]。

但是，我正在强调的是，"普遍的神性理念"被证明太过明显（容易）地和黑格尔自己的特殊观念——至少是在当下的显现阶段——同一了。他并非第一个宣称"我们追随上帝来思考上帝的思想"的人。黑格尔哲学只不过是另一种版本的旧梦，后者相关于最终能够通过上帝透明的眼珠凝视世界和整个人类历史。但是，宣称这个长期追寻的梦想已经实现，听起来不那么令人信服，或者从他嘴里说出来，至少比从前辈嘴里说出来有点自以为是，① 尽管他的哲学体系在很多方面显得无比精妙和宏伟，在思想的深度和对后继思想影响的程度方面鲜有匹敌。

通过暗示黑格尔和其他绝对唯心主义者难以解决——**除了形而上学的命令**——黑格尔归因于康德的主观唯心主义问题，科普尔斯顿有一个重要的发现，即黑格尔和康德的思想具有连续性。他这样猜测"悖论式的声明"：

> 唯心主义越紧密追随康德所谓科学形而上学的唯一可能形式的观念，② 它对哲学力量和范围的信心就越大。因为如果我们假设哲学是思想对它自己的自发行动的反思意识，如果我们用唯心主义形而上学的语境替代康德关于人类知识和经验的理论语境，我们就会产生理性过程的

---

① 关于潜在于黑格尔的倾向——把绝对的自我知识的当前状态等同于他自己的哲学——以及他对心灵的唯心主义的、明显拟人化的神圣化中的含混性、反讽性甚至可笑的荒诞性的简明谈论，参见雅各布·罗文伯格（Jacob Loewenberg）写给《黑格尔选集》的导论（Hegel，1929：xxxii－xxxviii）。关于黑格尔对心灵的神圣化（鉴于黑格尔思想尤其是这种思想对哲学史本身采取的观点的整个冲击力，这种神圣化很难和黑格尔把绝对的自我知识的当前状态等同于他自己的哲学这一点分开来），罗文伯格说道：

> 把全体带入部分的愚蠢，就是辩证法挑选出来的适用于宇宙精神的合适食物。黑格尔唯心主义能够逃离他自己的方法的惩罚吗？我们表示怀疑。他的方法被设计得好像要惩罚任何特殊之物，但必然会怀疑对人类心灵的偶像崇拜式的拔高——把心灵独特的经验形式和话语视为衡量绝对的尺度。（Hegel 1929：xxxvii）

当然，罗文伯格关于人类心灵的这段话更适用于黑格尔个人的特殊心灵和思想。

② 这是一种批判性的"形而上学"，它意在展示认识实在本身的不可能性。

观念，它是能够在人的心灵中并通过心灵意识到自己的实在。而且哲学可以被解释为关于绝对的自我知识。（1985：Ⅶ，10）

但是，哲学现在也可以——根据我们已经给出的关于康德计划和绝对唯心主义者对这一计划的挪用的批判性评论——被解释为哲学家个体的空想与对绝对的认识的偶然一致。如果这种一致根本上是任意的或无根的，所有剩下给我们的，就只是孤立的和现在已经被绝对化的特殊主体及其怪异的创造物和"所有物"。[①] 这正是我们的老相识，所谓的青年黑格尔派或左翼黑格尔派成员麦克斯·施蒂纳的观点。

绝对唯心主义还存在的最后一个困难，是它在急切地避免唯我论的或相对主义的个人主义的怀疑论毒雾时，毅然拥抱充满野心的抽象（尤其表现在它对无所不在的宇宙心灵——个体心灵只是它的一些方面或时刻——的声明中），拥抱对不可避免的历史进程，对所有时代和人民的主流特征和"精神"的彻底的一般化。事实上，它在这个方向上走得是如此之远，以至于

---

① 关于黑格尔的绝对精神概念，我们已经给予了一般性的解释，也就是说，它就是某种世界灵魂或上帝。不过，彼特·辛格（Peter Singer）曾经正确地强调过黑格尔关于这个主题的观点的"含混性和不确定性"，并且概述了一种相当不同的解释。根据这一种解释，黑格尔用通过历史进程达到自我知识的心灵想要真正表达的，是自由和理解在有组织的人类共同体中的不断发展。人类不可能在彼此孤立中理解对方，而只能通过社会性的经验和考察过程做到这一点。这样，知识必然是可交流的；语言，作为交流的主要媒介，必然是社会性的而非仅仅是个体性的。于是，黑格尔尝试说明的，不是实体化的宇宙心灵，而是集体的人类心灵，或者甚至可能是理性意识自身的本性，因为后者必须用社会性的、文化的和历史的术语来理解。

尽管这种去神话化的观点（它的理性意识概念类似于我在本章稍后要辩护的那个概念）很是吸引人，但辛格也承认，我们正在呈现的这种解释，是黑格尔的文本强迫我们得出的。这种解释是说，黑格尔的绝对精神类似于上帝那样的东西，占据着康德知觉的先验统一性的神性或宇宙性高位，因此，他的思想不过是"重新遁入了宇宙意识的神秘统一性中"。辛格后来在他的书中明确支持这种更加标准的解释，指出罗伯特·惠特莫尔（Robert Whittmore）对黑格尔绝对精神的"泛神论的"解释是"可信的，这不仅是因为它和黑格尔特别关于上帝的言论一致，还因为它搞清楚了他的哲学主题的意思"（Singer 1983：73 - 74，82）。正如上文已经指出的那样，黑格尔对知识和语言的社会特征的强调，严重对立于他的哲学的主观唯心主义或唯我论倾向，我们已经关注过这种倾向，它主要来自康德哲学，而黑格尔和其他绝对唯心主义者用一道"宇宙意识的神秘统一性"的烟幕遮蔽了它。

将要远离事物被经验到的特殊性和坚定的多样性，还有个体之人的独特意识和行为。在如此明确地选择一个极端的同时，它也选择了另外一种极端反应，为那些来不及解释的东西作辩护。但是，这两个极端的立场，无论哪一个都会被纳入主观主义的轨道。

把他自己的哲学解释为绝对精神不屈不挠地展开的科学的黑格尔在《精神现象学》中宣称，"真理的本性就是当它的时代到来时推进它的认识的道路，"而像他自己那样的拥有这种真理的特殊思想家，尤其是代表那些自称扮演公共"代表和发言人"的人们的思想家，当自己的体系不能赢得直接的普遍赞同和肯定时，他并不需要担心。真理有能力在世界中持续起作用，把现在可能被视为"仅仅是"哲学家"自己"的观点转换为"某种普遍的东西"，并会得到公众最终的接纳（Hegel 1929：66）。

于是，个体真的不那么重要；像黑格尔这样的个体，只是在他的思想开始被视为绝对的心灵的媒介或工具时才具有重要性。

当精神生活的普遍本性开始得到高度重视和强调时，当那纯粹个体的方面开始像它应该是的那样相应变成无关紧要的事情，而那普遍的方面在其整个的实体范围内坚守它已经建立起来的全部财富，并且宣称对它的权利时，心灵的全部工作中那被任何特殊个体行为打败的部分，只有一点点。因此，个体必须更加忘掉自己，按照科学的本性所暗示和要求的那样去做；他还必须成为他能够成为的，做他能做的（Hegel 1929：67）。

正是黑格尔思想中这种谦逊和傲慢的奇怪混合，还有它主张的纯粹个体淹没在绝对的激流中——但是某种程度上这个个体，黑格尔，假设自己已经被给予最为充分的理解能力——让像施蒂纳那样强调特殊个体的具体生活、经验和观点的人们极度反感，他对以黑格尔的形式表现出来的绝对唯心主义极尽批判之能事。

施蒂纳陷入激进主观主义的倾向，后者曾经影响过笛卡尔、洛克、休谟、康德和绝对唯心主义者自己的哲学。他无比明确而不懈地追随这些倾向，直到得出它们荒诞无比的结论，而在这些哲学家中，休谟的现象论怀疑主义和他最为接近。

观察绝对唯心主义哲学这第三种困难的一种方式，是指出黑格尔和施蒂纳并不像他们最初看上去的那样不同。这两位都拥有现代思想的主观主义取向，只不过采取了不同的表现方式。颇具反讽意味但又在预料之中的是，黑格尔对宇宙自我的活动的高度抽象，是为了寻求抵消潜藏于康德式唯心主义之中的唯我主义的危险，但这种抽象在他自己的唯心主义框架中的继续存留，会引起施蒂纳的反应。后者会冒唯我主义的风险来避免在他看来更严重的黑格尔式邪恶：具体的、当下存在的、不可还原的特殊自我的完全消失。他把这种自我视为任何充分的认识论、道德或形而上学理论的起点和终点。他对这种自我不计代价的辩护，是为了尝试保持笛卡尔的框架，而黑格尔对绝对精神的辩护不过是以另一种方式保持着这一框架。这两种极端的立场都使个体之人的正当地位和角色问题变得难以理解。

笛卡尔和康德理性主义哲学的另外一个支流，埃德蒙德·胡塞尔（Edmund Husserl）的思想，是我关注的最后一个对象。在胡塞尔的现象学中，尤其是表现在他的《笛卡尔式沉思》（首次以法文发表于 1931 年）里的现象学中，我们可以看到我们这个世纪对我们曾经讨论过的一种存在于认识论中的主观主义倾向的坚守。胡塞尔的《笛卡尔式沉思》命名极为恰当，因为在这本书里，他提出了几个与笛卡尔相关的假设。其中一个就是关于完全无关利害或纯粹客观的知识的理想，这种理想因为一种发育良好的方法——在胡塞尔那里就是"先验反思"（Husserl 1960：35）法——而变得可能。第二个假设，是坚持把这种知识建立在绝对确定性之上。就像笛卡尔主张的那样，哲学必须被视为"一种建立在绝对基础之上的无所不包的科学"（1960：152）。

为胡塞尔所拥抱的第三个笛卡尔式假设（它与当下正在讨论的主题——认识论的主观主义转向——密切相关），是自我意识必须被视为原初给予的，被视为所有知识的根本起点。正如笛卡尔那样，胡塞尔宣称，**我思**是"判断终极而绝对确定的基础，任何彻底的哲学都必须建立在这一基础上"。它是"我能够绝对确定地设定存在的唯一东西"（1960：18，139）。根据"现象学悬置"这一策略，把所有关于客观世界（其他自我的世界和社会、文化世界，还有自然世界）的问题或难题"置于括号中"，我拥有了一个关于"我的纯粹生活即组成这种生活的纯粹主观性的过程"的不容置疑的基础。这也包含这些过程意味着的任何东西，"这个过程纯粹的意指：'现象'的世界。"换句话说，悬置策略要求我"**纯粹地**理解我自己：把自己理解为 Ego，还有我的纯粹意识的生活，对我来说，整个客观世界在其中存在，并通过其存在，就像它向我准确显示的那样"（20-21）。或者，就像胡塞尔在该书结尾所言，"对我来说，每个现存的东西都必须且只能从我自己这里，从我的意识范围获得其存在感……"（150）

胡塞尔明确意识到了这第三个假设给哲学造成的关键困难：如果哲学必须开始于"一门纯粹的自我学"，那么它难道不会是一种"迫使我们进入唯我主义"（30）的科学？他能够预见的可以逃离这种灾难性结局的唯一道路，就是建立一种主体间的客观性的可能性，也就是说，去证明其他自我的实在和我自己的自我的结构是一样的，并且把这一点带入对世界的看法，即这个世界不仅仅是我的主体性的现象，还是像我一样的其他主体性的现象：对所有经验着的人来说呈现出相同图案的世界（30，130）。

胡塞尔认为笛卡尔尝试以自我意识的原初性为基础建立一种具象的实在论是"荒诞的"。笛卡尔差一点就发现了通往任何原初性的唯一路径，即康德先验唯心主义的路径，但他没有走进在他面前打开的大门。与此相应，他仍然深陷以自我为中心的困境，胡塞尔认为那是"传统（早期现代）知识理论的整个问题所在"（24-25，82）。这种不能持久的笛卡尔式实在论，依然残留在康德的靴子里，它采取的形式，是康德对现象世界和本体世界的区分，其中后者被视为"真正存在的世界……它存在于可能意识、可能知识、可能证明……的世界之外"。对胡塞尔来说，这样一个纯粹存在的世界是"荒谬的"，是和康德自己哲学的整个倾向和重要性明显不连贯的（84）。

尽管他拒绝康德的物自体世界设定，但胡塞尔还是把康德关于经验自我和知觉的先验统一性——或者用胡塞尔喜欢的说法就是先验自我——之间的明确区分视为他自己的哲学的基本特征。这种先验自我"在知识秩序中先于一切客观存在"，包括作为知识对象的自我的存在（Husserl 1960：26；Kant 1958：336－337）。于是，哲学的必然开端，并非笛卡尔所谓的实体性自我，而是先验自我，是意识的每一个行为都必须预设的意识领域。而且，和康德一样，胡塞尔假设存在一系列普遍而必然的"结构类型"或"异常清晰的法则"（胡塞尔的术语），它们构成任何可能经验的形式。这些原则确保经验不会仅仅是混乱的或赫拉克利特式的；它们的运作还需要经验的对象（包括经验自我）必须被视为先验自我的"构造性产品"（49；74；52，n.1；85）。根据胡塞尔，揭示先验自我的绝对构造原理，是哲学的主要任务，而完成这种任务的可能性在于，那赋予哲学的许诺的东西变成一种"无所不包的科学，它建立在绝对严格的基础上"（72）。

但是，胡塞尔并没有像康德那样仅仅满足于一种假设，即暗含在先验自我的运行中的结构对所有人来说都是一样的。他也不愿意追随那些绝对唯心主义者，后者把知觉的先验统一性转换为一种首要的宇宙性原则或绝对精神。他给自己设定如下任务，即尝试**证明**存在多种具体而特殊的先验自我，他用莱布尼茨的术语**单子**来命名这些自我（67－68）。于是，问题变成了任何从我自己的构造性意识的绝对结构，挪到其他主体的绝对结构，如何为"别的经验中的人"提供基础，以反击"现象学包含唯我主义这样的反对意见"（88）。或者如索莱蒙所言，问题在于如何从第一人称单数变成第一人称复数，如何从"我"变成"我们"。

这里明显很重要的是，我能够发现某种基础，凭借这一基础，其他人不仅仅是由我自己的意识构成的客体，还是凭借自身权利自我构成的主体。更为重要的是，我可以有理由认为这些其他的单子式自我能够根据必然而普遍的原理——就像那些构造我自己的意识的原理一样——运行。如果我难以完成这些使命，那么就无法证明存在一个对我和他人都相同的世界，并且因此无法提供一个主体间客观性的基础（胡塞尔也称之为"构造性意向性的共有化"或"单子间的和谐"）（107－108）。于是，现象学应该让位于现象主义；先验唯心主义应该退化为主观唯心主义，后者之前已经倾向于唯我主义。

　　胡塞尔是否成功避免了这场灾难，而他已经如此敏锐地意识到了这种即将发生的危险？他对这个问题的推理（尽管只是暗示性的）完全缺乏绝对确定性，而他坚持认为作为一门严格科学的哲学，这种确定性是必需的。这个推理包含两个主要的步骤。第一步是发现在属于被我的经验意指的"自然"的身体中，有一个独特的身体被特别挑出来属于我。这个身体，相对于所有其他的身体，"不仅仅是一个身体，准确地说还是一个有生命的有机体"，"我把它归于**感性领域**。"只是在这个身体性对象"'里'，我**直接'统治和主宰着'**，在它的每一个'器官'里进行着特别的管理"（97）。但是，经常发生的情况是，其他的身体用非常类似于我的特征和模式表现着它自己。即使它看上去很生动的特征没有一个"能够在我的最初范围内"通过"联想""欣赏"或"类推化的理解""得到独创性的实现"，我也能够认识到它是别的生命有机体——所谓生命，是对别的自我来说的（113，111）。于是，这种认识被其他身体的和谐行为一再强化，被这样的事实一再强化，即它的行为绝对不会和我自己的有生命的身体的行为模式或预期相冲突（114）。

　　但是，胡塞尔又赶紧补充道，从我的生命机体和其他人的身体之间的类似，推出其他自我作为这些身体的主体而存在，这不是一种有意识的推理。这样的"知觉"不再是一种思想行为，而是对"已经给予的日常世界"的知觉，我们居于其中并行动于其中的这个世界具有它的可能性和预期的"地平线"（111）。于是，我们自然而然会相信，其他的生命有机体会像我们自己的那样存在，而且居于他们中心位置的自我，也类似于我们自己的自我。

　　胡塞尔尝试证明存在其他自我——或更为独特地说，假如在我的经验中，各种自我的经验不仅仅被我构成，还存在它们自己的构成性力量——的第二个步骤，是他关于"配对"观念的讨论。我在"这里"理解我的生命机体，但是其他的身体进入了与我在"这里"的身体的配对关联。这个其他的身体在"那里"，而且很自然就可以猜测，假如它的行为和我自己的身体一样，那么它也有一个"原初的个人状态"核心，还有一个围绕它运转、从它的角度被经验的"世界"，这个世界对他来说很适合，就像我的世界对我来说很适合，从"这里"来经验很适合一样。于是，我可以进一步假设，对我来说很明显的是，如果我从"这里"转移到"那里"，从"那里"经验的世界还是同一个世界（118 - 119）。

胡塞尔坚持认为，这样一种知觉明显类似于一种我所谓"识别合成"的知觉，后者用以区分意识瞬间，因而要求我的自我在时间中的连贯感。当前的"这里"因此相关于过去某个地方的"那里"，而且我能够认为自己可以带着和当下时刻经验到的中心意识一样的意识返回过去那个点。就像这个例子所显示的，"两个"自我或意识中心变成了"一个"，通过时间关联了起来，于是我把表现在我自己的中心自我和一个陌生自我面前的"两个"世界理解为"一个"世界，这个世界可以从不同的有利位置来看，它的空间和时间对我们两个人来说都是一样的（1960：126 - 128）。

胡塞尔确实通过这种分析过程证明了——而不是**我自然而然就会相信**——其他自我的存在，并且认为由他们"构造"的世界和我自己所经验的世界完全相似？这肯定会被最为彻底的现象论者或主观唯心主义者所承认。问题的关键在于，这些信仰能否得到辩护。即使我们最初认为胡塞尔用来尝试证明一种主体间客观性的两个阶段貌似有理，但这种貌似有理也远远达不到他所宣布的方法所要求的绝对确定性。唯我主义的幽灵仍然徘徊在《笛卡尔式的沉思》整部书中，尽管它的作者在书的结尾充满信心地宣称，这种危险或"幻觉"现在已经被"消除了"。他让我们相信，"即使是这个命题，即每一种为我而存在的东西，都必须且只能从我自己这里、从我的意识范围获得存在感，也仍然保留其有效性和基本的重要性。"（150）

这个关于自我意识的绝对首要性的普遍主题，或者关于从孤独个体的感知开始的必要性的主题——尤其是联系《笛卡尔式的沉思》对建立在绝对确定性基础上的纯粹非假设性描述的无条件要求时——为唯我主义难题的解决设置了一处障碍，这使得胡塞尔在克服这一难题方面并不比笛卡尔或康德更加成功一些。他的失败可以追溯至施蒂纳、尼采和茅特纳的极端认识论相对主义，他们每个人都理所当然地肯定自我意识的首要性，而且注定和胡塞尔一样永远游荡在笛卡尔式我思（*cogito*）的迷宫中，无法进入一个共有的世界。

胡塞尔的失败，即难以发现克服唯我主义的路径，最后也表现在萨特的结论中，即各种独立的意义和价值世界，由每一个绝对自由的特殊人类主体重新（de novo）构成，这意味着我们早前已经命名的"理想或终极主观主义和对待所有事情的任性态度"（本书第四章第二节）。包含在萨特及其哲学前辈的激进主观主义立场中的生存论虚无主义动力，在萨特小说人物洛根丁的生活和观念中变得特别明显。洛根丁在《恶心》中从头到尾都被一种强烈而令人腻烦的自我关注所束缚，被置于一种凄惨的隔离和孤独状态，而逃离这种状态似乎根本不可能。他没有职业，没有朋友，没有扎根于他的文化或过去的感觉，没有对任何事或任何人负责的感受；而且整个自然世界，包括他自己的身体，都远离他，都让他恐惧。每一种超越他的直接自我意识的东西，都是异己的和不可接近的。他唯一可依赖的，就是尝试通过纯粹的意志行为创造一个属于自己的意义和价值世界。这就是所谓不得不自由的意思。洛根丁唯我主义的自我中心和荒诞的自由，是主观主义转向的逻辑后果。

二 语言哲学

当我们开始谈论早期现代的语言哲学，尤其是那些受到经验主义者吹捧的语言哲学时，我们发现主观主义转向同样持久而广泛地存在。于是，类似于认识论中的那些模式或问题——我们已经概述过——同样明显大量存在。比如说，霍布斯和洛克，强调对关键术语准确定义——作为他们热切呼吁的彻底的方法论改革的一部分——的重要性，主张这些术语只有在它们能够被分解为明确涉及经验的简单单元，也就是霍布斯所谓的**感觉**和洛克所谓的**感觉与反思观念**时，才会有意义。这里的"经验"，意指直接的个人意识的内容与特征，它被持续的内省式自我分析所关注（Hobbes, *Leviathan*, Pt, I, Chs. IV - V, in Burtt 1939：140 - 148；Locke 1959：II, 8 - 13, 148 - 164）。

洛克告诉我们，"在其最初的或直接的意义上，语词所代表的，只是**使用它们的那个人心里的观念**，"而且"说话的目的，就是那些作为标志的（词语的）声音，可能会把他的观念告知听话人"。他继续说："语词是说话人观念的……标志：没有任何人能够把它们作为标志直接应用于其他什么东西，除了他自己拥有的观念……"由于语词的合适而直接的意义是运用这些语词的人们心中的观念，它们只能在第二级的和衍生性的意义上被视为相关于其他人心里的概念，或"事物的实在性"（1959：Ⅱ，9–11）。

语言的根本特征因此是私人性的，而问题在于任何给定的说话人如何能够导致或知道自己已经导致其他人心里有和他自己心里一样的或类似的观念。还有一个问题，私人的精神现象是否或何种程度上能够根据语词直接设计得符合被普遍接受的世界上的各种事物，而且因此语言是否或何种程度上能够指涉或被认识到指涉（至少非直接性地指涉）这个世界。

这些问题由洛克的观点组合而成，这个观点就是，通过"任意强加"意义——这种意义随时随地都会改变——语词可以表示观念，包括当下使用它们的人心中的观念。因为"每个人都有不可侵犯的自由，让语词代表他需要的观念"，与此相应的是，"没有人有权在其他人使用和他一样的语词时，让其他人心里拥有和他一样的观念。"即使是奥古斯都大帝尽其所能，也不能确保他的臣民心里会有这样的结果（Ⅱ，12）。最终，洛克告诉我们，个体以他们自己的经验为基础，决定依附在普遍术语之上的意义；而且任何两个个体都可能完全不同地表达它们，因为他们的经验是不同的（1959：Ⅱ，Bk.Ⅲ，Ch.Ⅵ；Aaron 1965：205）。

于是，通过洛克分析的这些方面——尤其是他对由这些术语最初设定的私人性特征的坚持——表现出来的语词意义的多样性或不可确定性的程度，可能非常大，而且一种对我们通过使用语言和他人交流的能力的怀疑或不确定的氛围就这样被制造出来。随着经验主义的认识论——比如休谟的观点，它在特殊印象和建基于或来自这些印象的一般观念之间做出了根本性的区分——的发展，这个问题进一步加深了。

休谟是一个坚定的唯名论者，而洛克却在唯名论和逻辑实在论之间徘徊。当我根据休谟的看法指出，每一个印象都是独特而不可重复的，而且正是在这些彼此分离的印象中，所有有意义的观念和经验都必然被消解掉时，我们就已经在休谟那里发现了这种唯名论。根据休谟，任何既有的语词，都只能指涉某种特殊的形象或印象，而且我们也只是根据习惯能够把与我们的经验的特殊数据与过去"类似于"它的经验的数据关联起来。这种关联得到来自语词本身的帮助，就像它已经做过的那样，后者是一般性的副本，而我们经验的坚定的特殊性中缺乏这种一般性（Hume 1980：20 – 21）。另一方面，洛克的观念本身就是经验的假设，具有或有时候具有普遍性或一般性的某个方面，这些普遍性或一般性附着在这些观念之上就像它们是既有的那样（参见亚伦关于洛克看待经验构成观念与普遍意义的关系的三个"标准"的评论；Aaron 1965：197 – 202）。在洛克认识论里经验的终极数据的这种普遍性，还有语词的终极指涉物，默许了语言的使用者们可以共享意义。

但是，如果我们把洛克的语言观和休谟的唯名论认识论——这种认识论至少具有如下优势，即可以克服洛克对"观念"使用的含混性，这些使用在特殊的形象和一般的概念之间令人困惑地摇摆——结合起来，那么我们就要为这种更高的准确性付出极大代价。因为坚称一个"观念"就是对一种印象的苍白反映，它和印象本身一样特殊，这样做的后果就是，没有两种印象对两个或多个人，或者一个人在两个不同的时间里，具有完全相同的意义。而且由于这些各个不同的印象现在是语词的终极指涉物，所以每一个体都被当作一个个人的语义领域，他与其他人的语义领域之间的关联就会变得模糊不清。

令人怀疑的是，即使这样一种洛克－休谟式的语言理论最为宽容或最具想象力的解释，也不一定能够向我们成功说明，通过语言使用把决定性的意义告知其他人究竟如何可能。当然，洛克自己关于确保准确交流的描述，当与休谟的认识论分析——即我们的所有术语的意义都会被消解入对每一个体私人经验的简单数据的准确指涉中——融合在一起时，似乎难以保证促进成功的交流，或者可以消解如此交流究竟怎样出现的秘密。本书第二章讨论过的茅特纳在这方面的严格的保留态度，很容易被视为遵循洛克语言理论

"可能是最糟糕的剧情"结构，这种理论赋予一种激进唯名论的认识论的关键角色（就像茅特纳所做的那样），类似于休谟赋予的地位。

如果这就是语言，那么我们很难理解人们如何能够使用它们来探索或显现一个共有的意义世界。相反，似乎每个人很大程度上都必须（即使不是完全地）在他自己的语言世界的狭窄范围内生活与思考，而这个世界只是每个人自己的所有物。根据同样的推理过程，这样一种纯粹私人性质的、充满怪异的意义领域，必然也是一个充满怪异的价值领域。于是，我们被洛克的语言理论引向对共同拥有或共同理解的价值标准的否定，这种否定位于施蒂纳伦理利己主义——或许也可以说是**道德唯我主义**——的核心。凡是对道德价值适用的，都必须也对存在价值适用，对规定一种有意义生活的目的和目标适用。

尽管洛克语言理论存在诸多困难，但它的主要观点还是在现代时期被广泛认定，它的影响也一直持续到20世纪。在所有理论的变化过程中，我们可以很容易就看到主观主义偏见在现代哲学中的存在。① 比如说，帕斯莫尔（Passmore）就指出，对1930年代早期的实证主义哲学家莫里茨·施里克（Moritz Schlick）来说，

"通过经验可证明"意味着通过**只有我自己能够经验的**精神状态可证明。原则上，这句话还意味着，不存在向除我自己之外的任何人证

① 我所谓的主观主义偏见（subjectivist bias），在桑德斯与亨齐（Saunders and Henze 1967）那里叫作"自我中心主义的观点（egocentric outlook）"。两位作者解释道，这种"观点来自这样的人，他从家里开始，带着私有的对象（他自己所有的经验数据）和尝试，以这种或那种方式'走向家庭之外'"。唯物论者、主观唯心主义者、二元论者和现象论者，都被他们视为自我中心主义观点的"典型代表"。他们对"自我中心主义的困境"的描述，也适用于本章主题："这是一个关于'如何走出去'的困境，如何从个人自己的经验数据无可非议地走向外在世界——它既包含有生命的存在物，又包含无生命的存在物——的存在的困境。"这"还是'如何走出'当下时刻的经验数据的问题，如何确保个人相信自己的历史和倾向性的问题"（1967：17-18）。正如我们正在寻求证明的那样，现代思想和这一困境持续斗争的结果之一，就是虚无主义哲学。这个困境本身很大程度上是笛卡尔的遗产；它与现代心灵的纠缠不分，证明了这个法国哲学家的沉思一直笼罩着后来的思想史，并且直到当下，阴魂也没有散去。

明——或证伪——一个命题的方法。由于意义和可证明性是同一的，所以我们显然会得出一个古怪结论，即只有我能够知道一个命题意味着什么，说别的什么人"知道这个命题意味着什么"，将是无意义的。（Passmore 1966：375 – 376）

为了避免得出这种令人吃惊的"古怪结论"，施里克尝试区分物理学声明的形式结构和这些声明的经验性内容，坚称形式结构可以是公共性的或主体间性的，而经验性内容是绝对私人性的。但是，他接着又承认，科学体系的形式结构必须被赋予经验性的意义，才能成为包含真正知识的科学。于是，在科学声明能够成为关于真正知识的声明这一点上，这些声明的意义必然仍是不可理解的，因为每个人都必然用不可交流的和私人的经验性内容填充自然科学的形式（也就是逻辑和数学）结构。帕斯莫尔忍不住评论道，这是一种"对一个实证主义者来说非常奇怪的结论！"（1966：376）这个结论类似于茅特纳在20世纪的早期从类似的前提被迫得出的结论，而它早已暗含在洛克对语言运作机制的经验主义解释里了。

罗素、维特根斯坦和艾尔（A. J. Ayer）在20世纪早期主张的"逻辑原子论"，同样非常类似于洛克－休谟认识论和语言哲学。就像施里克的实证主义语言理论，这种逻辑原子论暗含一种唯我主义的后果，因此关于孤立自我难以通过共同的话语媒介和其他人交往，它不过是展现了另一种版本的场景。导致这一后果的主要前提如下（这里我主要借鉴厄姆森的探索，Urmson 1958：134 – 135，192，198）：（1）所有**关于语言的命题**在它们是原子式的命题或原子式命题的真值函数的程度上都是有意义的；（2）**原子式命题**是用来命名原子式事实，并且从这样的事实中获取它们的意义或真理的命题；（3）**原子式事实**是直接认识的对象；（4）**直接认识的对象**是特殊的感性材料或感性材料的特殊关系；（5）感性材料原则上是私人性的和直接的，也就是说，是只能被当场经验到它们的人接近的。由这些前提直接得出的三个相互关联的结论如下：（C1）没有哪两个人能够熟悉相同的原子式事实或直接认识的对象；（C2）整个原子式命题对我来说是可理解的，并且由于我赋予我的语言以可理解性，**除了我，任何别的人都无法理解它们**；（C3）人们之间通过语言进行的任何交流在理论上都是不可能的！

于是，一种植根于 17 和 18 世纪经验主义认识论假设的语言分析，再一次把我们带向一个独立而孤独的自我，在其内在经验、理解与公共话语、共享意义的外在世界之间，不存在任何桥梁。这样一个自我不仅是一个孤独的自我，还是一个虚无主义的自我，因为它否定接受"共同的规则"。正如布里顿所言，这种规则不仅对可用的语言来说是根本性的，而且对有意义的生活来说也是根本性的（1969：182；参见我们于第三章第一节关于布里顿观点的讨论）。正如他在书中其他地方所指出的那样，生活意义的问题不仅是一个与我自己相关的问题，与我自己的理解、选择或欲望相关的问题，它还是一个关于我能否与他人一起参与一个共同的意义和价值世界的问题，这些意义和价值本身就有说服力和值得相信，并且能够引导我们过好我们的生活。布里顿以这种方式总结他的观点：说生活有一种意义——如果个体希望它有意义，或随意决定赋予生活以意义——"是荒谬的：它说明了一种推论形式，人们立刻就会发现这种形式是无效的（希望不是马，乞丐也不会骑马）。我们所考虑的，不是希望，而是发现"（13）。根据本节的讨论，这样的发现如果不是不可能的，也是很成问题的，其核心是主观主义转向内含的虚无主义。

三　伦理学

我之前曾经提及笛卡尔的梦想，即通过运用他的哲学方法——一种内省式分析方法，它设定个体自我意识的首要性——阐明一种理性的伦理学体系（第八章第二节）。像沙夫茨伯里（Anthony Ashley Cooper）、弗朗西斯·哈奇森（Francis Hutcheson）、休谟、亚当·史密斯（Adam Smith）、康德和约翰·斯图亚特·穆勒（John Stuart Mill）等有影响力的思想家——每一个根本上都采用相同的方法论假设——都各自在自己的时代寻求通过建立利他主义的伦理学来赋予这个梦想实质性内容，这种伦理学的基础是基本的本能、感觉、直觉或原则，而他们中的每一个人都宣称已经在自己的意识中辨识到了这些东西。其他人，像霍布斯、伯纳德·曼德维尔（Bernard Mandeville）和克劳德·赫维修斯（Claude Helvetius）等，都通过相同的内省式技巧收获了各种版本的伦理利己主义、政治和社会理论，它们都建立在开明的自我利益之上。

每位哲学家都视为公理的是，他不仅可以而且必须从孤独的他自己开始——毫不理会所有的文化或传统偏见和每一种继承得来的信仰——进而从他的私人内省和本源性反思这个绝对的起点开始建构一种伦理学，后者适用于所有时间和地点的人们。休谟在《人性论》第三卷中指出，当我们考虑是否任何行为，比如说故意的谋杀，都真正是一种美德还是不道德行为时，每个人都只有一种依靠。谋杀的邪恶特征将永远不会被认识到，"直到你开始反思你自己的内心，从而发现一种不能答应的感受，后者从你心中升起，是对这种行为的反应。"于是"当你宣布任何行为或性格是邪恶的时候，你的意思只是说，从你自己的本性的结构来看，你通过沉思这种行为或性格而产生了一种责备的情感或感受"（1980：468－469）。休谟的两个声明恰好概括了通往以主观主义者转向为基础的伦理学的整个途径，不管只能在"你自己的内心"或"你自己的本性的结构"中被发现的伦理学基础是理性还是经验，或者是二者的融合。

我将要简单考察两个如此尝试从孤独个体的意识出发生产普遍的伦理学理论的例子——其中一个例子是理性主义的，另一个例子是经验主义的——从而揭示不管哪一个例子都会失败的原因，揭示我们能从这些失败中学到哪些关于虚无主义的教训。第一个例子是康德的伦理学理论；第二个例子是穆勒的伦理学理论。

在《道德形而上学原理》（首次发表于1785年）中，康德拒绝任何经验主义形式的伦理学，坚称伦理学必须纯粹建立在理性的命令之上。他假设道，如果一种法则或原则要想具有真正的道德力量（也就是说，是一种绝对可靠的道德责任的基础），它必须具有绝对的必然性和普遍性，或者说具有无条件的有效性。一种无条件有效的法则或原则，是绝对的而非有条件的，因为它适用于所有环境而没有例外，因为它赋予道德行为一种内在品质，而不允许它们仅仅被视为达到某种经验目的——如幸福——的手段。① 从经验归纳出来的法则或原则充其量只是或然的，而非确定的，所以不可能具有普遍性和必然性，而后两者对于真正的（bona fide）道德准则来说是根本性的。还有，这种经验性规则本质上只能是有条件的而非绝对无条件的，因为我们能够在任何时间决定放弃经验性的目的，而对于这些目的来说，这种经验性规则只是手段。相反，一个绝对无条件的命令，不会允许意志把它悬置起来。

康德还拒绝了幸福这个通常被经验主义伦理学视为终极道德目的的目标，原因在于它具有一种致命的含糊性（他宣称那些被视为真正幸福的概念在不同的人那里各有不同），还在于即使我们能够同意幸福意味着什么，可那决定如何确保幸福的问题依然存在。这个问题会让我们陷入关于一种适当的艺术或技巧的思虑中，而不是去考虑必然而普遍的原则。康德还告诉我们，道德的核心问题，不是如何**获得**幸福，而是如何**值得拥有**幸福。

最后，他指出，经验主义的方法把美德与邪恶的动机置于同一水平，因为它视道德目的是某种基本冲动或欲望的对象。他相信这会伤害道德责任的独特之处，会让我们卷入一种模糊而争论不休的事情里，即尝试决定何种动机真正引起特殊的或有计划的行动。由于我们不可能完全确定一种行为不是来自一种纯粹自恋的动机，所以假如理性没有发布它自己不可改变的道德命令，我们可能会对完全从责任出发而行动这种理想感到绝望。

当他求助于纯粹的推理过程——他相信这一过程必然伴随他对道德境况最为深思熟虑的评估——时，康德宣称自己已经在那里发现了绝对原则，它们必然永远逃避任何经验性的指涉。这些原则总共有三个，并且实际上只是

---

① 康德在展开这些论证时，心里明显存在目的论或效果论的经验主义伦理学。但是，并非所有的经验主义伦理学都具有这种特征。比如，休谟的伦理学主张，以一种共同经验的、普遍的道德感为基础，我们能够直接而不会出错地（只要某些规定条件得到满足）理解一种行为的内在的和客观的道德品质。参见大卫·菲特·诺顿（David Fate Norton）关于休谟道德理论的广泛讨论（1982：94-151），尤其是诺顿对休谟主要思路的概括性解释（142-143）。我将要拿来和康德伦理学作比较的穆勒的理论，当然也是一种目的论，所以，我这里列出的这些论证同样和穆勒直接相关。

关于一个基本道德法则的互相关联的几个声明。在《纯粹理性批判》里，康德还把它们解释为三个量的范畴的表现。

他告诉我们，道德法则的形式，就是普遍性的形式：我们服从于绝对命令，只会根据我们能够意愿成为普遍性法则的准则来行动。这一道德法则的声明暗示了**统一性**范畴；只存在一种形式的道德法则，也就是它的普遍性。道德法则还表现了**多元性**范畴，因为它规定每个人（或更具包容性地说，每个理性存在）必须被视为目的，并且永远不能仅仅被视为实现目的的手段。于是，就像有很多理性存在一样，有很多道德目的。对道德法则的彻底描述会让我们清楚，所有的理性存在都有责任根据这样一种方式行动，即指导这些行为的准则使它们有资格成为普遍的目的王国的成员。由于这样一个王国由所有的理性存在组成，是由它们彼此的关系组成的综合性体系，所以它的概念又暗含**总体性**范畴。

康德告诉我们，普遍的目的王国类似于自然王国，因为它也不可避免地受制于法则的主宰。但是不同于自然王国根据充足理由律运行，在来自外部的强迫下起作用（就像牛顿和其他人的数学物理学已经充分显示的那样），并且因此可以被视为一部机器，目的王国根据自由法则运行。这些自由法则并非从外部强加，而是从内部强加，就像每一个理性存在通过对理性的自动使用而发现适合于管理它的道德行为的法则，并且认识到它必须自由选择让自己的行为服从于这些法则。因此，在这样一个目的王国，理性存在既是主体又是君主——对来自它们自己的理性意志命令的道德法则负责，在关键意义上，它们为它们自己而制定这些法则。

由于康德坚持认为，人类是自由的，他们的意志服从于道德法则，这些法则因为"实践理性"的运用而被人知晓，所以意志完全自由的人类行为就和物理自然中的任何一个事情或一组事情一样，是受法律约束的。但正是这种自律能力，或理性的自我立法能力，在道德领域负责任的自由能力，证明了每个人都能拥有一种独特的、不可替换的尊严。这种尊严意味着人们必须总是被视为或被当作目的来予以尊敬，而绝不能仅仅被视为手段，也就是说，绝不能让我们感到自己被当作一个物理对象，或者让自己具有自然世界的其他特征。① 因此，自然王国和目的王国在某些方面是类似的，但在另外一些方面却是完全不同的。

康德的伦理学理论虽然有很多方面值得令人钦佩，但也会招致很多批评，其中一些批评表明这种理论所用主观主义方法的严重问题。已经预先存在于我们之前讨论中的两个批评点，针对的就是康德的两个声明。其中第一个是，存在于一种伦理学体系中的客观性，涉及它的基本原则的普遍性和必然性；第二个是，尽管这种伦理学理论要求一个主观主义的和没有任何预设的前提，这样的原则也能够被轻而易举地生产出来。第一个声明认为对确定性基础的寻求是通往绝对的、非视角性的真理和价值的唯一路径，我们已经在其他相关地方详细批判过这种追求和理想（特别参照第六章第一、二节和第八章第二节）。

第二个声明让我们明显认识到，就像他在第一批判中考察纯粹理论理性的能力和局限性那样，康德在继续假设，对他自己的独立的主观性的方法论探索，会生产出必然是确定的、能够普遍适用的原则。换句话说，他完全视为理所当然的是，通过他独自的自我探索得来的看上去对他是必然而普遍的东西，对所有其他能够理性沉思他们自己的主观意识的人来说也应该是必然而普遍的东西。于是，为了发展他的伦理学理论，他同样未经辩论，就从主体性跳跃到了主体间性，在讨论他和他的追随者们——比如，那些绝对唯心主义者——的认识论时，我已经指出和批判了这一点。他这样做时，没有关于现象世界和本体世界之间的鸿沟表示任何新的保留态度，而这个鸿沟，是第一批判认识论如此明显的特征，它也暗示着，我们永远不可能知道本体的实在性和其他人心灵的结构性特征。②

---

① 这来自康德的如下分析，即我们对自然秩序的任何部分，甚至包括所谓的高等动物，没有任何道德责任。他关于人类与自然关系的二元论观点，反映了笛卡尔和笛卡尔派哲学家们的态度，我曾经在第八章第二节提及。

② 正如我很快就要指出的那样，康德确实宣称过，不像纯粹理论理性，纯粹实践理性让我们能够进入本体世界。但是这一声明旨在避免前面提及的自我中心主义困境。这一困境本身就是自我中心主义的产物，而康德的伦理学，就像他的第一批判的认识论一样，已经预设和证明了这种自我中心主义的存在。

康德主观主义方法存在的第三个问题，是存在于被决定的自然和自由的人性之间的裂隙，康德设定了这个裂隙，也尝试过克服这一裂隙，至少某种程度上通过如下观念来尝试，即这两个领域都受到必然而普遍的法则的束缚，而且从其伦理行为模式来看，理性存在的王国应该和物理自然的每一个方面都一样具有法律特征的。但是，这种尝试并没有解释——而且康德也完全清楚这种尝试并没有解释——人类如何能够一方面陷入被因果关系决定的自然之中，完全服从于它的法则，同时又在他们的道德生活中是自由的，因为他们必须是自由的。

他所建议的唯一解决方案是，自由的理性存在属于本体性实在领域，被因果关系决定的自然属于现象领域，或仅仅是表象领域，而纯粹的理论理性就限定于这一领域（1949：73—79）。这一解决方案非常特别（*ad hoc*），不能令人信服，还为我们描述了两种完全不同的理性，它们存在于同样的人心中，每一个都揭示内省式分析的必然而普遍的发展，每一个都暗示一种不同于另外一种的世界观。还有，关于本体论的优先性为何必须归于实践理性——它关注的重点是道德意志的特征和责任——的结论，而不归于理论理性——它关注的重点是数学和科学推理——的结论，康德从未能够成功地解释。但是在这样的假设中，我们看到了下一章第三节——我将命名为"意志的首要性"——的主题中存在的一颗重要的种子。

第四，康德的推理并非完全赤裸裸的和不预设任何前提的，也就是说，并非完全脱离了他自己的历史情境和文化氛围的影响的，就像他相信自己已经脱离的那样，或者就像他的主观主义方法命令他**必须**脱离的那样。这一事实无疑表现在他的道德（和理论）基本原则的普遍性和必然性之上。他受到这些影响的一个明显标志，是他视一个机械的、完全数学化的自然观为理所当然的程度，这个很大程度上归因于牛顿的天才的自然观，在康德时代受到广泛欢迎和普遍非批判性的赞扬。在康德被迫于理论理性和实践理性之间做出的成问题的、几近绝对的区分中，这一观念就是一个关键事实，它把他卷入那些二元论观念的难题中，而这些难题已经让笛卡尔、洛克和其他前辈陷入混乱。

康德顺应所属文化的观察方式，还可以为我们这第四种批评增加两点内容。首先，我们要说的是他的一个假设，一个对他的所有思考来说都无疑非常关键的假设，即人的规定性特征是他们所拥有的理性。在《道德形而上学原理》的某个地方，他告诉我们，道德法则高于一切的重要性，不仅仅在于它使我们感兴趣，我们也确实对它感兴趣，"而在于它之所以使我们感兴趣，是因为对作为人的我们来说是正当的，因为它的根源就在我们作为理智的意志中，或在我们真正的自我中……"（78）这里的"真正的自我"——它作为特别理性化的东西，能够根据理性的命令引导自己的选择——观念，是明显亚里士多德式的，它曾经长期而深刻地影响着西方思想。如果我们质问这一观念，那么康德伦理学的大部分，还有他的哲学的其他方面，都会令人怀疑。

其次，我们还要考虑康德的宗教继承对他的哲学反思的影响。他在其整个伦理学思考中都强调道德责任的绝对纯洁性和严肃性，或者他所谓"纯粹意志的绝对价值，不需要考虑它的作用"（也就是说，不需要考虑它与纯粹的感官倾向和欲望的关系）（12）。这个关键主题反映了某种责任担当的、极其虔诚的新教主义的影响，后者在他那个时代的普鲁士地位非常显著（康德自己的父母就都是虔敬派成员），它完全不相信自然本能，视这种自然本能的诱惑力是堕落的人性的标志。这种虔敬主义同样坚定不移地强调基督教信仰的实践性特征，轻视它的思想内容，以及对这种内容的理性辩护——正是这种坚定，预示着康德对理论理性和实践理性的区分，这种区分暗含在他的第一批判的一个声明里，即他已经发现"有必要否定**知识**，以便为**信仰**让出地盘"（1958：29）。他在这里说的，实际上就是要证明理论理性的局限性，以便为实践理性让出位置，为有道德根基的宗教信仰让出位置，他确信后者能够得到理性的证实。

康德对道德责任和感性倾向的明确区分，还显示了基督教圣经对他的思想的有力影响。他说道，在新约全书里，我们被**命令**去爱我们的邻居甚至敌人，这个事实清楚地说明，责任完全独立于倾向。我们有责任去爱那些我们可能会对之产生"一种自然而然的和无法克服的厌恶之情"的人们。这是

"一种爱，它植根于意志之中，而不是感官的癖好之中——它根据的是行动原则，而非微弱的同情原则；而且只有这种爱能够被命令"（1949：17）。康德推理道，对基督徒爱的责任来说是真的东西，必然对一般的道德责任来说是真的。

康德后期著作在道德自由和对上帝、不朽的信仰之间建立的复杂关联，以及他对"道德必然趋向于信仰"（1960：5）的道路的精细讨论，进一步证明了康德的宗教基础与他的道德学说之间的紧密关联（Crosby 1981，Ch. 4）。为了更为生动地把握这种关联，我们只需想象如果康德是佛教而非基督教文化的产物，这样的学说到底会有何种不同。最后，对每个人的尊严和独特性的强调——这在他的伦理学中也扮演着非常关键的角色——会让我们想起基督教的观念，即在上帝眼里，每一颗灵魂都是无限宝贵的。

诸如此类的观察让我们清楚认识到，从康德打算的方式来看待他的道德理论——即作为他对固有真理矿石的系统提炼的结果，这种矿石取自对他的主观意识的纯净土壤的内省式探索——是多么错误。但是，如果通往普遍道德体系的道路不能由康德预见的理性自给自足的绝对原则铺就，那么它能不能由经验的材料铺就？个体哲学家能不能通过探讨他主观经验的感受、冲动和欲望，为一种约束我们所有人的伦理学找到基础？

哲学家中给予这个问题肯定答案的是穆勒，他的主要著作《功利主义》（1861 年首次发表于《弗雷泽杂志》），就像康德的《道德形而上学原理》那样简洁，对后来的伦理学说产生了重要影响。穆勒深入研究他的主观经验后宣称自己发现只有一种基本的欲望，所有其他欲望要么是这种欲望的子集，要么是实现这种欲望的手段。这种欲望就是对幸福的欲望。与此相应，他展示了一种伦理享乐主义，根据他认为是普遍的和无所不包的对幸福的欲望，用正义的概念和行善的义务解释诸如权利和责任等等所有的道德原则。

这样一种伦理学自身立即表现出三个问题，穆勒也特别集中精力地应对了这三个问题。究竟如何给一种纯粹经验性的伦理学提供充分严谨的证据，来证明它能够严格而普遍地约束道德生活？我应该最为关注的是谁的幸福——是我自己的，还是别人的幸福？还有，这个作为道德目的的**幸福**究竟是什么意思？第一个问题让人想起康德对建立在经验基础上的伦理学理论的批判，而第三个问题相关于康德的声明，即幸福是一个太过模糊的概念，以至于不能作为一种有效的伦理学理论的基础和目标。至于第二个问题，它质疑是否能够避免或如何避免一种享乐主义的伦理学堕落为伦理利己主义。

第四个问题也比较重要。它相关于康德的抱怨，即一种经验性的伦理学要求积德的动机和作恶的动机处于同一等级之上——所有被经验的欲望都在同一等级之上——而且这样一种伦理学会迫使我们永远考察我们的动机，以便确定我们在根据那敦促我们行善而非作恶的动机而行动。但是，在康德看来，我们永远不能绝对确定，以至于这样一种伦理学难以保证我们躲过理性化的陷阱或道德绝望的深渊。正如我们将要看到的那样，穆勒也回应了这种抱怨。

穆勒对第一个问题的回应是，尽管他并没有宣称能够为他的伦理学理论提供任何像几何学那样的证明，而且因此并不希望让这种理论实现绝对的或演绎的确定性，但他能够提供完全充分而有说服力的论证。他坚信，一种非常可能的基础可以完全满足赋予他的伦理学普遍性尺度和客观性地位的需要。这里，我无法详细讨论他关于幸福是最高而普遍的道德之善的声明的论证。只要说明下面这一点就足够了，即他尝试通过一个排除过程来证明我们的幸福是我们人类意欲的唯一东西，而且尝试证明，去质问我们是否**应该**取意欲我们唯一**能够**意欲的东西，尤其是从我们的欲望是我们所有行为的源泉这个明显的事实来看，会是非常奇怪的（Chs. 1, 4 of *Utilitarianism*；Lang and Stahl 1969）。

至于第二个问题，穆勒解释了他所谓功利主义伦理学的**终极认可**。这涉及两种人性本能——自我保护本能和同情本能——的相互影响。后一种本能刺激我们在与他人的福祉的关联中来感受，这些感受非常接近追求我们自己的福祉的本能，还刺激我们在与他人的苦难和伤痛中来感受，这些感受又非常类似于我们消除我们自己的不幸的欲望。于是，就像我们自然而然会努力实现我们自己的幸福，并且努力避免个人的痛苦，我们也会发现自己意欲存在于他人经验里的幸福，意欲他人从痛苦中得到解脱。结果，我们开始发现自己只不过是一种普遍幸福的微积分里的一个单位，从而获得终极道德之善的概念，即为绝大多数人的最高程度的幸福。

作为微积分中的一个单元，我们确实感恩我们自己的幸福，但是，我们无权认为自己的幸福不同于他人的幸福，或者认为我们的幸福优先于其他人的幸福。于是，穆勒论证道，一种同情的本能——他发现这种本能深植于他自己的意识中，并且有力影响着他自己的意识——导致了我们从一种模糊的享乐主义转向强调追求所有人幸福——而非仅仅个人幸福——的约束性责任的利他主义伦理。他还指出，这种本能会被"所有社会的健康发展"所强化和巩固，后者会导致个体把自己的感受越来越多地和他人的善看作一样的事情，并且把他应该对他人的福祉给予应有的重视视为公理（1957：41，22－23）。

关于第三个问题，穆勒宣称他自己的道德理论中的幸福，不是一种以令人着迷的狂喜或持续的迷醉为标志的存在状态——因为这样的道德目标是明显不现实的——而毋宁说是一种基本平静、满足和没有痛苦的生活。他还解释道，他所谓的幸福不只是一种数量问题，而首先是一种品质问题。通过询问那些已经经历过各种快乐的人，我们很容易就能发现，较高的快乐品质，就是能够被他们最为渴望的那些人所拥有的品质。穆勒预测，如果我们这样做了，我们就会发现，这样的人无疑会更喜欢心灵和精神的快乐而非仅仅是肉体的满足。他希望我们能够用经验去证明的假说，就是我们生性喜欢的那些幸福品质，是作为人的我们才能拥有的。他打心里需要的快乐，大概相关于教育、友谊、社会进步、宗教沉思、审美愉悦、科学与哲学考察等等。

于是，穆勒得出结论，对于作为道德理想的幸福的意义，具有反思性和经验的人们所抱的共识，或潜在的共识，要比康德想到的多。他还注意到，比起其他道德理论的一般理想，**幸福**这个术语，尤其是当它的意义像上面那样被仔细说明和考察之后，就不再那么模糊了，或很少再有模糊性了。这一点不仅适用于**美德**、**正义**、**仁慈**或**节制**等关键术语，也适用于康德的天生的**善良意志**概念，以及康德用于定义善良意志本性的绝对命令的一些基础。

关于第四个问题，穆勒的方法是区分一种行为的三个方面：它潜在的动机或动机类型，它预期的结果和它实际的结果；他还坚称，任何行为的道德性都直接而唯一地与第二个方面相关。只有一个人或一群人为了最大多数人的最高幸福而行动时，这种行为才是道德的。

穆勒写道，一种行为背后的动机，仅仅相关于对行为代理人的道德品质的评估，而不相关于对行为本身的道德品质的评价。我们可以说，他这样说的原因之一，是为了直接应对康德的观点：准确认识任何既有行为的动机，应该是非常困难的。这些动机通常非常复杂，其他人或那些作为动机对象的人，很难理解这些动机。穆勒确实明确注意到，我们不必为了成为实践的功利主义者而在所有时间里都必须**感觉到**自己是利他的；重要的是我们**打算**我们的行为具有利他的后果。

最后，一种行为的实际后果，虽然在其他语境中是非常重要的，但与这种行为的道德品质并不相关。唯一具有实质性的是，我们应该仔细衡量所有可能的后果，并且选择适合于既定环境中的我们的那一个，并且我们相信自己选择的这种行动路线应该有最为利他性的效果。让人们为他们行为的后果负责，而这些后果已经完全超越了他们的预期与控制，这是非常愚蠢的。

毋庸置疑，这些回应都很机智灵巧，有助于解释穆勒的功利主义为什么那么有影响力。但是从一种纯粹的、不预设任何前提的内省中得出一种伦理学理论，或设定一种关于道德基础的观点，它可以免受实质性的反对，在这一方面，穆勒并不比康德更为成功。因为很多这样的反对已经足以证明穆勒的伦理学难以实现启蒙运动的理想，即发现伦理学科学体系的基础，而这种科学体系要求在个体自己的主观意识中被普遍接纳。

第一个反对，是说穆勒下述声明提供的证明（见《功利主义》第四章）恰好倾向于利用康德曾经抱怨过的术语**幸福**的模糊性，即所有人类行为的唯一潜在动机，就是追求幸福的欲望。这种模糊性存在一种暗示，即幸福可以意味着，并且通常都只意味着我们欲望的满足。于是，说我们最为根本性地意欲的东西就是幸福，很容易变得什么意思也没有，除了说我们所意欲的所有东西，就是我们欲望的满足（1957：59，那里穆勒所主张的似乎恰好就是这一点）。在这种情况下，所谓"证明"反过来就成了一种同义反复的声明，而非仔细建构的经验主义论证。

第二，穆勒的论证——即我们的欲望是我们行为的源泉；我们最终只有一种欲望，就是对幸福的欲望；因此质问我们是否应该根据那唯一能够推动我们行动的东西去行动，就是很奇怪的了——似乎和在《功利主义》别的地方对动机（motivation）和意图（intention）所做的区分相冲突。我们已经呼吁关注他赋予这种区分的重要性，但是值得注意的还有他在该书第二版（1864）的一个脚注里抱怨"一种太过常见因而不能原谅的疏忽"，也就是混淆了"动机与意图的明显不同"（1957：24，n.3）。在动机与意图之间做出根本性的区分，似乎暗示我们的行为至少有两个主要源泉，而非仅仅一个源泉；如果事实如此，那么质问我们是否应该总是根据我们的欲望，或者尤其是根据照理应该包容一切的对幸福的欲望而行动，就无论如何都显得奇怪了。

当我们指出穆勒是一个决定论者时，这第二种反对的力量就会变得更大，因为完全不清楚的是，根据宇宙决定论的人类行为理论，在动机和意图之间做出根本性的区分究竟如何可能。在他的《对威廉·汉密尔顿先生哲学的考察》（1865）中，穆勒为因果决定论大作辩护，主张我们不管在何种特殊环境中，都不可避免地根据我们最强烈的欲望而行动（1884：Ⅱ，284－286，299－302）。如果事实如此，那么不同于动机或欲望的意图还能扮演何种角色？如果穆勒不能让这样一种区分和他的决定论形而上学保持一致，那么他就不能围绕这种区分，持续呈现上述对康德关于经验主义伦理学的抱怨的回应。

穆勒用术语**意图**要表达的意思究竟是什么？他在《功利主义》第四章的结尾说道，欲望和意志的区别，是"一个真正至关重要的心理学事实"（1975：50）。我认为他这里用**意志**所表示的意思，就等于他用**意图**所表示的意思。他解释道，欲望与意志的不同，就是自然欲望（所有的自然欲望，都是躲避痛苦、趋于快乐这个主题的各种变化形式）和行为的那些习惯之间的不同，后者在自然欲望中有其原初根源，但是现在却凭借自身构成了一种衍生性的动机或欲望。再没有像意志或意图这样的东西能够在任何既有时刻反对最强烈的欲望了，但是那最强烈的欲望拥有一种习惯，其中它像意志或意图那样起作用。于是，当穆勒强调善良的意图的角色，宣称这些善良意图而非善良动机是行为的道德性的基础时，他可能打心里就有一些实践习惯，这些习惯作为正确的教育和环境状况的结果，能够期望产生或通常会产生实用性的选择（1957：50－51；1884：Ⅱ，287－288）。

根据这种分析，动机和习惯（后者被视为一种动机，但也被解释为意图）属于同一层次。所以，康德的反对并没有得到回答。我们还有一个能够弄清楚的问题，即在可能会做出一个决定的动机大杂烩（包括习惯或意图）之外，是否道德权利事实上在做决定。更为重要的是，穆勒并没有肯定拥有一种自由，在康德对经验主义伦理体系批判时相信这种自由还处于争议中：这种自由能够根据道德理性相对独立于动机而行动，它可以被视为在道德上是负责任的，因为它不是最强烈的动机的奴隶，而是能够在各种行动路线中自由选择，在某种单一的动机语境中，它能做出这种选择。这样一种自由的获得，意味着存在一种能力，即根据较弱的动机行动，并且因此无视较强的动机。

但是，穆勒的意图，他宣称有如此大的心理学和道德重要性的意图，并不允许这样的自由存在。它们只是动力因的又一种类型而已；于是这些意图不可能具有术语**意图**最初包含的那种具有理性判决权的、有意的和有目的的意义。这种假设的内涵赋予穆勒对动机与意图的区分最初绝大多数的说服力，也让他对康德的回应看上去比它实际是的那样更具深刻的探索性和决定性。对穆勒来说，以一种意图为基础而行动，就只是在播放我们环境条件的磁带。这是在"根据性格"行动，与之相伴随的是由完全超越我们控制的外力从外部为我们挑选的习惯和性情模式。

穆勒确实说过我们的性格"某种程度上服从于我们的意志"，但是他的论证似乎假设了一种超性格的选择力量，这和自己的决定论理论并不一致。在说过"我们能够通过运用合适手段促进我们的性格"后，他又添加了这一限制条件，即我们"不要真的就这样去做，除非我们意欲我们的进步，而且意欲进步的程度大于我们不喜欢这些我们为达目的而使用的手段的程度"（1884：Ⅱ，299），这时，他同样做出了让步。但是，我们对进步的欲望是否高于其他欲望，决定于我们之前的环境条件，而且与之相应的是，这种条件是被因果关系决定的作为整体的实在特征的必然结果，所以不可能有任何走出这个圈子的道路。

穆勒关于意图性的问题，是我们已经谈论过的相关于康德的问题的有趣颠倒。不同于德国哲学家在解释自由存在如何可能和一个机械的自然王国相互影响时不知所措，这位英国思想家却为自己在动机和意图之间做出的基本区分——或者是在动力因和被理性指导的选择间做出的基本区分——作辩护时头疼不已，因为他把整个人类生活归于他和他那个时代很多人（包括康德时代的很多人）都认为是永远不变的自然秩序的因果关系之下（Mill 1884：Ⅱ，280－281）。

穆勒和康德之间存在的这种两极对立，再一次证明那种持续存在的假设，即二元论或还原论是仅有的形而上学选择，我们之前已经批判过这种信仰，并且追溯过它对自然科学霸权的绝对服从所导致的对现代心灵的魅惑（见第三章和第七章第二节）。这里，我们还有一个重要的证据能够说明，穆勒的伦理思想受到一种他置身其中的特殊文化环境的影响，这和他的声明，即他能够提供给我们一种关于道德责任本性的独立、普遍、严格以观察为依据的解释，完全相反。

对穆勒理论的第三种反对，揭示了他的思想以其他方式对他的文化环境的反映。① 这种反对聚焦于他在快乐的质与量之间所做的区分上，聚焦于他的如下主张上，即我们在道德上有责任选择高品质的快乐而非低品质的快乐。他这一部分理论存在的困难，正如我们多次看到的那样，是它前后不一致地引入了一个道德行为标准，而非纯粹的快乐标准。正如我们之前指出的那样，我们也可以认为，他的理论的这一方面，是尝试代表自己减少康德所

---

① 如果他的性格已经完全被他所处环境条件以他所谓决定论的形而上学命令所塑形，它还会如何变化？穆勒在其伦理学中所宣称的无前提的科学客观性，似乎和他自己关于人类行为的分析相冲突。来自一种伦理理论的活动，必然属于重要的人类活动。

抱怨的术语**幸福**的含混性和易变性；但是，它购买到了成功，却付出了前后不一致的代价。

现在，我们必须寻求作为终极道德目标的东西，不再是快乐或幸福本身，而是某些**种类**的快乐。我们如何确定哪些类型的快乐是较高品质的快乐？方法就是询问那些已经经验过所有快乐的人。但是为什么他们的偏好会对所有其他人具有约束性？为什么允许一少部分所谓文化唯美主义者优先于其他大多数人？而且我们如何知道这一少部分人不会受制于他们自己特殊环境里的偶然事件，去选择某些快乐而非其他快乐？穆勒的决定论的环境论，明显对立于他对一种假定存在的持续不变的人性——如果被正确理解，这种人性能够揭示普遍的道德原则——的呼求。

还有，我们并没有发现穆勒尝试过让他关于高品质的快乐的声明接受经验性测试，尽管他坚决主张一种准确的经验性考察模式；我们也不确定这样一种测试能够被设计出来，它能够产生那种始终如一的、毫不含糊的结果，并以此证明这种声明。我们去哪里找到这样一群人，他们已经在必要的深度上探索过所有种类的快乐，并且以一种冷静而审慎的态度评估过了他们相对比较渴望的快乐？即使我们立即就能想到的这些人已经花费大量时间和注意力致力于寻找高品质的快乐，难道他们不会十有八九已经对这些形式的快乐产生了严重的偏见？我们如何确定，他们曾经公正而平等地考虑过所有形式和程度的低品质快乐？对于这些明显存在的问题，穆勒并没有给出任何检验策略；事实上，他甚至没有暗示过这些问题的存在。

让穆勒区分快乐的量与质的直接语境，是他针对一种反对声音的回应，即功利主义是"一种只适合下流胚的教义"（1957：11）。他引进这种区分，明显是为了获得一种特别适合于人类的幸福概念。但是这意味着，他对道德至善（*summum bonum*）的解释依赖于某种人性概念。以对他自己的内省式经验——被视为典型的一般人类经验——进行独立的科学考察为基础，并不能真正获得这一概念，它也不会反映任何经过仔细设计的、关于他人经验的科学研究。相反，它反映了穆勒自己的教养，还有希腊－罗马和犹太－基督教的人性概念和人的义务概念的影响。从下述事实来看，这一点是毋庸置疑的：他只是顺便提及快乐的量与质的区别，却没有尝试给予详细的经验支撑，尽管这种区别对他的整个理论来说至关重要。

根据进一步的分析，开始于一种坦率的享乐主义的伦理学，变成了一种实现人性独特潜能的责任伦理学，一种与亚里士多德伦理学并无多少不同的伦理学。如果事实不是这样的话，那么我们就完全有理由得出结论，即阿道司·赫胥黎（Aldous Huxley）的《美丽新世界》就是穆勒伦理学的实现（而且因此是一个生动的指控）（Huxley 1958：ix，119 - 120）。正如赫胥黎通过小说名字如此戏剧性地和有说服力地指出的那样，为了获得穆勒所说的高品质快乐，我们必须愿意忍受许多焦虑和痛苦。相反，如果整个社会追求的都是最大量的幸福，那么**美丽新世界**里的优生学、行为调节和药物引起的欣快感等技术，就能非常有效地实现这一目标。确实，那是一个静止而僵化的社会，它的每个方面都被殚精竭虑的暴君统治着；根据通常的道德标准估计，它能够提供的快乐都是非常低级的那一种。但是，只要它包含足够量的快乐，那又有什么关系？

穆勒会不会喜欢赫胥黎对美丽新世界的描绘，会不会把这个世界里被普遍接纳的快乐和无处不在的满足感、幸福感视为他的伦理理想的成就？答案显然是否定的，因为我们很容易就能从他对高品质快乐——美丽新世界里明显缺乏这种快乐——的优先性的无条件坚持中看到这一点，也可以从《功利主义》的第五章看到这一点，在那里，他详细解释了一种社会正义概念，这个概念完全对立于赫胥黎虚构的社会的气质、制度和实践。① 美丽新世界里完全缺乏的还有思想与行动的独立、生命形式的个体性和多样性，穆勒曾经在其著作《论自由》——仅比《功利主义》早两年出版——里充满激情地呼唤这些东西。

---

① 值得注意的是，穆勒在这一关键章节里，很少谈及他那个时代通常明确而严格地设定的权利、责任与功用的关系。他似乎只是假设我们会认同他的观点，即存在一种这样的密切关联，也就是说，这种关联是如此明显，以至于不需要再详细论证。于是，对他来说，通过不懈献身于那些位于他自己所属文化核心的价值和义务，人类幸福就可以被发现。他从未对这一信仰提出彻底的质疑或做出完整的辩护，尽管他的目的是提供一种完全科学的和经验主义的伦理体系，后者建基于对可能存在于主观意识中的普遍人性和价值的考察。

穆勒的伦理理论就像一个椭圆，有两个独立的焦点。其中一个是根据利他主义思考的快乐原则，那里唯一相关的考虑就是对快乐的量的考虑，这种快乐被尽可能均匀地分配给整个社会。另外一个是关于一个明确目标（*telos*）的愿景，或者类似于亚里士多德的人的成就和卓越的合适理想，在这种理想中，成就的质具有至高无上的价值。穆勒并没有把这两个原则成功地结合进一种统一的道德理论，而这必须被视为他的理论的一个关键性的失误。他继承得来的道德假设和他生产出一种完全科学的或经验性的人类责任解释的意图相冲突；而且正是这些假设，偷偷进入了这种理论的关键位置，赋予它貌似可信和可接纳的光辉，可实际上，这种光辉并不存在。

对穆勒伦理学的第四种批评，呼吁关注这种伦理学的另外一个决定性的道德前提，这个前提背叛了他所属文化和传统的暗中影响，而并非来自他的经验性方法所描述的独立的自我考察。穆勒为选择利他主义的而非利己主义的享乐主义提供的唯一基础，是他对同情本能在引导对幸福的根本欲望时所扮演的基本角色的坚持。但是他并没有证明，如果自我保存的本能和同情本能之间存在冲突——这种情况会在我们的经验中一再突然发生，从而对我们的道德生活构成大量挑战和困难——我们为什么还有责任去选择后者而反对前者。但是，穆勒所支持的利他主义伦理学，要求第二种本能重于第一种本能。否则，根据他的推理，我们会习惯性地，或有权习惯性地比他更加强调我们自己的幸福。

穆勒关于他的伦理理论的基本特征并未提供任何有说服力的分析或辩护，这一事实说明，对他来说假设一种利他主义的道德解释和一种利他主义的人性观，假设他的绝大多数读者都会毫无疑问地接受他的声明，是自然而然和轻而易举的。这也以一种更加独特的方式说明，他的理论并非来自对无偏见的内省式经验材料的耐心积累，以及运用这些材料进行的大量归纳证明，而是在他的结构的每一个层次都预设了一个先前已经存在的文化态度和信仰这样的支撑框架。笛卡尔式的纯粹开端的神话，再一次被发现是妄想。

把客观的伦理体系建基于孤独个体的主观性之中，类似这样的尝试难以尽数，它们都预设了洞察人类意识普遍核心的可能性和必要性，而这个核心，完全独立于个体所属特殊文化环境或具体社会关系。这些尝试，并不比康德和穆勒的伦理理论更能成功地达到目标。这并不是说所有这样的尝试都遭遇了凄惨的失败，尤其不能这样评价康德和穆勒的理论，因为它们从很多重要的方面解释了道德价值和道德生活。毋宁说，它们败在难以完成它们设定的主要目标。

这种理论的建构者们，要么最终都完全忽视了关键的道德问题或道德关切——比如，穆勒就没能前后一致地解决如何消除存在于自我保存和同情这两种本能之间的冲突的问题①——要么，他们引进和仰赖的伦理原则并非严格根据他们的理论推演出来，而是他们自己特殊的文化适应模式的反映——这是康德和穆勒理论中明显存在的事实。还有，这种理论中没有哪一家能够成功实现康德关于必然而普遍的伦理原则体系的梦想（和他那个时代的数学物理学一样，这一梦想也是一个共识），或者能够成功实现穆勒的伦理学理想，这种伦理理论牢固而明确地扎根于某种简单的经验，他和 19 世纪的大部分知识分子都从自然科学那里观察到这种经验。

无须深究，我们就可以发现这种伦理体系一再失败的根本原因。原因只

---

① 关于主观主义伦理学的第一个倾向，麦金泰尔给出了一个非常好的例子，他观察了两种最近得到广泛讨论的尝试，它们把道德价值建基于孤独个体的利益或权益：由约翰·罗尔斯（John Rawls）和罗伯特·诺齐克（Robert Nozick）建立的正义理论（Rawls 1971；Nozick 1974）。他认为，这两个人的分析所缺乏的，是对道德赏罚事实的考虑。这对他来说一点也不意外，因为他认为"赏罚观念只存在于共同体语境中，这个共同体的主要纽带，就是关于对个人来说的善和对共同体来说的善的共同理解，在这个共同体里，个体能够把他的主要利益和这些善关联起来"（MacIntyre 1981：233；也可参考该书第 17 章全部内容）。从孤立的主观性或纯粹的个人主义出发建立一种伦理体系，需要我们忽视个体与任何既有共同体的关联，忽视个体对共同体应负的责任，而且因此需要我们不考虑像赏罚这样的关键的道德概念，后者只有在与共同体相关联时才有意义。

麦金泰尔在他的《寻找美德》中系统论证了这样一个观点，即从不受约束的主观性中推衍出伦理价值的启蒙规划注定会失败，因为这种规划原则上拒绝了（或尝试拒绝）了所有影响人类思想和经验的文化和社会因素。我也认同这一观点。尽管我并不完全同意他所谓（1981：59）个体概念是现代性的一项"发明"（比如说，这个概念的各种版本出现于希腊时期的诡辩论中，并且在一些希腊哲学中显得尤为突出），但他正确强调了这个概念在现代思想戏剧中曾经和持续扮演的主导性角色。他还正确指出，孤独个体的观念是一种抽象，一种人为的建构，它在我们的实际人类处境中没有任何基础。

在于，不存在一个所谓人格核心——它是完全自律和自给自足的，完全独立于社会制度和共有的社会目标——的东西。即使确实存在这种东西，它也不可能是这种体系苦苦寻找的普遍道德原则的根源。被剥除了具体的文化和社会关系模式，以及所有以社会为中介的交往和意义体系的人类主体，在提到基本的伦理原则时就会变成哑巴，正如我们已经指出的那样（第八章第二节），这样一种主体必须相关于基本的知识和理解原则。

从这样一种独立的主体那里，我们顶多可以看到赤裸裸的自我肯定和任性，它缺乏语境和限制，从而缺乏道德意义。被视为完全独立的自我（我们可以暂时假设存在这样的自我），会把我们带向道德的（和生存论的）虚无主义，而非普遍的道德（和生存）价值。就像施蒂纳、尼采、罗素、萨特、莫纳德和其他人已经发现的那样，当伦理学中的主观主义转向达到极端时，就只会有一种结果：彻底的**主观主义**，对所有建立客观道德或其他价值基础的希望的放弃。不过，他们的消极结论仍然具有说服性力量，只要我们完全无法验证这种结论所依赖的很成问题的前提。

为什么这种对存在于人的主体性中的道德规则基础的寻求，会从现代早期一直持续到今天？我想这主要是因为某种通常不言而喻但又被普遍假设的排除过程（process of elimination）。反思这一过程，有助于我们进一步理解和严格评估伦理学的主观主义转向与虚无主义主题之间的关联。人们通常认为，道德价值的唯一可能根源，并非孤独个体的推理或经验，而是上帝、文化和自然。

现代思想倾向于排除对上帝的思考，因为它想发现道德价值的内在基础，后者位于人类自律的核心，而非为圣经或基督教义所认定的上帝权威之中。正如我们在前面章节中探讨中世纪和现代考察方法的不同时所看到的那样，这种欲望位于从中世纪到现代的转变的关键位置。至于现存的社会观念和习俗，它们显得太过随意、多样和不准确（就像我们在讨论笛卡尔关于这种效果的抱怨时所发现的那样）。它们似乎离结果的非视角性、普遍性和终极性这一理想非常遥远，而这一理想对现代来说，典范性地存在于自然科学的巨大成功中（正如我们已经指出的那样，这一理想已经在先于科学革命的神学和哲学传统中扎下了深根)。另外，对作为道德根源的习惯性信仰和实践的依赖，并不符合现代的理想，即从零开始考察，直面一种进步性的未来而非回首一种陈旧、废弃的过去。最后，那对现代来说似乎因科学革命而变得必要的自然概念，似乎倾向于不再把自然视为道德或其他价值的根源。从牛顿式的视角来看，自然根本没有内在的目标或价值；它只能被解释为一种受因果关系支配的机械。

于是，那剩下来的唯一可行的方法，就是在人的主观性中寻找道德价值的基础。当像康德和穆勒关于这种方法的复杂观点被证明无效的时候，当人们逐渐认识到所有类似的尝试都注定要失败的时候，我们所拥有的，就只剩下了道德虚无主义。比较自然科学处处可见的成功，和自信的启蒙思想家之期望——即能够给出一种比肩自然科学成就的伦理科学，后者建基于人性的普遍特征之中，而根据一种有意模仿自然科学方法的内省式分析方法，它们可以在每个人的心中清楚地找到——的落空，我们就会发现这一结果似乎根本不可避免。

但是，在这种排除过程中，存在一些关键的缺陷，正是它们把我们一步一步带向了虚无主义的结局。第一个缺陷在于这种方法误解了自然科学的特征以及它的成功的范围和后果。一旦这种误解得到揭示，科学与道德原则之间的差别就不像通常认为的那样大了。第二个缺陷在于这种方法难以理解对适合于不同考察类型的多样性方法的需要，并且严重高估了方法本身的重要性。第三个缺陷在于这种方法在排除过程中忽视了一种替代性的方法。我将会简单考察这三个缺陷。

尽管现代观念坚持认为，自然科学的发现来自纯粹的理性或纯粹的经验，与共同继承的价值、假设和承诺完全没有关联，但是关于科学考察的一种更加敏锐的分析显示事实并非如此。在提请注意科学考察不可或缺的价值假设，而这些假设本身不能得到科学的证明或认定时，我们已经间接地暗示了这一事实。在我们讨论那些不可消除的共识，通过社会在所有推理（包括科学推理）中起作用的共识时，这一事实也已经很明确了。在《科学革命的结构》（初版于 1962 年；扩充后再版于 1970 年）这部近年来所有论述科学本性的书中最有影响力和思想穿透力的著作里，托马斯·库恩（Thomas Kuhn）详细分析了既有共同环境在科学理论的发展和辩护中所扮演的关键角色。他还令人信服地指出，自然科学并非被最终证实的理论的不断积累，而是一种活跃的、持续变化的计划，一种服从于革命性的非连续性的范式研究。①

上述排除法分析过程还误解了自然科学的应用范围。我在第七章已经指出，科学本身不等于把所有问题和自然哲学相关联。认为我们的自然经验没有哪一方面能够拿来解决价值问题，这种信仰是很成问题的，② 不能靠科学理论来彻底解决，尤其是靠已经过时的牛顿科学理论来解决。

一旦考虑方法的多样性需求，我们只需回想这一有据可查的失败案例就行，即20世纪初逻辑实证主义运动想要把所有的认识论主张都限定于能够被科学验证的范围。与对这种要求的承认相关的还有这一事实，即在被践行的科学中，并不存在一种单一的、明确规定的方法，它被普遍应用于科学考察的每一个方面或每一种类型中，而只存在各种各样的解释程序（Toulmin 1972：157－158）。关于现代时期夸大方法本身的重要性的错误趋势，巴雷特在其命名恰切的著作《技巧的幻觉》里有过详细的考察。在讨论科学的霸权和通过方法寻求真理时，我也对这种趋势持批判态度（第七章和第八章）。

四　多元性的替代方法

最后也最重要的是，在现在正在讨论的排除法论证过程中，存在一种被

---

① 保罗·费耶阿本德（Paul Feyerabend）写道，"维特根斯坦的重要贡献"在于"强调科学不仅包括公式和规则，还包括整个传统"。他补充道，"库恩扩展了这种批判，并且让它变得更为具体。对他来说，一个范式，就是一个传统，它包含很多难以定义的特征、倾向和程序，它们很难被认识，却暗中引导着研究，只有通过比较其他的传统，它们才会被发现。"（1978：66）

② 比如，杜威和怀特海都在他们的著作里猛烈攻击过这种信仰（Dewey 1958 and Whitehead 1948，1979）。关于来自生态视角的自然价值的讨论，以及对自然中存在价值这一命题的辩护，参见罗尔斯顿的著作（Rolston 1982）。

忽视的替代方法。这种替代方法相关于我们认识（包括对我们的价值的知识）的文化和社会维度。现代思想中广为传播的设定是，赋予这些维度任何基础性的角色会对知识和价值的客观性产生致命伤害，会让认识论声明和价值声明仅仅相关于某种既有的历史环境。这种假设还暗示着另外两种假设。第一个是客观性只能意味着完全的非视角性和观念的非当代性。第二个是赋予文化和社会对我们思想和经验的影响以基本角色，意味着我们会最终成为这些影响的奴隶，也就是说，我们会没有能力超越或批判这些影响，即使是极低程度的超越或批判都不可能。

但是，这些信仰中的每一个都可以被挑战，而且对它们的挑战会允许我们引进一种替代方法，后者并没有表现在上述排除过程中。对这种替代方法的考虑，首先要求我们对上述方法非此即彼的态度提出异议，即要么只有孤独个体，要么只有周围文化和社会，才是伦理价值的潜在根源，而且因此这两个不能被放在一起考虑，或放在彼此关系中考虑。

我们必须理解的是，个体和社会是彼此相关的概念；只有在抽象中，其中一个概念才能够被视为远离另一个概念。杜威发现了这种相互依赖关系的一个方面。他说：

> 整个科学、艺术和道德的历史都在证明，个体**内部**的心灵并不就是个体的心灵。前者本身是一种信仰、承认和忽视的体系，一种接受和拒绝的体系，对意义的期待和评价体系，这些体系已经在习俗和传统的影响下被建立起来。（1958：219）

但是认为在个体思想、经验与社会信仰、期待模式之间不存在重要区别，这同样犯了严重错误。

像远离社会的个体或远离个体的社会这样的抽象观念，在很多语境中都很有用。但是把它们与具体的事实混为一谈，就像我们在一种假定存在的个体主观性的文化底层中寻找客观真理的基础时，或者当我们否定个体具有任何独特的创造性洞见或自由，把他们仅仅看作环境条件和社会强制的通道时，这会是致命的。我们可以效仿杜威，说整个哲学、科学、艺术、道德和宗教史都在对这第二种混淆抽象与具体的方法说谎，就像这些历史对第一种方法也谎话连篇一样。

我现在要提及的一直被忽视的替代方法，是一种个体－社会方法，其中个体和社会每一方都被视为在和对方的辩证张力中存在，每一方都能够形成和影响另一方。我们虽然不否认文化对个体思想和意识的决定性影响，但仍然能够认识到，个体，尤其是和某个社会中其他个体相互影响的个体，具有创造性地改造既有社会的能力。于是，尽管个体不能完全在真空中，而只能在与他人相互呼应中，与现存文化——他自己的特殊文化，其他人一样——所供资源的相互呼应中行动，但他并不仅仅是社会影响的人质或玩物。[①] 认识到个体与文化之间的辩证关系，可以为我们提供所有可能的客观性视角，来发展和评估伦理声明，来避免道德虚无主义的主观主义结论。同样的论证方法和思路，也可以拿来反对虚无主义者关于事实知识和语言意义的声明；于是，它能够让我们批判性地关注这三条支流最终汇成的一条主流——生存论虚无主义。

此刻，人们可能会提出反对声音，即因为不同的文化传统并不总是在它们关于事实、意义或价值方面最为根本的确信方面保持一致，有时候甚至会完全不同，所以这种个体－社会方法，只能导致文化相对主义的终结，比起个人相对主义，前者并不能为客观性结论提供更多机会。但是，这种反对声音只有在我们做出没有根据的假设时才有效，这种假设就是，不同的文化彼此完全隔绝，而且与此相应，既定文化中的个人，没有带着同情心进入或学习其他不同文化的假设和信仰的能力。如果我们拒绝认同这种站不住脚的假

---

① 詹姆斯·福克纳（James Faulconer）和理查德·威廉姆斯（Richard Williams）指出，对汉斯－乔治·伽达默尔（Hans-Georg Gadamer 1975）来说，"在现状中对现状的批判是可能的，因为根据定义，现状本身是暂时的。它并非必然的；而是可能的，于是某些可能性可以从其他立场出发得到批判"（1985：1186）。任何既有文化背景都会提供无数可能性，换句话说，个体都可以对这一背景中视为理所当然的东西提出批评和改变。没有必要非得从某种绝对的立场来批评现状，因为时间本身就包含了它自己的超越原则，它要么指向传统尚未实现的可能性，要么指向曾经实现但不再得到强调的可能性。正如福克纳和威廉姆斯所言，"于是，时间本身就是超越性的；它同时既是给定的，又是开放的"（1985：1187）。

设，我们就会被置于一种文化**多元主义**的情境，而不仅仅是**相对主义**的情境。

当我们把个体－社会方法和看到各种文化体系差异的多元主义视角结合起来后，我们就开启了一种关于真理、意义和价值问题的新的客观性考察模式。运用这种方式，我们可以期待得到的，不是必然的、普遍的或终极的结论；我们必须不再对能够获得一种上帝之眼世界观抱有幻想。在这种观点看来，客观性意味着通过和其他人密切互动，通过我们自己和其他文化各种各样的资源，准备学习和愿意批判性地了解各种洞见和发现。由主观主义转向所暗示的那些阻碍这种交流和互动的东西将不再起作用，因为我们不再假设个体自我意识的首要性，或者不再视孤独个体为客观性真理的唯一可能的根源。

这样一种关于客观性真理、意义和价值的观点，满足于把它的考察建立在逐渐累积的、基础宽泛的——即使是依情况而定的——历史和社会概念化和经验之上，而非从其开端或结尾寻求绝对必然性。它寻求尽可能多地了解各种各样的人类思想和经验（它们显现于整个人类历史和当今各种文化中），并不狂妄地宣称拥有一种普遍性的视点，后者解决或推翻了所有重要的文化差异。客观性并不要求普遍性，却要求尊重各种文化形式组织和解释人类经验和人的条件中的基本事实的不同方式。这种客观性可以让我们免于文化自大，也可以让我们不再对我们居于其中的世界有过于狭隘的看法。最后，这种客观性观念是没有限度和没有偏见的，不会主张或渴望终极性，因为它认识到我们无法预料未来会发生何种改变，对一种持续展开的对话进程的更深层次的探索，会要求当下的思想、交流或评价模式做出怎样的修正。

根据这种观点，我们的文化遗产不会再被视为一种束缚，而会被视为一种机会，它能够为我们当下的重新解释和创造性重构提供丰富的材料（其中一些可能是被长期忽视或违背注意的）。文化的多样性不再被视为一种威胁，而具有一种受欢迎的吸引力。接触新奇的思考和经验方式，有助于拓宽我们自己的理解。

这种文化间对话在宗教领域意味着什么并且能够做何贡献，关于这个问题的令人兴奋的分析，来自小约翰·科布（John B. Cobb, Jr.）的著作《超越对话：基督教与佛教的互相改造》。科布尝试证明，基督教和佛教通过对话从彼此那里学到了很多，这既表现为每一方都被刺激重估和更全面地看待自己的思考方式，也表现为每一方都被鼓励创造性地运用它自己的文化遗产，这些遗产可能从未得到它们应得的关注或强调，但是现在可以从一种新的眼光来看待。于是，宗教对话的目的，正如科布所言，不仅仅是对彼此差异的理解——相对主义的方法可能就会止步于此——而是对来自彼此的挑战和成长的经验，比如那些存在于通往知识和价值的多元主义路径——我们已经概述过这种路径——中的经验。但是，这些经验并非总是令人愉悦的；它们有时候（特别是在它们的初级阶段）可能是极端令人困惑和痛苦的。但是，准备好带着获得更多充分或广泛理解的兴趣去经历这些困惑和痛苦，是获得通往世界的客观性——在我现在正在建议的这个术语的意义上——道路的必要组成部分。

下述例子来自科布。一个极度关注个人救赎的基督徒发现自己在被佛教徒告知没有可被拯救的自我时陷入了不安（至少可以这样说）。她的第一反应，就是把这种看法视为和自己的观念和传统格格不入的声明，从而置之不理。但是通过严肃对待和努力学习，她逐渐意识到她自己的宗教观念的某种片面性和不充分性——尤其是它对自我概念的影响——同时也意识到，在她自己的传统中还存在一些她迄今为止还没有认识到的元素，能够用来矫正这种观念的扭曲。这并不意味着她开始皈依佛教，而只意味着她拓宽了、丰富了和改变了她对基督教的理解，至少是在和佛教接触后从某个关键方面做到了这些。科布尝试详细揭示这样一种改造过的基督教自我概念究竟是什么样的。他的分析还对一般性的自我概念产生了重要影响，意味着整个西方人，而不仅仅是基督徒，可以从佛教的观念里学到很多。

这条通往真理、意义和价值的路径，可以被正确地命名为客观性的，因为它指向外在的人类经验，后者有着越来越多的复杂性、多样性和深度，而非关注内在的个人主体，或把自己严格限定于只有在一种特殊文化语境中才会显得非常明显和不容置疑的东西。这样来看，客观性和视角性之间不存在什么明显的不一致。我们不会仅仅专注于我们自己现存的个人或文化视角，就像我们在一种相对主义路径中必须这样做那样，而是通过对我们自己传统中可用于替代的可能性的持续考察，通过对其他传统来说典型的解释、表达和交往机制、实践和模式持续的对话性考察，热切地寻求丰富和变革这些视角。根据这种方法，我们不可能逃离视角，因为有限的视角就是我们的全部，我们总是服从于未来的不确定性。但是，我们可以避免必须在一种单一的、静止的观点的局限里进行我们的思考。

那独立于我们的文化视角而存在的世界，究竟是一个什么样的世界？如果我们的所有认识和评价都充满了我们特殊文化的元素，或者至多只能从各种各样的文化体系的视角而非我们自己的视角来被批判性地评估，我们怎样会有任何接近这个世界的希望？没有接近如其所是的实在——它远离我们和我们的文化体系——的可能性，我们如何可能判断我们的声明是客观的？答案在于，客观性不能被弄得要求这种接近，因为这根本上就是不可能的。

渴望一种知识，它能够超越所有使知识成为可能的条件，这是完全不可能的——康德的第一批判无比正确地指出了这一点。他对这一原则的发现，可能是他对人类思想最伟大而最持久的贡献。我对客观性概念的当下解释，完全同意他对这一基本原则的坚持。不过，我与康德的主要差异，在于下述方面：强调文化在确立思想和分析的基本范畴时所扮演的角色，允许这些范畴的假定本性在不同的文化或历史时期中具有明显的多样性，反对康德揭示人类主体性某种纯粹核心——这种核心能够让我们触及理论理性和道德理性的永恒原则——的需要。

于是，"世界"永远不是根据自身而存在的世界；它是为我们而存在的世界，在我们的思想和经验中存在的世界。如此说来，世界就是一种文化现象，就好像能够进入个人知识和意识范围的所有东西必然是的那样。正如我们已经论证过的那样，不存在只有赤裸裸的真实性或自在的实在性的世界，来让我们操心。对我们来说，只存在人类理解和意义的世界，从我们的人类视角来看的世界。

这些视角会受到我们对自然的持续经验的挑战和丰富。但是，这样的经验从来都不是纯粹的，而总是在文化环境中起作用的。我们并非"赤裸裸"地到来。这种关于我们处境的观点，类似于被以色列·谢弗勒尔（Israel Scheffler）科学地理论化了的观点。谢弗勒尔指出，科学中的观察所得的声明"并非独立的确定性，而必然在一个过程中和其他信仰相适应，其中它们自己可能会被推翻"（1967：119）。于是，即使是这样的声明，也通常（而正确地）被赋予检验科学理论的优先性，这种优先性不是绝对的，这主要是因为没有哪一组观察所得声明可以免于先有的理论假设的影响。

哈罗德·布朗（Harold Brown）支持我们对这一观念的理解，他指出在科学的理论和观察所得之间存在一种持续的"相互作用"或"交易"，在那里，"理论决定观察所得值得弄成什么样，决定它们如何被理解，而观察所得也对既有理论结构提出挑战"（1979：167）。同样，我们与自然的接触能够也确实在挑战我们文化中的某些假设，但是这些接触也在持续受到来自其他文化假设的影响。用熟悉的比喻来说，我们永远不可能"在干船坞里"——也就是通过求助于一系列绝对的、超越文化的真理或价值——重构我们的文化。我们只能"在大海里"——也就是还要持续依赖这种文化的其他方面——修复这种文化的一个方面。

我已经论证了个人与文化之间的辩证关系；同样的辩证关系也适用于文化和自然。文化与自然，没有哪一个能够完全独立于另一个，即使它们之间的相对区分具有不可否认的作用和重要性。当我们想到人类及其文化都是自然内部潜能的表现，密切依赖于被视为持续的生态系统的自然语境时，这一点也可以从另外的方向达到。于是，在一种深远的意义上，我们和我们的制度都是自然秩序的一部分——我们以我们处于危险之中为代价，忘记了这个事实。我曾经在第五章第二节简单谈及这一观念。今天，这种观念被越来越多的人接纳，这足可以证明现存文化假设如何会被和自然的接触而改变，即使这些接触本身受到根深蒂固的文化假设的中介，这些假设让持续的概念发展和变化成为可能。

但是，人类进化之前的自然呢？当人类文化还不存在时，它究竟是什么样的？我们当然可以提出这样有意义的问题！答案在于，我们能够也确实拥有先于我们人类出现之前的自然的概念，因为我们可以当下的经验和文化理解为基础推测自然会是什么样的，**就像我们就在那里感知和沉思它一样**。于是，那不是真正的"赤裸裸的"自然，就像我们想象的那样，而是从我们当下经验性的、假设性的和理论性的视角看到的自然。

在其身后出版的著作《可见的与不可见的》中，梅洛－庞蒂（Maurice Merleau-Ponty）呼吁关注这种难以逃避的事实：

> 我永远受到一种离心运动的限制，这种运动让一个认识对象为一种思想存在，而且不存在我放弃这一立场，在被我或其他人（这是一回事儿）思考之前考察存在（Being）可能是什么这样的问题，或考察我们的凝视和我们的感知共有的内在世界（*l'intermonde*）可能是什么样的问题；不存在野蛮原始的世界，只有一个精致的世界；不存在星际空间，只存在一个有意义的"世界"。（1968；Dallmayr 1981：104）

对我们的目的来说，这段声明中的一个重要短语，就是"这是一回事儿"。因为在这里，梅洛－庞蒂，这个现象学家表达了他对早期胡塞尔现象学主观主义视角的背离，暗示了他自己关于主体间性真理、意义和价值的分析，很大程度上受到共有传统、文化特别是共有语言的中介（on this see Dallmayr 1981：93，96，103）。这给我们的教训是，我们每个人都被赋予这些共有之物，它们位于我们的存在的最深处。于是，我们关于主体间性的经验，并不要求某种不正当的解释，后者根据一种据说更为原初性的完全主观的意识或绝对的自为存在。①

我们可以根据一种客观性方式，期望一种个体与个体、个体与文化、文化与文化、文化与自然之间持续存在的对话性交流或互动吗？难道真理永远不可能建立，意义和价值的发现最终不可能超越苍白的理性讨论？难道每一种苦苦追寻的共识成就，都必须服从于正在展开的可能未来，而且存在一些

---

① 在《知觉现象学》和其他著作里，梅洛－庞蒂也把人类主体的彼此可感知的身体视为他们的主体间性意识或互惠的在世存在的基础。但是，他关注的是"为我们而存在的身体（body-for-us）这一原初现象"，而非生理学教科书里的客观身体（或者，还有行为心理学教科书中的身体）。于是，不同于胡塞尔，他对任何分析性指涉的需要——从对身体行为的客观性观察，到对他人主体性或意识的观察——都轻描淡写，坚称对他人的知觉"先于这样的观察，是这些观察的条件；这些观察并不构成知觉"（Merleau-Ponty 1962：352，354；Dallmayr 1981：94－95）。

深层问题，以至于普遍共识根本不可能获得，即使在一段时间内也是如此？所有这些问题的答案都是肯定的，这个答案承认和表现了我们的有限性事实。处于这样的境遇，即我们必须学会带着不同视角和结论居于这样的境遇，是所谓作为一个人的意思的一部分。存在这些差异的事实，并不会把我们引向绝望；只有我们持续坚守必然性、普遍性和终极性这些现代时期盲目追求的目标，我们才会绝望。

如果我们能够把这些差异视为领悟与意识的各种可能性的表达（任何单一的视角都无法囊括这些领悟和意识），并且因此视为能够为我们提供关于经验世界的无穷性的互相补充、互相完善的观点，那么我们就能学会评价这些差异。由于我们不可能一次性地运用所有可能视角来思考和行动，甚至不可能理解所有可能视角究竟是什么，所以我们只能在某种程度上把某种特殊视角带入与其他替代性视角的张力与互动中，从而尽可能努力做到连贯、广泛而完全地运用这种视角。运用这种多元主义的客观性模式，我们有许多事情要做，却没有任何理由放松或停止我们的考察，尽管我们承认甚至我们最好的个体性或集体性努力都不可能把我们引向最后的栖息地。一旦我们认识到我们所有关于真理、意义和价值的概念都具有不可避免的视角性或暂时的、社会的情境性，我们就会放弃这个寻找最后栖息地的梦想。简而言之，客观性并不要求我们到达某个具有绝对优势的地点，它能够超越我们具体历史和文化存在的那些不断变化着的有限条件。①

---

① 前面提及的福克纳和威廉姆斯写于 1985 年的文章，是一篇很有价值的批判现代人对确定性的要求和对数学推理的谄媚（因此还有对自然科学的谄媚，以至于科学被视为在其方法和结果中展示了数学般的精确性）的文章。根据作者的分析，这种对确定性的要求依赖于这样的假设，即真理必须是某种绝对的而非时间性的东西。他们还揭示了非时间性的真理观念和启蒙时间观——视时间为一系列不连贯的瞬间——之间的有趣关联。"由于根据定义，科学不可能在认识论的怀疑论中寻求避难所，一旦它设定了这种时间观，它就不得不按照先验的术语来解释事情，"也就是根据"非时间性的法则，所谓的理性法则"——它们是必然的因而是不可改变的——来解释事情（Faulconer and Williams 1985：1183 - 1184）。笛卡尔、牛顿和其他人，都把这些时间性关联（或因果规律）的非时间性法则归于一个更加终极先验的原则，那就是上帝。相反，休谟对必然的（也就是绝对的、不变的）因果关联的批判，被他和他那个时代的其他人认为开启了普遍怀疑论的大门，这一事实本身，揭示了上述关于真理本性的假设所扮演的顽固而关键的角色。

绝对主义者有时候会主张，关于他们的立场的唯一替代物，只可能是一种漠不关心的相对主义，在这种相对主义中，所有的考察都会崩溃，因为不存在被考察的普遍真理或价值。这里关于相对主义有一种有效的批评，这种批评有助于解释绝对主义立场仍旧存在的吸引力。但是正如我已经尝试证明的那样，绝对主义并非相对主义的唯一替代物；而且，我们也不必相信有意义的考察必然与永恒的真理或价值有关。

相对主义对绝对主义的批评也有一定的有效性，这包括它对我们的认识、交流和评价的历史、文化情境性的强调；它对达到真正的跨文化理解的极端困难性的强调，对真理和价值问题的评判不置一词；而且它还坚称，即使我们做出最大努力，深刻的差异还是依然存在。但是，多元主义的替代方法能够既考虑这些观点，又不完全赞同相对主义的立场，因为相对主义提前取消了对跨文化交流或考察的希望，或者把个体仅仅视为既有文化环境的标准化产品。

认识视角的不可还原的多元性事实，并不意味着我们必须假设所有既存视角都是同样令人信服或可以免于批判的。比如，经过检验，有些视角将会被证明比其他视角更加连贯、包容、有弹性和富于创造性。还有，通过持续探索一种视角与其他视角的相同与不同之处，通过把一种视角置于与其他视角的关系中，批判性地讨论它所具有的相对优点或弱点，让每一种视角都服从于结构性的改变。我们不可能完全超越我们的视角，但是我们可以找到修饰、促进甚至可能完全改变这些视角的方法，只要我们自己保持和那些拥有不同视角的人对话的开放态度。

第十章 社会政治个人主义、事实 –
价值二分和意志的首要性

……我朝着所有人都有的普遍倾向走去，这个倾向就是对一个接一个权力的永恒不懈的欲望，直到死亡，这种欲望才会终止。

——托马斯·霍布斯（Thomas Hobbes, *Leviathan*, Pt, I, Ch. XI, in Burtt 1939：158 –159）

一 现代社会哲学中的个人主义

作为虚无主义根源的第五个哲学假设，密切相关于第四个根源。不同于第四个根源寻求把知识、认识论意义和道德价值建立在孤立主体之上，第五个根源关于社会和政治体制采取一种原子论观点，认为个体之人既是这些体制的基础，又是这些体制的目标。这一个体之人概念并非没有其积极价值；我会对此给予应有的注意。但是这个概念同样包含了某些虚无主义的趋向，对此我会全力关注。

现代时期占据主流的社会哲学，通常被称为**资产阶级自由主义哲学**，由四个重要观念组成，其中每一个观念都能体现标志这种哲学的极端个人主义。这四个观念包括社会契约概念，与之相伴随的自然状态观念，对政治体制的一种工具主义解释，还有一个关于政治自由的"消极"概念，它强调"免于……的自由"而非"做……的自由"。①

社会契约观念被认为实际上产生自过去某个时间点，这其实并不重要。比如，荷兰法官胡果·格劳秀斯（Hugo Grotius）和洛克认为，这样的契约可以作为这种体制的原始材料，而霍布斯和让·雅克－卢梭却并不这样认为。重要的是，现存政府和国家只有在它们被视为来自一种存在于它们个体公民中的不言自明的（即使不是明确的）认同时才是合法的，这种认同服务于这些公民的最高利益，或者建基于他们的自主性经验或理性的命令。

这种社会契约观念的设定，对立于中世纪对作为政治凝聚力基础的传统、等级制权威和神性意志的吁求，开始在现代社会、政治体制改革的激进尝试中扮演重要角色。于是，社会契约观念标志着中产阶级代替封建主开始占据支配地位，倾向于表达中产阶级的独特利益和抱负。这里，就像在认识论中那样，一种计划开始被设定，它寻求摧毁古老的结构，并通过科学研究社会个体的需要、愿望、兴趣和判断，认真对待政治体制的合法基础问题。

和社会契约观念直接相关的，是这样一个观念，即人类生活的"自然"状态，先在于政治共同体，独立于社会、政治体制。本质上完全独立的个体，只有靠社会体制的创造，才能在共同体里共同生活。于是，个体优先于共同体，而且据说如果我们要想理解和解释共有结构和组织的存在，我们就必须追溯至构成它们的个人的特征。

现在，我们在另一种语境中看到，被普遍接受的来自伽利略科学解释方法的还原性、分析性方面，现在开始被有意识地应用于社会哲学领域。对自然状态观念的强调，还是现代思想明确的唯名论转向的标志。

---

① 以赛亚·伯林（Isaiah Berlin）在他的《两种自由概念》（1958）中做出了这种区分。他的书受到施特劳斯的批判性评论（Strauss 1961：135－141）。

通过考察笛卡尔、洛克、休谟和康德的认识论，① 通过讨论茅特纳的语言哲学和施蒂纳的道德理论，我们已经意识到这一转向。当然，考虑到第四种虚无主义的哲学根源本能地赋予孤立的人类主体的思想或经验以优先性，这一哲学根源对个体先于关系和关系性概念的唯名论信仰也是不言而喻的。

虽然关于据说由社会契约导致终结的自然状态，现代思想家们的看法各有不同，但是他们都明确肯定个体之于社会的绝对优先性。霍布斯认为这种状态是一种一切人反对一切人的、无休止的战争状态——一种赤裸裸的、不受控制的侵略与冲突状态。确实，如果他承认他的声明，即所有人类行为都根植于"对一个接一个权力的永恒不懈的欲望"，都基于利己主义无休止地追求个人满足、统治与荣耀，情况又怎能不是如此？（*Leviathan*，Pt. Ⅰ，Ch. Ⅺ；Burtt 1939：159）格劳秀斯完全不能认同霍布斯，他视自然状态中的人们拥有一种强烈的社会本能或"嗜好"，即使他们完全远离社会和政治体制。这种嗜好因为共同体的出现而得到满足，而共同体的结构性基础，是镌刻在每个人心中的——或如格劳秀斯所言"契合于人类智性的"（*De Jure Belli ac Pacis*，Prolegomena，Section 16；Cassirer 1961：257）——自然法。

在洛克看来，自然状态是一种相对和谐的社会状态而非持续冲突的状态，于是他在这一方面趋向于和格劳秀斯一致。但是，就他倾向于运用更加功利主义的而并非严格意义上的法律术语来观察社会、政治体制来看，他又不同于那位荷兰思想家，尽管他确实也强调自然权利的角色。他表现

---

① 笛卡尔的唯名论倾向，不仅表现在他关于时间和变化是瞬间即逝的点的观念（这要求上帝来维持内在的时间和因果关联的幻觉），还表现在他相信所有概念关系最终都是上帝的任意创造。他对实体所下的定义——一种"不需要其他东西就能存在"的东西——也是唯名论的，因为这个定义暗示了，存在于某个既定时刻的实体性个体，和这个世界的其他部分的关系形式，不是内在的，而只是外在的。这样的外在的关系形式，可能会包括时间和空间，包括实体自身持续存在的时间，后者把我们带回时间与变化是瞬间即逝的点的观念。康德的唯名论表现在他对休谟的信仰——感觉材料没有内在关系或固有意义，因此，必须被精神过程从外部赋予它们有意义的关系模式——的毫无质疑的接受。

出了一种过渡性观点，即从建基于自然法的社会契约概念，走向完全建基于统一性考虑的社会契约概念。在 18 世纪后期，边沁完全站在自然法传统一边，提供了一种关于政治体制的纯粹功利主义的分析和辩解。边沁拒绝这样的社会契约理论，但仍然在其政治哲学中保持着一种强烈的个人主义偏见。稍后我描述标志现代政治哲学的第三个主要观念时，还会详细谈论边沁。

作为著名的社会契约捍卫者，卢梭在根据利己主义术语看待自然状态方面类似于霍布斯。但是，对他来说，在这种状态中，个体与其说相互对立，不如说相互远离、漠不关心：这是一种消极的利己主义。他断然拒绝任何主张本源性的社会本能自然而然地把人们聚在一起的观念。每个处于自然状态中的人，都只关心他自己的自我利益和自我保存。

卢梭主张的社会契约基础是人类理性，后者能够根据一种深思熟虑的意志行为为自身确定社会秩序的基础，卢梭称这种意志为"公意"。这种意志，就像受它影响的康德的"善良意志"，被每一理性个体合法化，而且因此和理性个体密切相关。在社会体系中设定这种意志，可以把个体带入一种全新的社会框架，这个框架消除了过去社会存在的所有邪恶，并且提供了完美的自由，康德把这种自由称为：完全献身于被理性证明是合法的道德法则的自由。卢梭把这种自由视为专注于个体真正自我利益的自由，因为它促进和发展了人性的理性一面。

上述所有自然状态概念的共同之处在于，它们都设定个体在逻辑上（如果不是在历史上）优先于所有形式的社会组织，而且政治体制只有通过分解成构成它们的成员的特征，才能被充分理解和解释。

现代时期的政治哲学还逐渐倾向于一种纯粹工具主义的国家观，这是它的第三个特征。根据大多数现代思想家的观点，国家之所以存在，不是因为它有任何内在的价值或重要性，不是因为它自身受到任何拥护或忠诚，而只是因为构成它的个体。格劳秀斯和霍布斯确实主张过，国家的绝对权威曾经建立在它的契约基础上，并且不允许个体有反抗的权利。但是，不同于格劳秀斯视合法国家恪守被神性授予的自然法原则，从而认为其具有一种内在的、不容置辩的权威，① 霍布斯认为国家的绝对权力（体现在它的君王那里）是遏制彻底的混乱、彼此间的暴力和内在于利己主义人性中的自我破坏的唯一有效的对抗力量。于是，有一个拥有绝对权力、可以遏制个体自我意志的国家，明显存在于每一个体长长的利益清单中。这些个人利益的实现，驱动人们最初进入社会契约。于是，对霍布斯来说，国家对每一个体来说都是保护自己免受邻居侵犯和贪婪意识袭扰的工具；这是国家存在的唯一合法理由。个体愿意让自己接受国家的绝对统治，而且不要任何补偿，只是因为他充分意识到，没有国家，他自己的生活就会是"贫穷、艰难、粗野而短暂的"（*Leviathan*，Pt. Ⅰ. Ch. ⅩⅢ；Burtt 1939：161）。

洛克也倾向于根据工具性术语看待国家，并且因为赋予国家保护个人积累和享受私人财产——他把私人财产定义为个人劳动的成果——的权利的优先性而著名。他在发表于 1690 年的《政府论两篇》第二版中指出："人们在共和国里联合起来、让自己接受统治……的伟大而主要的目的，是对他们的财富的保护，自然状态中有很多东西需要这种保护。"（Ch. Ⅸ；Burtt 1939：453）洛克还对国家确保个人的人身自由的权利寄予厚望；我下面要更为详细地谈论这一点。

卢梭也倾向于一种工具主义的国家观，他把国家的合法性仅仅追溯至它与"公意"的合作，也就是说，追溯至每一个体为了自己的理性意志，而且因此通过对比同意让自己负责在合法的约束和限制的痛苦中支撑下来。他倾向于格劳秀斯和霍布斯的看法，认为一旦国家建立在公意的基础上，个体就必须毫无保留地把自己让渡给国家的权威，放弃所有抵抗的权利。但是，卢梭支持的个体权利与合法国家的权利的彻底疏离，和他的下述观点并不连贯一致，即国家对权威的独占性要求，是人民授予它的权力，也与他的下述

---

① 格劳秀斯关于政治体制的根源——即使不清楚它们的目标——的个人主义观点，明显表现在他对合法状态的契约基础的坚持上。这样一种状态由原本孤立的个体根据原则而创造出来，这些原则虽然来自神性赋予，但对每个人的自主理性来说是完全明确的。于是，这些关于自然法则的原理的有效性，丝毫不依赖于圣经权威或任何既有传统，而是完全来自个体的意识。这样的人愿意在政治体制里团结起来，响应理性的召唤，后者回荡在他们的主观意识中。这只是关于虚无主义的第四个和第五个哲学根源的密切关联的一种说明。

承认不一致，即某种可能有时候有效的政府体系在后来会被发现难以完成公意授予它的责任。于是，正如上文所言，确实存在一种感觉，其中政府对他来说是纯粹工具性的。这种感觉被卡希尔的声明准确揭示了出来：对这位法国社会理论家来说，甚至一个合法政府的政治权威也"只有行政方面的重要性"（1961：264）。这就是说，政府唯一的价值和重要性，存在于它执行每个公民的道德意志的责任。

边沁直言不讳地声明，国家完全从属于个体的需要、欲望和利益，因此把国家工具主义的本性及其在近期被不断被假设的角色表达到了极致。

> 共同体是一个虚构的身体，由许多个体性的人组成，他们被视为构成它的成员。于是，共同体的利益是——什么？是那些组成它的成员的利益的总和。如果不理解个体的利益，谈论共同体的利益是徒劳无功的。（*An Introduction to the Principles of Morals and Legislation*，Ch. Ⅰ，Secs. iv and v；Burtt 1939：792）

在同一部著作里，他进一步强调这个国家观念，宣称"组成共同体的个体的幸福——也就是他们的快乐和安全——是立法者应该有的目标和唯一的目标……"（Ch. Ⅲ，Sec. Ⅰ；Burtt 1939：800）于是，国家本身不是什么，而只是个体的聚集；无论它具有何种价值，这种价值都只是他们的个体希望和抱负的概括。它的整个目的，就是促进个体利益的最大满足，所有这些利益都可以浓缩为一种利益，即避免个人痛苦和获得个人幸福的利益。

现代社会哲学根据纯粹个人主义的和工具性的术语来看待社会群体，这种趋势再清楚不过地表现在它很大程度上是消极性的政治自由概念。这是这种哲学的第四个一般性特征。正如之前指出过的那样，我们所谓"消极性的"政治自由观念，是免于什么的自由，而非做什么的自由——这种自由被视为政府不干预个体自由，除非这样的干预被明确要求，以保护某些个体独立思想和行动的权利免于其他个体的侵犯。

洛克支持这一概念，他坚持认为"法律的目的是……保护和扩大自由",而且进一步解释道,他理想中的自由是个体"随意处置和安排的自由,就像他在法律的允许下处置他的人格、行动、所有物和其整个财富,在这种法律的支配下,他并不从属于其他人的任性意志,而是自由服从他自己的意志"(second of *Two Treatises Concerning Civil Government*,Ch. Ⅵ,Sec. 57;Burtt 1939:425)。正如早前指出的那样,洛克以他自己的方式特别强调个体获得和使用他的物质财富的权益。他主张,政府有责任克制自己,不去干预公民的经济活动,除非它被要求去保护他们的经济自由权利。

穆勒把消极自由的概念作为他的著作《论自由》的关键词,这可以从他的下述声明看出来。他说,该书的整个目的是"维护一条非常简单的原则",即"人类(不管是个体还是群体)被授权使用他们任何成员的行动自由的唯一目的,是自我保护"。他进一步强化这一观点,"只有能够以我们自己的方式追求我们自己的利益的自由,才配得上自由这个名称……"还有,"任何人的行为中只有一部分是服从于社会的行为,它们是涉及他人的行为。"这意味着共享共同防御,为法院提供证据,保护"无法自为的人们反对虐待":所有这些都是确保社会中的个人的自由不受侵犯。穆勒写道,在个体"仅仅关心他自己"的部分行为中,他的"独立性是正确的和绝对的。对于他自己,对于他自己的身体和心灵,个体就是君王"(Burtt 1939:956,958)。

根据穆勒,社会有责任去保护和支持的特殊个体自由,包括良心、思想和感受的自由,表达和发表观点、趣味和追求的自由,"设计符合我们自己特征的生活规划"的自由,和"因为任何目的——除了伤害他人的目的"而聚集在一起的自由。他总结了这种根本上是消极性的自由概念的主要信条,"通过因为追求对他们自己似乎有利的东西而互相折磨,而非因为追求对别人似乎有利的东西而相互强迫,人类成了较大的赢家"(Burtt 1939:958)。

当他主张,"相对于人的个体性的发展,""每个人都对他自己来说更有价值,并且因此能够对他人来说更有价值"时,他又稍微修正了上述信条。① 相

---

① 穆勒在谈及这种个体性理想时引用了洪堡(Wilhelm von Humboldt)的著作,后者密切相关于穆勒的消极自由观念。参见他对洪堡1791年论文《试论国家功能的边界》(Burtt 1939:993)。

信通过政府和其他社会组织鼓励个体性"生产或能够生产全面发展的人类",并且因此带来社会本身的有益发展（Burtt 1939：998 – 999），穆勒给人留下这一强烈的印象，即能够精力充沛地自由追求他们自己的利益的个人或群体，就会自动有助于整个社会的利益。他的同胞亚当·斯密（Adam Smith）早前也有过类似的观点，并且把它应用于经济学领域。所谓的法国重农学派，也大力支持这种观点。①

于是，对穆勒——和洛克一样，是现代自由主义社会理论的卓有影响力的代言人——来说，社会利益就只是构成它的个体的利益。他主张，这种利益可以通过让每个人自由思考、行动和设定符合他自己需要的生活方式很好地实现。当然，穆勒是一个功利主义者，他一再强调个体必须互相行善的积极责任。他并非一个纯粹的追逐私利的个人主义者。但是他主张这种行善的责任应该基于个体自己的主动权，而且应该通过他们自己自愿的联合。尤其是根据不必要地加强政府权力是"一种至恶"的观点来看，这不是他想要委托给政府的东西（Burtt 1939：1036 – 1037）。就像洛克一样，他也强调禁止政府干预个体或群体经济事务的重要性。"一般而言，"他说道，"没有哪个人完全适合从事所有的生意，或者能够决定如何或由谁从事，除非那些对它亲自感兴趣的人。"（Burtt 1939：1036）他以这种方式强化了他对自由主义经济学的自由放任主义（*laissez-faire*）理想的支持，也重复了他对私人财

① 参见兰德尔的著作（Randall 1976：322 – 325）。18 世纪的重农学派寻求发展兰德尔所谓"关于财富的自然科学"；他们的计划被斯密拿来应对英国的经济状况。重农学派代表之一杜邦（Dupont de Nemours）宣称，我们正在呼吁消极自由的观念，他坚持"由超级存在设立的社会法律，只描述了对财富权利以及与之密不可分的自由的保护。我们所谓积极法律的君主法令，只能是宣告这些实质性的社会秩序法律的法案"（*Origines et Progres d'une Science nouvelle*，引自 Randall 1976：324）。19 世纪思想家中拥护这种观点——国家的根本责任是保护它的公民的自治——的著名代表是赫尔伯特·斯宾塞（Herbert Spencer）。他宣称，"无论何时国家开始让自己的保护性力量超越于"个体权利之上，尤其是超越于"关于平等的自由的法律"之上，"国家就会失去这种力量。它不可能在尝试额外的服务时不导致不满；而且这种不满和这种服务的程度成正比，以至于国家最终打败了它据以建立的目标……"那种认为"政府应该提供除了保护性功能以外的其他服务"的理论，斯宾塞认为是"不可接受的"（Social Statics, 1850 ed., Chs. 21, 22；引自 Randall 1976：445）。关于边沁对消极自由观念的辩护的讨论，参见兰德尔的著作（Randall 1976：361 – 363）。

产和私有企业的最大独立性的坚定支持。

还有很多人也都表现和发展了这个消极自由概念。它已经成为现代政治思想中最受欢迎的概念之一，并且深深植根于西方的政治体制中。很多好处都来自这一观念，或者更一般地说，来自整个现代社会思想的个人主义取向和中心。① 怀特海指出："这种现代关注方向强调最高价值的真理。比如说……它废弃了奴隶制，强调公众的想象力具有首要的人性权利。"（1948：127）对个体之人的尊严和独特性的尊重，对个人成就的热情和满足的尊重，对法律面前人人平等的尊重——所有这些都是现代社会理论应该受到正确珍视的方面。

---

① 近年来强调这种取向和中心的很有影响的例子，是诺齐克和罗尔斯的社会理论，我曾经在第九章的注释里提及。麦金泰尔也呼吁我们关注暗含在马克思主义关于未来无阶级社会——消除了来自政府机构的限制和压迫的社会——的梦想中的"某种彻底的个人主义"。麦金泰尔说道，这种未来社会里的彻底"自由的个体""被马克思（在《资本论》第一章和其他地方）描述为社会化的鲁滨孙漂流记；但是这个鲁滨孙凭什么进入与他人的自由关联，马克思并没有告诉我们"（1981：243；对马克思的类似批判，参见 Arendt 1959：101 - 102，114 - 116）。换句话说，马克思主义的未来想象的不足之处，是对人类共同体价值基础的说明。据说，完全的个体自由，不再有政府压制和阶级冲突，都是和谐的社会存在所要求的。

于是，这种想象深受消极自由理想的影响，它是并入马克思主义的明显的自由社会理论基本信条。在《共产党宣言》中，当马克思和恩格斯宣称"代替那存在着阶级和阶级对立的资产阶级旧社会的，将是这样一个联合体，在那里，每个人的自由发展是一切人的自由发展的条件"（Marx and Engels 1959：29）。当然，在马克思主义和经典自由主义之间，还有很多重要的差异。比如说，自由主义坚称政府机构总会被要求保护个人自由，而且因此一个正义社会的实现或维持永远不可能离开政治结构和政治力量的作用。暗含在这种信仰中的是这样一种假设，即这些结构要比马克思、恩格斯认为它们必然所是的那样——"只是一个阶级反对另一个阶级的有组织力量"（1959：29）——要复杂得多。

即便如此，比起它如此谴责的资产阶级自由主义，马克思主义——至少是从这个角度理解的马克思主义——的个人主义倾向甚至会更深刻。后者的个人主义，受到马克思对洛维特（Löwith）所谓"作为绝对社会性存在的类的人"（1964：321）的坚信的支持，这种作为类的人能够自然而然地进入交往关系，而不需要政治力量的保护和限制。关于马克思对资产阶级个人主义的严厉批评——他认为这种堕落的个人主义在施蒂纳的哲学里有完美而富有启示性的表现——参见洛维特的著作（1964：146 - 147，245 - 249），也可参见我在本章稍后对西德尼·胡克（Sidney Hook）关于马克思的施蒂纳批判的探讨的陈述。某种程度上可以说，马克思是一个末世论的个人主义者，而施蒂纳是一个强调此时此地的个人主义者。根据马克思，后者忽视了政府的压迫和阶级统治的后果，从而难以觉察到在现存社会持续存在的关于自我和共同体的扭曲观念。根据马克思的看法，施蒂纳不仅难以认识到这些扭曲观念，还在他自己的哲学里不自觉地支持它们。

多尔迈尔（Dallmayr）提醒我们，自由个体对观念的仔细审查，对知识的增长来说是至关重要的，而且"在自动的判断缺位时，行为就不能恰当地说是合乎道德的"（1981：9）。昆德拉注意到，真正的艺术创造性，只有在这样的社会才有可能出现，那里对公共和私人领域的区别有着最起码的尊重，以至于对个体的独自反思不会被"无所不在的集体性例行公事地压制"（1981：17）。我们在上一章中强调过，个体在改变文化过程中扮演关键角色，但是如果没有政治对传播有争议性观念的自由的保证，这一角色的实现，即使不是不可能的，也是非常难以实现的。在这一保证的缺席之下，人们极力推荐的多元主义考察模式就会很难实现。

但是，对现代社会思想的原子论的强调也有其黑暗的一面，它以另外一种方式表现了现代感受和观念可以被视为明确倾向于虚无主义。我们将会批判性地考察暗含在自由主义社会哲学中的三个虚无主义倾向。

自由主义社会哲学的第一个虚无主义倾向是这种哲学和建立在这种哲学基础上的体制认同和主张关于价值的相对主义态度，我们已经在关于虚无主义类型的论述中揭示和批判过这种态度了。伯林明确了自由主义的消极自由教义和价值相对主义之间的关联，坚持认为这一教义要求"个人和群体之间的边界……根据一种观点被明确划分出来，以预防人们的目的的冲突，而所有这些目的都必须被视为本身同等重要的、不可批评的目的"（1958：38 note；Strauss 1961：137）。他的声明的最后部分，很明显是一种相对主义的宣言，相关于基本的价值问题。伯林和许多其他自由主义社会理论家允许的唯一不同于这种相对主义的例外，是他们主张社会必须不计一切代价保护个人自由的绝对价值。

于是，在古典自由主义哲学中，政府扮演的角色就是去有效管理，在各个不同的个体价值利益中间小心翼翼地踩出一条路，尝试最大限度地平衡个体竞相宣布的声明和利益。政府最核心的技艺是妥协的技艺，而非道德引领的技艺。政府的使命是负责而非命令，是允许价值利益的多样性，但又不会尝试通过这些多样性走向更高的综合或更大规模的社会观念。价值问题留给个人处理；政府的角色是纯粹管理性的。它让政治接受它的大多数公民的引导，让政治和他们的利益的冲突保持在最低限度，而不去尝试评价他们的各种意志表达的道德品质。

在自由主义社会理论中，政府的典型立场，不是多元主义的（至少在前一章所规定的这个术语的意义上如此），尽管它常常被认定是多元主义的。它是相对主义的。成长于相对主义哲学盛行的政治体制语境中的人们，会被鼓励把价值问题视为私人性的和不可交流的。从形式上来看，在教会与国家分离的自由主义教义的支持下，教会被期望可以弥补国家的价值中立的不足。但是，现代教会已经被划分为各种教派和集团，它们关于基本的价值问题各有主张，于是也已经成为自由政府要去安慰和管理的各个分离的选区。还有，许多教会组织本身都不断倾向于适应纯粹管理性的领导风格，适应我们赋予自由政府的体制角色。

这种广泛盛行的观念，确实相当不同于多元主义对不同观念的宽容和开放态度，认为这是建设性的、可以改造彼此的讨论的必要底线。我这里所谓相对主义对待这些不同的观点，指的是在这种观点中，不可能指望共有的考察或集中的对话能够有效促进产生关于竞争性价值问题的共识。于是，在自由主义的社会理论中，就像自由主义的政治体制已经实践过的那样，被正式认可的，是一种彻底的价值相对主义。处于这种体制中的个人，常常主要接受位于这种体制之下未被阐明的那些假设和态度的教育，去按照这种虚无主义的方式思考价值问题。①

长期接受这种关于价值的相对主义观念的影响的效果，可以用我作为一

---

① 比如说，美国的大多数新评论家理所当然地认为，从总统往下的所有政客都仅仅是为了应对政治压力或着眼于下一场选举而决定支持某些主张和做出某些决定。政客们的立场被视为纯粹是权宜之计的而非原则性的，他们关于原则的声明也总是被认为与政治利益相关，而后者才是他们心里"真实"的想法。根据这种分析，美国社会一直存在着一种见利忘义的道德相对主义——如果不是非道德主义的话。在一个民主社会，政治代表应对政治压力和反压力，这是正常的，但他还有道德判断和道德领导的维度，我认为，这种判断和领导可以在一种多元主义精神中起作用。这种多元主义当然不应该是教条主义的或威权主义的，但也不必仅仅是相对主义的，后者由不断变换的政治影响潮流所左右，没有属于自己的道德之舵。通过为关于紧迫的国家、宗教和地方事务的建设性对话确立基调，民主社会的政客们应该引导他们的政治选民共享更高层次的道德洞见，共有更负责任的交往行为。

名大学教授的经验来解释。当我让大一新生谈谈自然科学和人文学科的区别时，他们的答案几乎总是：自然科学处理具体的、能够被公开证明的事实，而人文学科处理的是情感和个人的意见。如果我要他们解释为什么会这样想，他们通常会说，人文学科处理模糊的审美和道德价值问题，提出关于人类存在的本性和意义等难以解决的问题。这些新学生继续说道，众所周知，所有关于价值和目的的声明都是情感偏好和某种特殊教养的表达，因此与选择这种价值和目的的个人有关，所以很显然，关注价值问题的人文学科必然就是他们描述的那个样子。

换句话说，这些学生中的大多数都采取了一种类似于罗素或莫纳德那样的实证主义价值观，尽管他们通常对哲学实证主义一无所知。在我 1/4 世纪的教学生涯中，我越来越确信，他们之所以能够得出这样的结论，主要是因为那养育了他们的社会体制的默默影响。更为坦率地说，我断定他们被政府和其他社会组织习以为常地置于虚无主义的教育氛围中，这种虚无主义深植于我正在讨论的个人主义的自由主义模式中。于是，在应对有争议的价值问题时，他们总是会混淆宽容的美德和礼貌的不干涉，还会本能地假定，在我们居于其中的这个世界里，关于价值问题的相对主义视角的唯一替代物，就是一种他们无法容忍的顽固的绝对主义。[①] 当这些年轻人反抗相对主义时——而且有些人确实带着一种天生绝望的激情来反抗相对主义——他们通常选择一种类似宗教惩罚的威权主义的绝对主义，类似于我在第一章提及的那个学生。

自由主义社会哲学的第二个虚无主义倾向是它强加给每个个体沉重而不可能完成的任务，即几乎完全根据自己和为了自己而回答类似下面的问题：我的自由是为了什么？自由的积极责任是什么？除了尊重他人的自由以回应用他们自己独特的方式提出的问题，我对他人和整个社会还应该负何种责

---

① 施特劳斯也认为这两种态度是非此即彼的选择。他称伯林的自由主义的"不充分性""来自他希望发现一种存在于相对主义和绝对主义之间的道路，而这是不可能的……"（Strauss 1961：140）在本书第九章中，我尝试证明，在绝对主义和相对主义之间有一条中间道路，那就是被普遍忽视的多元主义。

任？当我对这些积极责任的感知和其他人相冲突时，我该怎么做？我该如何引导我的生活以发现其中的目的和意义？我在哪里可以找到这方面的帮助，我应该在何种程度或以何种方式帮助他人这样做？

正如我们已经看到的那样，消极自由的概念意味着这些问题的解决应该归属于孤立的个人。这一后果也暗含在"公意""幸福的追求""为大多数人的最高快乐"① 或"个人满足的最大化"等观念的具体内容的不可捉摸和空洞贫乏中，自由主义理论至少用这些观念尝试定义了自由的积极意义。自由主义的观念即社会本身没有价值，更是刺激了这一后果的产生；社会只有在服务于构成它的个体的需要、希望、判断和决定时才是有价值的。

于是，现代自由主义社会里的公民"命定是自由的"（用萨特的话来说），关于自由的运用，他只有一些消极的指导原则。他被鼓励认为存在的所有意义都围绕他自身而定，或者认为他必须根据他的本源性反思和内省来为自己创造意义。他没有被给予积极的价值和承诺文本来安身立命，而且被劝阻不要把自己视为持续存在的传统、文化和共同体的一部分，因为后者的价值声明超越了它们保护他的私人利益、引导他按照自己的方式生活的角色。

人们不仅接受自由主义社会理论的教育，以这种方式看待它们的政治体制；他们还被位于这种理论背后的一般观念鼓励，认为他们所有的社会关系只有工具性的意义。这些关系之所以对我有价值，正是因为我能从中得到某些东西。与此相应，当它们不再能满足我的最高利益，或者对我的私人自由造成了我不想要的束缚时，我就有权利废弃它们。换句话说，没有任何东西

① 我曾在第二章提及罗素的发现，即对本瑟姆来说，一个人的快乐等于另一个人的快乐；这让我们想起伯林对消极的自由概念和相对主义之间的关联的说明：所有的人类目标都必须被视为"同样重要而不可批判的"。于是，关注快乐，甚至是作为人类存在的积极目的的大多数人的最高快乐，可以保证允许其他人按照他们觉得快乐的方式来做事，只要他们不影响别人的自由。还有谁比个体能够更好地判断什么可以带给他快乐？换句话说，如果再次审查，我们就会发现，那作为积极的自由概念的出发点，恰好就是稍微化了妆的消极的自由概念。

对我有永恒的价值，除了我自己。因为其他人可以根据同样的方式看待他们的社会关系，所以这意味着这样一种处境，即每一个体都在利用他人来达到自己的目的。当我讨论自由主义社会理论的第三个虚无主义倾向时，我还会返回这一点。

近年来研究西方个人主义——尤其是在美国社会表现出来的个人主义——的影响的作者们，把这样一个问题当作他们的核心，即"某种认为自我是实在的主要形式的个人主义是否真的能够持久存在"。他们的观点是不可能持久存在，"寻求纯粹私人的满足是一种幻觉，"且通常会结束于一无所有（Bellah *et al.* 1985：143，163）。他们为了写这本书采访了一些人，他们发现，这些无意识地吸收和接纳美国坚定的个人主义理想的人，都有一种根深蒂固的不满足感。这些人感觉他们的生活中缺乏某种根本的东西。他们渴求意义的根源，超越他们自己怪癖的偏好，超越成功的物质主义尺度，后者在他们的社会变得越来越严重。

这些作者指出，这些人的生活里很难发现"某种故事或叙事，比如一次朝圣之旅或探险，许多文化都用它们联系私人和公众，联系现在、过去和将来，联系个人生活和社会生活以及宇宙的意义"（83）。被经典自由主义社会理论极力主张的用以解决价值和意义问题的高度个人化的方法，是虚无主义的，因为它产生的效果是切断人们与这些广为传播和广受支持的意义模式的关联，让他们失去"对与错、善与恶的客观标准"，把他们置于一种无法忍受的境遇，在那里"自我及其感受"成为"唯一的道德向导"（76）。当我们开始认识到我们"发现自己不能独立于其他人和机构，而只能通过它们存在，我们永远不可能靠我们自己到达我们的自我的底部"（84）时，这种境遇就会变得难以忍受。

于是，贝拉（Bellah）和他的同伴们被他们的经验主义研究和批判性反思带向如下结论，即"只有一个大的整体，一个共同体和一种传统"能够凭借自身赋予价值，只有它们才能维持"真正的个体性"和培育"公共生活和私人生活"。自治权——远没有和社会团结及一种严格意义的社会目的相冲突——只有来自"一个尊重个体差异的强大社会群体"，才是可能的。

于是，个体并非先于社会和社会体制，或只是被社会和社会体制推动，而是与它们处于互动关系中。个体与社会，个人抱负与更大的公共目标，必须一起作用，其中每一方都在构成和丰富另一方。难以发现这一真理，是自由主义社会思想的根本错误，它位于当代美国生活渴望一切、没有方向的个人主义的核心（307，163）。①

《心灵的习性：美国人生活中的个人主义与责任》这本书很有说服力，我很乐意完全同意它的观点。我在第八章和第九章回应笛卡尔式的和其他形式的主观主义转向时，提出过类似的观点。另外，在第四章里，我带着同情心观察了陀思妥耶夫斯基在其小说里发展出来的观点，即仅有自由是不够

---

① 正如贝拉及其同事所分析的那样，加·阿尔佩罗维茨（Gar Alperowitz）对这种四处蔓延的个人主义的虚无主义推力有一段很好的陈述：

我们"心灵的习性"……不再强烈渴望一个公平的共同体的价值。在我们的意识深处，我们甚至不知道如何谈论作为一种共同文化、传统和历史的造物究竟意味着什么。与此相应，我们无法理解对共同关注的可行政策的要求。（1986：61）

但是，我们应该指出，我们仍然可以在我们的历史和文化中（比如说，在犹太－基督教的交往正义和社会热情观念中，在柏拉图、亚里士多德和斯多葛派关于好的社会中公民应有的积极责任这样的概念中）找到重新获得阿尔佩罗维茨所谓共同关注的资源，但是我们的心灵习惯，很大程度上已经被自由社会理论的极端个人主义所构形，它阻碍我们这样做。

阿尔佩罗维茨指出，《心灵的习性》的作者的分析尽管在很多方面——尤其是对激进个人主义所存问题严重性的分析——都很有益，但还是太温柔，太"传统"。他坚持有必要"首先制定一个长远观点，再制定一系列具体的制度建议，这样才可能避免传统资本主义和传统社会主义的陷阱"。"一种视角上的革命最终必将出现，"他宣称，而且这种革命不只是在传统思想方式内部进行的调整。"没有发生在体系的核心机制——还有动态的运行规则和动力模式——中的根本改变，"有价值的改革就不可能发生。根据阿尔佩罗维茨，被贝拉及其同事忽视的急需的改变，是我们的经济制度和实践，还有那作为基础的未经分析的各种假设（1986：64 and passim）。

就像《心灵的习性》那样，我这里提供的分析，只是整个故事的一部分。尽管我们的生命质量和价值肯定受我们的态度和信仰的影响，但这些态度和信仰也受到我们周围制度习惯（我们从生到死大都位于其中）或好或坏的有力影响。于是，虚无主义的绝望不仅可以来自执迷不悟的思想假设的遗产，也可以来自位于不公正的或根本不适当的社会制度中的生命每日付出的代价。要充分关注我们这个时代的虚无主义危机，发展应对这种危机的有效办法，我们不能仅仅学习我们思想史中的教训，认识到改变思维方式的必要性。没有任何一种关于虚无主义的分析已经充分到能够完全应对虚无主义的思想根源，而忽视它的社会－制度根源。在第四章结尾部分，关于20世纪的一些社会经验如何影响虚无主义心绪的形成问题，我也给出了类似的看法。

的，把个人自律和无限制的自我肯定视为有意义的生活的唯一基础或标准，是完全不充分的。

我在第四章还注意到，当萨特承认他的彻底个人主义化的、无内容的自由教义是**一种荒诞的**自由教义时，他也得出了类似于贝拉及其合作者们的结论。这种教义之所以是荒诞的，主要是因为萨特的早期哲学与自由主义社会理论一样，高度抽象地看待个体之人，让他们漂浮在珍藏于他们所处社会环境中的价值和目标之上，人为地把他们从其错综复杂的日常公共和文化关系网中分离出来。① 于是，对萨特来说，就像多尔迈尔所评论的那样，个体"并没有从他自己的自我概念（或者并没有获得自己的自我概念）到环境的设置中找到线索；不如说，相关于主观性－个体性的主动权，环境只是挑战或障碍"（1981：19）。

正如我们已经指出的那样，萨特在《存在与虚无》中表现出来的个体观，明显类似于施蒂纳的个体观。在西德尼·胡克（Sidney Hook）对马克思的施蒂纳批判的阐述中，我们也可以看到这种观点的类似。胡克指出，比起施蒂纳所反对的"上帝"和"人"等抽象概念，马克思视施蒂纳的"自我"是"一种更加奇怪的抽象概念"。孤立的自我之所以是一种空洞的抽象，是因为它完全忽视这一事实，即没有哪个自我的存在能够远离"极其复杂的社会关系，远离关系中的各个自我"。不同于施蒂纳（和萨特），马克思视个体性为"一种存在于社会统一体中的差异性。它不是社会生活的前提条件，而是它的最为宝贵的成果。不同的社会体系，将会赋予我们不同的个体性和关于个体性的不同观念"（Hook 1962：176－177）。我在这里和本书其他地方所主张的自我观与此类似。我认为它可以替代在自由主义社会理论那里盛行的自我概念，后者会直接导向虚无主义。

但是，我认为自我位于社会和历史处境中，这并不意味着——就像一些

---

① 比起《存在与虚无》，萨特在《辩证理性批判》（1960 年首次出版于法国）第 1 卷中更多强调了个体所处物质和社会环境在塑造（和限制）他的观念和行动方面所扮演的角色。这是他实现对存在主义和马克思主义的综合的尝试的一部分。我们在本书此处和别处所涉及的，主要是他的早期思想，前马克思主义时期的思想。

马克思主义者所认为的那样——个体之人只是那些超越他的控制的社会事实的建构物，或者说，他被阶级意识和阶级冲突的强力忙乱地推动着，向一个预先注定的历史结局奔去。相反，这意味着，个体的自由虽然真实存在，却被他的历史文化处境和他作为社会化存在的特征赋予了特殊的、积极的方向。正如罗斯所言，人类"成长和发展于社会语境中，后者为他们提供理性的标准，他们靠这些标准判断他们自己的行为"（Ross 1969：131）。能够远离这些语境和标准的人，就是纯粹的抽象，而非潜在的具体实在，其中——根据自由主义的社会理论——社会体系和过程会被消解掉。

我的自我观还指出，认为与同伴公民、家庭成员、婚姻对象、朋友、事业伙伴等等的关系仅仅具有工具主义的重要性，即这些关系只是用来关心自己，这就是在剥夺人类生活中大部分潜在的价值和意义，让它成为盲目和绝望的奴隶。根据详细的经验主义研究，贝拉和他的合作者们清晰地追踪了这种趋势。于是，根据我们正在讨论的这第二个一般性方面，自由主义的社会哲学是一张虚无主义的请帖，它导致自恋性个体的孤独感和格格不入感，导致他完全低估了他自己存在的社会维度，导致他的关注范围仅仅局限于他自身。

自由主义社会哲学的第三个虚无主义倾向存在于它对早前提及的社会关系画面的支持：因为对我来说除了我自己，再没有其他东西具有最后的或内在的价值，因为我必须预料到其他人也会以完全相同的方式看待他们的社会关系，所以我就陷入了一种竞争性的斗争，我必须努力地战胜他人，并尽最大可能地利用他们来实现我自己的利益。这种哲学的座右铭就是："每个人都为了自己，没有人为了全体。"为了培育一种紧张的、追逐私利的竞争氛围，经典自由主义社会理论在人们之间挑起根深蒂固的不信任和彼此的敌意，这些东西对人类共同体从而对有意义的生活来说是完全破坏性的。① 正如我们将要看到的那样，这种理论还为对公共生活和社会

---

① 在第四章第三节结尾部分，我讨论了生命意义与真正的共同体经验或前景相关的三个重要方面。

机构的暴虐的官僚统治——我们可以在卡夫卡的《城堡》中看到类似的描述——大开方便之门。

当然，消极自由教义也禁止我们不公正地利用他人（也就是说，它禁止随意干涉任何个体的自由权利），但是我所期待的是，以各种可能的方式**公正地**利用他们，尽我可能地为我自己收获更多可用的物质资源、地位和满足。如果每一个体都把这一点作为他的目标，或者如自由主义社会理论似乎让我们确信的那样，那么我们将会拥有一个充满活力的社会，其中所有人都至少被赋予最大程度的努力**机会**。阿尔菲·科恩（Alfie Kohn）把自由主义教义的这一方面明确表达了出来，他指出了在西方社会普遍流行的假设，即"竞争会带给我们最好的东西。竞争就是为了目标而努力，学习竞争，就是为了寻求成功。没有竞争，甚至最低程度的生产都会消失，更不要说卓越的东西了"（1986：22）。

我们可以预料，许多人都会在竞争性的战斗中被打败，但这就是这个世界的方式。这一后果就包含在竞争这个观念之中："每个人的成功都依赖于其他人的失败。"（22）如果这听起来像是社会达尔文主义，这就对了；我们正在讨论的经典社会理论——尤其考虑到它的纯粹工具主义的社会观，和它的个人主义追求"各自为政"，强调不受限制地自由获取和保留物质财富——很容易让自己适应于一种关于社会关系的"生存斗争"和"适者生存"解释。

贝拉和他的合作者们指出，这一结果适用于自由主义社会理论中的明星演员：中产阶级。他们指出，美国的中产阶级个体常常被教导要依靠自己，要离开家庭以获得他们能够得到的所有东西，要他们"不要接受施舍或礼物"，要他们摆脱他们出身其中的家庭（1958：62）。这些作者还指出："根据这个术语真正的意义，中产阶级不能仅仅被关于物质改善的欲望来定义，而是被一种意识，一种不断在成功的阶梯上往上爬的算计性努力来定义。"假设在这个往上爬的过程中"结果的不平等是自然而然的"，"中产阶级个体……会被激励进入一种高度自律状态，去渴求成就……"（148－149）

并不是所有人都能成功玩转这种社会流动性的中产阶级游戏；卑贱的家庭贫穷、破碎的家庭、种族和/或性别歧视、不充分的教育、危险的贫民窟生活和物质的与精神的障碍等，都横亘在相当一部分人的生活道路上。这些人是某种社会理论的最为明显的受害者，这种理论非批判性地假设，我们的最佳社会选择，等同于我们所有个体选择的总和（Dauer 1986）。即使是那些"成功"——根据大家都接受的成功标准——人士，也必须继续努力奋斗，来保留他们所得，防备那些像他们一样有野心的个体，后者时刻准备着利用他们最轻微的失误或软弱的证据。

对每个人来说，这种生活缺乏平静安详，不可能在彼此负责的共同体里找到支持和共同的关注。于是，自由主义社会理论暗中支持一种关于和他人一起生活的观点，它和萨特、卡夫卡的解释并没有多少不同，而这种解释是完全虚无主义的。位于这三种观点的核心的是这样一种观念，即社会是一群充满警惕的、自我中心的个体的松散集合，他们中的每一个都在寻求不计任何代价保护他自己的利益，都下决心想方设法越过他人以获得竞争性优势。满足于这种关于个体的"为他人存在"唯一现实主义的分析，萨特得出结论（见第四章第三节），不可逾越的冲突和彼此间的对抗，位于所有人际关系的核心，而且我们每个人都必须把自己托付给永恒的焦虑，怕成为"莫名其妙的评估的莫名其妙的对象"（1966：328）的焦虑。

当萨特关于人的相互影响的分析被转换成一个特殊社会的日常事务时，它就会表现为卡夫卡描述的那些生动的细节。谣言与疑虑充斥于卡夫卡小说《城堡》里的村庄。每一个公民都焦急和排外地关注着他自己的利益，没有人愿意努力支持另外一个人直面城堡官僚的阴谋诡计和显而易见的不公。城堡的官僚作风本身就充满了秘密、欺诈和无尽的对抗。正如我们已经看到的那样，在这个高度竞争的社会里，只有位于其顶端的极少数人，拥有真正的重要性或权力，而且他们的地位是绝对孤立和危险的。

把自由主义的社会理论和卡夫卡眼中梦魇般的官僚化社会关联起来，似乎太过夸张。但是，一个由自律个体组成的社会——这些个体对家庭或其他群体都没有忠诚，野心勃勃地与人竞争并努力向上爬，他们在对自由的渴望中鄙夷一切既有传统留下的共同价值①——必然是一个准备好接受官僚剥削的危险社会。它至少可以从两个方面变成这样的社会。

第一个方面，"为个人自己决定的自由所付出的代价，是把大多数公众的决定移交给官僚管理者和专家"（Bellah *et al.* 1985：150；MacIntyre 1981：33）。这里的观察点是，曾在早前被社会领导者义不容辞地承担的那些共同拥有的积极价值，在自由主义理论的高度个体化的社会里不再被承担。价值问题现在被留给了个人，而且对这些问题的回答据说会因人而异。伴随价值的相对化，社会失去了道德凝聚力，成了各种利益相互竞争的场所。那些一度可能共同影响社会领导者的受道德影响或约束的个体，现在已经消失不见，变得毫无用处了。

与此相应，社会领导者可以利用策略，根据自己的喜好，来安排和管理社会。正如我们之前曾经指出的那样，他们管理社会的标准，并非是道德的，而是当下见效的，因为他们被期望能够尊重价值的私人化，后者是他们对个人自由的尊重的一部分。于是，所谓领导，就是避免冲突，或者让冲突保持在最低限度；就是通过严密的组织和专家的管理和规划，确保社会机器的顺畅运转；就是调节手段以达到目的，不允许对管理目标进行基本的道德评价；尤其重要的，就是令人嫉妒地确保领导者自己的地位和特权。在管理层，永远存在关于更高影响力和权力的斗争，朝着更高的权力稳步上升，被认为是成功的终极标准：这是管理层的至善（*summum bonum*）。这种关于管理者的成功的观点，受到下述社会领导概念的支持，这一概念呼吁熟练操控手段，而不看重道德目标，手段慢慢变成了目的。那些本来应该接受社会机构服务的个体，慢慢变成了服务于管理目标——尤其是确保和维持某些特殊管理者的权力的目标——的最为重要的手段。

这就是说，社会领导者采用的是败坏的官僚风格和习气。尽管明确

① 谈到美国人的生活，贝拉及其合作者指出："和过去割裂，就是我们的过去。远离传统，就是我们的传统。"（1985：75）

建立在"自身作为目的的人民"概念之上，但以自由主义社会理论为基础的社会却按照上述方式奔向另一概念，把人民视为"实现组织化目的的手段"（Bella *et al.* 1985：125）。正如麦金泰尔（MacIntyre）所言，一个"个人自由而任性的选择占据主导地位"的社会，最后会变成一个"官僚阶层占统治地位"的社会。随着价值的私人化，组织化的目的不仅被"提供……而且不是为了服务于理性的审查"；官僚阶层称自己能够运用"有计划的集体主义控制形式……来限制自我利益的无政府状态"（1981：33）。

由于自由主义的社会理论不可能设定一种具有内在凝聚力的共同价值，有人会说，这种凝聚力必然是玩弄阴谋诡计的官僚阶层从外部强加给社会群体的。自由主义的社会理论对这种看法的唯一回应，就是重申它相信一只"看不见的手"会在激烈的竞争和无限的私利追求中造出一个有序的社会。这种看法完全失败——它本来也不是关于某种信仰的声明——之时，就是官僚阶层的地位获得理论依据之时。于是，从这一方面看，彻底的个人主义和官僚主义的集体主义已经串通一气。①

第二个方面，自由主义的个人主义必然倾向于卡夫卡式的社会。贝拉及其合作者曾经间接指出过这一点，他们发现，主要是"孤立，而非社会参与"导致了"盲目因袭和更危险的独裁者操纵"（1985：162）。这种盲目因袭的精神，可以追溯至极端孤独的感受，追溯至在积极价值

---

① 在其研究美国社会和政治体系的名著《论美国的民主》中，托克维尔（Alexis de Tocqueville）探讨了一种重要的观念，认为激进个人主义和集体主义之间暗存密切关联。美国人相信，关于政治和社会（还有宗教等）策略，"所有人都被赋予平等的评判手段"，他们自然就会假设"更高级的真理应该适合于更多的人"。同样的平等感让个体"完全独立于其他公民，让他感到孤立无援，无法不受大多数人的影响"。于是，个体"准备好去相信越来越多的人相信的"未经考察的共同观点，这种现象"成了世界的主宰"。托克维尔认为，这种指向因循守旧的趋势，和集体主义的思维、行动方式，会受到如下事实的强化，即在美国这个民主社会里，公众具有通过法律实施他们的观点的力量，"通过把所有人的心灵的巨大压力强加在每个人的理性之上"而赋予"这些观点以特权"（1904：Ⅱ，492 - 493）。

问题上个人自律被其承受的惊人负担所挫败的事实。① 这些事实导致人们饥不择食地渴望真正的共同体和有凝聚力的社会价值，而独裁者集团能够满足这种饥渴（162）。孤独的个体在感到极端的社会压力时，就像第一次世界大战后德国人感到压力那样，尤其容易受彻底集权化的操纵和控制所诱惑。

战败的震惊、沉重的战后恢复和克制、严峻的经济压力、为自己的民族被遗弃而难以抑制的愤怒，还有其他想象中的或现实中的社会疾病，激起德国人对一种舒适而简单的民族主义文化（Volk-culture）的怀旧式渴望。希特勒和他的同伙充分利用了这种渴望。正如理查德·鲁宾斯坦（Richard Rubenstein）所言，德国有一段时间非常怀念一种礼俗社会（Gemeinschaft），这是"一种有机群体，它共享真正共同体的财富、道德、信仰和联系"，它不同于纯粹的法理社会（Gesellschaft），后者"被视为孤独的、追逐私利的个体——个体没有被有机的纽带联系在一起——用理性和契约建立的联系"（1966：28；Ch.1）。

这种渴望，在战后的震惊和血统语境中，导致许多德国人认清了自由主义的个人主义（它由法理社会这个概念明确代表），也让他们接受那令人兴奋的新的民族团结感，后者可以通过服从元首（Führer）的绝对权威和专注于纳粹政权的集体主义仪式和象征而获得。最终，似乎存在一条路，可以让人们远离让人疏远的匿名性、价值的混乱、残酷的竞争，以及联系家庭、共同体的纽带的消失，而这些问题与现代城市文明及其后面具有离心力的个人主义哲学如影随形！

----

① 托克维尔如此解释这种负担和易受由它创造的外在权威的操纵：

当在宗教和政治领域都不再存在任何权威原则时，人们很快就会被这种没有约束的独立性吓倒。对所有周围事物持续的焦虑让他惊恐不已，很快就筋疲力尽。由于思想领域的所有事情都是模糊不清的，他们决定社会运行机制至少应该是牢固而确定的；由于它们无法恢复他们的古老信仰，他们就假设了一个主人。（Ⅱ，504）

托克维尔说道，一方面是完全的独立，另一方面是完全由自己决定解决最深层次生命问题的方法，这种矛盾"只能让灵魂变得衰弱，让意志的源泉不再喷涌，让人们做好被奴役的准备"（Ⅱ，504）。

最终的结果是灾难性的——尤其对犹太人来说如此，他们不符合追求完全同类性的民族主义文化的想象，但很适合做所有过去问题的替罪羊——对雅利安人自己来说也是如此。在希特勒的权力节节上升和第三帝国的衰败之间，开始盛行一种残暴的官僚体制，比起这种残暴的官僚体制，卡夫卡最糟糕的噩梦也变得像慰藉人心的美梦。在得到恢复的国家尊严和令人鼓舞的共同理想的斗篷下，据说深藏着古老的条顿传统，它继续前进，发展成一种道德和精神的虚无主义计划，在整个人类历史进程中，这种计划鲜有匹敌（如果真有可比的计划的话）。①

我的观点不是说资产阶级自由主义的缺陷——正如我们已经描述的那

① 在《虚无主义革命：对西方的警告》（主要写于 1937 年冬天到 1938 年间，英译本出版于 1939 年）一书中，赫尔曼·劳斯宁（Hermann Rauschning）第一次对纳粹虚无主义的特征和毁灭性作了详细的解释。劳斯宁是国家社会党的早期领导人之一，是丹泽参议院的前任主席。由于积极支持 1935 年 4 月选举中的立宪主义，他被迫逃离丹泽，后来成为纳粹政权的坚决反对者。他指出，一些好心的人最初曾经被纳粹的计划所吸引，因为他们"只是在相当长的时间之后才认识到，他们被拉进了一种双重存在，后者拥有虚假的精神和民族目标，实际上唯一真正的目标，是对权力的追求"（1939：31）。

劳斯宁写于 1930 年代后期的这本书中的下述描述，准确捕捉到了纳粹计划的绝对官僚主义和彻底虚无主义的本质：

······国家社会主义以国家和社会的目标为掩饰，把一群低级、粗俗的人带向了权力的峰巅······这群所谓精英，用他们攫取的权力权力美化他们的下一个权力······他们把新的暴力教义带入实践。这一教义宣称，精神的财富只对政治权力的合法化有价值，除此之外的其他事情都没有内在的权威性，本身都没有价值。没有什么东西是重要的，除了力量······对于维持精英们的权力来说，力量可以被随时使用——而且可以被无情地、残忍地、突如其来地使用······真正的精英完全没有良心的不安，没有人性的弱点。（30-31）

在其他地方，劳斯宁还指出，国家社会主义所做的每一件事情"都基于革命性的破坏精神"，而且都在"摧毁精神秩序的要素，都在阻碍任何新东西的创造"（274-275）。他指出存在一种致命的不稳定状态，后者有意否定任何"伦理基础"，只关心统治精英的权力和位置的永恒。"以虚无主义为基础，一种纯粹暴力的全面独裁是完全可能的，但就像这种暴力的原则在大众那里变成普遍的原则一样，它也在大众那里摧毁了自己的基础。""那必须要被克服的，"他主张，"是暴力的独裁，后者从无方向的革命——一种仅仅为革命而革命的革命——那里吸走其破坏性能量。"（118，120）这种"无方向的革命"观念，专心于无意义的不受约束的破坏的观念，让我们想起第二章解释过的政治虚无主义。

样——本身可以用来解释纳粹的出现。导致纳粹出现的原因有很多。① 不仅如此，我们还得承认，如此重大的罪恶，理性可能永远解释不了。我的观点毋宁是说，我们已经看到的潜在于自由主义社会理论及其支持的生活方式中的集体主义感受性，因为纳粹的胜利而变得异常明显了。魏玛共和国的公民们无疑正确地看到了自由主义社会存在的严重缺陷，但是当他们出人意料地认为希特勒的计划指向了一种更好的观念和更好的生活时，他们无疑犯了悲剧性的错误。

现在，我既然已经探索了自由主义社会理论中存在的三种虚无主义倾向，就可以批判这种理论及其所依赖的个人主义假设了。我已经讨论过这种理论中存在的两个最为根本性的错误。第一个错误是假设存在或可能存在先在于或远离文化、公共生活和历史背景的人。我已经指出，原初的、白板式的（tabula rasa）个人是一种抽象，而非一种具体的实在。这既是社会理论的立场，也是认识论、语言哲学或伦理学的立场。第二个错误是认为，人类可以在以自我为中心的竞争性个人主义和以价值的私人化为前提的社会体制中得到满足；或者说，他们可以远离共同体，不依赖于共同传统——它们规定了积极的和不仅仅是消极的道德关注的本性——就能繁荣发展。

除了这两种批判，我们还必须指出，自由主义理论尚且存在两个谬论和一个臭名昭著的矛盾。最后，我们还需要对这种理论的一个方面进行重要的经验主义批判。通过这些批判，我将进一步揭示第五种哲学假设如何站不住脚，并且以此完成由我发展出来的反驳虚无主义的证明。

第一个谬论是关于构成的谬论：它非批判性地推论，整体的特征就等于各个部分特征的总和。这种谬论内在于之前提及的爱德华·杜尔（Edward Dauer）的自由主义假设中，即我们的最佳社会选择，恰好等同于我们个体选择的总和。在一篇简短而有洞察力的文章里，杜尔在经济法的语境中谈论

---

① 比如，黑格尔唯心主义对国家的盲目崇拜，对历史精神——对立于个人自由——的运行的"无限必然性"的强调。在 19 世纪和 20 世纪初期的德国，这是一股非常流行的思潮。这种哲学的威权主义、集体主义导致人们很大程度上没有厌恶法国革命的恐怖统治，这场革命以资产阶级的自由主义信条为基础。参见库恩的文章（Kuhn 1967：311–312）。

了这种谬论。"虽然有些事情可以被不受控制的市场完美把控，但其他一些好的事情，只能通过合作策略如立法来完成。"比如，资源利用的有效性，可能通过让社会资源"被其价值最高的使用者掌控，被他们以最有生产性的方式利用"来达到最佳程度。而且这个目标也可以通过自由运转的市场和不受限制的私人选择来实现。但是，不受控制的市场同样会无法产生分配公平的善，或其他"无法估计和买卖"的社会之善。在达成关于经济事务的法律决定过程中，这些善不应当被忽视，而且它们的获得有时候会要求立法，以限制个体或企业的竞争性自由，或确保社会服务（如公共交通或日托中心）。这些东西，我们不能指望个体性的市场选择创造出来（Dauer 1986）。

这就是说，社会的善不仅仅是私人之善的简单相加，而且社会之善也不是总能通过赋予个体最大化的自由就能完美获得。为了实现更大、更持久的社会目的，可能要求一些个体甚至所有个体做出牺牲，而且这种牺牲可能需要立法，而不是仅仅依赖于个人的善良意志。这样的立法需要建立在积极的道德原则上，它超越了大多数人的自我利益考量。它虽然把保护个人自由作为一种极其重要的善，但不会在所有环境里都视其为唯一重要的善。

由社会之善引导会存在限制个人自由的危险，而低估个人自由将是致命的。但是正如我们尝试证明的那样，确切的危险也存在于自由主义哲学中。在回应道德选择时，或者在根据这些道德选择立法时，有些重要的风险是不可避免的。尽管风险存在，一个切实可行的社会不能任由孤立的个体处理道德问题，不能通过数人头的方法或以追求管理效益为由来处理急迫的公共政策问题。如果公开声明，这样的问题可能会很明显，但是自由主义社会理论夸大其词、虚妄不经的个人主义，会把这些问题模糊掉。

这种个人主义，仍然被当今社会的很多人非批判性地设定着，他们认为，对个人自由的侵蚀，是唯一困扰他们的危险。这样的人视集体主义为威胁，不计代价去阻挡，却没有意识到在这种倾向和彻底的个人主义之间，存在某些微妙的关联（我们已经谈论过这些关联了）。一个可以被完全分解为原子式个体的社会，或者被视为消极自由的松散连接体系的社会，明显是脆弱的和碎片式的。事实上，它很难说是一个社会。也正是这些原因，它很容易受到见利忘义的公共官员、政客或独裁集团的欺骗，这些人都热衷于给人们套上从众的紧身衣。

除了关于构成的谬论，自由主义社会理论还倾向于一种非此即彼的谬论，这种推理模式假设只有两种极端，却忽视了两个极端之间还有其他可能性。贝拉及其同事在自由主义的个人主义理论中发现了这种谬论。他们指出，在美国社会，"我们深深感到没有持续的社会担当的生命的空洞性。但是，我们不敢清楚地表达我们的这种感受，即我们互相需要，就像我们需要独处一样，因为一旦我们这样表达了，我们就会完全失去自己的独立性"（1985：150）。在谈及"居于一个确实值得居于其中的社会"这个梦想时，他们又表达了相同的观点：

> 我们首先担心的，而且让这个新世界从一开始就显得无能的，是如果我们为了一个真正更加和谐的社会共同体而放弃了我们的私人成功之梦，我们将会放弃我们的独立性和个体性，完全堕入依赖性和暴政。我们发现那很难发现的东西，就是现代世界的极端碎片化，它确实在威胁我们的个体性；那存在于我们的独立性和个体性中的最好的东西，我们作为一个人所有的尊严感和自治感，要想持续存在，就必须有一种新的整合。（1985：285－286）

于是，我们应该考虑的，不是一种要么个体性要么集体性的选择，而是寻找把个人自治与和谐共同体的长处融合进一种连贯的、彼此互相支持的关系中的方法。我们并不需要为了一方的保存而牺牲另一方的所有长处，就像自由主义社会理论鼓励我们思考的那样。

贝拉及其同事还指出，在自由主义社会理论为持续存在的人际竞争所做的辩护里，存在一种根本性的矛盾。这种理论一方面"致力于每一个体的尊严的平等权利"，另一方面"努力为收入的不平等性辩护，这种不平等性发展到极致会剥夺人的尊严……"（1985：150）但是，自由主义社会理论中存在的矛盾要比这种声明所显示的更鲜明，因为正如我们已经看到的那样，竞争是让人们的成功建立在其他人的失败之上，而且一系列的失败会让人意志消沉到极点。这里，我们再一次看到把消极自由的维护视为唯一的社会价值的后果。我们甚至不需要产生这样的责任感，即为在竞争性战斗中失败的人包扎伤口，或者为他们提供帮助和鼓励。这些都是每个人自己的事情。

自由主义社会哲学的竞争性理想，还可以从其他角度来予以批评，即我们可以质问这种激烈的竞争是否真的能够产生有效性、创造性和卓越性。许多社会科学研究已经证明，这是不可能的。相反，这些研究证明竞争与成就之间存在反比例关系。比如，明尼苏达大学教育教授大卫（David）和罗格·约翰逊（Roger Johnson）及其同事，通过一项在教室情境中展开的合作效率研究——比照那些独立工作的人——证明，在108次研究中，合作产生更高的成就，而相反的结果仅仅出现了6次，还有42次显示不出相关性。同样，在两项问题–解决技巧研究中，这些教授发现："相较于那些以竞争性和个人主义的学习环境为背景的个人推理，合作群体中的讨论有助于产生和发展用于学习的更高品质的认识策略。"（quoted Kohn 1986：26）

在发表于《今日心理学》上的一篇文章里总结自己对教育领域和其他领域进行的评论和研究时，科恩认为竞争难以实现令人满意的效果，因为（1）竞争导致焦虑和自我肯定的丧失，因此让人的精力从一开始就偏离了挑战；（2）竞争阻止团体成员共享资源和技能，鼓励他们抱着和其他人相反的目的工作；（3）竞争不愿承认这一事实，即"尝试做得好与尝试打败他人，是完全不同的两件事"。科恩的考察还让他极端怀疑金钱、荣誉、胜利或其他竞争性成功果实作为外部动机的有效性，并且让他得出结论，即如果要更有效地完成复杂任务，一些内在的动机必须得到培育。他引用了一些证据来证明如下观点，即外在动机有时候需要淡化和弱化——尤其是对那些具有高度创造性的个体来说——以便培育更有效的内在动机。最后，他主张，在所有外在动机中，比起竞争性动机认为"其他人对你的唯一作用，就是看见你失败"来（27－28），对他人的责任感可以被证明是获取成功的更强有力诱因。

于是，自由主义的社会理论会遭遇上述种种批判，包括科恩文章里的经验主义批判。去理解对这一理论中无处不在的激进个人主义进行批判的必要性，就是去减轻未经分析和争论的个人主义假设所引起的虚无主义威胁。这让我们意识到，我们需要一种人类社会概念，它包含个体和群体的相互依赖和相互负责，而不是把无根据的（和危险的）优先性赋予假定独立的、自足的个体。

二　事实与价值的分离

我将要考察的作为虚无主义根源的第六个哲学假设，是事实与价值的彻底分离。我们已经注意到这一假设在罗素和莫纳德的观念及一般的科学主义中所扮演的关键角色，并且在这样的语境中探查了这一假设暗含的一些虚无主义倾向。我们还在笛卡尔的观念中看到类似这样的假设，他确信自己不需要持续考虑价值（包括道德价值）的本性和地位问题，就能发展出一个形而上学体系，来描述各类最为一般的事情的存在。

正如我们已经看到的那样，康德也明确区分了理论性（也就是科学和数学）真理问题（在他的第一批判中）与道德价值问题（在他的第二批判和其他论著中）。他甚至把完全不同类型的理性和理智考察关联在一起。不过，康德不同于笛卡尔，他宣称实践理性能够让我们接近实在本身，而理论理性局限于表象世界。因此，对形而上学的目的来说，实践理性比理论理性更为基础，这种观点似乎颠倒了笛卡尔的形而上学前提。

事实－价值的二分，也包含在康德的下述吁求中，即把道德意志一方面和自然动机（也就是需要、欲望和癖好）严格区分，另一方面和对人类选择的经验性结果的或然性计算严格区分。只有在来世我们才有资格期待，能够把我们道德本性中让自己配得上幸福的要求，和我们的感性本性对实际幸福的要求结合起来。为了在这种生活中道德地行动，我们必须绝对专注于第一个要求，但我们也可以被获得第二个要求的终极满足这一希望所支撑，而这一希望建基于对作为正义的审判者的上帝的信仰（Kant 1956：134 - 135；Crosby 1981：102 - 105）。于是，尽管自然事实的世界和道德价值的世界会在来世合并为一个世界，但它们必须在当下的生活里保持严格的分离。①

在《人类理解论》中，洛克也在道德知识和事实知识之间做了基本区分。他主张道德原则和数学原则一样，可以被演绎性地证明，因为它们必须相关于"唯名论"的而非"实在论"的本质，也就是说，相关于这样的观念，它们不指涉超越它们之上的"原型"，而是指涉它们自身的原型。另一方面，自然科学和经验主义声明的一般原则，不可能确信演绎性证明，因为它们不仅要求指涉观念及其关系，还指涉现存世界的物质或事实（Locke 1959：Ⅱ，156，208ff.，232ff.，347ff.）。

尽管洛克明确计划过要写一本书，研究设计这种必要的道德原理体系的道德，解释其本体论地位或应用，但他从未完成过这样一本书。在这一方面，他类似于笛卡尔，后者也没有能够发展出一种计划中的道德科学。在洛克《人类理解论》和其他著述中出现的关于这一体系的线索中，似乎存在一些不可调和的矛盾——它们就包含在他应用于道德的经验主义和理性主义意向中——也存在一些无所不在的模糊性，而后者很可能就来自这些矛盾的意向（Aaron 1965：256，note 1；Pt. Ⅲ，Ch. 1）。②

休谟预示了康德后来在理论理性和实践理性之间做出的明确区分。在《人性论》第三版中，他苦苦反对从事实描述中得出道德原则的尝试，因为

---

① 康德尝试把道德意志同自然动机、性格倾向和文化影响相隔离，这也与虚无主义的第七个哲学根源——意志的首要性——相关。我将在下一节考察这种关联。

② 比如说，洛克有时候似乎想要说，道德原理完全可以从这样的事实中推衍出来，即一种行为的善，可以根据它生产出来的或可能会生产的快乐的数量来计算。但是，他同样也主张，一种行为之所以在道德上是善的，仅仅是因为上帝想要快乐伴随这种行为。在后一种情况下，快乐提供了行善的动机，但善并没有存在于与之相伴的快乐中。于是，一种行为的道德之善是建基于上帝的任性意志，还是建基于被神性理性把握到的某种或某些原理，这仍然是模糊不清的（Aaron 1965：257 - 261）。

这样的尝试混淆了两种完全不同的思想类型。

> 我经常注意到，在我迄今为止注意到的每一种道德体系中，作者有时候会采用一般的推理方式来设定上帝的存在或观察人类事物；我突然惊讶地发现，那些常见的关于**是**和**不是**的命题，无一不是关于**应该或不应该**的命题。这种变化是感觉不到的；但却是最后的结果。因为像这样相关于应该或不应该的命题，表达的是一些新的关系或确认，它的必然性是不可能被观察到和被解释的；同时，对这种似乎不可思议的东西，对这种新的关系如何能够从其他关系中演绎出来，哪些关系完全不同于这种关系，我们又得有一个理由。（1980：469）

休谟不仅主张道德确认完全不同于一般的事实确认，并且因此不可能从后者推衍出来；他还主张它们不能作为以观念的关系为基础的推论被充分地解释（463－470）。①

对休谟来说，人类理解（或理性）的运用能够把它们自己分解成对观念的关系的评价，或者关于事实的判断；与此相应，道德区分的基础不在理性中，而在感性或情感中。与此相伴随的还有行动，不管是值得赞美的还是会被指责的行动，都不能说是理性的或非理性的。第三个结果是道德言论并非真理或谬误的表达（458）。

早期现代思想中着重表现在事实与价值的区分方面的一个发展，是对自

---

① 这后一种观点对立于洛克在《人类理解论》中关于道德原理的本性和起源的声明。科普尔斯顿抓住了休谟对伴随这一声明的观点——道德建基于观念的关系，或建基于某种类似于数学演绎的推理——的批判的要点：

> 很明显，如果我们留心具体的道德经验，那么当一个人做出一个道德判断时，存在一种直觉性因素，后者不能根据理性主义的伦理学来说明。比起数学，道德更类似于美学。说我们"感受到了"价值，比说我们通过一种从抽象原理开始的逻辑推理演绎出价值或做出道德判断，要更真实一些。（1964：Vol. V. Pt. Ⅱ，143）

休谟本人就注意到，"道德……更适合说是被感受到的，而非被判断出来的；可是，由于这种感受或感觉是那样温文尔雅，根据我们把所有事情一视同仁——只要它们之间有任何相似之处——的习惯，我们很容易把它混同于一种观念。"（1980：470）

然的机械化和数学化，这一发展赋予自然唯一的所谓第一性的质。这意味着自然不再被视为一种终极因体系——两千多年来人们一直这样认为——而是被视为一个纯粹数学化的形式因领域，它相关于物质因和动力因。这种发展进一步意味着，自然现在必须被假设没有任何固有价值（或者至少没有任何我们能够知道的固有价值，尽管上帝可能知道这些价值，如果上帝存在的话）。结果，价值被归属于所谓的第二性的质，它们仅仅存在于人类心灵中。于是，一根楔子，钉入了客观自然和人类主观价值之间的裂缝——这条裂缝，在古代和中世纪的大多数思想家看来会是非常怪异的，但在大多数现代思想家看来，却是理所当然的。①

像霍布斯和穆勒这样的思想家，他们尝试愈合自然与人类、事实与价值之间存在的这种断裂。他们各自以自己的方式主张，价值确实只是自然事实的一种。这两位哲学家所代表的方法，无疑会受到笛卡尔、洛克、休谟和康德的反对，他们尝试保持价值的客观性，不会把价值还原成被科学思考的自然的赤裸裸的事实。在下文中，我将进一步探讨休谟关于道德原则的起源与地位的观点，把它和霍布斯、穆勒的观点进行比较。我的目的，是凸显事实与价值绝对区分——至少是根据某些思路解释的区分（它经常倾向于这样的解释）——所带来的虚无主义后果。一

---

① 在那些仍然坚持目的论自然观的例子里，就像在哈奇森的思想中那样，那种目的论并非亚里士多德所支持的内在的目的论，而是一种外在的目的论，上帝通过这种目的论设计了自然世界和我们达到善的目的的能力。于是，对自然中存在价值的信仰，完全依赖于上帝凑巧的安排和设定（Norton 1982：89-91）。休谟尽管在很多方面受到哈奇森的影响，但完全反对后者的目的论自然观和人性观。他在一封于 1739 年 9 月 17 日写给哈奇森的信中写道，"我不同意你对自然的感受，它建基于终极因；这种看法对我来说太过不确定，太不哲学化。"（Norton 1982：149）诺顿在某个地方评论道，休谟住在一个"由伽利略、笛卡尔和霍布斯构想的世界，在那里，道德声明似乎无法找到任何对应物或对应的人"（1982：309）。

哈奇森的观点，让我们想起虚无主义的第二个宗教根源，即这样一种假设：如果自然中存在任何价值的话，它们也必然是从外部强加的。要么上帝赋予自然秩序以价值，要么自然秩序里根本没有任何价值。在第二种情况下，价值只能位于人类的主观性之中。这种假设，还有与之密切相关的事实、价值二分的假设，已经深深根植于现代人的心灵，以至于人们不会严肃考虑这样的可能性，即自然拥有内在的目的或价值。

且我追踪到了这些后果，我将拿出这一节剩下的部分来对这第六个哲学假设进行基本的批判。

霍布斯的道德理论，可谓尝试把价值建基于纯粹客观的、被科学解释的自然事实的典型例证。在他看来，道德只与让人快乐或不快的东西相关，而人的欲望和动物的欲望并无任何不同之处。这意味着不存在特别的道德感受范畴，不存在"独特的道德领域"。霍布斯进一步发展他还原论的道德理论，主张欲望——不管是人类欲望还是动物欲望——都只是每个特殊的有机体被迫维持他的运动能力的方式，是保证它对其他有机体的出现有所反应的方式。于是，欲望就是所有物理客体的动力或压力，就是被视为一种机械体系的自然的一个方面（Norton 1982：309，22 – 24；Hobbes, *Leviathan*, Pt. Ⅰ，Ch. 6；Burtt 1939：148 – 156）。结果，霍布斯的道德理论就是一种绝对利己主义的理论，而他理想中的正义社会，就是能够确保个人欲望得到最大满足的社会。

尽管休谟把他的道德理论建基于对人类来说很"自然的"的感受性，但他的关注点是那些特别的道德感受性，而非普通的快乐或痛苦感受。相较于霍布斯的利己主义，他的理论不仅仅是利他主义的；相较于霍布斯、本瑟姆和穆勒，他的理论还是非还原论的。被休谟最后求助的"事实"或感受性，并非在外在自然的某个地方发现的事实，而只是在人的内心发现的事实。而且，它们并不仅仅是关注自身的感受，或者是趋乐避苦的感受，就像那些可以从动物那里发现的感受。相反，它们能够证明一种独特的道德感或道德功能在人心中起作用。

穆勒也尝试赋予人类的快乐某些与众不同的特征，他指出它们可以被分为高品质的快乐和低品质的快乐，而我们作为人的责任，就是寻求把我们自己的和他人的高品质快乐最大化。但是，我们已经指出，这种论证和他的道德理论处处矛盾。正如我们早前看到的那样，穆勒还主张在动机和意图之间做出区分，坚称一种行为的道德性不依赖于其自然动机，而依赖于其预期后果。可是，由于他还相信意图是一种动力因（即使它们受到社会条件或习惯的影响），否定人类具有任何"别的自由"的可能性（因果环境依旧），他实际上——就像霍布斯那样——把人类生活整体仅仅视为牛顿式世界无情机制的表现。最后，尽管穆勒把**同情**的本能归类于基本的欲望，他没有通过令人信服的经验分析证明我们面对同情本能和自我保存本能的冲突时该如何行动。他只是告诉我们，同情本能需要被教育和其他社会影响强化，并且向我们保证，至善（*summum bonum*）不是我们私人的幸福，而是为最大多数人的最大幸福。

我们可以模仿韦尔对**历史主义**的关注（见第三章第二节），来分析霍布斯和穆勒。这两位哲学家都假定，价值问题只能通过考察价值承诺的动力因才能得到有意义地解决，或者（更糟糕）地假定，为持久不变的价值承诺提供动力因解释，类似于为它们提供辩护。某种程度上，它警告这种还原论以及对完全不同的事情的混同，事实－价值区分是值得尊重的。但是，正如我们将要看到的那样，这种区分也可以导向不那么有益的方向。

休谟坚决反对刚才描述过的还原论，相信一种直接的、自发的和绝对可靠的伦理直觉。这证明他的基本的道德理论更接近康德而非霍布斯、本瑟姆或穆勒。[①] 这有助于解释他为什么像后来的康德那样，坚持在关于事实的理论化和关于道德价值的思考之间做出明确的切割。还有，诺顿论休谟的著作（1982）的核心论点是，休谟在谈论思辨形而上学问题时是一个怀疑论者，而在谈论道德理论问题时是一个自信的实在论者。如果这一论点是对的，那么休谟和康德之间又有了一个相似点。他们的前提相当不同，他们的结论却非常类似。不幸的是，休谟的道德实在论基础薄弱，很容易陷入一种虚无主义，后者以情感主义伦理学知名。康德对伦理判断的客观性进行理性主义辩

---

① 这里之所以说他的"基本的"道德理论，是因为在休谟的伦理学中还存在一条功利主义的线索，它无法和我在这里强调的直觉或情感方面完全整合。这种功利主义的线索，明显表现在他对正义观念的发展，他把后者规定为一种"人为的"美德（Hume 1980：484－501）。但是，即使是在这里，休谟也主张，因为某些人的性格倾向于促进人类之善，所以他们通过表达同情心，从我们心中引出道德快乐。于是，他最终所求助的，仍然是直接的道德感，而对功用的考虑还只是非直接的（Norton 1982：119；Hume 1980：577，618－620）。

护，也有虚无主义倾向（我们在前面已经讨论过），还有其他一些显著的转变，我们将在下一节关注。但是，我们现在要关注的是休谟，所以，让我们进一步考察他的道德理论。

休谟并不否认，对事实或观念进行仔细考察，对道德判断来说至关重要。他只是否认，这样的判断能够直接来自这样的考察，或者说它们可以从这样的考察推衍出来。道德评价涉及某种明确的快乐或痛苦感受，我们发现自己会在某种特殊情境中经验这种感受。在这些情境中，我们会遇到一些显示一个人或一群人的品质或性格的行为。

这些行为本身并非我们道德感受的原因或关注点，它们表现的是这些人的持久特征。"在我们关注道德起源的考察中，我们从未考虑任何单一的行为，"休谟告诉我们："而只考虑行为得以产生的品质或性格。"他还主张，"如果任何行为不是道德的就是邪恶的，"那么它"必然依赖于持久的心灵原则，后者遍及整个行为的实施，而且进入个人的性格"（1980：575）。体现在一种行为或行为模式中的性格，在我们这里会自动引出欣赏或不欣赏的感受，而这些感受反过来会告知我们这些行为的道德性或不道德性。于是，不同于穆勒坚称行为的道德性与行为发出者的道德性完全无关，休谟完全倾向于把第一种道德性等同于第二种道德性。①

为什么我们必须信任这些自发的道德认同感或道德谴责感？在《道德哲学研究》中，休谟的回答是"自然"已经提供给我们"一种内在的感觉或感受"，它"普遍存在于整个人类中"（1975：172－173）。在弗朗西斯·哈奇森（Francis Hutcheson）写下"上帝"的地方，休谟只是简单地写下了"自然"。道德感受的功能是普遍的，在所有人那里都会产生同样的效果，这被视为理所当然的。就像穆勒一样，休谟也确实谈论过教育和社会状况能

---

① 关于这一点，请注意来自《人性论》的这段话："毋庸置疑，当我们赞美任何行为时，我们只涉及那产生这种行为的动机，只把这些行为视为心灵或性情中的某些原则的表示或象征。外在的表现无关紧要。我们必须向内发现道德的品质。"还有："要想赋予一种行为以美德，一种合乎道德的动机是必需的。"（1980：477－478）

够强化依据道德行动的决心，尤其是对所谓人为德性——其中最重要的是正义——的强化来说更是如此。但是，他并不相信道德的基本内容完全依赖于这些影响。还有，他坚持认为，这种内容完全依赖于某种内在于我们的东西，而不依赖于自然世界中的任何东西。"罪恶与美德，"他写道，"或许可以和声音、颜色、冷热等作比较，后者根据现代哲学，并非客体的质，而只是心灵的感知……"（1980：469）而且，尽管道德感涉及超越任何个体主观性的东西，并且符合那种意义上的实在性，但它们只涉及其他人的性格，而不涉及任何精神之外的东西。

假设理性已经为我们通过感受识别任何人的道德品质或性格准备好合适的语境和前提条件（关于这点参见 Hume 1980：472，581 – 583；Norton 1982：129 – 131，150 – 151），休谟照样会承认自己无法理解由我们的道德感受表达的判断如何不犯错。他宣称，"在人类的**一般**感受中存在这样一种一致性"，它能够赋予人类关于道德事务的观点"一种独特的权威"，从而让它们"在很大程度上不会犯错"（1980：546 – 547 及注释）。明确信任我们拥有不会犯错的道德直觉能力，这对于一个经验主义者，尤其是对其认识论中存在如此怀疑论倾向的经验主义者来说，实在令人震惊。这不仅等同于康德的无限的伦理绝对主义，还是笛卡尔自信的形而上学理性主义的道德相似物。

但是，休谟对完全依赖于我们的道德感受的理论解释站得住脚吗？当然站不住脚。相反，他的道德理论严重倾向于虚无主义。之所以如此，主要是因为他主张理性只是对事实问题或观念关系问题的处理，没有能力解决基本的价值问题。这意味着，道德问题的答案必须建立在我们的情感之上，而且这些答案不可能具有认识性的或可以根据理性来判断的内容。

批判理性也许能为我们的道德评价创造合适的前提条件，但是道德评价完全建基于我们内在的"直觉"（gut feelings），它由在道德情境中行动的人的场景刺激形成。我们对未来或过去的行为的道德评价，也完全依赖于这种非理性的感受。于是，休谟的伦理学极其危险地接近罗素的情感主义伦理理论，接近这样的观点，即当我们宣称"这在道德上是对的（或错误的）"时候，我们只是在吐露主观感受。就像所有主观的趣味问题一样，这样的感受似乎是"无可争辩的"。这是罗素的注解，至少是对休谟呼之欲出的道德理论的注解。①

但是，休谟难道不会通过坚称人们的基本道德感受并无不同而是完全相同，来反对关于他的理论的这样一种解释？尽管他确实反对罗素的情感主义的相对主义，但他从未有过有效的论证。他只是假设"自然"让我们显得都一样，都具有相同的道德本能，因此我们在适当的评估条件下对特殊道德情境的反应，总是同时发生的。

我们的情感反应的这种假定的普遍性，恰好是休谟需要去证明的，至少他应该给出一个令人信服的例子。这样一种声明当然不能被简简单单地视为理所当然的，尤其是根据有思想的人们——包括休谟自己时代的人们——中间存在的基本道德分歧来看会如此。在缺乏这样的论证时，没有什么东西会阻止他的道德理论会彻底滑向主观主义，就像罗素的理论或近来许多其他典型的情感主义伦理观——这种伦理观构成了道德虚无主义的一种主要类型——那样。还有，既然休谟所说的理性不能解决任何形式的价值问题，那么存在的价值只能依赖情感，从而被推下指向彻底的任意性和相对主义的斜坡。

同样需要着重指出的是，休谟把道德评价建基于一种独特的道德感，而

---

① 安东尼·弗卢（Anthony Flew）以这种方式解释休谟，而且承认想要"把《人性论》描述为休谟的《语言、真理和逻辑》"（Flew 1966：286）。弗卢提到的这本由艾尔（A. J. Ayer）写就的书（首版于1936年，二版于1946年），主张一种情感主义的伦理理论，非常接近于第二章描述过的罗素的理论。弗卢也这样谈论休谟：

无疑，他应该也会大胆而一贯地说出类似的话来：当我们说"这是错的"的时候，我们并没有声明任何事情，甚至没有确定的感受，而只是在表达我们的情感；或者，当我们说"他应该放弃"时，我们仍然没有说出任何事情，而只是在表达某种不直白的秘密命令。但是，要想完全发展出这样甚而复杂的变化，需要长期的努力和别出心裁。（1966：283）

于是，对弗卢来说，休谟已经趋向于情感主义的主观主义，我稍早前把后者描述为一种道德虚无主义；他只是没有把他的理论持续推向其逻辑结论。

不把它视为理性行为，这并不能以诺顿认为行得通的那种方式满足他的要求。我曾经在早前提及诺顿宣称休谟融合或尝试融合认识论的彻底怀疑论和伦理学领域自信的实在论。怀疑论来自他对理性的不信任，尤其是那些建基于理性的事实声明假设对因果必然性和归纳的依赖。由于休谟无法在经验中为这样的依赖找到基础，所以他认定这样的依赖无法得到经验的辩护。与之相比较，他认为我们的道德感受是完全值得信任的，甚至不会犯错的。如果暂时把我们关于他对事实－价值二分的利用的反对放在一边，休谟对这种二分的假设似乎至少在一个方面可以服务于他的伦理学，即为他提供一种保护方法，使伦理规则免受有害的怀疑论的侵蚀，后者来自他对关于事实知识的批判性分析。

但是，这种假设只是**似乎**能够服务于他的伦理学，因为如果我们的事实判断并不可靠，那么我们的道德反应也必然不可靠。原因在于，根据休谟自己的解释，这些反应**预设**了关于事实的声明的可信性。"在道德考量中，"他这样写道，

> 我们必须首先熟悉所有的对象及其关系；然后通过比较所有的对象，来确定我们的选择或认可。没有什么新的事实需要被查清楚；没有什么新的关系需要被发现。在我们能够做出任何谴责或认可之前，所有的境遇都被假设展现在我们面前了。如果任何物质境遇仍然是未知的或可疑的，那么我们就必须首先动用我们的考察或认识功能，来让我们确定这种境遇；而且必须暂停所有的道德决定或感受。（1975：290）

如果在做出任何道德评价之前，相关事实信息必须被完全掌握，如果道德感受被视为对这些信息的反应，那么似乎很明显的是，如果我们要相信这种道德评价，这些信息必须是可靠的。于是，问题的关键在于，休谟的主张——即伦理洞察是情感问题，而且只有事实问题和存在于理性范围内的问题被全部解决之后，伦理洞察才能实现——难以把他的道德理论从破坏性的

怀疑论中拯救出来，后者是他关于理性功能的分析的标志性特征。①

我们现在似乎走进了一条死胡同。休谟和康德坚持在理解的事实判断和道德价值评价之间做出明确区分的尝试，霍布斯和穆勒把价值声明融入对科学想象的自然的事实描述的尝试，似乎都会导致虚无主义。我们已经在前面的章节里看到康德和穆勒的理论确实会如此，② 而我们现在发现休谟的理论也会如此。至于霍布斯，他的利己主义伦理学明显类似于施蒂纳。本书第二章已经证明，施蒂纳的道德描述是一种道德虚无主义。

不过，正如之前的章节已经显示的那样，在思考人类与自然的关系时，二元论和还原论并非仅剩的两个选项。与此相似，事实与价值的二元论，或从价值到事实（尤其是到科学事实）的还原论，并非仅剩的两个选项。为了证明这一点，让我首先尝试通过考虑二元论可能意味的不同东西，来分析事实－价值二分的含混性。

第一，事实－价值二分可能意味着，混淆对道德声明的辩护和对个人或

---

① 通过著作《大卫·休谟：共通感道德家和怀疑论形而上学者》，诺顿寻求反驳这样的观点，即休谟的伦理学纯粹依赖于情感。他指出，在为道德感的可靠行为保证正确背景和条件时，理性扮演着若干重要角色。其中之一就是提供给"我们与［道德］情境相关的充分事实"。诺顿继续指出，对休谟来说，"感受一种特殊的道德情感，是主观性的关联，后者作为客观性关联——事情的某种可公开获得的状态——的迹象。"（Norton 1982：130－131）但正是事情的这样一种可公开获得的状态的地位和可靠性，受到了休谟经验主义怀疑论的根本质疑。于是，指出"我们不仅仅靠情感认识"道德特征，以及这些"情感依赖于理性"（1982：130），就是保护休谟的理论不会从面对一种难题（一种未经理性审查的情感主义）到面对另一种难题，即赋予理性以道德判断的关键角色，休谟本人已经在别的地方证明理性是完全不可信的。《人性论》的两个主题——在《人性论》第一卷，通过让伦理评价隔离于对理性能力的批判性怀疑，休谟为道德现实主义发展出一种实例，而在该书第三卷的道德理论中，他又通过赋予理性重要角色，来避免一种纯粹情感主义的理论——被诺顿一起开发出来，但诺顿没有明确认识到它们对彼此的矛盾性意义。

② 康德关于理论理性和实践理性的对立，持续着人与自然的异化，这种异化早在笛卡尔的哲学中就已经显现；穆勒的伦理学，也和其形而上学一起，把人吞入自然——被视为一个决定论系统——的动力因强力中。康德和穆勒还都设定，如果一种绝对的伦理学基础不能在孤立个体的主观性中被发现，那么彻底的道德相对主义（也就是道德虚无主义）就会来临。因为，正如我们已经看到的那样，脱离历史和文化环境的个体，只是哲学想象的臆造之物，他们的设定，如果不受挑战，就会产生把我们推向虚无主义的效果。还有，像他们那样假设只有两个选项，要么是永恒的道德绝对主义，要么是彻底的相对主义，这意味着难以发现第一个假设的基础，我们就注定要选择第二个假设。

群体为什么做出这种声明给出有效的解释，是错误的。对一个叫乔恩的人相信盗窃是错误的给出因果解释，并不等于证明他有责任不去盗窃。① 第二，事实－价值二分可能会被解释为呼吁关注纯粹逻辑性的点，即我们从一个或一组事实前提不能有效推论出关于道德责任的结论（除非一种被禁止的价值前提或承诺存在于我们推理过程中的某个地方，在这种情况下就需要明确完成这一论证）。如果这两种事实－价值二分的意义都是休谟和康德的想法，问题就不存在了。每一种意义都呼吁关注一种合理的点，而这两个点一起构成了关于霍布斯和穆勒那样的伦理学的相关批判。

但是，休谟和康德似乎还有更多的想法。事实－价值二分的第三个意义在于，因为正如从现代科学那里学到的那样，我们不可能在自然中发现价值，所以价值必然完全位于我们内部。作为纯粹事实领域的自然，必须远离人类的价值兴趣和愿望。事实－价值二分的第四个意义在于价值问题不能通过理性来解决，或至少不能通过严格意义上的理性来解决。于是，这样的问题要想得到解决，只能通过某种特殊的认识类型，或某种非理性的功能，比如感觉或感受。

关于事实－价值二分的第五个解释是，因为只有用一种客观的或独立的心绪考察事实，这种考察才能是决定性的，所以我们应该努力完全独立于我

---

① 这样说，观点似乎已经很明显了，但今天仍然有人质疑它。比如说，弗雷德·普拉姆（Fred Plum）和唐纳德·普法夫（Donald Pfaff）就猜测，"神经科学和行为科学不断增长的解释力量，最终可能会第一次提供一个能够把原初价值的选择理性化的严密逻辑体系，自然主义伦理学——属于伦理哲学领域——就在处理这种可能性，不过阐述还很粗糙。"普法夫后来又热情地谈到这一观点，即"神经科学和行为科学可能会完全理解价值问题"。他解释道，这意味着"伦理行为是一个能够接受科学解释的真正事实"。他相信，"神经科学为逻辑地建构严密的论证以理性化我们的价值选择提供了机会。"通过理解"参与伦理行为的伦理方面的一些机制，特别是基于我们的神经系统的有限性"，我们也可能理解我们为什么是和应该是我们所是的伦理造物。普法夫明显认为，依据神经生理学理解"一种伦理行为的伦理方面是如何产生的"，等于去证明它为什么是合理的。但是，在他的整个讨论中，这些假定存在的道德之善，诸如生物学适应性，高于个体的群体的存活和首要性，都只是假设而已，这意味着明显的伦理学前提——他似乎没有注意到这些前提的关键角色——在他的推理中起作用。没有这些前提，他所赞成的用于解决伦理问题的科学方案很大程度上就会失去可信性。其实，他真正想要强调的，是达到假定目标的手段，而非对目标本身的事实推导（Pfaff 1983：7，141–142；Chs. 1 and 10, *passim*）

们的价值关注来考察这些事实。小心考察事实和严谨的价值中立必然会走到一起来。包含在这后三种意义里的东西，是一种假设，即我们的经验或思想过程，可以被明确地划分为纯粹事实的方面和纯粹价值的方面，而且因此一方面可以远离另一方面而被发展或分析。

事实－价值二分的后三种意义——它们全部被休谟、康德和他们那个时代以来的许多哲学家的思想所设定——都会指向虚无主义，这是我这一节的关注点。但是，这种虚无主义后果是可以避免的，因为这种虚无主义得以产生的朴素的二元论是很成问题的，而且因为对这样的二元论的批判，并不会让我们滑向另一个极端，即尝试把价值消解入科学思考的自然的有效因果过程。

像休谟和康德这样的哲学家，都设定人类与自然的分离。对他们来说，自然明显缺乏遍布人类事物的品质、目标和价值。这些只存在于人类的主观性中。于是，从某一方面看，这第三种事实－价值对立就是宇宙论虚无主义的表现。就像罗素对这一观念的表述那样，它设定了人类文化的目标与价值，完全对立于没有任何价值意义的自然，后者的机械过程和数学法则，与目的性存在的道德和生存关注没有任何关系。

任何尝试在如此思考的自然中为价值找到一席之地的想法都是无效的，只能导致人类生活中至关重要的规范维度无望地模糊（即使不是彻底地消失），休谟、康德和罗素在这样想时无疑是正确的。但是，他们没能把这种推理更进一步，没能质疑在他们时代流行的关于自然的科学描述的充分性。他们非批判性地设定我们之前所谓科学关于自然理解的霸权，难以解释这种关于自然的科学描述即使是终极的和完全的，又如何完全不同于活生生的自然（nature *as lived*）。①

活生生的自然是一个相互依存的结构，我们经验到自己是内在于其中的

———————

① 康德确实在《判断力批判》中应对过这种问题，但他得出的结论，是把活生生的自然的方面——它们和牛顿的描述不符——置于人的主观性中。这些方面是自然作用于我们的效果，而非被客观思考的自然的特性。于是，开始于前两个批判的对自然和人类生命的二元论描述，也被带进了第三个批判。

一部分，而非某种异己的体系，我们来自它之外的地方，只能从远处和它相关。在这种自然中，价值处处可见，而质和量一样多。近来的哲学家中，没有一个像杜威一样通过其杰作《经验与自然》让我们对这一事实有如此敏锐的意识。

在这种自然中，我们每天所经验的，不是各种杂乱而无目的的各不相干的事情，而是杜威所谓"目的、终点、停留、围绕"的持续显现，它们能够凭借自身被我们进入和享受（1958：97，84）。一个朋友最近告诉我他少年时代第一次见到雪的时候的反应。"我爱雪，"这个男孩子宣称，"它是那样的美丽，又白又温柔地罩在灌木丛和树上。我也喜欢那种酷冷的感觉！"他说这些话时，好像他已经跳出门外，而且是带着一个直接参与者的自发热情（而非带着一个遥远的观察者的温和的中立语气）说这些话的。与此相似，一个农民会在春天挖起一铲泥土，并沉醉在它的芳香里。他这样做时，不仅仅是因为泥土会给他因果律的前提，能够养育他的作物，确保他的家庭的经济收入，还因为其他纯粹的人类目标。他之所以高兴，是因为泥土的气息让他觉得自己是一个更大的整体的一部分，这个整体正在唤醒他周围全部的生活，他在那里感受到了生机勃勃的活力。这是一种青春力量的恢复，他作为一个活生生的有机体和自然性的存在，可以出于本能地感受到这种恢复。

当然，活生生的自然也有其破坏性的效果。还是那个农民，他的田地可能会被夏末的一场冰雹砸烂，让他整个生长季的劳动化为乌有。一种病毒可能会袭击动物或人体，造成严重的疾病。一个美丽的峡谷，可能会被地震、洪水或山火摧毁。过多的麋鹿可能会严重危害脆弱的生态。但是，这些极端情况或结果也有可评价的——尽管是消极的——意义。而且，其中有些情况后来可能会进入一个更大的积极价值语境，就像牧草的短缺会减少麋鹿的数量，以至于生态又可以逐渐恢复原来的状态，就像旧的峡谷被摧毁后，一个全新且更优美的山谷又会出现。

这些或好或坏的自然结果，并非有意识地追求的结果。具有价值效果的自然，并不需要被视为故意的目的或设计的产物。它也不需要被视为一种向上发展的等级结构，这种结构会奔向某种至高无上的、无所不包的和永恒的目的。承认自然中存在目的或价值，并不需要我们设定中世纪神学观的方方面面（Dewey 1958：104－105）。

但是，杜威呼吁我们注意神学的自然观中存在衡量真理的尺度，它发现自然中充满了目的：

> 从经验角度看，被我们直接把握、拥有、使用和享受的对象的存在，不可能被否定。从经验角度看，事物都是鲜活的，悲剧性的，美丽的，幽默的，稳固的，被扰乱的，舒适的，惹人烦的，贫瘠的，粗糙的，安慰人的，可怕的；它们都是直接地和凭借自身如此的。(96)

这些自然而然出现的目的，不可能和自然中生产出它们的原因相分离，而这些原因也不能被随意剥离于由它们所造成的结果。

杜威再次提醒我们，这两方面都属于"同一个历史过程，其中每个方面都具有直接的或审美的品质，每个方面都有功效或一系列的关联"。于是，从具体的自然，具有全部丰富性和完整性的自然的立场来看，它"是原子的真实存在，它们在不断变得复杂的关系中会及时产生蓝色的、甜的、痛苦的和美丽的品质，就像它们某个时间截面会具有广延、大小或重量"（109－110）。从活生生的自然来看，原因并不比结果多，量并不比质多，事实并不比价值多。我们对结果和质的经验，对价值或无价值的经验，[①] 因此不是幻觉，或者只是对本身无价值、无意义的过程的主观记录。它们可靠地告知我们活生生的自然的特征，而我们就是这个自然的组成部分。

科学家也许想对这种手段与目的的活生生的连续性进行抽象，以便孤立地研究手段（或原因）的体系，就像艺术家出于自身目的，想要专注于完美的目的。"从因果关系的立场来看，或者从科学关注的秩序来看，质是多

---

① 当然，谈到价值，自然的许多成果和品质可能都是相对中性的；这就是说，它们可能很少有或就没有价值（或无价值）。

余的、不相关的和不重要的。"（Dewey 1958：103）但是，问题在于，每一种方法都**是**一种抽象，都不应该和自然秩序的整个特征或意义混为一谈。休谟、康德和其他许多人都犯了这一错误，即用有用的抽象替代具体的实在，结果，他们被迫把目的和价值完全置于人的主观性中，被迫设定自然事实和经验价值人为的分离。

这种分离，传递了价值领域的不相关性、任意性和非实在性，这很容易让这一领域适合于虚无主义的解释。当我们从一种单一的、片面的视角来讲述完整的故事，当其他视角有助于理解的贡献被忽视时，我们会得到一种灾难性的教训。一种更为充分的自然哲学——它并不假设科学的霸权，只是视科学描述为关于整个自然的分析的一部分——能够消除分离事实和价值的需要，而休谟和康德是何等尖锐地感受到这种需要。

当然，说这些话本身并不能解决任何道德问题，也没有给我们一种道德理论。但是这些话有助于我们从这样的观念中醒悟过来，即如果道德规范或存在意义具有任何基础，那么它必然来自人的主观性，后者完全不相关于所谓纯粹事实的自然。另一方面，霍布斯和穆勒的错误，只是休谟和康德所在硬币的另一面，也就是说，他们假设价值只有在自然中才能找到，而这一自然就是被近代物理学所描述的自然。于是，辩论双方都混淆了选择性抽象的后果和具体经验的丰富性。

在说这些话时，我们还应该认识到，即使关于自然的严格的科学描述，也不能再被视为可以从自然秩序中消除目的或价值这样的东西。当目的本身被视为价值问题的一部分时，肖特（T. L. Short）——追随查尔斯·桑德斯·皮尔斯（Charles Sanders Pierce）——为他所谓"精细过程"（finious processes）所扮演的基本角色作辩护，这一过程就存在于当前的科学理论如统计力学、化学力学和自然选择理论中，还存在于对有机体中的"有目的行为"的科学解释中。在这最后一种情况中，一种终极因概念被要求不仅解释一个过程的趋向，还解释这一过程的开端。这些精细过程要求机械过程的合作，但不能被还原为机械过程，就像亚里士多德教诲的那样。还如亚里士多德，被肖特描述的精细过程并没有被解释为目的；也就是说，它们并没有要求一个有意识的代理人。

但是有意识的目的，不管是动物还是人，都能被视为一种精细过程。而且，尽管精细过程指向的和有规律地获得的目的不必被视为价值，但这些目的的出现，还有作为目的指向的行动或行为的子集的有意识目的的观念，有助于打破对人类和自然秩序的明确二分，这种二分根据机械解释和机械过程，仅仅把自然视为动力因的大杂烩。[①]

还有，完全有理由把许多由科学描述的自然目的、结果或终点，还有推动它们的过程，视为价值，甚至视为包含着重要的道德价值内涵。比如，对我们来说评价当下的尘世生活是有道理的，这部分是因为，但又不仅仅是因为生活包含了我们。正如罗尔斯顿（Rolston）指出的那样，我们有一种明确的（prima facie）责任，去保护——至少不能放肆地毁灭——这个星球上的各种生物。

"物种 X 应该存在吗？"这个问题只是总问题"地球上的生命应该存在吗？"的一个增量，关于某个物种的问题的答案，并不总是等同于关于那个更大的问题的答案，但是由于地球上的生命是许多物种的集合，所以这两个问题又充分相关，求证的负担存在于那些故意毁灭某一

---

① 怀特海的《过程与实在》和索普（W. H. Thorpe）的《偶然世界的目的》，是去发现类似于亚里士多德所谓自然的内在目的论的另外的尝试。由一位剑桥大学动物行为学家写就，出版于 1978 年的《偶然世界的目的》，深受怀特海著作的影响，并且旨在回应莫纳德的《偶然性与必然性》。索普特别强调了动物行为的一些方面，把它们解释为有意识地目标指向的，而且他认为，这些方面已经影响了进化的过程。"对那些拥有选择能力、尝试应对和学习不同环境的能力的造物来说，必然性（necessity）不再需要从字母 N 开始拼写。"（1978：33）正如在莫纳德的体系里那样，机械论的解释，即使糅合了偶然的因素在内，也不能把握自然的全部意义。索普坚称，"随着动物在复杂性的阶梯上不断提升，习惯、传统和行为发明，都必然在进化故事里扮演愈发重要的角色。这样一些构形力量有助于它们获得新的调节能力，"帮助它们适应它们的特有位置，"让它们能够提升控制"这些位置所处环境的能力。这条发展路线"已经导致人的出现，而且以某些灾难性的方式主宰着地球"（1978：75）。于是，一种通往自然的形而上学方法是必须的，它能够解释自然中的目的性行为的存在和角色，而且比莫纳德的机械论观点更有解释力。索普视怀特海的形而上学为这样的方法的典型代表（1978：104－111）。

物种，同时又在意地球上的生命的人们。(1985：723)

还有，评价地球上的生命的存在，也是评价个体生命，这种评价密切相关于这样的证据，后者暗示每一个体生命都构成了价值本身。但是，如果在被要求维持和丰富其生命的自然中没有暗示一种含蓄的工具性评价，我们不可能评价生命的形式，生命形式也不能评价自身。

正如罗尔斯顿再次告诉我们的那样，内在价值和工具价值的融合，不是对自然价值的全部解释，因为为了评价个体，我们必须评价个体所属的物种，而且为了评价物种，我们必须评价那产生它并促进新物种持续出现的生态系统。于是，我们必须给罗尔斯顿所谓自然的**系统价值**附加内在价值和工具价值。这些类型的价值中每一种都是合适的道德关注对象，而不能仅仅根据它可能为人类带来的满足和快乐来解释。尽管视系统的最高且最集中的内在价值为"崇高的个体性及其主体性"貌似可信，但我们应该承认，主体性不仅可以用来定义人类，还可以定义高等动物。还有，那生产、养育和增殖一切的生态体系的"客观、系统过程"，必须被视为"高于一切的价值，这不是因为它对每一个体来说都是中立的，而是因为这个过程既先在于个体，又生产个体"。在这个过程中，"主体固然重要，但它们并没有重要到可以无视或停止这个系统，尽管它们足够重要，以至于有权利在这个系统中繁荣发展。"（Rolston, in Callicott 1987：269 – 272）

罗尔斯顿指出的所有类型的自然价值，都明显出现于我们今天所谓生态学这门科学中。如果事实如此，如果他对在科学描述的自然中具有道德意义的价值的出现的分析是正确的，那么对事实和价值的僵硬区分——我们只把事实置于自然中，只认为价值完全存在于我们心中——就不再站得住脚了（如果说它曾经站得住脚），甚至从自然科学本身的立场来看也是如此。我们这样说，并没有承认所谓自然主义的谬误（密切相关于上述事实 – 价值二分的第二种意义），因为我们的推理，并非从假定赤裸裸的自然事实到人类价值，而是从在自然中发现的价值到这样一种命令，即视这些自然价值中的某一些为道德关注的合适对象。根据同一推理过程，我们可以得出结论，在自然和人类之间，没有什么需要我们重新连接的裂隙，而只有一条持续存在的路，从自然的价值维度，通往人类的价值认识，自然和人类都被视为同一普遍系统的相关方面。通过这种方式，我们可以对事实－价值二分法的第三种版本及其虚无主义倾向提出强烈的质疑。

事实－价值二分的第四种含义，主张这种二分是一种特殊的认识类型，或主张它具有某种超理性的功能，可以应付道德价值问题。这些都基于某种假设，即理性，严格意义上的理性，不可能搞清楚道德生活的问题和关切。何谓严格意义上的理性？一个从早期现代就开始流行，直至今天还被我们大多数人视为理所当然的假设，认为严格意义上的理性就是科学理性，它遵循的是现代物理学的方法和路径。现代价值批判相当程度上来自这种关于严格意义上的理性的假设，因为这一假设质疑价值声明的理性地位或认识意义。

休谟把这种理性的使命一分为二：考察显现在经验中的事实问题，分析观念之间的关系，而后者（除了别的事情以外）致力于解释物理学的数学层面。不同于洛克主张道德推理和数学推理因为都依赖观念之间的关系而基本相同，休谟主张道德考察不可能通过这两种推理中的任何一种来完成，而必须被转移到其他领域，即感受领域，尤其是转移到他所主张的独特的道德认同或谴责的感受领域。但是，休谟的道德感的独特性和所谓普遍性很容易受到质疑；① 而且他极力保护道德领域不受从他关于理性的批判性分析得来的无所不在的怀疑主义的入侵，这种尝试注定会失败，正如我们已经注意到的那样。

康德认为，理论理性或科学理性的不可避免的后果，是把这个世界描述

---

① 关于休谟难以让我们相信他的道德感的普遍性这一问题，除了我的谈论以外，还可参见麦金泰尔的看法，后者指出，休谟的伦理学最终在很多方面成了对"汉诺威统治精英偏见的"辩护，而且因此不仅不是普遍性的，而是"18 世纪北欧地方道德"的表现。根据麦金泰尔的分析，休谟伦理学中的这种地方主义的象征，是休谟对财富和遗产权利的着重强调。麦金泰尔发现，亚当·斯密（Adam Smith）在发展他的伦理学观念时，也非常关注所谓的普遍道德感，比起休谟，他凭借的是不同的美德范畴。于是，他以激情作为一种普遍的伦理体系的基础，开启了"一次指向和进入一种情境的运动，在那里，不再有任何清晰的"道德判断"标准"（MacIntyre 1981：215，218－219）。

为没有为道德留下任何空间的地方，因为这个世界连续不断的因果关联不允许自由的存在。于是，必须设定另一种认识形式的存在，即实践理性的存在，后者的起点，不是主宰牛顿物理学的因果机制和量的必然性，而是对人类自由、尊严和道德可说明性的毫不犹豫的信仰。可是，正如他已经尝试过的那样，关于这两种完全不同的认识视角和结论如何得到和解或被带入连贯的关系，康德无法提供任何解释。他选择实践理性的优先性，但为之付出的代价却是，把关于自然的科学分析置于形而上学的边缘。于是，就像休谟一样，康德尝试设定一种植根于道德意识的独特功能的伦理实在论，以直面来自科学理性的批判性分析的系统性怀疑。

于是，休谟和康德都设定，在我们的经验和思想中存在一种根本的不统一性，从而让我们横跨在两种似乎完全不可比较的主观态度和观点之上。他们各自体系的这种粘合性、不连贯性特征，遭遇到了批判性的攻击。但是，当他们把科学理解的基础完全分离于道德判断的基础，并从中推断我们必须从这二者中选择一个，并且继续主张后者的全部可靠性必须以前者为代价时，这两位哲学家难以抵挡另外一种批评，即他们屈服于一种一厢情愿的思考，难以与现代科学精神保持完全一致。这最后一种批评，表现出对科学霸权的忠诚，我们之前已经指出，这种霸权，是现代性的基本假设中的一个。①

于是，可以理解的是，后来的思想家们会寻求一种关于道德和其他价值

---

① 根据休谟和康德都致力于运用认识论、形而上学和伦理学进行一种分析——这种分析建基于主要由牛顿描述和证明的自然科学方法——这一事实，这种批判可以同时适用于休谟和康德，显得颇具反讽意味。强调方法的经验层面的休谟，寻求把复杂的现象分解为基本的成分或经验的既有事实（比如，感官印象或特别的道德感），而强调方法的数学层面的康德，寻求识别和解释理论理性和实践理性的"先验综合"原理。但是，他们的考察导致他们不仅质疑科学的首要性，也质疑科学的认识论的（休谟）或形而上学的（康德）可靠性。在他们手中，科学方法的应用具有削弱科学本身的权威的惊人效果。但是，从他们的立场来看，这种削弱并非十足的灾难，因为它提供了应对所谓"生存论"焦虑——赋予一个具有核心地位和极端重要性的地方以经验的评价成分的焦虑——的途径。在他们的科学主义偏好和支持道德规范的自律与绝对性的需要之间，存在一种精神分裂症般的张力，在这种张力中，休谟和康德的体系戏剧性地说明了现时代持续存在的焦虑。

的解释，这种解释不再要求设定一种康德式的二元理性观，不再危及科学推理的特权地位及其成果。像本瑟姆和穆勒这样的思想家，发展了已经存在于休谟道德理论中的功利主义线索，根据科学还原论来解释道德价值，寻求从科学的"是"得出道德的"应该"的直接方式——这种方式并没有结束于霍布斯的利己主义。另外，像罗素这样的实证主义思想家，坚持科学理性的绝对性，主张（正如伯恩斯坦所说的那样）任何"不能被同化、转换或还原"成"科学话语的准则"的东西，都会"作为伪知识而被拒绝"。因为根据这种观点，价值不可能被同化、转换或还原，所以它们会被置于"非认识性的情感反应或私人的主观喜好"的地位（Bernstein 1983：48，46）。

在第一种情况中，动力因解释替代了道德判断，实质上并没有解决那些最重要的道德问题，而且只要我们仍然局限于这种方法，就**不可能解决**这些问题。在第二种情况中，道德价值被完全主观化和相对化——这是休谟伦理学主要部分的情感主义倾向的逻辑结局。这两种还原主义理论，没有一个可以替代休谟和康德的二元论方法。两种科学还原主义理论都把我们引向虚无主义的泥潭，它们要么因为痴迷于科学理性所要求的因果关系解释，绕过根本性的道德价值（及其暗含的存在价值）问题，要么把所有赋予这些问题以理性回应的尝试都预先视为纯粹的伪知识而置之不理。

于是，我们需要的是一个价值推理概念（以对比纯粹的感受），这个概念一方面不受康德两种理性划分的折磨，另一方面不会再犯这样的错误，即把理性的正当运用简单等同于和自然科学相关的假设和技巧。康德的两种理性划分是不可接受的，因为它在心灵生活中置入彻底的、令人难以置信的非统一性，不必要地设定人类理性的两个方面，而这两个方面并不能真的一直保持分裂，而是时时刻刻互相贯通的。把理性简单等同于科学推理，也是不可接受的，因为它把理性的一种合法使用混同于理性本身，使我们无视理性的其他重要而密切相关的使用。还有，这两种方法的症结所在，是它们每一种都伴随一种扭曲的科学推理的客观性或价值中立性观念。我将在谈论事实－价值二分的第五种含义时关注这些问题。

事实－价值二分的第五种含义，是指对事实的调查必须和对价值的考察严格区分，因为前者必须在一种完全独立或客观的心绪中进行，不能受到之前的规范承诺或偏见的影响。之前的章节曾经批判过这种科学客观性观念，指出对事实的考察和解释不可能在真空中进行，必须预设一个更大的承诺和目的语境。这种考察是一种故意的行为，它有意识地寻求这些暗含的目标。有意识寻求的目标，就是评价。

如果科学家没有极力评价获得对经验事实及其关系的理解的目的，他们甚至就不会开始他们的科学考察。他们也不会拿出他们生命中如此大的一部分时光致力于这样的考察，或者也不会在面对大量障碍和失败时坚持这样的考察。如果科学家认为这样的考察有助于追踪那些事实，那么事实对他们来说就是价值，或者至少是评价的对象。相反，如果追踪事实过程中不存在价值，那么他们为什么还会这样做，还愿意这样做？在讨论实证主义的价值理论时，罗森提出了这个问题。他指出，实证主义声称"真理和**应该**是不可比较的"，和通常的假设（科学家们肯定会分享这种假设）"人们应该接受这个真理"之间，存在高度的悖谬。当我们被告知，**应该式**话语是纯粹情感性的，不可能得到理性辩护时，这种悖谬是混合性的，因为这种悖谬包含这样的内容，即"没有**理由**，没有**合理的**理由相信那是真的，而不是假的"（1969：70－71）。如果认真对待，这些声明必然会削弱这个实证主义的计划，让它失去理性的标志和意义，因为正是它们对科学真理的热爱，导致实证主义者如此坚持区分事实与价值。

暗含在所有科学考察中的是这样一些价值：清晰、准确、连续性和一贯性；对科学实验卓有贡献；绝对诚实地报道研究成果；理论主张简练和简洁；和科研同伴密切交往，仔细关注他们的工作；在既定理论环境中工作，只有在理由足够充分时才质疑一种或多种理论；在尝试说服别人时要耐心、负责、彼此尊重；当然，还有真理本身的杰出价值。如果如此设定的价值的地位是虚假或令人怀疑的，那么来自这些价值的理论的地位也必然是虚假或令人怀疑的。或者，如果价值只能根据完全不同于科学推理的推理模式来辩护，那么解释这两种完全不同的推理模式如何能够彼此密切相关，就成了问题。即使对客观性或价值中立的热爱本身，也悖论性地表现为一种价值——

我们之前在批判莫纳德的科学世界观时关注过这种悖论。

人们可能会说，暗含在科学理论化中的那些价值类型，并非道德价值，而是方法论方面的价值，我们应该避开的，只是非方法论方面的热爱对我们的事实考察的引导，只有这样，才能保持这些考察的客观性。如果我们这样说，我们已经把第五种事实－价值二分观念减少到这一程度了，即我们必须声明，在追求客观性时，关键的不是那种必须完全独立于既有价值的考察形式，而是我们必须选择这样的考察形式，其中我们必须选择某些价值而非其他价值，其中对某些类型的价值的选择，必然阻止对其他类型价值的热爱。

但是，即使这种分析也不能走得很远，尽管它在批判事实－价值二分时起到一定作用。因为上面提及的一些价值，都是，或至少强烈地暗示有道德价值。人们有责任对其他考察者保持诚实，从而获得他们的信任；在报告研究成果时，应尽可能地清晰和准确，因为其他人在进行他们自己的考察时，会依赖这一成果；不要窃取他人的观点，或误传他们的观点；遵循真理的道路，即使它远离你最珍爱的信仰或期望，或者即使对他人而非自己有益。简而言之，人们有义务做一个负责任的科学共同体成员，作为这样的成员就意味着必须具有相应的道德责任。没有这些道德价值的假设，这个共同体就不能存在，科学考察的成果就会失去所有的可信度。

那么，事实－价值二分的第五种观念完全没有一点价值吗？我们当然不会这样说。它警告我们反对那样的价值承诺，它们可能妨碍而不是帮助我们考察事实；或者这样的价值承诺，它们可能让我们和考察同样领域的人们无法沟通。它提醒我们，某些既有价值可能歪曲我们的考察结果，或者对存在于我们面前的真理视若无睹。那些类型的价值（在这种语境中，这种价值也就是无价值）是怎样的价值？为它们列出一个清单并不困难。这个清单将会包含如下东西：愚忠于过去的信仰，让人难以改变这些信仰，即使需要改变时也依然如此；迷信自己，严重限制自己与他人合作或向他人学习的能力；快速得出结论，让人们没有耐心做缓慢而通常单调乏味的仔细考察和理论检测；或者，一种高于一切的需要，让世界符合自己的偏见或希望，而不是公正地对待世界本身在我们经验中呈现的样子。尽管价值的缺席将会使所有的考察变得不可能，但有些价值无助于建设性的考察，有些价值对这种考察来说至关重要。

在这样说的时候，我们已经不再把事实和价值进行二分。相反，我们已经证明，关于事实的可靠声明，依赖于某些类型的价值，并且赞成某种理性的理解，包括科学推理，它能够以一种辩证的、有细微差别的方式解释这种依赖性，这种方式既不僵硬反对事实和价值，也不把价值简单视为科学事实的其他类型。所有这些方法，代表休谟、康德和罗素观点的方法，和代表霍布斯、本瑟姆和穆勒的方法，都不能充分解释超然独立与热爱、理论与实践、假定事实与预设价值之间的复杂交织，这些交织贯穿整个心灵生活，是心灵全程使用的理性的根本特征。我们或许可以在不同的语境中为了不同的目的对这些元素进行分离，以便作不同的强调，我们也可以从这种交织里抽象出一种元素以处理另一个元素；但是我们绝不可能让它们完全分离，或者把它们简单还原至一种单一的层次。我们也不想这样做，因为每一种方法本身都会把我们引向虚无主义的道路。

关于事实的声明，不仅来自目的和价值的母体，它们还表达了一种价值成果。这让事实－价值二分的第五种含义——也就是说，我们能够完全独立于价值方面的考虑来考察事实——变得双倍地谬误。根据海德格尔、萨特和伽达默尔的著作，罗蒂指出，那些我们公认的事实依赖于科学中或其他地方的"规范"考察的结果。但是，我们应该注意到，"除了这些由规范的考察提供的结果，还有一些替代性的描述可能存在。"另外，我们需要认识到"用一组（据说是）真实的句子来描述我们自己，就已经选择了一种对待我们自己的态度，而选择其他一组（据说是）真实的句子，就是去采用一种相反的态度"（Rorty 1980：363－364）。罗蒂对关于我们自己的句子的关注，也适用于这个世界。

如果事实如此，假设（正如休谟和实证主义者们所做的那样）我们必须首先运用我们的理性来满足我们自己，所有相关的事实都被掌握，然后再来一次非认识性的跳跃，以设定一种关于这些确定事实的评价态度，这是很难令人相信的。相反，那些影响最为深远的价值假设，已经暗含在我们思考这些事实的方式中。事实－价值的区分，尤其是当这种区分相关于如下信仰，即只有自然科学能够给予我们可靠的事实解释时，会让我们忽视存在于描述和评价之间的密切关系。结果，我们无意识地默认了那些彼此心照不宣的评价，后者包含在自然科学的现行理论中，并且很容易就被"确信为，我们既知道我们是什么，又知道我们能够是什么——不仅仅知道如何预测和控制我们的行为，还知道这些行为的局限性（特别是我们的重要话语的局限性）"（Rorty 1980：363）。

正如我们之前已经做过的那样，也正如托马斯·库恩、伽达默尔和其他人做过的那样，罗蒂强调科学理论的历史情境性和多样性，否定它们具有绝对性或终极性。替代性的科学事实概念是可能的，而且与此相应，替代性的价值概念或价值获得的可能性概念，也都是可能的。罗蒂进一步指出，把我们的价值可能性观念定义为任何特殊时段的自然科学家主张的那种观念，这是很愚蠢的。科学描述会和"各种由诗人、小说家、深度心理学家、雕塑家、人类学家和神秘主义者提供的替代性描述"一起"组成所有任由我们支配的自我描述的清单中"。这只是因为在那时候"比起艺术领域，科学领域有更多的共识"，但这并不能赋予科学"特权代表"的地位（362）。

杜威关于道德的谈论，可以补充罗蒂关于现行科学描述的历史情境性和非特权性特征的谈论。杜威警告我们注意这样的幻觉，即理性能够或需要在它自己的实体之外孕育一系列具有普遍约束力的道德原则或支配一切的至善。它的任务不是发现先验原则，而是批判已经融入我们经验的那些价值，批判那些和这些价值相关联的事实。于是，我们需要的不是和理性批判理论一样的价值理论，他不仅能够应用于被设定的事实，还可以应用于包含在各种人类文化"信仰、体制、习俗（和）政治"中的价值。对价值的认识，和所有的认识一样，必须开始于"一些信仰，一些被承认和维护的意义，它们是先前的个人经验和共同经验的沉淀物"。于是，这种认识能够继续批判性地检测这种被承认的知识，分析它与其他关于真理或价值的声明的关系，寻求评估它的经验和实践效果。杜威确信，即使最为根本的道德问题，也只有在特殊语境中才可理解和解决；它们不能被普遍性地和一劳永逸地解决。结果，批判设定价值的任务，就永远不会结束（1958：408，428，431，433；1960：271－278）。

比起我们已经讨论过的后三种版本的事实－价值二分观念，一种更广泛更完整的理性观念——它让理性具有涉及所有事实和价值问题的能力，因为它认识到事实和价值不能被明确区分，而只能密切关联——能够让我们不再短视地迷恋罗蒂所批判过的科学描述，这种迷恋可以用来解释对后三种版本的事实－价值二分观念的持续求助。如果理解了任何有理解力的事实画卷同时也是关于价值的理解状态，我们就会对比我们过去视为理所当然的关于我们自己和世界的观念可能更为充分的替代性观念保持警觉。还有，认识到理性——包括科学的或其他的所有形式的理性——会犯错误，会不可避免地受限于历史和文化，这能够让我们免于杜威有效反击过的猜想，即除非理性可以在道德领域获得永恒的、普遍的原则，它们类似于被物理科学永恒确定的原则，否则理性就不再有希望引导伦理（和其他）价值。

于是，对我们来说，有足够理由把理性本身视为一个整体，尽管理性的运用和适用范围多种多样。我们不敢把它的考察限制在事实领域，因为这意味着让所有重要的价值问题都由非解释性的感受来解决，而不管这些感受即刻看上去多么强烈。我们也不需要把这些价值问题归于其他种类的理性，后者不同于只能处理事实问题的理性。我们可以有意义地谈论理性的理论的、实践的和技术的运用；或者谈论科学理性、道德理性、审美理性、哲学理性或宗教理性，只要我们不允许这些有用的抽象的功能堕入分离的、具体的功能，迫使我们把人为的划分引入我们精神生活的具体的相关性中。避免这种人为性，也就是让我们自己摆脱虚无主义的根源，后者正是本节的主题。

三　意志的首要性

虚无主义的第七个也是最后一个哲学根源，是对意志的认识论和形而上学首要性的强调，这种强调贯穿于现代思想的一些重要领域。我们将在本节直击意志不断上升的趋势，即把意志而非理性视为掌控人类行为和意识乃至实在本身的关键。和这一趋势同时发展的，是不断强调权力意志完全独立于任何形式的理性束缚，包括来自有思想基础的道德原则的束缚，和来自经验条件的束缚。

这一发展的最后阶段是如下结论，即所有有意义和有价值的东西，所有对人来说实在的东西，归根结底，都是人的意志的任性建构（或默许）。于是，我们被带向施蒂纳、尼采和萨特的观点，即带向他们的荒诞的、无形的意志概念，意志是个体信仰和行为的终极基础，是个体所认为的周围世界的结构的一般根源。于是，意义、真理和价值都不再是被发现的，而是被盲目设置的或被纯粹发明出来的。这一观点之前曾经相关于各种类型的虚无主义，尤其是生存论虚无主义。

在其著作《论理性、意志、创造性与时间》第二版中，伯纳德·登·欧登（Bernard den Ouden）简单追溯了这第七种哲学根源的发展。下述内容得益于他的这一著作。但是，欧登的讨论所覆盖的时间范围比我的狭窄。他开始于康德，通过后康德时期的一些唯心主义者（附带涉及 18 世纪后期和 19 世纪的浪漫主义思想家），结束于尼采。[①] 而我开始于笛卡尔，结束于加缪和萨特。我还把意志的优先性这一主题置于更为宽泛的概念语境中。比如，我指出——而欧登并没有指出——某些讨论意志的哲学家之间存在重要的关联，这些哲学家从康德那里获得灵感，而其他一些哲学家（如霍布斯和休谟）把人类意志从理性中明确区分出来，认为意志的决定只是被科学解释的自然的坚固因果链条的又一种显现。

在第八章的结尾，我注意到，对笛卡尔来说，神性意志就其范围和权力来说都是绝对的。他不仅主张上帝通过一种纯粹的主宰性意志行为把世界带入存在，还主张每一种有限的事物的存在时时刻刻都依赖于上帝的创造性重现的持续性；他还说道，理性的公理和逻辑可能性的基本原则，最为基础的

---

① 尽管欧登视康德为他所概述的"哲学风景"——尼采的权力意志核心主题就成长于这片地方——的起点，他也充分意识到"一种更加充分的研究会追溯到观念史中更久远的地方"（1982：66）。

道德和精神价值，它们的地位和意义，都归因于上帝的绝对自由的命令。上帝在所有这些领域所做的和继续在做的，上帝又能在一瞬间让它们全部消失。至于他的选择可能采取的新方向，不可能有任何合法的反对，因为他的权力是无限的，超越了任何可想见的限制。上帝的本质是意志，而非理性，而且他的意志位于所有实在的核心。伴随他的作为绝对意志的上帝概念，笛卡尔预示着后来的哲学家的出现，如叔本华宣称不受控制的意志是世界的基本原则。

当笛卡尔谨慎地认为，我们所拥有的自由是我们最像上帝的特征，而且相较于我们的扩张性的权力意志，我们的其他能力，比如理解力，似乎要小得多和有限得多时，他还预示着康德和其他现代思想家，他们把意志视为基本的人性功能。正如我们已经看到的那样，笛卡尔还酷爱这样一种观念，即其机械过程完全可以被客观把握的自然，是一个原则上可以服从于我们的意志统治的自然：这种观念至少可以解释理性知识为什么只是权力或统治的目的的手段。17 世纪之后，对科学知识的经验层面的不断强调，也就是对自然（或人类）现象的预测和控制的不断强调，对知识和迅速发展的技术之间的密切关系的强调，支持着这种解释。

但是，笛卡尔无法让他对上帝控制一切的权力的确信，和他对他自己的自由的直接意识实现和解。他也无法解释人类自由——他宣称属于精神实体的超验领域——如何影响被完全决定的、彻底密闭性的和自给自足的自然体系。最终，他赋予人类意志的核心重要性，和他的如下主张形成张力，即内容广泛的人类意志必须被严格限制在理性授权的清晰而明确的观念范围里。于是，尽管笛卡尔赋予神性意志不受限制的首要性，而他关于人类意志的观点里存在难以解决的含混性。还有，我们还可以在这里看到一种把意志置于理智之上的趋势，这种趋势，就像他的神性意志论，反对他的理性主义。

在霍布斯的人类意志观念里，不存在这样的含混性，他和笛卡尔一样坚定地赋予上帝意志绝对的首要性。霍布斯写道，上帝因为他的"不可抵抗的权力"而具有统治人类的资格。根据这种权力，而非根据他是创造者或他的恩典，上帝获得让人类崇拜和遵从的权利，获得折磨或助益人类——端赖他觉得适合的方式——的权利。霍布斯认为，这是圣经尤其是"约伯记"的清楚教义。因为上帝是无限的，而我们是有限的，所以我们无法认识他，只知道他的意志是不受限制的，是可以"影响一切的"。说上帝是"善、正义或神圣的"，不是去描述属于他的特征，而是去表达已经准备好遵从他，从而承认他对万事万物的绝对权力（*Leviathan* Pt. I，Ch. XXXI；Burtt 1939：212 - 214，216 - 217）。

至于人类意志，霍布斯主张人类生活的目的不是被理性而是被意志支配的。与此相应，意志不是其他，就是"最后考虑的嗜好"；而考虑是"所有欲望、厌恶、希望和恐惧的总和，它持续存在，直到事情做成，或被认为不可能做成"。对霍布斯来说，宣称我们可以自由行动，意味着我们接受冲动或欲望的支配行动，这些冲动和欲望内在于我们，或者属于我们自己，而且"不存在任何外在的障碍"（*Leviathan* Pt. I，Chs，VI，XIV；Burtt 1939：153 - 154，163）。他的决定论的自然观及其对上帝的绝对权力的强调，都要求我们的冲动或欲望，因此还有我们的选择，被视为我们身体响应外在于我们的世界的运动或强力时产生的内在效果。这些运动或强力首先产生想象力，然后产生爱好和厌恶（霍布斯称之为趋向或远离某种东西的"努力"），最后产生行动。于是，一个自由的行动就是一个被决定的行动，霍布斯并没有在这两个概念里看到什么不一致。他甚至把"荒诞、无意义和荒谬"赋予自由行动概念，这使得这样的行动完全无法独立于动力因（*Leviathan* Pt. I，Chs，VI，XXI；Burtt 1939：148 - 150，196，145）。

霍布斯基本采取了一种相对主义的道德价值观，"因为人的身体的构成处于持续的变化中，所有相同的事情都不可能总是在他那里引起相同的爱好和厌恶。""更不要说，"他还补充道，"所有的人都有几乎一致的欲望和相同的对象。"霍布斯宣称，任何被人欲望的东西，他都命名为"善"，而任何被人厌恶的东西，他都命名为"恶"。这样的语词"曾经涉及那些使用它们的人；不存在简单和绝对的东西……"就像世界中的其他东西，它们在无所不在的反对力量中被迫保存自身，人类也处处热衷于他们自己的自我保存和权力的最大化，以便满足他们的个人欲望（*Leviathan* Pt. I，Chs，VI，IX；Burtt 1939：149 – 150，158 – 159，165）。

理性在所有这些地方都扮演什么角色？我们已经指出，理性无法决定人类行为的目标或目的。所有这些都由意志所控制，而意志来自自我满足、自我强化的激情，来自对危险的避免，它们被周围世界的因果关系过程自动摄入运动中。① 理性顶多就是达到目的的手段。它的功能是谨慎地分析满足自我中心的冲动的最好方式，霍布斯认为，所有人——而且已作必要的修正（*mutatis mutandis*），整个自然——都具有这种冲动。我们可能赋予我们的行为任何利他性的辩护，比如寻求把它们建基于所谓普遍的"良心的声音"，都只是罩在我们利己主义意志的持续命令之上的理性化覆盖物（*Leviathan* Pt. I，Ch，VII；Burtt 1939：157）。没有什么基于理性的原则可以赋予我们的决定实实在在的道德品质，只有一些谨慎的规则，诸如来自社会契约和政治体系——根据霍布斯完全可预期的描述，后者被这样的人所掌控，他的权力影响深远，不受限制，是上帝的绝对权威在尘世的反映——的东西。他坚称，只有对这样的权力的敬畏，才能超越"一切人反对一切人"的人类自然状态，才能为个人欲望的有效满足提供和平的语境（*Leviathan* Pt. I，Ch，XIII；Burtt 1939：161）。于是，以关注自我利益的意志而非任何理性的道德原则为谨慎基础，在社会和政治体制的保护下，人类开始了自己的生活。理性不管怎样都是意志的仆人，而非意志的主人。

休谟有一条为人熟知的声明："理性是也只能是激情的奴隶，而且除了服务于和服从于激情之外，别无他途。"这条声明和霍布斯的结论完全一

---

① 于是，甚至谈论"目的"或"目标"都是误导性的。在霍布斯的体系里不存在什么未来的吸引力，只存在来自过去的推力。可是，这些动力因推力会创造行动意向，这些意向会在行动中达到顶点，而那些环境条件会让它们足以充分地做到这一点。人类是机械宇宙中的自然机器，所有的因果关系，包括人类行为中的因果关系，都来自可移动的物体的持续影响，不存在真空或远处的行为。正如伯特所言，对霍布斯来说"存在的每一种东西都是一个特别的物体；每一种东西都来自一种特别的运动"（Burtt 1954：133）。很明显，在这样一种自然观或人类生命观中，不会给目的论留下一席之地。

致。就像霍布斯一样，休谟宣称，我们的意志是我们的激情或情感的表现，理性不可能为任何既有的激情作辩护，也不可能谴责它们。他尽可能有说服力地宣称，"这与我更喜欢这个世界的毁灭而非留下我手指的抓痕这种理性并不矛盾。"激情如其所是，是它们自己的"理性"，或为它们自己提供内在的辩护。"由于一种激情永远不可能被认为是非理性的……所以理性和激情不可能反对彼此，也不可能对意志和行为的管理进行争论。"只有另外一种激情，而非另外一种理性，可以改变或减弱一种原初的激情。而且由于我们的激情无论如何都是我们的意志从而是我们的行为的原因，所以我们的整个生命都由激情推动（1980：415 – 416）。①

不同于霍布斯，休谟并非伦理利己主义者。但是，他仍然坚称，用以引导我们行为的道德评价和原则，是感觉而非理性的结果。我们正是通过本能的道德喜好与厌恶、认同与谴责感受，来决定行为的对或错；这里，就像在其他语境中那样，激情或情感，而非理性，在主宰一切。理性只有在它告诉我们欲望的（或我们的道德感认同的）对象并不存在时，或者只有在它通知我们所选择的手段不足以达到我们欲望的目标时，才与道德相关。休谟还指出，如果我们没有既定目标，也就是说，没有痛苦或快乐的前景，我们甚至就不会费心算计或考察因果间关系。因为这些正是他允许理性具有的两种功能，而引导性的目标本身就不受理性批判的影响。同样出于这一原因，理性服从于激情，从而服从于意志（1980：415）。休

---

① 我们甚至可能走得更远一些（即使霍布斯或休谟都没有明确这样做）：由于推理来自我们的意志（如果推理被视为一种行动的话，那么它必然如此），而且这些意志也相应地受到因果关系决定，所以我们的推理过程和由此得出的结论，也都必然是被决定的。这一分析意味着，我们的意志可能比我们的理性有着更为彻底的优先性，事实上，这种优先性是如此彻底，以至于似乎会取消存在于两种情况之间的任何有意义的区分，其中一种是被因果关系影响去相信某物，另一种是有好的（或坏的）理由去相信某物。现在，所有所谓的理性都必须从字面意义上理解为"不可抗拒的理由"，也就是经过巧妙伪装的动力因。无论我们讨论个体尝试辩护或评价他自己的信仰的理性特征，还是他人对这个人所声明的信仰的批判性评价，这一点都不会改变。这两种讨论得出的结论，都不过是动力因事实在它们各自环境、遗传和性格中发挥作用而产生的效果而已——这个结论不过是其他两种讨论相互作用而产生的第三个方面。

谟对理性与意志关系的描述，似乎不可能让激情和意志受笛卡尔推荐的理性的束缚。

和霍布斯一样，休谟也是一个决定论者，他在意志和自然的因果机制之间看不到任何差别（1980：171－172）。另外，他和霍布斯一样，无法在决定论和关于人类行为的荒诞性之间看到任何中间立场。一种显现任何独立于既有原因的自由，就应该是一种没有人可以解释的自由，因为它并没有为激情或原则提供证据。它不允许判断个人或性格，只允许判断完全不关联的短暂行为。那种在法庭上极其重要的区分，关于仓促行为和预谋行为的区分——后者被证实是一种应该受到惩罚的人格状态——会因此变得不可能。休谟得出结论："只有根据必要性［因果］原则，一个人才可以从他的行为中得到美德或过失，然而公共舆论可能倾向于相反的看法。"类似的推理出现在《人性论》其他地方，其中休谟宣称："承认在偶然和绝对的必然之间存在任何中介，这是不可能的。"一种不受因果关系支配的行为，将会是纯粹偶然发生的行为，没有人可以对之负责（410－412，171）。

关于这最后一点，康德采取了与霍布斯、休谟完全相反的策略，尽管他们都相信在因果必然性和自由之间不存在中间立场。他还赞同他们对意志的首要性的设定。让我们回顾一番康德对意志的首要性的看法；同时，我们还会考虑他的非此即彼的因果观和自由观。

对康德来说，道德意志是人类尊严和重要性的核心，而且只有道德意志能够让我们接近自在的本体世界。相关于道德意志的判断，科学理性或理论理性的发现扮演着一个明显次要的角色。尽管在康德哲学里，道德意志被认为能够接受所谓实践理性的规范，但这些规范绝非外在于意志，而是被这种意志自动设定。于是，意志以一种类似于霍布斯和休谟所思考的方式，拥有属于自己的理性，或者能够提供属于自己的内在的运行原则。但是，不同于这两位把人类意志视为自然因果过程的显现，康德坚称意志超越了这些因果过程，而且只有在完全独立于这些因果过程时，才会以一种在道德上负责任的方式行动。因为拥有一种独立于因果关系的道德意志是人性的标志，与之相伴随的（用欧登的话来说）就是，人们"只有在他们完全脱离自然时才是充分意义上的人"（1982：73）。一种仅仅是自然冲动或欲望的创造物的"意志"，或者允许其决定被这些冲动或欲望，或任何其他经验环境或决定所改变的"意志"，不可能是道德上为善的意志，康德把这种意志视为其人性概念、伦理学、宗教哲学和结构性形而上学的基石。

于是，康德在思考人类意志时也看不到任何中间立场。但是对他来说，这意味着意志要么必然完全不受因果关系束缚，并且因此道德上是负责任的，要么就只是激情的奴隶。如果是后者的话，意志就绝不是自由，就不可能具有道德重要性。它也不可能让我们接近本体实在，因为它仅仅是包括一切的动力因的现象世界的另一个方面，这个世界的每一个细节，都可以根据数学物理学的铁律来描述。现代思想从一开始到现在，都把这种二分的自由观作为主题，这种观念设定，能够替代完全由因果关系决定的行为的，只有完全独立于因果关系的行为。我们可以在霍布斯、休谟和康德的思想中看到这种二分的自由观，并且已经在第四章看到了它在萨特——一个更接近我们的赞同意志首要性的哲学家——哲学中扮演的关键角色。

霍布斯和休谟关于我们所谓虚无主义的第七个哲学根源的观念，让意志独立于和先在于理性而非因果性，坚称没有完全的因果决定，就不可能有负责任的自由。相反，康德让意志完全独立于因果性和理论理性，而非所谓实践理性的规范。萨特坚持认为，真正的自由将必然完全独立于因果关系，先在于理性或任何形式的规范，因为这些东西都必然可以在意志完全任性而"荒诞"的决定中找到根源。正如我们早前已经看到的那样，对萨特来说，任何低于这种"完全而无限的"自由——那里只有自由可以限制自由——的东西，都和奴役无异。因为他视这种自由教义为他的作为纯粹的虚无的"自为"这一核心观念的关键，他和康德一样，把绝对的自由视为人类存在的核心。于是，萨特极端自由观的祖宗，就是早期现代哲学（包括其决定论或非决定论两方面）里的意志优先性观念，与这个观念相伴随的，是另外一种观念，即意志行为是自证为真的，或者意志可以指定它自己的法则。

萨特还推动了一种流行的观念，即意志要么是被彻底决定的，要么是彻底自由的，这之间不可能存在任何中间立场。

康德对绝对自由意志和自由远离因果性这两个纠缠在一起的观念令人震惊的扩展程度，有时候一点不亚于萨特扩展类似概念的程度，尽管根据上述分析，萨特的观点要更为极端。康德不仅指出，道德意志的决定只能相关于严厉的道德律令要求，一方面不会考虑欲望、厌恶、性格、心理或社会影响这些既有环境，另一方面不会考虑预期的经验后果。他还坚称，在他的纯粹道德或理性信仰观念的发展过程中，假设任何人格，不管是神性的还是人性的，能够偿还别人的罪过，或者能够帮助别人克服他们作恶的倾向，都是错误的。就像我们中的每一个人都通过一种"不可理解的"自由行动（也就是说，这种行动不承认因果解释，因为自由行动不可能被因果关系解释）而堕入罪恶状态，于是，每个人都必须通过他自己完全独立的意志努力来摆脱这种状态。因为这种"必须"是一种道德的"必须"，而且"应该意味着能够"，所有每一个体都完全能够摆脱他自己，去设定一种完全不同的生活路线（Kant 1960：179，133，43）。

康德确信，我们可以瞬间推翻我们过去所有的倾向或性格特征（因为任何来自过去的限制都是对我们自由的不被允许的因果束缚），而且我们因此可以对我们自己的生活路线负责，完全能够在任何时候任何环境由自己决定把生活引向善或恶，这些非常接近于萨特的教义，即我们"注定要对自己完全负责"，没有任何借口，或得到他人帮助或原谅的希望。[①] 在第四章

---

① 在《纯粹理性限度内的宗教》中，康德主张，我们易受邪恶的影响这种倾向，会在社会生活中进一步强化，而疗救办法也必然是社会性的，也就是由上帝——他是正直的法官，能够为道德修复提供必需的鼓励和动机——主宰的"伦理共和国"。这些声明似乎与他在同一本书中（还有其他地方）对个人意志完全独立于外在环境或内在因果动机的强调——而且因此一方面强调个人意志要对它表现出来的邪恶行动和它创造的堕落性情完全负责，一方面强调个人意志难以胜任完全的自我革新使命——不相一致。值得指出的是，康德最终没有让人类完全陷入他们的原始意志或单一的道德努力，这证明比起萨特的《存在与虚无》，他的自由概念是更为谨慎和现实的（尽管付出了明显不连贯的代价）。参见我关于康德论社会的邪恶影响，伦理共和国的本性和角色，以及这一共和国被历史性的宗教共同体"图式化"等问题的谈论（Crosby 1981：89－96）。

中，我追溯过这种教义的虚无主义倾向。在这一语境中，康德和萨特不仅假设了人类意志的优先性，还假设了完全孤立和自律的个体，这一个体在虚无主义的第四和第五个哲学根源里和虚无主义观念的其他方面，扮演着明显的角色。尤其是在萨特哲学那里，我们可以极其清晰地看到这两个主题的自然合并。

现在，我们可以把注意力转向诸如费希特、谢林、叔本华和尼采这些哲学家的思想对宇宙意志的强调方面了。纯粹意志，不受任何先在道德原则或理性原则束缚的纯粹意志，以及唯名论的上帝概念，被笛卡尔和霍布斯视为宇宙中至高无上的东西。霍布斯和休谟还把我们的人类意志视为自然的因果过程的延续，其中霍布斯又把这些因果过程视为一系列彼此不相关的力量或权力，而每一种力量或权力都直面其他力量或权力的对抗性倾向，热衷于自我维持和自我增强。于是，自然是各种独断的"意志"的聚集，它不同于尼采的世界，后者是权力意志的竞技场。或者，由于决定论者相信世界的每一方面（包括人）都受到动力因和严格的自然法则的控制，这些动力因和法则的作用机制，可以用叔本华的方式正确地描述为一种包括一切的宇宙"意志"。

但是，不仅仅是因为唯名论的上帝或决定论的自然概念，意志就在现代思想中获得了宇宙论的支配地位。这一观念的其他重要根源，是康德的纯粹自我或本体自我观念，它对应于经验自我或客观自我。不像休谟，康德认识到，任何类型的知识或认识要想存在，首先必须有一个意识的统一性存在。这个统一性不可能来自彼此分离的印象，而必须先在于它们。如果这种统一性不是先在的，关于这些印象的连贯经验就是不可能的。康德所谓的统一性（"知觉的先验统一性"，我曾经在第九章提及），就是"自我"或自我意识的行为，当我们把自己视为对象，或沉思任何其他类型的对象时，这个自我或自我意识的行为必然已经出现。**我们所思考的**自我，是经验自我，它服从于实体和因果性这样的理解范畴。但是**我们凭借它才能思考的**自我，却超越或独立于这些范畴。它是所有经验的前提，而不属于经验材料的河流的一部分，这些经验材料受到感性直觉或理解范畴的居中调解。于是，我们没有根据来思考这个先验的（*a priori*）自我，它先在于所有经验，因为它是这些经验的必要前提，就像一个个体实体扎根于一个动力因的时空世界。作为先验的自我，它是"纯粹的"，而且超越了被经验到的有条件的事物领域。

费希特把康德这个纯粹的或先验的自我转换为唯心主义形而上学体系的基础。他由此开始宣称，纯粹意志或纯粹行为的宇宙论终极性，先在于所有的对象或表现，并且因此先在于理性本身。科普尔斯顿把他的思想的若干步骤分析如下：首先，费希特决定，唯一正确的哲学，是一种唯心主义，它完全建立在我们的自由意识之上，因为只有这种哲学才能保持那关键的道德责任感。他确信，如果我们把自在之物的世界作为形而上学考察的起点，我们就必然不可避免地被引向一种因果决定论，其中道德责任是完全不可能存在的。与此相应，费希特拒绝了这个世界，主张所有对象和特殊主体的领域，都不是自治的存在，而是纯粹自我的产物。接着，他继续康德的推理路径，主张先验自我必须先在于实体性存在，而且不能被思考为一个特殊的个体。相反，它是纯粹且不受限制的行为，能够通过有限的自我表现自身，但不能被有限的自我所规定。

最后，由于费希特把这个先验自我等同于道德意志（康德用道德意志关联我们与本体实在），这种道德意志绝不会受到对象领域的限制，但又要求一个对象世界来展现它的自由行动，所以他开始把先验自我视为富于创造力的宇宙意志。这种意志造成一个充满有限主体和客体——它们彼此相互限制——的可知世界，用来作为它的活动领域，作为它的意识对象。通过这种方式，即在有限自我和有限世界的相互作用中，并且通过这种相互作用，纯粹自我或宇宙意志开始意识到它自己的自由，开始不懈追求道德的自我实现（Copleston 1985：Ⅶ，38-48）。

谢林继续着这种能够创造性地追求道德目标的绝对意志观念，尽管在他后来的思想中，这些目标开始被更多地思考为审美的而非道德的。于是，他实际上把自己意志哲学的重点，从康德的第二批判转到了第三批判。当他声称最终除了意志，不可能有任何其他东西留下来时，他实际上已经简明宣布了意志的宇宙论首要性。意志不仅是人类生活而且是整个自然秩序的基础（Ouden 1982：79）。相较于康德和费希特把自由限定于人类，而否定自由在自然中的存在，谢林认为整个自然都充满了无尽的创造性意志，并且以此为基础，拒绝那机械论的自然概念。

在发表于 1798 和 1799 年的著作里，谢林把他的自然观和力量观明显结合起来，认为各种机械的、化学的、电子的和生命的力量，都是同一潜在动力或权力的不同表达。这种动力或权力，他不仅认为能够生产重复出现的因果模式，还是一种新生事物的根源，它永远不会达到一种静态平衡的状态。通过这种方式，他寻求比费希特进一步突破康德的人类、物质世界二元论，把一种根据目的论思考的自然的持续演进，作为人类自由的类似物或反映，这种自由永远渴望着不可企及的道德完美理想（Margoshes 1967：306；Kant 1960：60）。

直到叔本华之前，宇宙意志依然被视为"知识的前提和我们真正存在的核心"（Schopenhauer 1957：Ⅱ，293；Ouden 1982：82），被视为充满特殊个人和事物的有限世界的首要基础。但是正如我们已经在第二章看到的那样，这种意志现在已经失去它的道德特征及其与审美创造性的关联，并且堕落为一种盲目的命运，这和科学决定论中的机械的因果机制没有明显区别。和之前的谢林一样，叔本华倾向于把宇宙意志等同于力量观念。他认为这种意志的运行机制，明显存在于

　　动物的自发行为［里］，有机体的结构［里］，甚至它们的活生生的躯体的形和质中，植物的生长过程中，最终，存在于非有机的自然中，结晶化过程中，总的来说存在于每一种原初的力量中，这种力量在物理和化学现象中显现自身，连引力也不例外。（*On the Will in Nature*, trans. K. Hillebrand, London, 1888；Ouden 1982：81）

叔本华用极端消极的术语描述宇宙意志或世界的基本力量，把它视为一个充满痛苦和不幸的险恶世界的根源，而我们会不计一切代价尝试逃离这个

世界。颇具反讽意味的是，一种原本扎根于康德对无限道德自由的乐观自信的意志形而上学，现在开始被如此决定论地看待，并且充满了如此无法缓解的悲观主义。尽管如此，叔本华还是告知读者，他认为自己是康德的"直接继承人"（1957：Ⅱ，5）。

谢林曾经通过往自然中注入一种创造性的动态自由意志，以实现道德和审美成就，达到它在人类生活中最为独特的焦点，来解决康德那里存在的人与自然的疏离。叔本华也打破了康德的人与自然二元论，却让人类和所有有感知能力的造物无望地成为横扫一切的恶性自然力量的牺牲品。他对宇宙意志的诡计的描述，回响在托马斯·哈代（Thomas Hardy）在20世纪早期关于"如梦的、黑暗而无声的事物/操控着这无意义的演出"的阴郁沉思中。就像叔本华一样，这位英国诗人兼小说家哀叹"意志漫长而艰辛的劳作"，惆怅地质问，"为什么那永动者，/为什么那全能者/如此催促和测度纷乱的事物"[*The Dynasts* （1919，初版于 1903 – 1908），1，524；Randall 1976：592]。

如果说叔本华极力主张自我放弃，从一种虚妄的、充满痛苦的个体化表现领域——它被一种恶意的宇宙意志掌控——来一次禁欲主义的逃离，那么尼采却建议充满活力的自我肯定，还有对此时此刻的世界的机遇的肯定。伴随这种积极观念的，是另一种版本的意志首要性，是关于权力意志的观念。但是，在尼采关于自然和这种原始力量的描述中，在关于这种力量对人类存在的意义的描述中，存在大量的含混性。正如我们将要看到的那样，这种含混性，宇宙意志在所有我们已经考虑过的其他意志哲学家思想中表现出来的各种不同面孔，充分揭示了本节的主题。

尼采经常用欧登所谓"创造性潜能"（1982：100）来解释权力意志。这里，我们看到的是一种宇宙意志的审美乃至道德表现，这尤其让我们想到谢林，并且证明尼采受到浪漫主义的强烈影响。正是在这种装束下，创造性的转化力量或狄奥尼索斯式的自我超越力量，充满整个宇宙，在一个有远见的精英的自然领导下在人类活动领域表现自身，这一精英指出了一条超越阿

波罗式的对过去的无用固恋，① 走向具有尚未实现的可能性的未来。在他于
自己所处文化语境中宣称这种创造性意志的力量和重要性时，尼采是以日内
瓦教授、哲学家和批评家亨利－弗里德里克·阿米尔（Henri-Frederic
Amiel）的精神在言说，后者曾经在 1851 年抱怨"庸人无处不在的时代就在
眼前"，而且注意到"庸人冻结了所有的欲望。平等造成了千人一面"，牺
牲了"卓越之人、优异之人和非凡之人"。在他这个"平等主义不断滋长的
世纪"，这位教授预言道，"理想个体"的时代将很快消失，而一个"群氓
的时代"将取而代之（Amiel，*Journal intime*，ed. Gagnebin and Monnier，
Ⅰ，1063；Gay 1984：62）。

尼采不顾一切地想要避免这种令人沮丧的平等主义和千人一面，坚信世
界中有某种力量在克服这种现象，这种力量鼓舞着人类文化各个方面的创造
性变革。他对激进批判和变革的勇敢肯定，把个人天才视为这种力量的主要
媒介，这反映了 18 世纪末期和 19 世纪初期的浪漫主义运动。阿尔伯特·霍
夫斯塔特（Albert Hofstadter）如此描述这场运动：

> 对想象力的创造性的强调，和正在发展中的浪漫主义精神相关……
> 因为浪漫主义的主要品质之一，是它对个体性、主体性、个人的独特
> 性、生命和自由的强调，从而远离在公认的规划中压制生命的规范。坚
> 守习俗法则，遵从习惯或既有的模式和规范，（对浪漫主义者来说）就
> 是对立于创造性、独特性、自发性和新事物的突破与发现——去做某种
> 之前从未存在的东西。

---

① 权力意志的这一方面同样毫无保留地（而且相当合法地）警惕阿波罗式的以道德或宗教的
名义对人类基本动力或本能——如性本能——的压抑。于是，尼采严厉遣责那些"蔑视肉
体的人"，他们的"出世"偏见让他们渴望"远离生命"和死亡。正如欧登所言，创造性
对尼采来说，不仅是对创造性意志的颂扬，还是对尘世和肉体的颂扬。这些东西都是我们
在世生活的具体环境，我们的创造性力量必然在其中得以践行（Nietzsche 1954：146－147；
Ouden 1982：117）。在尼采生活的世纪里性压抑的最为惊人的表现，是这样一种观点，即
性本能在女性生命意识中扮演或应该扮演的是无足轻重的角色。关于 19 世纪的医生、道德
家、宗教领袖和其他人面对所有否定性证据仍然极力辩护上述观点的讨论，参见盖伊的著
作（Gay 1984：153－160）。

霍夫斯塔特继续比较了浪漫主义的艺术观和启蒙运动的艺术观：

> 这种意义上的浪漫主义，是针对 18 世纪启蒙运动时期新古典主义遵从规则的精神的反应。相较于 18 世纪强调艺术是模仿，其中艺术通过复制真实的现实来模仿自然，浪漫主义者强调艺术是创造，强调在她的创造过程本身中模仿自然。艺术家变成了神一样的东西，参与到神性活动中来。浪漫主义者反对艺术家把握和表现自然的外在形式的能力，主张艺术家那像自然本身那样的创造能力——天才的能力——的优先性。(1974：118 - 119)

尼采的权力意志那正在被我们讨论的一面，把浪漫主义的艺术观扩展到了人类尝试的每一个领域。要想成为全人（fully man）[或者，要想超越庸人（merely man），尼采及其后的斯宾格勒相信，这种庸人是一种创造力已经穷尽的慵懒文化的表现]，具有独特能力的人们必须敢于成为偶像破坏者和创新者，敢于抛弃过去的宗教、形而上学、认识论、道德和美学装饰，敢于肯定一种充满创造性和意志的开放未来。

这种观念并非完全不同于启蒙运动的观念，因为笛卡尔已经宣布了对一个全新开端的需要。但是，笛卡尔把他的新开端主要确定为理性的权力，而尼采把他的新开端确定为意志蔑视规则的权力。① 笛卡尔和尼采都不完全相

---

① 浪漫主义的艺术天才概念，出现在康德的第三批判中，他指出："天才是一种生产出不能为之提供任何确定规则的那种东西的才能；它不是对于那可以按照某种规则来学习的东西的熟巧的素质。于是独创性就必须是它的第一特性。"这种独创性不是教而后得的；它只能通过伟大的艺术作品表现出来。与之相反，康德坚称我们能够赋予科学理论明确的规则，认为
> 牛顿可以把他从几何学的第一原理直到他的那些伟大而深刻的发明所采取的一切步骤，都不仅仅向他自己，而且向每个另外的人完全直观地示范出来……于是，在科学中最伟大的发明者和最辛劳的模仿者及学徒都只有程度上的区别，相反，他与在美的艺术方面有自然天赋的人却有类的区别。(1951：150 - 152)
> 关于另外一种观点，即认为科学和艺术（还有哲学）创造性更为接近，它们的共同点多于它们的差异之处，参见克罗斯比和威廉姆斯的文章《物理学、哲学和绘画中的创造性问题解决：三个案例研究》(Amsler 1987：168 - 214)。

信这一事实，即历史和传统能够为创造性的变革提供必要材料，它们提供的资源因此应该受到珍视而非鄙弃。不过，在尼采作为创造性潜能的权力意志观念里，还有很多值得我们赞成的东西。任何个人或社会，要想持续发展和成长，即便是为了更为持久地存活，就必须学会如何应对未来可能性的诱惑，不能允许自己不加批判地就依附于那些已经在过去被思考或确立的东西。而且，个体和群体都必须经常留神大家的领导者，带着超常的勇气和想象力去理解还有哪些可能性，如何最大限度地实现这些可能性。

尼采的权力意志概念也会发出它自己阴郁的悲观主义和虚无主义特征。比如，归根结底，他的世界观和霍布斯或叔本华一样是完全决定论的，我们可以从他的永恒轮回和命运之爱（*amor fati*）这两个相互关联的主题看到这一点。他有时候还把权力意志描述为强者和无情者统治弱者的权利，一种不容置疑的和宇宙中注定的权利，他认为，这种支配性权利在大自然中无处不在。由此，权力意志会嘲弄任何道德考量或限制。带着这种观念或非常类似于这种观念的东西，尼采可以宣称，"'剥削'并不属于一个腐败的或不完善的原始社会；它属于一颗高贵的灵魂的本性"，并且"本身就是正义"。他还可以告诉我们，"一种好的和健康的贵族统治的关键特征"在于"它可以问心无愧地接受无数人的牺牲，这些人为了它必须被还原为或降低为不完全的人、奴隶和工具"（1966：203，215，202；Schutte 1984：156，170－171）。① 当尼采坚称所有关于真理和价值的声明归根结底都只是权力意志的表现，因而都只是被个人或群体使用的秘密统治武器的表现时，他似乎在用同样的方式思考。尤其是以这最后一个声明——可能是他关于意志的首要性这一主题最具特征的计谋——为基础，他发展了认识论的和道德的虚无主义，本书第二章曾经提及这些虚无主义。

我们能不能推测，在尼采关于权力意志的内涵的忠告里存在着严重的含混性，以及我们在叔本华那里发现的宇宙意志概念的退化的重要解释里，至

---

① 尼采关于更高等级的人的道德克服主题——他的权力意志观念的一个方面——中有时候包含有明确的利己主义和专制主义倾向，关于这一点，参见舒特的著作（Schutte 1984，Chs. 6 and 7）。

少有一种是作为先在于理性的意志，或者作为不受任何限制、除了它自己神秘地强加于自身的限制的意志的本质概念？我们如何确定，这样一种绝对的权力意志是良性的而非恶性的，是创造性的而非破坏性的，是解放人的而非压迫人的？我们如何相信这种权力意志会前后一致地行动？在后康德时代，被视为世界和人类生活中所有事物生产者的普遍宇宙意志背后，隐约显现着笛卡尔和霍布斯无限全能、完全任性的上帝的可怕形象，还有被科学解释的、控制一切的自然力量。后者仅仅创造了一种幻觉，依赖理性的幻觉，选择自由商定的目标的幻觉，而实际上，只有各种不相干的原因彼此不可避免地碰撞。

施蒂纳、萨特和加缪，再一次把宇宙意志拉回尘世，把它完全置于人的主观性中，而康德首先在人的主观性中发现了它。这里，任性的意志同样被视为所有被天真地视为理性或道德之物的东西的神秘基础，会用明显的荒诞性毒害它随意生产出来的个人或共同的价值和意义结构。施蒂纳的计划，是轻易地肯定不受约束的、纯粹利己主义的意志，甚至把霍布斯赋予这种意志的社会性虚饰完全扔掉了。萨特建议我们满足于在真空中选择，因为只有以这种方式，我们才能学会带着"好的信仰"生活，或者直面荒诞、不抱幻想地生活。而加缪的西西弗斯，在再一次肩负其无意义存在的重担之前，高呼着对意志的蔑视，穿过深渊。

我们可以发现，许多现代政治体系都有意拥抱霍布斯的主张，即政治领导人或国家统治阶层应该拥有绝对权利，能够根据意志的命令决定什么东西对所有人来说都是有价值的或重要的（于是，他们就站在全能上帝的位置上，他们的决定被假设可以超越所有的批评），或者，都有意把尼采的确信有条不紊地体制化，这个确信就是，只有少数强者拥有剥削和奴役温顺的群氓的自然权利，能够通过无情的流放扑灭所有敢于反抗其意志的人。这种类型的政治思想的本质，它与本节主题的关联，可以用莱尼·雷芬斯塔尔（Leni Riefenstahl）的电影名字"意志的胜利"来象征，这部电影，是一部关于希特勒及其帝国功绩的非常美丽（也极其残忍）的宣传影片。

只是在近些年来，我们才开始意识到，我们的技术时代的肤浅假设，即自然没有任何内在价值或目的，人类对立于自然，而非自然的一部分，因此自然可以仅仅被视为由人类意志恣意操纵的消极工具，已经给我们的星球带来多么广泛的破坏，并且会在不久的将来造成更加普遍的危险。这一假设相关于笛卡尔的梦想，即获得关于自然的客观知识，从而获得完全主宰和控制自然的工具。① 这一假设同样相关于费希特的理想（正如马克斯·霍克海

---

① 近年来关于这一梦想——威廉·雷斯（William Leiss）认为它"完全忽视了所有令人不安的因素"——的最为露骨的表达，来自厄尔·墨菲（Earl Murphy）在《统治自然》中的一段话：

　　人在自然环境中与那些不断更新的因素之间的关系，处于历史上的一个重要阶段。在不久的将来，对自然的完全控制似乎完全可能。许多生态学家否认这一点，认为自然太过复杂，不可能在任何电脑技术的模拟中被完全反映出来。这样的断言暗示我们尚未能完全描述自然。除非主体被完全描述出来，优越于自然进程的控制者似乎不可能自由操纵自然。但是，随着经济和社会条件的发展，获得那种完全描述的手段已经被很好开发出来，这让对自然的更高程度的控制变得必然而然。（Leiss 1974：18）

这段声明不仅假设一个作为操纵和控制工具的知识或理性概念，还理所当然地认为人类有权利为了自己的利益而对整个自然施加不受限制的和不断增加的统治。这种鲁莽的思想的后果——包括实际的和潜在的后果——在大卫·艾伦菲尔德（David Ehrenfeld）的《人道主义的傲慢》（1981；首次出版于 1978 年）、杰里米·瑞夫金（Jeremy Rifkin）的《遗传手术：从新世界到新世界》（1984；首次出版于 1983 年）和《一个异教徒的声明》（1985）等著作中得到了生动的描述。比起这三本书，雷斯的《统治自然》（1974；首次出版于 1972 年）虽然更慎重和克制，但也就不受约束的技术任性带给自然（和人类生命）的极端危险发出了很多同样的警告。

雷斯的书（特别受马克斯·霍克海默的著作影响）致力于阐明自然统治主题和精英控制人类生命的趋势之间的关联。比如，复杂的技术和对自然资源的大规模开发，需要高度组织化的社会体系，后者容易运用"恐怖主义的和非恐怖主义的手段操纵意识和内在化他律的需要"，从而扩大"社会对个人的内在生活的支配"（1974：154）。雷斯还分析了不断增加的大范围暴力和启蒙运动让自然服从于人类意志的梦想之间的关联。比如，技术的全面发展，要求处处皆是的煤炭、石油和其他能源集中到世界的某些地区，这导致民族国家间争相控制这些地区。这样一种竞争，反过来导致大国间展开你来我往的军备竞赛，这不仅进一步加重了对自然的剥削，还强化了技术和政治管理精英的支配地位，他们以保护国家的名义，把那些最为野蛮的公民控制和政治进程变成正义而合法的（156－158）。

关于所有这些现象的反讽效果，雷斯写道：

　　在全球竞争过程中，人成为他们制造出来用于控制自然的工具的仆人，因为技术方面的速度已经不再被甚至最发达的社会所控制，而只是对世界性力量不断变化的相互作用的反应。（158）

一度自信满满的控制者的感觉变成了被控制的感觉，文明的感觉变成了任由强力摆布的感觉，加上更加进步的技术威胁着要把这种文明摧毁殆尽，这些感觉近年 （转下页注）

默所解释的那样），即"自我和自然的关系是一种统治关系"，"整个世界"都是"自我的工具，尽管自我除了在它自己的无限行动中，没有实体或意义"（Horkheimer 1947：108；Leiss 1974：152）。当然，费希特思考的是宇宙论的自我，但他认为这种自我可以在人类自我和意志中得到完全显现。以种种此类方式（其中一些我们已经在前面章节中考察过），对绝对不受限制的任性——不管是宇宙的还是人类的，不管是聚焦于个人的、社会的，还是人类生活的自然语境的——的假设，充满了虚无主义的危险和后果。

既然我已经描述过了现代第七种哲学假设的发展与各种表现，并且评价了它的虚无主义内涵，现在是时候对这种假设本身进行一些特别的批判了。第一种批判关注的是决定论和自由意志这两个概念的两极分化，这种两极分化一方面主宰着霍布斯和休谟的思想，一方面主宰着康德和萨特这样的思想家。我用"两极分化"的概念指一种假设，即人类必然要么完全被决定，要么完全自由，在这两个极端之间不可能有中间立场。我们发现，这种两极分化的种子，早已存在于笛卡尔的哲学里：每一新的时刻的经验，完全无关于每一先前时刻的经验，从而在这个意义上完全免于过去的束缚；但是，每一新的时刻又被认为是完全（*in toto*）由上帝创造出来的，因此来自完全被决定的方面。我们还要注意到，尽管休谟的立场是决定论的，但他拥护一种非常类似于笛卡尔观点的点 – 瞬时（point-instant）经验观，从而证明在这

（接上页注①）来变得更加普遍。这种观点或许可以称为极端的历史虚无主义，也就是一种关于人类未来完全无望的态度，或者对人类战胜即将到来的灾难的能力感到绝望的态度。我相信，这种态度的泛滥非常有助于解释我们近来对其他类型的虚无主义尤其是生存论虚无主义的感受。

雷斯把自然统治、技术控制人类生活和全球冲突三个主题连在一起："人们寻求以各种文化形式对人性进行政治统治，以回应不断增加的社会冲突，这反过来又部分依赖于对外在自然的日益严重的控制。"正如雷斯所指出的那样，这三个主题之间的关系"从来不是单向的；总是存在相互间的影响"（158 – 159）。启蒙思想家想象科学对自然进程的控制，想象建立在科学原理之上的社会管理方法的运用，可以为人类存在的新时期——其中社会冲突急剧减少——铺平道路，他们很少想到与之截然相反的效果，而这正是雷斯明确关注的地方。

个问题上，他和笛卡尔一样从一个极端摇摆到了另一个极端。

霍布斯和休谟都认为，人类行为能够独立于动力因这种观点是可笑的，或者在道德上是荒诞的。他们主张理性与我们的行为目的无关，只能作为实现这些目的的手段，以此来赋予意志绝对的优先性。这些目的只能由我们的意志来确定（或者由这两位哲学家所说的我们的感觉、激情或欲望来确定），与此相应，我们所有的意志都是既有因果关系的不可避免的后果。

为什么霍布斯如此坚定地把自由意志等同荒诞性？原因之一在于，对他来说，只有一种解释能够适用于所有现象，包括人类选择这一现象，那就是动力因解释。所有不能被动力因充分解释的东西，都必然是莫名其妙的和荒诞的。他还假设道，允许这种意志存在任何自由，需要这种意志被完全置于动机、特征或环境语境之外，于是那唯一能够置换意志的因果解释的替代物，是一种非因果性的"混乱"，他正确地视之为荒诞。

为什么休谟会视如下观点是不证自明的，即一种不能根据既有因果关系解释的行为，是一种人们无法进行道德解释的行为？答案根本在于他认同霍布斯的观点，即在动力因解释和完全的不可理解性、不可解释性之间，不存在任何中间立场。与此相应，他推理道，任何不必然起因于个人性格的行为，都只是一个偶然事件，或一段短暂的插曲，对此，我们不可能做出任何赞扬或谴责。我们还看到，休谟伦理学的整个关注点，都是个人行为的性格特征，而非行为本身；于是，不能表现性格特征的行为，对他来说，就缺乏伦理意义。

但是，如果我们重新允许根据理性而不仅仅根据因果关系来解释，认为我们的行为目标并非自动决定于我们的意志或欲望，而是可以在理性之光的照耀下接受批判和发生变化，并且在一种动机或因果语境中，受这种语境影响，超越性格特征的行为的可能性仍然会发生，那么，这些对霍布斯和休谟关于自由意志的决定论观点的特别批判将会失去说服力。作为进一步的后果，他们严重依赖于绝对决定论的观念而对意志优先性的特别强调，变得越来越少说服力。在评论完关于决定论和自由意志之间的鸿沟的另一方面——

它表现在康德、萨特和其他激进自由的倡导者的观点中——后，我们还会谈论这些问题。

康德拥有一个高度抽象的自由概念。他主张，有一种意志，可以而且应该完全独立于经验环境和考虑而行动。这种意志观，把人完全置于自然和他们的身体之上，而彻底的自由，以及对它坚持的每一种行为负责，这让每一种新的行为完全独立于性格的动机和倾向。即使这些动机和倾向被主要或完全解释为既有自由选择积累起来的结果，这也是真的。事实上，即使是这样一种"积累起来的结果"观念，也是很成问题的，就像我们之前已经在萨特那里看到的那样（第四章第三节）。

康德思想的两个特征，遮蔽了他的意志优先性观念的极端不可信性。第一个是他发展观念时的慎重小心。一方面，正如我们已经看到的那样，他宣称来自自由行动的恶，和同样可以来自这种行动的生命的彻底更新，都因为植根于自由而完全无法解释。这里，他正中霍布斯和休谟等决定论者的下怀，他们认为决定论的唯一替代物就是不可解释的混乱。但是另一方面，康德极力强调存在于个体所处社会环境的事实，这些事实能够深刻影响他们从善或作恶。这似乎前后不一致。我们忍不住会质疑，一种在任何给定时刻都是全能的，并且对自我设定的责任永远保持清醒理解的原始意志，怎么会接受或依赖于这样的影响。

在现代，很难看到这样一种自由观受到真正的欢迎，在那里动力因事实注定是一种真正自由的事实得以表现的必要条件，但不是充分条件：它假设选择可以根据理性做出，不仅目标可以还原至既有原因，而且因果环境也在我们的决定中扮演非常重要的（即使不是完全决定性的）角色。比如，理性的考虑可能会引导我们选择一种较弱的而非较强的动机，但不可能让我们在完全没有动机或不受我们积累起来的性格特征的影响情况下行动。这样一种行为理论，构成了存在于分别由休谟和康德哲学代表的两个极端之间的中间立场。值得指出的是，不同于休谟坚称一种不能完全根据动力因解释的行为必然缺乏道德意义，康德坚持一种完全相反的观点。对康德来说，一种自由行为，根据定义是无法做出因果解释的，而只有这样一种行为才具有道德意义。这两位哲学家的不同，凸显了我们正在讨论的这种存在于决定论和自由意志之间的两极分化。

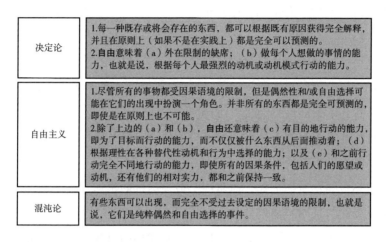

决定论	1.每一种既存或将会存在的东西，都可以根据既有原因获得完全解释，并且在原则上（如果不是在实践上）都是完全可以预测的。 2.**自由**意味着（a）外在限制的缺席；（b）做每个人想做的事情的能力，也就是说，根据每个人最强烈的动机或动机模式行动的能力。
自由主义	1.尽管所有的事物都受因果语境的限制，但是偶然性和/或自由选择可能在它们的出现中扮演一个角色。并非所有的东西都是完全可预测的，即使是在原则上也不可能。 2.除了上边的（a）和（b），**自由**还意味着（c）有目的地行动的能力，即为了目标而行动的能力，而不仅仅被什么东西从后面推着；（d）根据理性在各种替代性动机和行为中选择的能力；以及（e）和之前行动完全不同地行动的能力，即使所有的因果条件，包括人们的愿望或动机，还有他们的相对实力，都和之前保持一致。
混沌论	有些东西可以出现，而完全不受过去设定的因果语境的限制，也就是说，它们是纯粹偶然和自由选择的事件。

图1　决定论－自由主义－混沌论比较

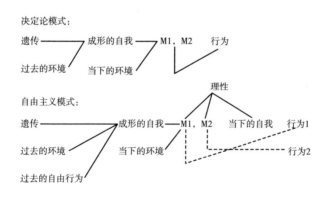

图2　决定论的和自由主义的行为模式

在图1和图2中，我解释了一种中庸的自由选择观，它不同于我们刚刚谈论过的两类思想家的观点。接受这种观点，或这种观点的某种版本，就会使上述两种极端立场及其为意志优先性所做的辩护变得无效，或者至少使它们变得成问题。图1清楚地表明了我所谓**自由主义**立场的中庸特征，而且表明了它与**决定论**和**混沌论**两种极端立场的区别。图2赋予过去的自由行为，还有遗传和环境，以构成**成形的自我**（或性格）的角色。这种成形的自我决定在一种既定的选择语境中最强的动机（M1）应该是什么，同时也决定较弱的动机（其中一种被 M2 所表现）。当下的自我能够根据理性决定在一种既定情境中反对最强动机，而根据一种较弱的动机去行动。无论如何，都不能忽视动机的语境，或当前的环境状况，但可以在这两种事实设置的限制中，带着一定程度的独立性行动。于是，（在我过于简单的图解中）我们可以发现，行为 1 追随最强动机，而行为 2 追随较弱动机。于是，两种行为都来自动机，并且因而都有原因。但是当下的自我在各种可获得的原因中作选择时，并且以此影响效果时，有发言权。①

一系列较弱动机的选择，而非一个最强动机的选择，最终可以让成形的自我发生变化，证明它如何能够被自由行为一步步地（而非突然地）改变。环境的变化也可以通过强化既存动机，反对成形的自我的最强动机，或者通过在动机复合体中暗中培育新的或强或弱的动机，塑造成形的自我，参与这一变化过程。在自由主义中，环境的因果影响被相应赋予应有的重要性和地位，这不同于休谟，后者认为只有一种严格决定论的教义才能弄明白这样的发现，即"所有人类法则都建立于奖惩之上"，而且，在各个方面都被设定为"一种基本原则的，是这些动机对心灵具有一种影响，既能产生好的行为，也能阻止坏的行为"（1980：410）。

但是，这种模式仍然允许人类在选择中保留一些开放元素——一种不可预测性原则，它并非缺乏关于所有因果条件的充分知识，它允许理性的辩护或呼吁，这些可能对过去的人来说并非完全典型的。于是，理智的考虑和变化，可以影响行动的变化，也就是说，意志能够和理性相互合作，而不是先在于理性，而且，意志可以顺从理性的说服，而非仅仅顺从因果动机。对因果解释和理性权衡各自角色的这种认识，为存在于康德极为强调的和休谟以

---

① 为了让自我扮演这样的角色，它似乎必须被二元论地看待，但也并非必然如此。比如，怀特海在他的《过程与实在》中给出的自我概念，就与图 1 和图 2 中表现的中庸自由观一致；但是，怀特海的自我并非笛卡尔式的，也就是说，它并不属于与自然世界相分离的实在秩序。

自己的方式（也就是通过区分是与应该）强调的解释和辩护之间的重要不同让出了空间。但是，它也赋予动力因解释和形成人类行为过程的重要性，霍布斯和休谟正确地强调了这些。

萨特尤为坚定地推进了康德的声明，即一种真正的自由意志必须能够完全独立于过去而行动，从而把这种声明的荒诞至极的后果明确到了一种程度，而康德由于前后矛盾的慎重，并没有达到这种程度。但是，我们对自由主义的阐释证明，自由并不要求绝对独立于因果条件；也就是说，它并不要求一种荒诞的混沌论。决定论或混沌论的二分，是一种虚假的二分；真正自由的个体行为部分（即使不是全部）可以根据因果关系解释。康德或萨特都没有认识到这一点，于是，他们认为必须从一个极端跳到另一个极端。这导致他们各自的意志首要性观念，而每一种都依赖于绝对自由的观念。

第二个遮蔽康德意志首要性观念的极端不可信性的特征，是他宣称人类自由只有严格限定在普遍道德法则的领域中时才能得到负责任的实行，这种法则是意志本身在"实践理性"的引导下制定出来的。这是令人安心的，因为它支持证明一种思考意志的首要性和彻底自由的方式，又不会导致道德虚无主义。但是，这种确信非常脆弱，且很短命。

康德之后的意志哲学家们，倾向于比他自己更前后一致地追随他的观点的内涵。我们刚刚引用了萨特这个论证，后者把康德的确信推至荒诞至极的结论，即意志能够完全独立于过去的限制而行动。施蒂纳、尼采和萨特进一步推理道，如果意志真像康德所说的那样是首要的，那么它不可能对任何位于它之上的原则负责，或者不可能对那些并非是它在自我实现的每一瞬间随意设定的原则负责。这种观念已经在唯名论的上帝观念那里得到了明确表现。康德的"绝对命令"在某种意义上包含两个方面，即既赋予意志的特殊行动首要性，又把意志的合法行动限制在不变的理性规范中。康德坚称这是一种不同的理性，它自动产生于意志本身，这一事实并没有让问题不再尖锐。

每一孤立个体都有其怪异的思想和行动原则，以此表现其意志的绝对优先性，这种观念受到第九章讨论过的一种历史发展观的严重影响。尝试从孤立个体的主观性中推论普遍的认识论和道德法则，这一现代计划——康德的第一批判和第二批判就是这种计划的典范——在尼采时代，当然也包括萨特时代，会被视为完全失败了。失败的最明显的标志，是关于这些来自主观性却具有普遍性的原则究竟是哪些原则，这个计划最为可能的倡议也无法促成共识，更不要说会得到落实。发现这些原则的梦破碎了，但是主观主义的倾向本身，即永恒、绝对且"客观"的思想和行动原则唯一可以想象的替代物，是纯粹主观性的准则，后者由个体意志行为无时无刻地确立着，这种假设，并没有破碎。①

以这种方式，我们被置于认识论虚无主义、道德虚无主义和生存论虚无主义的情境中。在施蒂纳那里，不存在共同的道德，只有利己主义的意志。在尼采那里，我们的真理追随我们的价值，而这些价值又是我们的意志的随意建构。于是，我们在个体层面上显现权力意志的宇宙论原则：尼采的唯名论上帝概念，或他对后康德时代本体意志的表达，是所有意义和价值建构的绝对根源。在萨特那里，对每个人来说，整个可理解的世界都是个人意志的自由建构。于是，对这三位哲学家来说，选择就是制造真正的价值和赋予价值；在这个世界上，除了永远即兴创作的意志，不存在其他的意义基础。

我们正在思考的决定论——与自由意志对立——的自由意志一面，患有明显的时间恐惧症。它在某一个方面确实如此，因为它认为自由需要完全独立于过去，但在另外一个方面它也是如此，因为它假设自由只能被永恒的规范有意义地引导，或者，只有这样的规范对意志行为具有"客观"意义。这第二种时间恐惧症，至少和柏拉图一样古老，后者相信只有学会让我们的思想和行动符合永恒形式的绝对标准，我们才能驱除诡辩论者的相对主义魔

①　在并没有设定意志的首要性，但认定在个体主观性（普遍道德原则常被认为只有在这里才能被发现）里不存在普遍道德原则的思想体系里，只剩下情感被普遍视为具有假定的优先地位，如情感主义的伦理理论。霍布斯和休谟证明在情感主义和唯意志论之间可能存在密切关系。这两位哲学家都视意志为行动的驱动力，而意志不可避免地或不易觉察地来自基本的欲望和情感。相较而言，萨特主张我们要对我们的情感完全负责，它们影响我们的程度表现在我们随便让它们这样做。于是，他对极端的决定论立场的态度，是发展一种属于他自己的同样极端的立场。

鬼。康德以同样的精神推理道，如果没有绝对的道德法则——它们可以在我们自己那里发现，并且超越所有文化和时间——道德责任就不再有任何意义。像施蒂纳、尼采和萨特这样的哲学家，继续着这样的假设，却没有发现这样的普遍法则或道德原则，把这种假设一直推向虚无主义的结局。

我已经批判了第一种时间恐惧症，证明它根源于一种错误的二分法。存在一种方法，它允许过去参与当前的决定，而不必视这样的决定为动力因的无情后果。我针对第七种哲学假设的第二个主要批判，主要指向另外一种时间恐惧症。因为这种批判已经在第九章描述多元主义替代物时提及，我只在这里简单说明它如何适用于当前的主题。

第二种批判的要点在于，当可理解性和价值原则被证明依赖于具体而多样的历史、传统或文化状况时，它们不可能突然变得无用。正如上文指出的那样，某种关于意志优先性的假设，通过没收这种优先性来赋予优先性；意志要么被普遍的因而被证明是不变的规则所引导，要么必须是荒诞的、变化无常的，它的决定没有任何理性基础。由于第一种建议所表现的替代物变得可望而不可即，我们被设定只剩下第二种替代物了。

但是，这是一种虚假的二分，就像下述声明一样明显是虚假的，即意志行为必然要么可以根据动力因得到完全的解释，要么完全不可解释。我在前一章详细揭示了前一种二分的矫揉造作，指出非常有用的和特别理性的真理和价值，可以在有限的、时间性的文化经验条件下发现。我们并不需要超越这些条件，来为我们的自由的运用创造一个客观性的意义语境，或让我们能够以一种理性的态度评估适合我们选择的观点的相对优点。

我在第九章还指出，属于某种特殊文化的那些在历史中继承下来的解释模式和规范，不会只是机械地建构我们的选择，它们本身也会随着时间的变化而改变，因为我们会批判性地反思我们的文化遗产，会挑选其中一些重要的方面，会探讨其他文化和时代的源泉，会和那些以不同于我们的方式展望世界的文化和时代进行创造性的对话。就像在自由主义的自由模式里，具有因果性的过去的影响不会决定我们的选择，我们的文化为我们的自由表现既提供了稳定的语境，又提供了相当大的活动范围。由于这种情况，理性和意志能够和谐共处，共同起作用。不存在对永恒原则的孤注一掷的需要，以便约束我们的自由，或者让我们免于盲目的任性。于是，那种主张"没收"意志首要性（施蒂纳、尼采和萨特强调这种首要性）的观点——存在于康德和其他绝对主义者设定的参数里——就会破产。而且，随着我们对这种破产的认识，虚无主义哲学的结构的另一部分，也会消失。

四　迄今为止的旅程

本书第三部分和第四部分，致力于批判性地考察十三种假设——六种宗教假设和七种哲学假设，这些假设尽管不总是得到明确地承认，但在过去两个世纪虚无主义思想的发展过程中扮演着支配性的角色。虽然这份清单并不意味着已经穷尽一切，但我认为，这些假设确实是最为重要的现代虚无主义思想根源。我已经尝试证明，仔细检查这些假设，可以有效地揭示那些持虚无主义立场的观点的脆弱之处，这些观点在第二、三、四章得到了描述。

尽管我已经在详细说明和批判性地评估虚无主义哲学方面取得了一定进展，但还没有达到我的旅途的终点。我必须更为深入地探讨两种论证范畴，它们直击虚无主义观念的核心，它们与痛苦与死亡有关。我们也可以通过思考虚无主义的教训获益，于是我们需要把这些教训表示出来。最后，我想概述一下针对虚无主义的一些情况，尽管通过倾听这种哲学的某些特殊方面我们已经获得一些洞见，但它仍然是一种关于人类存在的狭窄而难有说服力的一般解释。我将会在本书第五部分处理这些遗留问题。

第五部分
最终的评价

第十一章　反虚无主义的例子：教训与辩驳

> 人是一种矛盾的存在，如我们已经知道的那样独特，努力追求
> 完美，但如果真地得到了这完美，又会完全剥夺他的本性。
>
> ——斯坦利·罗森（Stanley Rosen）（1969：214）

一　痛苦与死亡

一个人和他的妻子各自开着小汽车回家。丈夫先到达，等待着他的另一半，后者落了他一段距离。当他等待的时间远远超过了他认为妻子赶来所需的时间时，他重新上了自己的车，原路返回，焦急地寻找。没有走多远，他就看见一幕意外的场景，一辆警车警灯闪烁，一大堆碎玻璃在他的前车灯照射下发着光，两辆相撞的汽车横亘在道路上。他从警察那里得知，他妻子的轿车被一辆闯红灯的轿车猛烈撞击，那辆车的司机据说喝了酒。他的妻子被送到医院之后不久死亡。记者后来观察这个男人对这场意外的反应时，发现他只是这样说道："你能说什么？这是生死的一部分。我没有任何重要的东西要解释。太沉重的打击。"（Robinson and Kirksey 1987）

这种常被都市报纸报道的事件，和许多其他类型的事件一样，能够为我们沉思相关于虚无主义哲学的痛苦与死亡设定一种心绪。这个男人的经历不

仅显示痛苦与死亡之间存在密切关联——我们最为剧烈的痛苦，来自我们所爱的人的死亡或即将到来的死亡；而且它也猛烈撞击着人性的正确的音符。我也担心自己对这两个严肃的主题没有什么特别深刻的话要说，但我确实想去发现一些东西，目的是显示痛苦与死亡的事实无处不在，让人饱受困扰，尽管它们不一定最终都让我们得出虚无主义的结论。

第一种，世上的痛苦有相当大一部分可以追溯至人类的自由行动，因此不应该归咎于冷漠或恶意的宇宙，或者不应该被视为不可避免的。与自由相伴的是责任，这种责任可以好或坏，可以被承担或弃之不顾。对我们来说，拥有选择的自由，又不破坏性地滥用这种自由，是不合逻辑的。一些人的疏忽、冷漠或怀恨在心，会导致其他人的痛苦，就像上面讲述的那个事件。一个人喝酒了，他本来可以寻求帮助却没有这样做；他本来可以采取一些预防措施以确保他不会在喝酒后开车却没有这样做。结果，悲剧发生了。一些人让他们的同胞们受到冷漠或忽视的伤害，受到"对面而来的无情过客"的伤害；还有一些人让自己受偏见、怨恨、贪婪、寻求刺激或权力欲支配，无情地践踏个人或群体，恣意强加苦痛与死亡，直到实现他们的目的。

对自由的种种滥用，尽管值得我们高度重视，但也不必把我们引向绝望。因为去做恶事的自由，也是去做好事的自由。尽管我们无法消除过去的悲剧，但我们可以努力寻找一些方法，鼓励和帮助人们在未来建立更慷慨和更富有同情心的关系。我们可以尝试塑造和支持一些机构，让它们为那些无辜的人提供免于罪恶滋扰的保护和正义，让它们为那些屈服于——不仅因为个人的怨恨——邪恶欲望的人们提供确定而有建设性的治疗。

这不是说我们可以期待从总体上减少人类精神中执拗而具破坏性的倾向；这是我们的经验的一种特性，没有人确信能够充分理解这一特性，或者能够找到应对办法。但是，我们可以努力改造这些存在于自己和他人之中的邪恶冲动，把更为积极的动机置入这些冲动所在的位置——通过教育、法律、道德和宗教影响，还有艺术的转变力量、不懈的心理学和社会研究，以及机构改革。我们可以自由地寻找更为人道的动物治疗方式，创造一种关注氛围，其中我们能够更尊重它们的需要，更能感受它们的痛苦。于是，正是我们作为自由存在者的能力，减少了世上的痛苦总量：这是一种希望的愿景，而非虚无主义的绝望。困难重重，令人畏惧，但机会也真的存在，到处都有。

第二，人类痛苦的很大一部分来自那稳定而可预期的自然环境，没有这种环境，我们的自由就无法落实。环境的有序过程能够确保我们生产汽车，以扩大我们的行动自由，但可能造成新的痛苦或死亡，就像上述例子一样。许多其他技术发明也增加了我们在今天这个世界上的自由。但是，即使没有各种复杂的技术，人们也会被自然规律伤害，就像有人会从悬崖上摔落，或者溺亡在大海中。在哪个地方我们可能没有万有引力或水而存在，它们支撑我们，有时候却会伤害甚至杀死我们？真的存在一种可靠的规律，它们能够为我们服务，为我们的自由表现提供必要条件，却不会在某些情况下带给我们悲伤？

一种公开谴责存在于一个有序世界里的这种含混性的虚无主义，似乎在要求某种根本上不可能的东西，至少如果人类自由仍然具有现实性的话。如果关于这种含混性有某种替代物，它们也绝不那么容易让人想到；更何况，人们还得去证明它们是更好的选择。这里，我们又会想起第六章里关于神圣天国的美梦的批判性讨论。尽管这个我们托付其中的世界存在很多意外和危险元素，但它为我们提供了保护和可靠性，这些都是生活和自由的必要条件。要求得到好处，却希望不负任何潜在责任，这样想可能吗？

第三，我们的受苦能力必然伴随我们的奉献能力、关心能力和爱的能力。如果我们是冷漠或感受迟钝的造物，我们感受痛苦的能力将大大降低。去奉献和去关爱并且因此去深刻感受，就是参与各种关系或冒险，但它们并不总是按照我们希望或期待的那样发生。这样的参与可以极大地丰富我们的生活，也包含失望和失败的种子。为某人或某个目的而活，带着强烈的关注之情心甘情愿地献身于这个人或目的，就是冒着失去它或难以得到它的危险，或在服务它的过程中伤害它的危险。但是，只有以这种方式，我们才能拥有值得活下去的东西。①

　　有时候，为了献身于这些让生活有意义的事业和价值，我们必须牺牲自己的个人幸福，甚至危及生命。"做出牺牲的准备，"穆勒宣称："是我们可以在人们那里发现的最高美德。"他还说道："在这个世界的如此条件下，那种有意识去行动却不求幸福的能力，恰好最有可能实现这样的（一般的）幸福。"（1957：21）有记载的那些最典型也最有意义的生活，符合这种描述。比如，有人认为甘地的生活就是如此。因为这个男人的受苦，因为这个男人心甘情愿地为他人受苦，成百上千的人们曾经深受他的恩惠，避免了很多邪恶。甘地最终被暗杀，他所热爱的人们、朋友和追随者们深受他的无意义死亡打击。但是，人们可以因此严肃地声明，他的生命是没有价值的，或者他的苦或他们的苦抵消了他能够实现的难以计算的善吗？在甘地为人们创立的充满爱意的环境中，在他帮助建立的伟大国家里，这种有益的影响一直持续到今天。

　　第四，认为痛苦是完全消极的或只起辅助作用，它本身缺乏价值，必然是奉献、关爱或持续的爱的代价，这是错误的。痛苦常常通过教会我们勇敢、怜悯、对生活的更深层的东西敏感，以及应付生活中的偶然事件的能力，来积极提升生存的品质。尤其是当痛苦的道路被有意识地选择时，这种结果是可能实现的，就像甘地那样，他的苦难经历有助于他成为非凡、坚忍、崇高的典范。但是，当痛苦突然袭击一个人，而非通过个人的自由意志出现时，这种结果也会出现。富兰克林·德拉诺·罗斯福（Franklin Delano Roosevelt）就是一个真实的例子，他曾经在中年时受到脊髓灰质炎的折磨。

---

①　在近著《科学与宗教》中，罗尔斯顿给出如下观点：即使是在动物的生命中，受苦的可能性也伴随感受性的礼物。他注意到：

　　　感受性及其配对物——痛苦，是爱和自由的一种初级形式。一个有神经的动物能够爱它那个世界里的某种东西，并且能够自由追求这种东西，这种能力远远超过了那些无法移动的、没有知觉的植物……当有机体和它的所爱相统一或相分离时，感受性的表现就是爱的表现。（1987：288）

　　和所爱的东西相分离就是痛苦，如果爱确实存在，就必须接受痛苦这种可能性。

许多认识罗斯福的人都确信，他与这种疾病——这种病让他在有生之年如果没有帮助就无法行走——的斗争，给了他谦逊、耐心、反思能力和对人类所面临问题的深刻同情：这些美德之前从未被注意过。这些斗争有助于他具备担负领导责任的能力，有助于他在大萧条和第二次世界大战这样令人难以忍受的岁月里长期担任美国总统。于是，罗斯福不仅从他的痛苦中获益甚多；其他人也从中受益匪浅（Morgan 1985：258－262）。

甘地和罗斯福的例子证明，我们不应当只从个人的立场出发看待痛苦问题，即使痛苦在那里具有创造性的力量。我们还需要从作为整体的人性立场来看苦难，因为个人的痛苦可能有助于减轻群体的痛苦，并且因此具有积极的意义。把我们关于痛苦的分析局限于个人的范围，就是继续这样一种谬论，它认为特殊的个体是独立的、自足的单元，我曾经在其他语境中批判过这种观点。

我们还要指出，群体可以从他们自己的痛苦和奋斗中——而非仅仅从他们的领导人的牺牲那里——获益匪浅。特德·摩根（Ted Morgan）引用大萧条时期美国人民的例子证明，正是因为罗斯福的"个人痛苦不断更新，更伟大的理解力得到了更新，令人惊讶的力量也得到了更新"，所以"由于整个国家的痛苦"在"不断更新，一个更富同情心的社会开始出现了"（1985：261）。但是，我们需要注意到的是，尽管全体的痛苦可以是更新的触发因素，但这种更新效果不是自动出现的。它部分依赖于人们如何自由回应他们的不幸和机会。在1920年代末和1930年代初，德国人也经历大范围的经济萧条，其历史效果却是暴行和毁灭，而非更新。①

于是，对我们来说，过一种有意义的生活而不必受苦（有时候我们只是面对切近的痛苦，而这端赖于我们自愿献身于此；甘地的生活就是一个恰当的例子）是可能的。我们无法保证每个人的生活都同样有意义，或者保证一种当下有意义的生活将永远有意义。而且，不幸的是，痛苦的经验有时候具有毁灭性或会吞噬一切，以至于它会摧毁一个人的生命意志，从而取消

---

① 当然德国的情况还有其他因素，如战争失败的耻辱和有名的凡尔赛条约的"战争罪"条款，更不要说沉重的战争赔款和大片领土被接管。

对这个人来说过有意义生活的任何可能性。我们也必须承认，或至少在某些情况下承认，这样的痛苦会对一个人的家庭、朋友或更大的社会群体产生极为消极的影响。另外，整个群体也可能遭遇痛苦，这种痛苦是如此严重和无厘头，就像这个群体的许多成员对生活的肯定所遭遇的严重威胁那样，一些美籍印第安种族在 19 世纪后期所遭遇的，或者大屠杀中的犹太人所遭遇的，就是这样的苦难。

因此，这些痛苦似乎是无法挽救的悲剧，或者没有弥补的价值。承认这一事实是现实主义的，而非虚无主义的，因为后者甚至否认了一种有意义生活的可能性，斥责所有关于有意义生活的声明都建立在一种妄想之上。痛苦在目前和未来的存在，无法保证免除痛苦的最具毁灭性的后果，这些既定的事实，并不意味有意义的生活是不可能实现的。人类生活，和所有种类的生活一样，毫无疑问都是充满不确定性的。但是，这并不意味人类生活是无望的或没有意义的。

这最后一种声明把我带向了第五个发现。叔本华、齐奥兰和其他人宣称人类只有两种生活状态，要么是毫无希望的无聊，要么是极度的痛苦，这是完全错误的。这是一种虚假的割裂。大多数人生活在这两种极端状态的中间位置，这从经验上证明生活是可以过下去的。齐奥兰和叔本华夸大其词，他们堕入了查尔斯·弗兰克（Charles Frankel）所谓"歌剧姿势"或一种"宇宙忧郁症"状态（1965：10 – 11）。尽管对某些人的生活来说是真的，而且可能就是他们自己的生活，但他们的分析明显缺乏对所有人类生活的准确描述。于是，他们的生存考察，虽然声称是完全现实主义的，而且剥去了我们通常不那么穷根寻底的感知的粉饰，但实际上是过分造作和夸大其词的。卡夫卡也有过类似的观点（至少被罗斯解释的卡夫卡如此），因为我们发现我们自己难以完全实现我们的最高责任和目标，我们必然永远被一种自我厌恶或犯罪的痛苦所折磨。满足可以从高级理想的相对实现得到，我们努力更加接近这些理想的持续需要，能够保证我们避免空欢喜，为我们的生活提供持续的目标。因此，我们缺乏这样的理想这一事实，不一定就会把我们置于无尽的苦痛和失败中。

但是，说了所有这些，这样一个事实依然存在，大多数痛苦都是生存的破坏因素，它们反对任何概念化的接受或存在主义的和解。尽管我们的生活绝不是彻底荒诞的，但其中确实存在荒诞的元素，而莫名其妙的痛苦是这些元素中最引人注目的一个。我们可以解释痛苦，给痛苦一些有意义的诠释，直到某种确定的位置，就像我们刚刚尝试做的那样。但是，埃利·维塞尔（Elie Wiesel）的最后分析是正确的：

> 邪恶存在于这个世界。问题是为什么无辜的人总受罚。没有答案。我不想接受让人舒适的答案。如果任何人说存在一个答案，我都不会相信。（Nellhaus 1985）

罗尔斯顿说过类似的话，他坚称很多痛苦是无法补救的邪恶，而且

> 去理性地解释邪恶就是一种语词矛盾；这在宗教上就等于给一些随机事件一种科学解释。有些事件没有原因，也不是完全随机性的。有些事件并没有意义，也不是完全邪恶的。（Rolston 1987：287）

痛苦是生存结构的一部分；它存在于全部人类历史和动物经验中。[①] 它的危险经常被歪曲或夸大，拒绝和经验的其他方面混合，反对所有的分析或

---

① 关于动物痛苦的一种平和的讨论——和叔本华对待这一主题的彻底谴责态度形成对比——参见罗尔斯顿的著作（Rolston 1987：133－146，286－293）。罗尔斯顿警告我们不要在回应动物的痛苦时过分拟人化，指出"动物和鸟类的皮肤单位面积里的神经末梢要少得多……"这意味着"意识、自我意识、经验或什么用来命名它们的经验状态的东西的水平，是非常不同于我们自己的那东西的水平的，它们要更缓和些，不像我们那样强烈和长时间持续"（139）。他还指出，尽管进化过程包含斗争和痛苦，对有些单个有机体来说尤为如此，但它有助于作为整体的类的善，并且最终还是"维护生命的"。于是，"一切都还是收支平衡的，单位面积内的动物数量和能量并没有多少被浪费。"尽管动物生命中"痛苦和悲剧的因素无处不在"，且"从偏狭的自我的视角来看尤其如此"，但这种因素"在系统整体中会减弱和改变"。而且"对所有的斗争、暴力和变化来说，存在持久的价值"（136－137）。

（转下页注）

道德解决方案。不这样想，就是屈服于感性，就只是痴心妄想。

还有，痛苦不是叔本华、齐奥兰和其他虚无主义者曾经认为的那样是十足的祸根和灾难。它的重要性是混杂的，并非绝对的荒诞。就像它不能被解释得让我们完全满意，它也不能说完全超越了解释，或者只会导致一种虚无主义的结果。我们可以直面它的现实存在，承认它的可怕的神秘性，但不绝望于人类生活的意义，不会指责它出现于其中的那个世界。但是，为了这样做，对既存事实的和痛苦的可能性的有力象征化，必须是当前有效的提醒之物，它是生存的一个方面，这个方面我们通常无法控制，必须不断尝试为自己准备。基督教里的十字架故事，就是这样一种象征化，就像印度教里的湿婆卡莉。

尽管我自己的意识深受十字架故事的影响，这个故事把痛苦置于世界的核心，置于它的终极根源和原则的核心，而非只是置于人类意识的核心，但对我来说，这种象征中似乎还缺乏某种东西，它可以被印度视角所弥补。基督教的象征主义把上帝描述成绝对的善，描述成痛苦的无辜受害者——面对这种痛苦，他自己也无法解释——并且最终描述成超越所有痛苦邪恶效果的胜利者。这种描述虽然具有足够的深度和力量，但仍然让人觉得片面，缺乏乐观主义。它难以充分象征苦难的不可思议的神秘，这种象征还没有达到让我们准备好直面这一神秘的程度，也就是说，我们自己或整个世界的痛苦，

（接上页注①）罗尔斯顿关于动物痛苦的第三个基本观点，是具有感受性和移动能力的动物"会痛苦，但也会控制它们的环境。确实，痛苦的能力和避免痛苦的可能性通常是成正比的，自由和自立的程度也是成正比的"（136）。罗尔斯顿的目的不是搪塞或轻视动物痛苦问题，而是要提醒我们动物痛苦的积极方面。悲剧就在那里，拒绝肤浅的辩护，但它并非叔本华所认为的那样，仅仅是无理数或无限的恶。

罗尔斯顿还断言，当对上帝的信仰消失时，无法解释的痛苦之恶还会存在，而且"有时候会变得更加紧迫，更令人绝望"（187）。我想对这一声明的后半部分提出质疑，因为我认为，当我们不再把世上的痛苦事实的存在归于一个全知、全爱、全能的上帝时，我们会被激发更好地学会和这些事实共同生活，学会恰当地回应这些事实。因为这样的话，我们就不再受到上帝为什么不创造一个完全不同的世界——这个世界要少很多无处不在的痛苦——这样的问题的持续折磨。结果，我们可能会更好应对如其所是的经验世界，它作为我们既定的经验语境，不需要什么终极解释，尤其是根据深思熟虑的打算和设计而给出的解释。可以再次参见我在第六章第三节对基督徒的完美来世的希望的第三个批判。

还是达到了某种程度，以至于它会像出乎意料的晴空霹雳一样突然出现在我们面前。

传统一神论的邪恶问题，是一个我们现在正在尝试解决的问题：它所假定的至善和全能的上帝为了自己的统治而冷静地创造了邪恶（或邪恶的可能性）的观念，确实没有让我们从心理上做好面对威胁和不可预期的痛苦的准备。相反，印度教的象征把世界的根源和原则描述为完全混沌不分的，描述为自身包含了宁静和创造性活力，这种描述既能表现极乐和救赎，也能表现令人恐怖的毁灭力量和潜能。湿婆，这个宁静而充满活力的创造者，同时又是破坏者的黑色的卡莉，满口滴血的尖牙，头戴花环，放肆地吞噬着人类和动物。

湿婆－卡莉的形象某种程度上表明，创造与毁灭必然总是如影随形，因为对旧有之物的毁灭，就是创造新异之物的常见序曲或伴奏。但是更为根本的是，它可以有力地提醒我们，世界有其黑色的一面，就像月亮有其阴暗的一面那样，这个充满模糊不定的危险和苦难的一面，会突然出现在我们眼前。这是世界的终极特征的一部分：它的深不可测的神秘一面。

重要的是，卡莉是梵文 *kala* 的阴性形式，而这个词与时间有关，意味着未来的极端不确定性，意味着时间会强行置入我们生活中的挫折和剥夺，还意味着未来可能让我们有所成就和重新振作的不期而至的机遇。去实实在在地生活，就是能够清醒地意识到我们的世俗生存的这种含混性。这种含混性必须被如此清楚地认识到；它不能被简单地分解为轻浮的乐观主义或令人沮丧的虚无主义。这样一种认识，为信心和希望留下了空间，但伴随这种信心和希望的，是对现实和动物与人的痛苦程度的同情认识，以及对所有生存的偶然性的清楚承认。这些偶然性可能会导致痛苦，但是，同样的偶然性有时候——尽管并非总是如此——会有难以预期的转化效应。这样一种观点，可以被恰当地命名为"对待生活的悲剧意识"，也可以帮助我们准备直面牺牲，而作为我们所从事的事业和追求——它们让我们的生活有价值，有助于世界的改造——的代价，我们可能被召唤做出这样的牺牲。

现在，我要从痛苦问题转向死亡问题。死亡——或者至少是终极意义上的死亡——这个事实，真的支持一种虚无主义的结论吗？在应对第三章第四节所提出的观点时，我主张事实并非如此——尽管极度失落的痛苦常常伴随死亡（尤其是年轻人和赍志以殁者的死亡），尽管当一个亲戚或朋友死去，难以理解的震惊会让我们瘫软在地，尽管我们自己和自己的至爱也会被带向那绝对无法逃避的死亡。

把死亡的事实放进这样的视角去，可能会有帮助，即我们尝试想象一下，如果所有东西都不会死亡，这个地球或人类社会会变成什么样。不仅自然中将不再存在生态系统或食物链——那些无比繁复的相互关联之网，其中复杂上升的生命形式，受到简单下降的生命形式的死亡的支撑——这回事儿，而且将不再存在进化过程这样的事情，这一过程让更高的生命形式，包括人类生命本身得以出现。就像熵是保证生命、心灵和世界存在的能量交换的代价，个体的死亡，有时候甚至是整个类的死亡，也是保证生命形式的充分多样性和进化的创造性进程的代价。于是，在自然秩序中，多样性、创造性和暂时性、死亡如影随形，一方只可能能通过另一方而存在。思考死亡在自然中的存在，把这种存在视为无限的邪恶和荒诞，就是拒绝生态地球的相互缠绕的从属性，就是拒绝时间的工作进程。后者为了持续和创造，必须不断毁灭，而我们已经知道，这正是生命存在的条件。

根据希伯来圣经，人类存在的首要诱惑，就是想"像上帝那样"（Genesis 3：5）。我们可以把这一教义应用于死亡主题，指出人类的全部历史都受一个梦想折磨，即发现消除其尘世根源、有限性状态的方法，发现逃离生命在世界上的受限状况。成为某种我们永远无法成为的东西，这种绝望的渴望一直支配着我们，诱惑着我们去否定所有我们身处其中并且有能力成为的、让人满足的好东西。

对这种忘恩负义和傲慢的回应的"诅咒"，可能并非死亡本身，就像对旧约《创世纪》3：19 比较常见的理解那样，而毋宁说是关于死亡的过分焦虑，不愿意承认死亡必然意味着有限的、互相依赖的生存。虚无主义就是这种傲慢的症状，它表现为完全拒绝有限生命的礼物，假设生命毫无意义，除非生命永恒。但是，这种假设本身就是荒诞和非理性的，就像小孩子坚决拒绝老爸的邀请去看一场马戏，这只是因为他知道看马戏的快乐只会持续一个晚上，以后再也经历不到了。罗马皇帝马可·奥勒留关于死亡的看法与此相反，比较清醒，也很明智。他在《沉思录》中写道，死亡"与一个反思的人的性格并存"，他"对于死亡，既不是无动于衷的，也不是无法容忍的，更不是嗤之以鼻的"，而是"把死亡视为自然的行动，从而等待着死亡的到来"（1965：Ⅸ，3；Meilaender 1986：11）。

想象一下如果所有人都不会死去人类社会会变成什么样子，我们也会得出类似的结论。首先，人口问题将会迅速凸显，疯狂发展，以至于让当下的人们相较而言变得无关紧要。事实上，人类很可能因为完全超出地球的承载能力而灭绝了。其次，在没有死亡的社会里，对建设性变化的全面禁止，可能会变得明显，这种无比严重的保守主义，来自所有那些已经活过百年甚至千年的人们。而年轻人，带着具有冲击性的新鲜思路和观念的年轻人们，多半会没有出路。他们渴求变化的努力，将会受到大量拥有极权的老人们的压制，最终相信只有以一种靠得住的方式才能做成某些事情，而有些事情根本就不要去尝试，因为它们"根本就不能碰"。通过生与死的循环在人类社会中维持的那种保守与创新之间的微妙平衡与张力，将会彻底陷入危险。砝码将向抑制性的遵从和年轻人不断增长的沮丧、异化一方倾斜。处处被不可救药的两极化和对立撕扯着，完全不适应于时间必然要求的变化，我们很难看到这样的一个社会能够持续多久。

个体的死亡这一事实本身并不能保证一个繁荣而有适应能力的社会。但是，我要指出的是，它为这一目标做出了属于它自己的实质性贡献。相较于一种纯粹个人主义的观点——这种观点认为特殊个人的死去是绝对不公平和无意义的——个人的死亡可以视为他献给未来的礼物，他为其他人用新观点和激情来变革他和他那一代人的成就让出一条道路。如果这样来看，生命的价值所依赖的，就并不完全在于它的量，而是在于它的质；不在于我们每个人在永恒中希望经验什么，或者为我们自己捞到什么，而在于我们每个人在我们所拥有的有限时间里能够给予世界、文化和社会什么。

我们还可以说，我们过一种更丰富、更有意义的生活，以至于我们仍然记得自己正在走向死亡。正是通过我们意识到我们的爱和友谊有一天必然会走向终点，我们才会让这些情感变得更深更浓。我们可以尽情吮吸和享受生活能够提供给我们的所有甘露，同时也有时间专注于做出我们最大的贡献。阿莫斯·维尔德（Amos Wilder）曾经比较过活着时对死亡边界的意识与大海中冲刷礁石的波浪。"正是由于碰撞着坚硬无情的礁石"，这些洋流才"变得鳞光闪闪，或碎裂为五彩的泡沫和浪花"（Wilder, in Scott 1967：25 - 26）。同样，认识到没有生命能够永恒，认识到每一个生命必然在撞击死亡的"坚硬礁石"时走向终结，一片奇异的五彩和一种珍贵的品质就会被赋予我们活着的日子。但是，这种需要并不是叔本华所说的那种悲惨的"海难"，它是一种美好生活的高潮和实现。

当然，并非所有的生命都是美满的。有些生命被浪费掉了。在托尔斯泰的短篇小说《伊万·伊里奇之死》（1960：95 - 156）里面，伊万·伊里奇在认识到他很快就要因为一处最初看上去无关紧要的轻微创伤而死亡时，他才意识到自己的生命被虚度了。故事的核心观点似乎是，这个生命并不非得被浪费不可，却因为一系列的错误选择，因为故意不敏感于走向有意义生活的机会而被浪费掉了。生活方式一定会改变环境？并不一定，因为这种习惯——对生命更深意义的不敏感和忽视——可能因为伊万·伊里奇的生命持续下去而被稳定增强。生命的长度在这种情况下与生命的内在意义或意义的缺失无关，就像在大多数其他人那里一样。只有当他被迫面对即将到来的死亡时，伊万·伊里奇才开始认识到他本来可以也应该可以过另一种生活——在有限的时间里，这是他要过的生活。他最终发现，只有当一个人认识到要关心他人，把自己奉献给他人，而非只是为自己活着时，他的生命才是有意义的。这个教训，表现在男仆格拉西姆的怜悯之情中，后者无限满足着伊万·伊里奇的需要，在他死亡之前，和他诚实地谈论着他的死亡（因为没有一个家里人或朋友愿意这样做）。

但是，其他类型的生活，既没有被浪费，又不是充实的生活，也会被不期而至的死亡打断。在这里，不会给美满的生活任何机会，至少在这种意义上如此，即不会让人有充分的时间去追求自己的事业，或寻找做出自己独特贡献的方法。这样的生命是悲剧性的，它们并不充实，也缺乏机会，而这些机会并不是因为这些人自身的缺点而失去的。说这样的人的死亡"适得其所"，绝对是铁石心肠。就像关于某些痛苦那样，我们必须简单地说，这里很少存在意义，或者不存在报偿性的意义，不存在可能的正当理由。正如我们在第三章所看到的那样，任何具有生产性和创造性的生命，不管长短，它们的终结都是不期而至的，这仍然存在某种意义：毕加索和甘地的例子再次出现在我们心中。① 但是，这和终结于青春年华的生命不是一回事情，这种生命的特殊过程和贡献还没有形成。

未成年人的死亡这个事实会发生，对那些死去的人们和那些深爱他们的人们来说，是一种无比的遗憾。但是，这并非否定生命的一般意义的充足理由。生命可以说是有意义的，它包含了这种可能性。它不可能在每一个特殊的个人生活中实现，它之所以有时候难以实现，是因为死亡会在充足的时间之前出现。这是一个悲剧性的真理，但是它并不包含对生命本身的彻底控诉。相反，这一真理应该让我们所有人——所有拥有比较正常的生命长度，可以找到自己的出路的人——感到紧迫和产生责任感。即使那些过早死去的人，也可以为他们身后的人们做出这种非常有意义的贡献。

有时候人们会说，由于没有办法思考我自己的死亡，或者由于我的生命必须结束于死亡并且因此不再有目的和前景，整个生命就显得荒诞无比。② 但是，存在一种我们可以思考自己死亡的方法。在沉思或解释先于我的世界的存在时，我发现没有多少困难。那么思考我的死亡就那么困难？难道这个世界在我死后就不再像从前那样继续发展？就像莎士比亚所写的那样，我们的生命不仅**结束于**湮没无闻，而且"陷入沉睡"。我们在某一段时间是世界上的有意识的参与者，而且基本能够感恩这种存在方式，感恩自己被赋予

---

① 一个人不必非得是天才或名人不可，不必非得过一种创造性的和生产性的生活不可。大多数的生命，都是在静静地做着他们的贡献，没有鼓角争鸣，但同样对周围的人产生有力的影响。

② 这里的第二个声明来自霍金，参见本书第三章第四节。

（即使只是在很短的时间里这样）经验世界无与伦比的美妙和神秘（它的不可消除的、有时候仍然不可解释的悲喜交加）的特权。我们的生命提供的计划和关系，不需要是永恒的才有价值。它们可以是短暂又有意义的，可以根据它们的特别之处和捐赠来评估，而非根据一种要求它们无限持久的无理要求来斥责它们是荒诞的。

最后，我们需要认识到，还有一种看法，认为在死亡面前寻求或反对生命的意义都是毫无意义的。尽管我们在生活中会面对不确定性、困惑和悲伤，还有不可预料的死亡这一永远存在的事实和威胁，但我们大多数人不由自主地想要活下去。说到底，活下去的意志是一份奇妙的礼物。它不会因为那或许是最为复杂的思想争论而被创造出来或摧毁掉。所有生命都有着与此相似的东西，就像波伊提乌（Boethius）所言，在这种东西中，"活下去的欲望并非来自意志的意愿，而是来自自然法则"（1962：68）。

正如基督徒们所言，人类这种克服所有苦难和肯定生命的能力，证明了恩典在起作用，没有人能够把恩典归功于自己，没有人能够解释恩典的存在。① 根据同样的认识，恩典有时候的缺席，并非使谴责变得道德化的机会，而是表达同情关心的机会，因为幸运之人无论可能提供多少鼓励和帮助，都可能成为传输生命肯定力量——他会在自身中难以解释地发现这一力量——的管道。威廉·詹姆斯曾经谈论过芝诺（Zeno）的两难问题，认为这些问题需要被"生动具体地解决"，而"不需要符合逻辑"。只要**做**芝诺认为是不可能的事情，即在空间里不停地运动，我们就消解了这些问题（William James 1967：Ⅱ，261，255）。同样，虚无主义拒绝一切的问题，我们大多数人都可以把它们"生动具体地解决"：通过对我们的生存的本能肯定而实践性地或生存性地消解掉这些问题。我们身上有某种东西，可以在

---

① 蒂里希把这种对生命的肯定——他所谓"存在的勇气"——同时和自然与恩典关联起来。他说道，根据"生物学的论证"，存在的勇气起源于"一种至关重要的力量，它是自然的礼物，它是一种命运"。但是"从宗教的角度来看，它又是一种恩典"。无论如何，"勇气是一种可能性，它并不依赖于意志的力量或洞见，而是依赖于位于行动之先的礼物。"（1953：84－85）

面对痛苦和死亡时为生命辩护，这种东西顽强地否定着虚无主义的否定，不管最有力的虚无主义者会得出什么样的结论。

二　虚无主义的教训

我已经拿出了这本书的相当一部分来反对虚无主义哲学的一些特殊方面，在接下来的部分，我将要给出一些更为一般性的发现和概括性的评论。但是请注意，我们不要完全拒绝这种哲学，因为它也可以教会我们很多东西。在这一部分，我将强调虚无主义让我们得到的六个重要教训，然后通过一种更为平衡的视角来评论虚无主义。

虚无主义给予我们的最为重要的教训，或者说在这本书中已经无论如何被多次严肃强调的教训，可能就是：它可以被视为对某些基本假设的富有启发性的归谬法（reductio ad absurdum），这些假设虽然具有破坏性并且站不住脚，但曾经深刻影响了现代思想。20 世纪和 19 世纪的虚无主义哲学，已经无情地推动着这些基本假设得出了它们的逻辑结论（尽管通常情况下都是在不知不觉间完成的），从而能够让我们更加明确地意识到这些哲学的存在和走向，提醒我们亟待重新评价这些哲学。① 我在本书第三和第四部分确定了十三个这样的假设，解释了它们如何倾向于虚无主义，也显示了批判它们的方法。

关于现代西方心灵的假设性框架的一个特别令人震惊的事实，就是它严重倾向于根据错误的二分法来思考问题，这种非此即彼的思维方法，把我们引向两个极端，让我们无法认识到在两个极端之间或许还存在替代物。我们已经在很多地方遭遇到了这种二分法的例子，我们可以在这里更清楚地列出一些我们曾经讨论过的例子：要么信仰上帝，要么绝望地生存；要么是以人类为中心的世界，要么是毫无意义的世界；要么价值有其外在性，要么价值

---

① 麦金泰尔在讨论存在主义的历史根源时给出了这种观点。参见沃诺克的编著（Warnock 1971：56－58）。

不存在；要么绝对主义，要么相对主义；要么绝对的确信，要么绝对的怀疑主义；要么个人不朽，要么毫无意义；要么对应真理，要么没有真理；要么基督教世界观，要么科学世界观（科学主义）；要么客观主义，要么主观主义；要么量，要么质；要么还原论，要么二元论；要么因果决定论，要么彻底的唯意志论；要么个人主义，要么集体主义；要么事实，要么价值；要么理性，要么感性；要么推理，要么意志；要么无聊，要么苦难；要么无法实现的理想，要么没有理想。

这一系列令人沮丧但又虚假的二分，足以让人有时候希望亚里士多德从来没有表述过排中律，或者把它视为理性的基本法则！虚无主义的论证通常——至少在重要的方法上如此——依赖于这样的假设，即如果这些极端的二分法中的任何一方被拒绝，那么唯一可以仰赖的，就是另一方了。这一事实告诉我们，现代西方文明化进程中持续存在一些思想模式，并且警告我们，有必要打破这些非批判性的、极具限制性的思想模式的魔咒。因为，对于虚无主义哲学，我们缺乏敬意，即使我们承认这是一句恭维话。

弗兰克声称："虚无主义就像我们所经验的那样——对生命的无意义和无价值的确切的'生存性'感受——不是一种思想理论的产物，我们也不可能用一种新的神学或形而上学来克服它。"相反，它是诸如"破灭的希望、失去的朋友、不持久的承诺和下降的标准"的产物，而且"甚至可能是丧失勇气的象征"（Frankel 1965：9）。这一主张中确实存在一些真理。这是我们在前一部分所谈论的东西的另外一面，它涉及在面对消解性的思想论争时我们出于本能对生命的完全肯定。我也曾经在第六章谈论确信或怀疑的理论与实存形式时提及本能问题。

尽管如此，弗兰克的主张还是走得太远。它把经验与思想、生存反应和理论承诺、个人生命的偶然性和我们思想遗产的普遍共通性区分得过于清楚。本书的论点是，不仅大多数最近的虚无主义哲学本身毋庸置疑是一种思想运动，而且大多数当代生命的虚无主义心绪，也受到了长期存在但罕有被承认（或挑战）的思想假设的影响。

这些具有历史继承性的成问题的假设，曾经帮助塑造了我们的经验，强化了这种经验的某些方面，它们可能已经让我们倾向于否定和绝望。尝试在一种纯粹思想性的基础上解释人类精神或现代文化的虚无主义感受，无疑过于轻率。虚无主义扎根于人类状况的铁的事实，即千百年来，世间已经有许多圣人思考过虚无主义，而不是说仅仅在过去几个世纪西方思想史的发展过程中才出现了对虚无主义的思考。我们也在稍早前指出过，我们不可能在不同时关注虚无主义的社会根源——以对比它更为概念性或理论性的根源——的情况下，就希望对作为最近时代的现象的虚无主义有一个完全的理解。但是，当所有这些都被认识了之后，我们仍然必须给予虚无主义的思想根源应有的位置，我们可以感激虚无主义哲学，可以粗略勾勒它们，把它们交于批判性的分析。阿普若维茨（Alperowitz）从另外一个方面非常简洁地指出虚无主义的第一个教训："最诚实的悲观主义具有很高的价值；它可以是更为基础的再评价的初级阶段。"（1986：64）

虚无主义给予我们的第二个教训，由蒂里希的声明所暗示，即"虚无的威胁……揭开了存在的秘密"（Tillich 1953：67）。通过使我们关注这个所有客人中最危险的客人，虚无主义哲学能够更加深刻地协调我们与生存的难以应对的含混性的关系，协调我们与光暗复杂交织的生存的关系。通过这种方式，虚无主义哲学可以帮助我们理解本来如此的生命，并与生命达成妥协，而不是用天真的妄想、过于简单的解释和不现实的期望来遮蔽生命。海德格尔正确地宣称，"超越虚无主义的第一步，也是唯一有效的一步"，就是去承认它的否定性，而不是傻呵呵地置之不理，就是去"明确地考察存在，直至其虚无的极限"，从而把"虚无带进存在问题"（1961：170）。拒绝把虚无的威胁带进我们的视野，就是拒绝承认暂时性和不安稳性是我们天然的人性状态的标志。那是在寻求生活于一个梦幻世界，在这个世界上，我们假装自己的状况并非如其实际所是的那样。

不过，认为关于这种假装的唯一替代物就是得出生命没有价值或意义的结论，这是虚无主义者的错误。充分意识到生命的不确定性，并不需要宣判我们注定要令人绝望地孤独。比如，这样一种意识可以促进有意义的交往，让我们更加敏感于他人的脆弱和需要，更加觉察到我们与他们的相互依赖性，因为没有哪一个人能够确信自己是完全自给自足的，没有哪一个人在认识到米歇尔·诺瓦克（Michael Novak）所谓"人类意识深处的空无、恐怖和无形式"时，拥有一种终极智慧。对我们的不确定状态的诚实认识，还可以创造关于生命的挑战和快乐，关于"模糊的连贯性和通常隐而不显的美"（Novak 1971：115）——它们可以被发现存在于生命的破坏性和痛苦元素中——的高度敏感性。这种洞察力，不仅可以揭开存在的神秘，还可以有力提升存在的勇气。它提供了一种理解的方法和力量，这些东西常常被人们藏起来以应对有限性、命运和死亡，那些以一种浅薄的非批判性的乐观主义为标志的人们，无法获得这些东西。

我在上一部分发现了类似的东西，尽管是在针对虚无主义观念的片面性这一不同的论述语境中。当然，生命的深度不仅靠哲学来探测，但是，虚无主义哲学在探索虚无的各种形式的危险时比大多数哲学都走得远，它揭开了经验的本质维度，任何尝试缩小或忽视这一维度的人都是愚蠢的。这是它必须教会我们的第二个重要的事情。

虚无主义给予我们的第三个教训，是它认识到所有知识、价值和意义的视角性。并非虚无主义来自这种视角性；相反，这种视角性倾向于视我们在时空中的无法逃离的境遇性和我们因而对有限视角的信任为一种灾难。得出这一结论的原因，在于与启蒙思想家们一样，虚无主义倾向于假设绝对真理——完全超越传统或社会及个人观点、经验的制约因素——的唯一替代物是一种徒劳无益的相对主义，它揭示了认识论的、道德的和生存论的承诺都是明显任意性的并因此是完全荒诞的。

但是，我们已经看到，没有理由得出这种极端结论。作为有限的和被时间限定的存在，这并非一种灾难，而只是我们在世界上的生命的特征。通过强迫我们放弃获得上帝视野的旧梦，虚无主义哲学可以帮助我们认识与接受我们的有限状态。但是出于反对这种虚无主义，我们也必须停止假设，这种飞天的旧梦的唯一替代物是相对主义的流沙。在那里没有立足之地，也没有可供建设的地基。相反，通过让我们认识到我们不需要再渴望不可能的东西，虚无主义的论证不知不觉向我们显示了走出危险的绝望的道路。比如，从笛卡尔式的绝对无误的必要条件出发，我们可以获得最终的自由：纯粹的开端，不容置疑的基础，原初的、独立的自我，不受世俗社会和历史偏见的沾染，还有一个完全独立的本质世界，真实的信仰无论如何都必须完全与之相符。

我们不是神灵。我们出生于特殊的家庭和社区，拥有一份特殊的传统，生活于一段特别的时间，这段时间属于这份传统及其滋养的人民的历史的一部分。正是站在这种具体的语境中，并以这种语境为基础，我们学会了提问、反思、试验、下结论、交流、讨论、选择与建构。这真的有那么糟糕吗？我们可以积极看待这些偶然性，因为它们不可能为我们提供任何绝对或明确的东西。根据这一事实，它们为我们提供了做出自己独特发现和贡献的机会。在我们自己的文化和时间之上，还有其他的人们，他们的非凡品质，让他们能够创造性地激发我们的想象力。最后，在每个人的生命中，都存在一些其他人必须学习的经验和认识；这些促进了更多的相互检验，扩大了有限的视野。

这些历史性的、文化性的和个人性的视角，并非某些人想让我们相信的那样是完全彼此封闭的。尽管它们有时候存在实质性差异，但在这些有限的观点中，还是存在重要的交集和共同点。如罗森解释的那样，正是因为"认同我们的假设并且因此把我们的假设和其他人的假设区别开来"是可能的，所以"必然存在一个共同的可理解性环境，而这种决定就在其中起作用"（Rosen 1969：226）。意识到我们的假设，愿意冒把它们交给和不同的假设对话的危险，不是满足于一种盲目的、漠不关心的相对主义，而是参与一种客观的、开放的、适合于有限存在的考察。通过这种考察过程，有限视角中的重叠区域，就可以被探索到，并且可能被扩大，而这些视角本身也可能彼此挑战和改变。

我们还必须注意到，不同的视角是完全不可比较的，所以，我们不应该期待自己能够把它们还原成一种单一的、更具概括性的框架。这一事实可以持续提醒我们，存在一些不同于我们自己的有组织的和可解释的经验，存在的复杂性不可能被任何单一的视角所穷尽，即使是那种某一特殊社会或个人认为最吸引人的视角。这可以是一个解放性的和不断唤起的认识，它极大程度地提高了我们对世界的壮丽和奇妙的感受。还有，我们在第一章里提到的那个学生，那个被加缪、齐奥兰和其他人视为人类思想的破产者——难以发现终极问题的最后的也是无所不包的答案，容易形成非此即彼的观点——的学生，可以从另一个不同的角度来看：他恰好是难以抑制的多产性和力量的证明。

同样的认识，也可以作为一种有效的手段，来应对极度的心灵狭隘，后者已经成为历史的祸根，不断折磨或持续威胁着当下的社会。自称自己或自己所属的群体或文化的视角不是有限的，自称自己的信仰构成了绝对的和终极的真理，就是阻止学习的可能性，这种学习来自或指向与任何有限的"真正信仰者"群体的创造性的互动。不去面对和那些从不同角度看待事物的人们互动的挑战，这是满足于既有态度和信念的僵化态度。这种向内生长的心智，会产生一种心理效应，它引诱个体和群体对他们视为唯一可能的观点产生骄傲或保护性的态度，以至于想要强迫把所有人和所有东西都纳入这一观点。正如史书记录的那些意识形态战争、审讯、圣战、大屠杀、被迫的"转变"、殖民者的傲慢和压迫、严厉的新闻审查和思想控制，还有种族灭绝等明明白白显示的，这样一种态度会引发极端的邪恶。

虚无主义还会走向另外一个极端，它宣称一种让人心力交瘁的相对主义，如果遵从它的逻辑结论，这种相对主义会让所有的追问都变得毫无意义，让我们一无所知。它还会让我们失去有约束力的道德标准。这些固然都是真的，但是虚无主义对信仰和承诺的视角性特征的坦诚揭示也可以产生一种好的效果，它可以警告那些把狂热的思想谬见视为无条件和无可置疑的真理的个人或群体。视角主义的积极道德价值由小阿瑟·M. 史莱辛格（Arthur M. Schlesinger, Jr）明确表述了出来。他认为，一种恰当的国家道德的开端，存在于这样的假设中，即"其他国家也都有它们自己的合法传统、兴趣、价值和权利"（*The Cycles of American History*，Houghton Mifflin；Kennan 1986：4）。这种关于国家间道德的富于洞见的评论，同样适用于其他种类的机构或社会团体乃至个人之间的道德。它指明了虚无主义第三个教训的关键之处。①

　　虚无主义给予我们的第四个教训，可以在施蒂纳、尼采和萨特这样的思想家对人类自由的现实性和极端重要性的坚持方面看到。当然，施蒂纳和萨特都把这个主题推向了荒谬的极端。我们曾经严厉批判过这两种做法。我们已经看到，尼采有时候把他的权力意志描述成一种强者对弱者的暴行的认可，或者描述成一种极端反复无常的任性，而非对人的一种能力的承认，这种能力可以创造性地应对人身处其中的各种具体环境——即使他总是把这值得称赞的第三种意义赋予这个概念。另外，尼采还惯于狂热赞美永恒轮回的观念，按照字面意思，这种观念意味着使所有人类行为和人类历史变成不可抗拒的宇宙意志的手段，这种意志推动世界万物在时间的巨大环形跑道上一圈一圈跑下去。②

---

① 暗含在我关于虚无主义的第三个教训的讨论中的多元主义观点——我在第九章曾经明确为之辩护——本身就是众多视角中的一个，它可能会受到其他不同的视角，也就是各种绝对主义或相对主义视角的完全反对。于是，采取多元主义的立场，不意味着天真地相信多元主义本身就不再是一种视角，或者多元主义视角能够超越并且中立地评价其他视角。需要提醒的是，还存在其他可能的关于多元主义的错误想法。作为一个连贯一致的多元主义倡导者，一个人自己的哲学立场并不必然是平和与含糊的，而且因此是缺乏特别的内容的。就拿我自己来说，读者也会明显意识到，我的许多个人信念充分表现在这本书的方法、主张和论证过程中，我完全献身于它们。这些信念是我关于这个世界的一般视角的一部分，它们绝对不会和我对待其他视角的多元主义态度不相一致。

　　或许，"信念的开放性"可能是一个能够表明我的立场的很有用的临时用语，因为它可能有助于纠正一种趋势，后者把术语多元主义解释为某种含糊其辞、空洞无聊、"怎么都行"的观念，缺乏属于它自己的积极或明确的立场，或者缺乏对其他观点的批判。伯纳德·鲁默（Bernard Loomer）正确地指出："不确定性和开放性不仅和信念献身相容，它们本身就是信念献身的根本品质。"（1978：529）心灵的这两种特征之所以是根本性的，是因为它们能够避免信念献身堕入理智的自大傲慢。后者或许可以被定义为混乱的观念，强烈的信仰或感觉明显真实的假设本身成了真理的充分保证人，于是，具有强力信念的人或群体，就不再需要向坚持其他观点的人进一步调查和学习了。多元主义或信念的开放性有一个不断扩大的边界，而理智的傲慢缺乏这样的边界；后者自鸣得意地满足于它已经得到的东西。

② 并非所有被我拿来讨论虚无主义主题的思想家都强调人类自由的重要性。比如说，叔本华就是一个坚定的宇宙决定论者，比起尼采，他在这一主题方面更为前后一致。但是，我们当前感兴趣的只是一种虚无主义哲学，也就是说，一种解释我所谓虚无主义的第四个教训的哲学。

尽管在施蒂纳、尼采或萨特的观点中，我们可能发现夸大其词、不连贯或令人质疑的道德，但在他们对人类自由的变革力量的共同强调方面，我们可以发现一些极有价值的观点。他们都宣称，我们置身其中的社会－历史环境，并没有预先注定我们只能以某种确定的方式思考和行动，因为我们有改变这些环境的自由。他们的立场包含一种我们急需的宿命论批判，这种宿命论把当下一些扰乱人心的流行趋势视为不受抑制的技术前进及其潜在的灾难效应，包括自然环境的破坏和全球核战争——我之前曾经把这种态度命名为"历史虚无主义"（见第三章第三节和第十章第405页注释）。这种态度一旦四处弥漫，深入全世界人民心中，就很容易获得自我实现的寓言特征。人们可能把自己轻易交给破坏性的技术和其他社会－历史力量，他们认为，这些力量已经完全超越了他们的控制，或者超越了任何形式的人类约束。

尽管我们并没有施蒂纳和萨特经常认为我们拥有的无限自由，但他们哲学的大胆和夸张可以让我们惊醒，让我们认识到自己拥有比经常认为的自由更多的自由，认识到我们共同的未来是完全开放的，而非固定或预先注定的。我们当然不要低估有时候显得没心没肺的技术的加速发展和应用势头，或这种势头和其他有害的社会倾向被根深蒂固的和非批判性的信仰、实践怂恿的程度。我们不可能在虚空中践行自己的自由；负责任地践行自由，会要求我们拿起武器反对怪兽。但是，我们也不能低估我们重新评价和引导我们时代的惯性趋势的集体能力。

我们对社会、政治和世界历史事件的讨论，同样适用于个人生活。一旦我们注意到，虚无主义哲学的自由主题还没有走到否定自由所需语境或限制的极端，我们就会从这种哲学中看到一种令人惊喜的希望元素。"拒绝承认我必须发现意义，"基恩写道："就是否认我的命运已经被化身在肉体和历史情境中的某种东西定型了。"但是"拒绝接受创造意义的责任，就是否定我超越自己生命的给定性的能力"（Keen 1969：85）。施蒂纳、尼采和萨特都以他们自己的方式召唤人们关注这种自我超越的能力，他们的意思是说，我们不能满足于既有的状态，不能由于曾经的失望或失败而放弃改变，不能让我们的自我评价被他人的反应所指引，不假思索地支持周围同僚的信仰或价值，或者默认那些心理或社会理论，它们否定了相当范围内的个人自由。这种虚无主义的主题也会警醒我们不要因为自己的缺点而不诚实地埋怨他人，或者把这些缺点归咎于环境，我们过于轻率地宣称这种环境已经超越了自己的控制。

我们并非孤立的个体，也不是绝对自由的，而且有些人要比其他人更少一些自由，但是我们也不是完全被决定的。我们是足够自由的，以至于我们可以应对我们当下生活所处的既定环境，包括那些由我们过去的选择所创造的环境。这是一种积极的讯息，其中我们每个人都能发现挑战和灵感，而且对于今天的世界来说，这是一种尤其切题的讯息。在谈论萨特时，卡特拉诺明确了虚无主义给予我们的第四个教训，即"（他的）思想对我们这一代人来说最为重要的方面，或许是它能够揭示我们的自我欺骗，迫使我们接受对我们自己和我们所处环境的自由塑造"（Catalano 1980：xiii）。① 他的观点也适用于施蒂纳和尼采。

虚无主义给予我们的第五个教训，存在于它对个人的唯一性的坚守中。在着重强调个人观念与经验的极端重要性时，施蒂纳、茅特纳和萨特是正确的，他们坚决反对把自由个体的具体存在吞噬进抽象的空洞——所谓人性原则或科学的行为法则。但是（正如我们已经看到的那样），在如下几个方面，他们是错误的：他们倾向于把个人与他人隔绝开来；倾向于把个人从其历史、文化和自然环境中抽象出来；倾向于把个人思考为唯一重要的现实；

---

① 但是，至关重要的地方在于，我们不要犯萨特过高估计我们的个体自由程度的错误。伯纳德·鲁默（Bernrd Loomer）强调：

我们不仅是自由的，我们还会被非理性的冲动和破坏性的念头驱动。我们有时候会被情绪和思维的固恋物牢牢控制。我们总是受习惯性的无感应性力量支配。在我们的不安和焦虑中，我们总是想抓住我们曾经拥有的东西中好的部分，而不愿为了获得更好的东西来冒险。如果我们注视生命的黑暗小巷，我们可能会通过自己的恐惧的双眼看到，愤怒在我们心中升起。在我们感到的犯罪诱惑里，我们可能会有一种令自己沮丧不已的感觉，即我们的文明态度只是一个幌子，它遮掩着暗藏的魔鬼，看到我们的自命不凡，这些魔鬼会发出嘲弄的笑声。（Loomer, in Sibley and Gunter 1978：533）

他还指出："位于我们每个人心中的魔鬼，不可能仅仅是我们自己的造物，它们可能也有一个公共的起源。存在社会化的魔鬼或公共的阴影。"（533；亦见534－535）

倾向于把每个个体视作为他自己而存在的法则或意义宇宙。

注意到这些限制后，我们可以发现虚无主义哲学还存在一个默默无声的优点，那就是在它对特殊个体的关注中存在深刻的真理。我们可以从几个不同的视角更为全面地理解这种真理及其言外之意。第一个真理，我们应当更加明确、具体地提醒自己，每一个体的生命都具有不可还原的特殊性和唯一性。在强烈呼吁我们关注这一事实时，虚无主义是正确的。但是，在它继续假设个人观念和经验的唯一性会排除与其他人交流的可能性时，或者会排除拥有共同意义、真理或价值标准的可能性时，虚无主义又是错误的。

伯纳德·鲁默纠正了这种错误想法。他主张人类个体的唯一性并非表现在它的绝对独立或自我中心，而表现在它"对从他人理性思考得来的东西的自我创造性的主观反应"。于是，不同于施蒂纳和茅特纳，在把唯一性个体视为"交往性个体……很大程度上由他与世界的关系组成时"，并不存在什么不连贯性（Loomer, in Sibley and Gunter 1978：519）。两个个体尽管具有相同的历史和文化背景，但不存在也不可能存在关于事物的完全相同的看法。由于共同继承了相同的文化和世界，人们从一出生就与其他人密切相关，并且由这些继承提供的非常类似的方式所塑造。但是，由于存在体格、背景和经验方面的不可化约的特质，还有对其所处文化和世界的独特反应模式，人们又总是彼此不同的。每个人都是彻头彻尾社会性的，但每个人关于社会关系的复杂网络的看法又是独一无二的。他们对共同环境的反应的独特程度，甚至可以加强到这样的程度，以至于个体开始准确地意识到他们的个人自由，而后者是上述虚无主义哲学的主题。

这种哲学对个体经验的独特性的合法强调，也能提醒我们注意到第二个真理，这个真理本来应该是显而易见的，但总是在例行公事般的态度中被忽视。这个真理与这一事实相关，即别人不可能让我的生命变成为我而存在的生命。如果真有的话，我必须首先为我自己活着，并且能够发现它的意义。不存在一种一般性的生命意义，也不存在一种可以概括为抽象的教义、规则或标准的集合的生命意义。正如罗伯特·奥恩斯坦（Robert Ornstein）所表述的那样，"不存在一种文本，从中可以发现生命的意义"（1977：162）。

我们只有通过自己的反思和经验才有希望发现它，但这并不是要否定我们可以从其他人的经验和建议中得到很多启发。①

生存论虚无主义拒绝一种有意义的生命的可能性，但是这一判断本身明显抽象得过分概括，它难以与虚无主义对个体存在的具体性的坚守保持一致。无数个体都发现，他们的生命是有意义的，而且这种意义的获得也并非屈服于自我欺骗或糟糕的信仰。但是，对生命意义的发现，必须是每个人自己的使命；它不能来自外部世界他人的授予、命令或要求。尽管对生命意义的探求，最好在与他人的交往中通过对话来完成，但是也只有在每一个体自己的存在的最高水平某种程度上和每一个体生命的不可化约的特殊性相称时，这种探求才可能得到令人满意的结论。一个人对生命意义的确信，存在于他对世界的个体视角的核心。毋庸置疑，这种个人视角和其他人的视角会有很多交集，但绝不会存在两个完全相同的视角。期待存在或可能存在这样两种完全相同的视角，可谓愚蠢至极。②

虚无主义对个人唯一性的强调，如果得到适当的限定，并且与它对自由的现实性和核心重要性的坚持结合起来，就会认可第三种真理，用鲁默的话来说，就是"一个具有多样性、差异性和流动性的开放社会的美德"（Sibley and Gunter 1978：529）。相较于那种想要把僵化而雷同的视角强加于

---

① 当然，这样的经验和建议通常都包含在文本中。

② 关于那些共有基督教承诺的人，沃尔特斯托夫提出了这个问题，证明期待所有基督徒都应该（或能够）以同样的方式思想与行动可能是错误的。

今天的我通过追随基督所应该做的事情，不同于你应该做的事情，也不同于我年轻时应该做的事情。同样，我作为基督的追随者不得不相信的东西，不同于别人不得不相信的东西，也不同于我还是孩子时不得不相信的东西。于是，作为一个整体的权威的基督教承诺，从而还有其信仰内容，都是相对于不同的人和时代而言的。（Wolterstorff 1984：74－75）

基督教的另外一个解释者，索伦·克尔凯郭尔（Søren Kierkegaard），可能会赞同这一点，他说道："基督教关注的是主观性，基督教的真理只存在于主观性中，如果说还存在这样的真理的话；基督教绝对不会客观性地存在。""对无限的激情完全是主观性，而且因此主观性就是真理。"（*Concluding Unscientific Postscript*，in Kierkegaard 1951：208，214）换句话说，在克尔凯郭尔看来，基督教的真理只有应用于个体的具体生活，成为个体生活的一部分，才会得到实现。基督教的真理并非被一般思考的抽象教义，而是关于个体自身存在的特殊真理，它只存在于这种存在的完全的特殊性里。

每个人、只关心少数精英意见的社会，一个尊重个体意志唯一性和自由——至少在一些重要方面——的社会，将是一个公正的社会。这也将是一个富有创造性的社会，而它之所以具有创造性，是因为它承认和鼓励个人的唯一性，把这种唯一性视作为所有人创造大量具有潜在价值的奇妙观念和创新活力的根源。①

由于这种创造性，这样的社会将会适应于改变时代和环境，拥有自信地走向未来的更好机会。相反，一个循规蹈矩的社会，由于坚守某种单一而静止的观念，将很难在不断变化和日趋复杂的世界里保持自身。另外，一个习惯于高度重视其公民各种不同视角的社会，一个为公民彼此理解和促进而持续创造条件的社会，也会是与其他社会不同观点进行建设性互动的社会。于是，对个体唯一性的强调，不但不会像施蒂纳和茅特纳所相信的那样使他人导向的道德或有效的交流成为不可能，还会赋予一种社会道德意识以范围和灵活性，并且赋予其思想模式和表达手段以不断增加的精妙和力量。两位哲学家致力于个体的唯一性，这本无可非议，但是他们从这一重要的认识得出的结论被过于狭隘地理解了。

虚无主义对个体唯一性的强调及其最后的教益，表现在萨特的主张中，

---

① 由于我在这里设定的是社区或关系中的个体，而且因此是回应和有助于共有环境的独特的个人方式，很明显，我并没有赞同一种纯粹内在指向的、相对主义的和自恋性的"价值区分"或"个人自我满足"。我谈论的是鼓励人们去发展他们的独特潜能和关于全体的独特视角，以便更有效地服务于全体。为了让他们做到这一点，他们必须尽可能多地学习他们自己文化的各个不同层面，尤其是尽可能多地理解其价值维度。比起那些相对忽视自己的丰富文化遗产的人们，具有高度文化意识的人们更容易对文化的变革做出创造性贡献。接受历史、信仰、规范和其他文化实践的教育，同样特别有助于实现这一目标，因为人们可能会由此更清楚地意识到自己文化的创造性潜能。

从这一角度来看，所谓"价值中立的教育"就是一个矛盾。比如，作为一个大学教授，我不仅有责任教我的学生学习基本的文化价值，还有责任教他们具体表现这些价值。我对文化价值的表现不应该是缺乏创造性的，因为我同样有责任去证明，对于那些响应这些价值和作为整体的文化遗产的个人来说，我的所言所行都是完全合适的，都能够反映他们自己最初的思想过程和经验背景。但是，只有一个学生单独响应是不够的。学生们必须共同分享他们的思想和结论，必须让这些思想和结论不断接受公共讨论和批判的检验。教室可以成为这种共享的考察的竞技场，但这种考察也应该逐渐变成生活中的习惯。

即没有一种像固定的人性这样的东西存在,[①] 还有，我们所有人都通过自己的自由行动，为做一个人意味着什么给出了一个历史性的回答。萨特错误地从这个观点里推出这样的结论，即不存在客观的人类自由形式，道德价值只是个体碰巧选择的东西（见第三章第一节和第四章第二节）。这些推理之所以是错误的，是因为它们依赖于把人类个体曲解为无限自由的孤立中心，而不是理性的或公共的存在，后者受到他们所处文化环境的严格束缚、限制甚至定位。我已经批判了萨特的这一方面，以及现代思想总体而言的主观主义和个人主义倾向。但是现在，我想关注一下存在于萨特观点中的真理元素。

我们在为自己选择时，实际上也是在为所有人选择，萨特这样说无疑是正确的（尽管不清楚的是，根据他自己原子论式的和纯粹唯意志论式的分析，对于任何关注其行为对整个人类的意义的个体**需要**，个体为什么会**选择**不去关注）。不存在永恒的人性——它能够一劳永逸地决定我们是什么，或者拥有何种能力，应该承担何种责任，萨特的这一主张无疑也是合理的。我们甚至可以更进一步地说，如果任何东西对于我们作为人来说是"本质性的"，那么它就是我们的潜能的非决定性特征，正如它通过我们这个类的丰富多彩的历史发展和文化成就——更不必说个体存在的无尽形式了——所充分显现的那样。科布曾经指出："在一种文化中被认为正确的几乎所有行为，在另一种文化中都会被视为错误的。诉诸人性以解决类似的争端是无意义的。"（Cobb 1965：62）他这样说时，就是在谈论被萨特强调的真理。在别的地方，科布还注意到："很少有什么共同的人性，除了在历史和各种生存结构中形成的独特人类能力。"他进一步补充道："这里的多元精神，在最深层次上起作用。"（1975：136）

这种多元精神，还表现在如下事实中，即个体不断地塑造着他们的社会–历史环境，也不断地接受这种环境对自己的塑造。他们以这种方式为定义人类（或者更准确地说，给出各种可能的人类定义的实际例子）的演变

---

① 正如我们已经看到的那样，对普遍人性的否定，也是施蒂纳哲学的一个关键主题。于是，我们这里关于萨特所说的话，同样适用于施蒂纳。

过程做出了自己的独特贡献，这不仅因为他们自己是独一无二的和真正自由的，而且因为他们必须在其中活动的具体环境总是具有绝对独一无二的特征。没有两种环境是完全一样的，即使是在相同的文化背景里，这种不同，比任何两个行动个体之间的不同要更多一些。这并不意味着，经验的既定模式或决定的一般形式与当下的选择无关；这只是说，这些模式和形式在被特殊的人于特殊的环境中运用时，似乎经历着持续的修正过程。

于是，我们可以从虚无主义对特殊个人在特殊环境里自由行动的强调中，从虚无主义把人性理解为开放的潜能性而非不可改变的实质过程中，得到一个关于我们自己的重要教益。这一教益仍然很重要，即使我们必须通过持续承认由共有文化环境的一般特征给予特殊决定的结构和指导来平衡它。由于一般与特殊、稳定与变化总是一起作用，我们没有理由把它们彼此对立起来。这种平衡的画面，有足够的空间承纳各种各样实际的和潜在的自我构形模式。

我们可以通过这种方式尽量利用萨特和其他人所坚持的观点，即人性不是被预先定义或抽象定义的某种东西，也就是说，它不能离开历史经验中不断出现的新异东西——每一独特的个人都能够带来这种新异东西。人类在任何时代显示的样子——不管是描述性的样子还是规范的样子——都因为人类个体和整体所拥有的生成能力而不断接受着再定义。而且，这不是一种可以准确预知其细节的能力；这些细节只有在时间的长河中才会显现。

我们再一次用另外一种方式注意到本书的核心观点，它曾经被科布准确表述过："人性的决定性特征是历史性，是在历史中形成的人的潜能。"（1965：63）我强调人类生命的历史性，并不意味着暗示任何像不可避免的进步教义这样的东西。20世纪发生的事件已经证明，人类具有不可预料的破坏和作恶能力，也具有不可预料的创造和行善能力。我们的潜能并不是只通往一个方向，而是极度含混不清。我要强调的是，我确信存在时间中的具体个人的观念与行动，不能被还原至某种静止、普遍的或单一的、包罗万象的本质。我把虚无主义这第五个教训的这个最后的重要方面称为它对个体的独一无二性的关注。

就像不存在固定的人性，只存在复杂的、开放的潜能，这些潜能在历史过程中能持续变成现实一样，在人类经验中，同样不存在静止的、已经做好的、完全自在的世界。我们所经验的世界，并非一个与我们抗衡的或与我们不相干的世界，这是一个与我们密切相关的世界，而且是一个总在不断生成的世界。这是虚无主义的第六个教训。

确实，像萨特和加缪这样的思想家，他们都饱受自己的结论的折磨。这个结论就是，人类意识或经验无法进入这个自在的世界。他们哀叹我们不能与这样的世界融为一体，视这样的世界为无限遥远与陌生的世界，它总是嘲弄我们渴望理解它的努力或与它形成一种有意义的关系的微不足道的尝试。在他们看来，我们是漂浮在这个世界之上的，因为我们居住在靠自己的无创意发明而草率建成的容器中，这些人类想象出来的任意结构，使我们远离这个世界。于是，我们的处境是令人难以置信的失败和悲剧性的荒诞。他们的观点视主客体的完全分离为不言而喻的事情（尽管萨特的声明与此相反）。在他们的预见中，人类主体在自我中心的甲壳里无用地寻求着一种客观现实性，而这种客观现实性被假定与人类无关，因而永远不可能被我们所把握。即使像罗素那样，客观性世界被视为至少能够被科学理性所触及，这个世界的真正特征，仍然只是物理学所描述的那个样子：由一堆无意义的事实和冷漠的法则组成的体系，与特别的人类感受、关爱或需要没有任何关系。

不过，上述观点都依赖于一个非常可疑的假设，即存在或可能存在一个自在的、非视角性的世界，存在一个与我们无关的世界。关于这个世界的不可接近性，不存在什么悲剧性的或令人沮丧的东西，因为它本来就是不可接近的。即使罗素的物理学世界，也远不是一种自在的现实。相反，正如我们已经看到的那样，它严重依赖于各种特殊的人类问题、计划、价值和信仰。库恩（1971）和其他人的研究已经证明，科学描述的世界，绝不是一个静态的或已经做好的世界。它随着科学理论的变化而变化，而且这些变化有时候是非常不连贯的。变化在过去如此，在未来依然如此，而且可能以我们无法预测的方式出现。与其他事物一样，科学也被一种不可避免的历史性所规定。萨特在一句辛辣的格言中恰当证明了这种暂时的境遇性的不可避免性，即使"历史学家本身也是**历史性的**……他按照他的计划和他所处社会的计划,通过解释'历史',把自己历史化"(1966:613)。

所有这些都证明,不存在一个完全隔离于人类经验从而永远不为人知的世界;不存在一个"在那里的"、无人居住的世界,仅仅可以被纯粹客观性的科学研究的不断积累的成果来描述;也不存在一个完全独立的、不可改变的过去。**每一种真实之物都存在于关系之中**。这是一种极为重要的认识,是虚无主义哲学用极强的冲击力带给我们的认识。

格雷戈里宣称:"存在主义最为惊人的贡献,就是主张我们能够也确实在建造属于我们自己的本体论世界。"(Brock and Harward 1984:26)这个论断同样适用于虚无主义哲学。我支持这一观点,并不意味着我主张世界只是一种人为结构或发明。这过分强调了关系的一个方面。①我的意思是说,在我们赋予关系的东西和世界所提供的东西之间划出一条清楚的界线,这是不可能的。人类文化和自然秩序是一块经验织物的两个方面。主张本体论世界只是一个人工制品,这固然有些夸大其词,但这种声明中也存在一个重要的真理,虚无主义哲学有助于我们理解这个真理。

一旦我们把现实视为要么存在于主观极端中要么存在于客观极端中,认为它具有不变的、完全自足的特征——这些特征会自动批准某些声明或信仰永远为真,而认为其他声明或信仰为假,那么上述认识就会令人沮丧。但是,我们应该从相反的角度来理解,即这种僵硬的极端化本身,就是看待世界的一种抽象而扭曲的方式,而世界根本上只能视角性地存在或在关系中存在。威廉·詹姆斯完美诠释了虚无主义的第六个教训(这也恰好是他自己关于真理的实用主义理论的一个声明):"对可感知的现实性的认识……通过经验的织物进入生命。它是**被做成的**;被在时间中自动展开的关系做成。"(William James 1967:Ⅰ,57)只有在这一程度上,即我们继续坚持

---

① 我们能够知道的唯一世界,就是和我们相关联的那个世界,从这一声明并不能推出这个关联世界必然是以我们为中心的。正如我在第五章第二节所强调的那样,经验世界在人类存在之外还展现和维持着特别多样的存在形式。从我们近来的思想的视角来看的世界,是一个我们发现我们在其中只占很小一部分的世界。

对应真理理论，继续滋养获得上帝之眼实在观这个无用的白日梦，或者继续渴望发现让我们自己逃离时间掌控的方法，这一观点才是虚无主义的。否则的话，它就是一个有益的教训，相关于我们在世界上的生命的条件性特征，相关于世界的概念对经验、文化和历史的精妙交织的依赖。

三　反虚无主义的例证

尽管虚无主义哲学有这六个方面的教训，但是它作为一个整体禁不起严格的审查，因此必然遭到反对。有三个主要原因让我们拒绝虚无主义。在本书的结尾，我打算回顾一番这些原因，把它们作为在本书中发展出来的反虚无主义例证的总结，献给我的读者陪审团。

拒绝虚无主义的第一个原因，是它建基于一些基本的假设，我们已经证明这些假设是站不住脚的，或者至少是很成问题的。把这些假设置于阳光下仔细地考察，虚无主义哲学就会失去它的大部分说服力，虚无主义思想家因此难以探究得更深，他们犯了思想惰性的罪过。科克伦（Cochran）对古代怀疑主义的控诉，同样适用于虚无主义；对"那些……厌倦思想的人来说"，它是"一种麻醉剂"（1944：167）。

虚无主义哲学的这一方面，让我想起一年多前我见到的大自然最为精致的造物：西方裸鼻雀。夜深时分，一只颜色绚丽的鸟飞进了我的车库，由于在睡觉前按下了关车库门的按钮，我不经意间困住了这只鸟。第二天早上，我松开狗链，让它在车库后面撒欢，发现那只裸鼻雀暂时栖息在我的工作台上，在车库深处与主门相对的地方。当我按下按钮升起车库门时，那只鸟绕着天花板仓皇地飞旋。眼看着飞到了门的上方，但由于这门在天花板下卷着，它找不到离开那里的足够空间，又不得不慌乱地返回车库深处。它就这样一次次地重复着，没有注意到门下方那片可以让它轻易逃出去的敞口。与此相似，虚无主义哲学家在一些限定性的假设里仓皇飞旋，这些假设构成了他们阴郁的世界观，让他们无法找到跳出这些假设的道路，而只要质疑这些假设，只要思考、评估和替换这些假设，就可能找到这条出路。

拒绝虚无主义的第二个原因，是它描述了一幅片面的人类生命图画，过分关注人类生命的消极层面，不能公正对待人类生命中可以起平衡作用的积极层面。虚无主义哲学长久以来特别喜欢一种扭曲而破碎的生存观。黑克（Hick）关于"存在主义作家"的沉思，特别适用于虚无主义者：

> 那些作家通常被认为揭示了人类经验更为紧张而疯狂的方面，总是把这种经验描述成一种关于形而上学焦虑和危险的噩梦。毋庸置疑，他们的描述取材于现实生活，尤其是当前这个令人痛苦的时代。但是，我斗胆认为，他们的描述是偏激而片面的。（Hick, in Yandell 1973：534 – 535）

虚无主义的这种属性，有助于解释我们为什么会从虚无主义那里学到很多东西：一幅手法老道的漫画，总是能够让我们注意到我们常常忽视或没有充分重视的东西。但是，我们不要混淆了漫画与现实，而这正是虚无主义者的所作所为。虚无主义者一方面玩世不恭，明显缺乏对经验的复杂性和含混性的忠诚，另一方面单纯至极，对乌托邦旧梦念念不忘。

拒绝虚无主义的第三个原因，已经表现在本章开头的题词中，它来自罗森论虚无主义的著作。在痛苦地追求完美这一点上，虚无主义哲学令人震惊又极其可笑地类似于乌托邦主义，而这种乌托邦主义如果得到实现，就会剥夺我们的人性。要解决所有被虚无主义者无休止抱怨的问题——容易犯错的知识、对痛苦感受灵敏、在时间中的处境性等——需要完全废除我们在这个世界上生活的所有条件。这不仅是一种不合理的要求，还忽视了这样一个事实，即这种幻影般的"完美"状态很难说是最理想的。

我已经在关于天堂观念的批判性讨论中表达过这种观点；我也曾在本章稍早的地方谈论过世界上的一些持久不变的事实，是它们让生命和自由成为可能，也是它们带来了痛苦。当大卫·豪（David Hall）指出，对这样一个完全一致因而完全可理解的世界的希望会导致反讽的效果时，他已经暗示了对虚无主义的第三种批判。一个缺少重要问题的世界，会与一个充满重要问题的完全偶然的世界一样，都难以获得任何系统化的解释。一个完全一致的世界将是一个没有挑战或惊喜的世界，它缺乏给予我们探索兴趣和快乐的神秘魅力。物理学家们有时候会抱怨这个世界的错综复杂"严重增加了物理学家的任务"（D. W. Sciama, in Hall 1982：124）。但是，豪认为这种抱怨具有美妙的反讽性，因为如果这个世界没有神秘的复杂性，物理学家就没有任务可完成，更不存在什么物理学家！

他一针见血地问道：

> 科学家真的想摆脱他自己和他的事业的所有重要问题？天体物理学家真的喜欢一劳永逸地解决宇宙起源问题？哲学家真的想解决一与多的问题？那种所有问题都得到解决的终极状态，就是不可能存在思想的状态。认识活动开始于无知，也终结于无知。（1982：126）

豪的结论是："我们确实不应该想要成为无所不知的。思想的兴奋来自这一设想，即关于一个问题的答案，会以几何级速度形成许多同样深刻的问题，并且如此重复，以至无穷（*ad infinitum*）。"（1982：126）

像萨特和加缪这样的哲学家，有时候会叹息我们不能获得关于世界的确定而可理解的知识，这实际上就暗示了一种把"完美"作为理想的假设。但是，如果我们真能实现这一理想，难道我们不会变得更加绝望？假如生命就是我们现在经验它的那个样子，或者假如我们能够把握生命，那么伴随认识所有事物而来的单调乏味，将会让生命变得无法忍受。在一个完全秩序井然的世界里，一个我们轻易就能够认识所有细节——包括预先认识未来的所有结果，以及我们未来将发生的每一件事——的世界里，将不存在思想的冒险，也没有多少生存的劲头可言。亚里士多德正确地指出，人类非常渴望认识一切，但是不应当忽视基本的感受，其中我们**不去**认识一切也能获得很大的快乐。正如洛克机智地谈论他自己的哲学领域时所言："哲学对真理的追求，类似于打猎，其中每一次追赶，都带来一份快乐。"（Locke 1959：Ⅰ, 7）

被我们所经验的世界的高度复杂性和神秘性，总是让我们失败和困惑，让我们觉得不可能得出绝对的答案，而我们曾经一度认为自己已经得到这样的答案。但是比起这种代价，居住在一个我们很容易就理解的世界要付出的代价更高。因为，正如豪所言，一旦理解得以实现，"将不会有思想存在"。于是，我们不仅找不到绝对或终极的确定性，而且找不到这种确定性的迫切需要。尽管我们的生命在很多方面都毫无疑问是不完美的，但不存在这样的要求，即为了活下去，生命必须是完美的。事实上，在某些方面完美的生命，必然会在另外一些方面表现不完美，因此，没有一种生命形式是绝对完美的。认识到这一必要的平衡或张力，就可以远离虚无主义哲学。虚无主义的这一基本缺陷显示了它的观念的明显肤浅之处，这种观念来自非批判性的信仰，后者相关于一种理想人类处境的构成。

这就是我反对虚无主义的三个基本原因，它们概括了我对待虚无主义的基本态度。这里，我并不自诩能够告诉每个人生命的意义究竟是什么。我也不会冒险这样做，因为问题并非只允许一个答案，而是允许各种不同的答案。根据本书的分析，我们可以得出的结论是，一种有意义的生命是可能的，即使它不能得到确证。① 我们有理由断定，道德责任是有约束力而真实的，即使其形式不是无限绝对的。我们有信心宣称，对知识的要求，可以被有意义地交流、辩护和批判，尽管关于所有有争议的问题——包括一些最为根本的问题——缺乏一些确定基础，难以达成最终共识。而且，我们还可以断定，这个如其所是充满"瑕疵"的世界，正是人类精神的合适家园。

---

① 这是布里顿名著《哲学与生命的意义》一书的核心论点。布里顿关于有意义的生命的论述还发展出了四个重要标准，我已经在本书早前的部分予以支持和引用。于是，即使有意义的生命形式是多种多样的，也不意味着生命之所以有意义，只是因为一个人宣称它有意义或相信它有意义。这样的宣称或信仰可能是错误的。

参考文献

Aaron, Richard I. (1965). *John Locke*, 2nd edition. Oxford: The Clarendon Press.

Alperowitz, Gar (1986). "The Coming Break in Liberal Consciousness." *Christianity and Crisis*, XLVI/3 (March 3), 59-65.

Amsler, Mark (ed.) (1987). *Creativity and the Imagination. Studies in Science and Culture*, III. Newark, Del.: The University of Delaware Press; London and Toronto: Associated University Presses.

Appleman, Philip (ed.) (1970). *Darwin: A Norton Critical Edition*. New York: W. W. Norton and Company.

Arendt, Hannah (1959). *The Human Condition: A Study of the Central Dilemmas Facing Modern Man*. New York: Doubleday and Company, Doubleday Anchor Books.

Aristotle (1941). *The Basic Works of Aristotle*, Richard McKeon (ed.). New York: Random House.

Aswell, Edward C. "A Note on Thomas Wolfe." In Thomas Wolfe (1941). *The Hills Beyond*. New York and London: Harper and Brothers, 349-386.

Aurelius, Marcus (1965). *Meditations*, George Long (trans.). South Bend, Ind.: Regnery/Gateway.

Ayer, Alfred Jules (1946). *Language, Truth and Logic*, 2nd edition. New York: Dover Publications.

Baier, Kurt (1965). *The Moral Point of View: A Rational Basis for Ethics*, abridged edition. New York: Random House.

————"The Meaning of Life." In Steven Sanders and David R. Cheney (eds.) (1980). *The Meaning of Life: Questions, Answers and Analysis*. Englewood Cliffs, N.J.: Prentice-Hall, Inc., 47-63.

Ball, George (1984). Letter in *The New York Review of Books*, XXXI/13 (March 29), 48.

Barrett, William (1958). *Irrational Man*. Garden City, N.Y.: Doubleday and Company, Doubleday Anchor Books.

————(1979). *The Illusion of Technique*. Garden City, N.Y.: Anchor Press/Doubleday, Anchor Books.

————and Aiken, Henry D. (eds.) (1962). *Philosophy in the Twentieth Century*, 2 vols. New York: Random House.

Barth, John (1969). *The End of the Road*. New York: Bantam Books.

Bellah, Robert N.; Madsen, Richard; Sullivan, William M.; Swidler, Ann; and Tipton, Steven M. (1985). *Habits of the Heart: Individualism and Commitment in American Life*. Berkeley, Calif.: University of California Press.

Berger, Peter L.; Berger, Brigette; and Kellner, Hansfried (1973). *The Homeless Mind: Modernization and Consciousness*. New York: Random House.

Berkeley, George (1965). *Berkeley's Philosophical Writings*, David M. Armstrong (ed.). New York: Collier Books.

Berlin, Isaiah (1958). *Two Concepts of Liberty*. Oxford: The Clarendon Press.

Bernstein, Richard J. (1983). *Beyond Objectivism and Relativism: Science, Hermeneutics, and Praxis*. Philadelphia, Penn.: Pennsylvania University Press.

Berofsky, Bernard (ed.) (1966). *Free Will and Determinism*. New York: Harper and Row.

Beversluis, John (1985). *C. S. Lewis and the Search for Rational Religion*. Grand Rapids, Mich.: William B. Eerdman's Publishing Company.

Blocker, H. Gene (1974). *The Meaning of Meaninglessness*. The Hague: Martinus Nijhoff.

————(1979). *The Metaphysics of Absurdity*. Washington, D. C.: University Press of America.

Boethius, Anicius Manlius Severinus (1962). *The Consolation of Philosophy*, Richard Green (trans.). Indianapolis, Ind.: Bobbs-Merrill Company, The Library of Liberal Arts.

Bouwsma, O. K. "Descartes' Evil Genius." In Alexander Sesonske and Noel Fleming (eds.) (1966). *Meta-Meditations: Studies in Descartes*. Belmont, Calif.: Wadsworth Publishing Company, 26-36.

Bradley, F. H. (1969). *Appearance and Reality*. London, Oxford, and New York: Oxford University Press.

Brillouin, Leon (1964). *Scientific Uncertainty and Information*. New York and London: Academic Press.

Britton, Karl (1969). *Philosophy and the Meaning of Life*. London, Cambridge, and New York: Cambridge University Press.

Broad, William J. (1984). "U. S. Plans Massive Study of 'Nuclear Winter'." *The Denver Post*, XCIII/11 (August 12), 1C, 5C (first published in *The New York Times*).

Brock, D. Heyward and Harward, Ann (eds.) (1984). *The Culture of Biomedicine. Studies in Science and Culture*, I. Newark, Del.: University of Delaware Press; London and Toronto: Associated University Presses.

Brooks, Van Wyck (1932). *The Life of Emerson*. New York: E. P. Dutton and Company.

Brower, Daniel R. (1975). *Training the Nihilists: Education and Radicalism in Tsarist Russia*. Ithaca, N.Y.: Cornell University Press.

Brown, Delwin (1985). "Struggle till Daybreak: On the Nature of Authority in Theology." *The Journal of Religion*, LXV/1 (January), 15-32.

Brown, Harold I. (1979). *Perception, Theory and Commitment*. Chicago, Ill.: University of Chicago Press.

Burr, John R. and Goldinger, Milton (eds.) (1976). *Philosophy and Contemporary Issues*, 2nd edition. New York: Macmillan Publishing Company; London: Collier Macmillan publishers.

Burtt, E. A. (ed.) (1939). *The English Philosophers From Bacon to Mill*. New York: Random House, The Modern Library.

———(1954). *The Metaphysical Foundations of Modern Physical Science*, revised edition. Garden City, N.Y.: Doubleday and Company.

Cahn, Steven M. and Shatz, David (eds.) (1982). *Contemporary Philosophy of Religion*. London, Oxford, and New York: Oxford University Press.

Callicott, J. Baird (ed.) (1987). *A Companion to the Sand County Almanac*. Madison, Wisc.: University of Wisconsin Press.

Camus, Albert (1947). *Caligula and Cross Purpose*, Stuart Gilbert (trans.). London: A New Directions Book.

————(1955). *The Myth of Sisyphus and Other Essays*, Justin O'Brien (trans.). New York: Alfred A. Knopf, a Borzoi Book.

————(1975). *The Stranger,* Stuart Gilbert (trans.). New York: Alfred A. Knopf.

Cassirer, Ernst (1961). *The Philosophy of the Enlightenment,* Fritz C. A. Koelin and James P. Pettegrove (trans.). Boston, Mass.: Beacon Press.

Catalano, Joseph S. (1980). *A Commentary on Jean-Paul Sartre's "Being and Nothingness".* Chicago, Ill.: The University of Chicago Press.

Chappell, V. C. (ed.) (1966). *Hume: A Collection of Critical Essays.* Garden City, N.Y.: Doubleday and Company, Anchor Books.

Choron, Jacques (1963). *Death and Western Thought.* New York: Collier Books.

Christian, William A., Sr. "Some Aspects of Whitehead's Metaphysics." In Lewis S. Ford and George L. Kline (eds.) (1983). *Explorations in Whitehead's Philosophy.* New York: Fordham University Press, 31-44.

Cioran, E. M. (1975). *A Short History of Decay,* Richard Howard (trans.). Oxford: Basil Blackwell.

Cobb, John B., Jr. (1965). *A Christian Natural Theology, Based on the Thought of Alfred North Whitehead.* Philadelphia, Penn.: The Westminster Press.

————(1975). *Christ in a Pluralistic Age.* Philadelphia, Penn.: Westminster Press.

————(1982). *Beyond Dialogue: Toward a Mutual Transformation of Christianity and Buddhism.* Philadelphia, Penn.: Fortress Press.

Cochran, Charles Norris (1944). *Christianity and Classical Culture: A Study of Thought and Action from Augustus to Augustine.* London, Oxford, and New York: Oxford University Press.

Cohen, Morris (1964). *Reason and Nature,* 2nd edition. New York: The Free Press.

Collingwood, R. G. (1960). *The Idea of Nature.* London, Oxford, and New York: Oxford University Press, a Galaxy Book.

Copleston, Frederick (1962). *A History of Philosophy: Greece and Rome,* Vol. I, Part I. Garden City, N.Y.: Doubleday and Company, Image Books.

———(1963). *A History of Philosophy*, Vol. IV (*Modern Philosophy: Descartes to Leibniz*). Garden City, N.Y.: Doubleday and Company, Image Books.

———(1964). *A History of Philosophy,* Vol. V, Part I (*Modern Philosophers: The British Philosophers, Berkeley to Hume*). Garden City, N.Y.: Doubleday and Company, Image Books.

———(1965). *A History of Philosophy,* Vol. VII, Part II (*Modern Philosophy: Schopenhauer to Nietzsche*). Garden City, New York: Doubleday and Company, Image Books.

———(1966). *Contemporary Philosophy: Studies of Logical Positivism and Existentialism.* Westminster, Md.: The Newman Press.

———(1985). *A History of Philosophy,* Vols. VII, VIII, IX (3 volumes in 1: *Fichte to Nietzsche; Bentham to Russell; Main de Biran to Sartre*). Garden City, N.Y.: Doubleday and Company, Image Books.

———and Russell, Bertrand. "The Existence of God: A Debate." In Paul Edwards and Arthur Pap(eds.)(1965). *A Modern Introduction to Philosophy.* New York: The Free Press, 473-490.

Crosby, Donald A. (1981). *Interpretive Theories of Religion.* The Hague: Mouton Publishers.

———(1983). "Rychlak on Objectivity and Free Will." *New Ideas in Psychology*, I/3, 245-254.

———and Williams, Ron G. "Creative Problem-Solving in Physics, Philosophy, and Painting: Three Case Studies." In Mark Amsler (ed.) (1987). *Creativity and the Imagination. Studies in Science and Culture,* III. Newark, Del.: The University of Delaware Press; London and Toronto: Associated University Press, 168-214.

Dallmayr, Fred R. (1981). *Twilight of Subjectivity: Contributions to a Post-Individualist Theory of Politics.* Amherst, Mass.: University of Massachusetts Press.

Danto, Arthur(1965). *Nietzsche as Philosopher.* New York: The Macmil-Company.

Dauer, Edward A. (1986). "Market-Driven Law Ignores Social Values." *The Denver Post*, XCV/25 (August 25), 2B.

Desan, Wilfrid(1960). *The Tragic Finale: An Essay on the Philosophy of Jean-Paul Sartre.* New York: Harper and Row.

Descartes, René (1897-1910). *Oeuvres de Descartes*, published by Charles Adam and Paul Tannery, 12 vols. Paris: L. Cerf.

————(1967). *The Philosophical Works of Descartes*, Elizabeth S. Haldane and G. R. T. Ross (trans.). London, Cambridge, and New York: Cambridge University Press.

Dewey, John (1958). *Experience and Nature*. New York: Dover Publications.

————(1960). *The Quest for Certainty: A Study of the Relation of Knowledge and Action*. New York: C. P. Putnam's Sons, A Capricorn Book.

Dostoevsky, Fyodor (1931). *The Possessed,* Constance Garnett (trans.). New York: The Macmillan Company.

————(1933). *The Brothers Karamazov*, Constance Garnett (trans.), Avrahm Yarmolinsky (rev.); 3 vols. New York: The Limited Editions Club.

————"Notes from Underground," Constance Garnett (trans.). In Walter Kaufmann (ed.) (1956). *Existentialism from Dostoevsky to Sartre*. Cleveland, Oh. and New York: The World Publishing Company, Meridian Books, 52-82.

————(1967). *The Idiot*, Eva M. Martin (trans.). New York: E. P. Dutton and Company, Everyman's Library.

Durant, Will (1944). *Caesar and Christ: A History of Roman Civilization and of Christianity from Their Beginnings to A.D. 325*. Vol. III of Will and Ariel Durant, *The Story of Civilization*, 10 vols. New York: Simon and Schuster.

Edwards, Paul (ed.) (1967). *Encyclopedia of Philosophy*, 8 vols. in 4. New York: The Macmillan Company and The Free Press.

————and Pap, Arthur (eds.) (1965). *A Modern Introduction to Philosophy*. New York: The Free Press.

Ehrenfeld, David (1981). *The Arrogance of Humanism*. London, Oxford and New York: Oxford University Press.

Fandozzi, Phillip R. (1982). *Nihilism and Technology: A Heideggerian Investigation*. Washington, D. C.: University Press of America.

Faulconer, James E. and Williams, Richard N. (1985). "Temporality in Human Action: An Alternative to Positivism and Historicism." *American Psychologist*, XL/11 (September), 1179-1188.

Feyerabend, Paul (1978). *Science in a Free Society*. London: New Left Books.

Flew, Anthony. "On the Interpretation of Hume." In A. C. Chappell (ed.) (1966). *Hume: A Collection of Critical Essays*. Garden City, N.Y.: Doubleday and Company, 278-286.

Ford, Lewis S. and Kline, George L. (eds.) (1983). *Explorations in Whitehead's Philosophy*. New York: Fordham University Press.

Frankel, Charles (1965). *The Love of Anxiety and Other Essays*. New York: Harper and Row.

Gadamer, Hans-Georg (1975). *Truth and Method*. New York: Seabury Press.

Gassendi, Pierre (1658). *Opera Omnia*, 6 vols. Lugduni: Sumptibus L. Anisson et J. -B. Devenet.

Gay, Peter (1984). *Education of the Senses*. Vol. I of *The Bourgeois Experience: Victoria to Freud*. London, Oxford and New York: Oxford University Press.

Gide, André (1973). *The Counterfeiters; With Journal of "The Counterfeiters,"* Dorothy Bussy and Justin O'Brien (trans.). New York: Random House, Vintage Books.

Gingrich, Owen (ed.) (1975). *The Nature of Scientific Discovery: A Symposium Commemorating the 500th Anniversary of the Birth of Nicolaus Copernicus*. Washington, D. C.: Smithsonian Institution Press.

Godlove, Terry (1984). "In What Sense Are Religions Conceptual Frameworks?" *Journal of the American Academy of Religion*, LII/2 (June), 289-305.

Godwin, John (1978). *Murder U. S. A.: The Ways We Kill Other*. New York: Ballantine Books.

Goulder, Michael and Hick, John (1983). *Why Believe in God?* London: S.C.M. Press.

Gregory, Michael S. "Science and Humanities: Toward a New Worldview." In D. Heyward Brock and Ann Harward (eds.) (1984). *The Culture of Biomedicine. Studies in Science and Culture*, I. Newark, Del.: The University of Delaware Press; London and Toronto: Associated University Presses, 11-33.

Grene, Marjorie (1966). *The Knower and the Known*. New York: Basic Books.

Hall, A. Rupert (1981). *From Galileo to Newton*. New York: Dover Publications.

Hall, David (1982). *Eros and Irony: A Prelude to Philosophical Anarchism*. Albany, N. Y.: State University of New York Press.

Hampshire, Stuart (1983). "On The Trail of Nature." Review of Keith Thomas, *Man and the Natural World*, in *The New York Review of Books*, XXX/9 (June 2), 17-19.

Hartshorne, Charles (1937). *Beyond Humanism: Essays in the New Philosophy of Nature*. Chicago, Ill.: Willett Clark and Company.

Hauck, Richard Boyd (1971). *A Cheerful Nihilism: Confidence and "The Absurd" in American Humorous Fiction*. Bloomington, Ind.: Indiana University Press.

Hegel, Georg Wilhelm Friedrich (1929). *Hegel Selections*, Jacob Loewenberg (ed.). New York: Charles Scribner's Sons.

———(1954). *The Philosophy of Hegel*, Carl J. Friedrich (ed.). New York: Random House, The Modern Library.

Heidegger, Martin (1961). *An Introduction to Metaphysics*, Ralph Manheim (trans.). Garden City, N.Y.: Doubleday and Company, Anchor Books.

———(1962). *Being and Time*, John Macquarrie and Edward Robinson (trans.). London: S.C.M. Press.

Heller, Peter (1966). *Dialectics and Nihilism: Essays on Lessing, Nietzsche, Mann, and Kafka*. Amherst, Mass: University of Massachusetts Press.

Herbert, Lord Edward, of Cherbury (1937). *De Veritate*, Meyrick H. Carre (trans.). Bristol: Published for the University of Bristol by J. W. Arrowsmith, Ltd.

Hick, John (1963). *Philosophy of Religion*. Englewood Cliffs, N.J.: Prentice-Hall, Inc.

———"Evil, The Problem of." In Paul Edwards (ed.) (1967). *Encyclopedia of Philosophy*, III. New York: The Macmillan Company and The Free Press, 136-141.

———"Faith as Total Interpretation." In Keith Yandell (ed.) (1973). *God, Man, and Religion: Readings in the Philosophy of Religion*. New York:

McGraw-Hill Book Company, 529-541.

————"The New Map of the Universe of Faiths." In Steven M. Cahn and David Shatz (eds.) (1982). *Contemporary Philosophy of Religion.* London, Oxford, and New York: Oxford University Press, 278-290.

High, Dallas M. (1981). "Wittgenstein on Doubting and Groundless Believing." *The Journal of the American Academy of Religion*, XLIX/2 (June), 249-266.

Hingley, Ronald (1969). *Nihilists: Russian Radicals and Revolutionaries in the Reign of Alexander II, 1855-1881.* New York: Delacorte Press.

Hocking, William Ernest (1936). "Meanings of Life." *The Journal of Religion,* XVI/3 (July), 253-283.

Hofstadter, Albert. "On the Dialectical Phenomenology of Creativity," in Stanley Rosner and Lawrence Edwin Abt (eds.) (1974). *Essays in Creativity.* Croton-on-Hudson, N.Y.: North River Press, 113-149.

Holy Bible, Revised Standard Version (1952). New York: Thomas Nelson and Sons.

Hook, Sidney (1962). *From Hegel to Marx: Studies in the Intellectual Development of Karl Marx.* Ann Arbor, Mich.: University of Michigan Press.

Horkheimer, Max (1947). *Eclipse of Reason.* New York: Columbia University Press.

Hospers, John. "Free Will and Psychoanalysis." In Paul Edwards and Arthur Pap (eds.) (1965). *A Modern Introduction to Philosophy.* New York: The Free Press, 75-85.

Hospers, John. "What Means This Freedom?" In Bernard Berofsky (ed.) (1966). *Free Will and Determinism.* New York: Harper and Row, 26-45.

Hume, David (1957). *Dialogues Concerning Natural Religion*, Henry D. Aiken (ed.). New York: Hafner Publishing Company.

————(1975). *Enquiries Concerning Human Understanding and Concerning the Principles of Morals*, L.A. Selby-Bigge and P. H. Nidditch (eds.), third edition. London, Oxford, and New York: Oxford University Press.

————(1980). *A Treatise of Human Nature*, L. A. Selby-Bigge and P. H. Nidditch (eds.), second edition. London, Oxford and New York: Oxford University Press.

Husserl, Edmund (1960). *Cartesian Meditations: An Introduction to Phenomenology*, Dorion Cairns (trans.). The Hague: Martinus Nijhoff.

Huxley, Aldous (1958). *Brave New World*. New York: Bantam Books.

Hyman, Arthur and Walsh, James J. (eds.) (1980). *Philosophy in the Middle Ages: The Christian, Islamic, and Jewish Traditions*. Indianapolis, Ind.: Hackett Publishing Company.

James, Bernard (1973). *The Death of Progress*. New York: Alfred A. Knopf.

James, William (1920). *The Letters of William James*, Henry James (ed.), 2 vols. Boston, Mass.: The Atlantic Monthly Press.

————(1958). *The Varieties of Religious Experience*. New York: New American Library, A Mentor Book.

————(1967). *Essays in Radical Empiricism and A Pluralistic Universe*, 2 vols. in 1. Gloucester, Mass.: Peter Smith.

Janik, Allan and Toulmin, Stephen (1973). *Wittgenstein's Vienna*. New York: Simon and Schuster, A Touchstone Book.

Kafka, Franz (1969). *The Castle*, Willa and Edwin Muir, Eithne Wilkins, and Ernst Kaiser (trans.). New York: The Modern Library.

————(1978). *The Trial*, Willa and Edwin Muir (trans.). New York: Alfred A. Knopf.

Kant, Immanuel (1949). *Fundamental Principles of the Metaphysic of Morals*, Thomas K. Abbot, (trans.), Introduction by Marvin Fox. New York: The Liberal Arts Press.

————(1951). *Critique of Judgement*, J. H. Bernard (trans.). The Hafner Library of Classics, Number Fourteen. New York and London: Hafner Publishing Company.

————(1956). *Critique of Practical Reason*, Lewis White Beck (trans.). Indianapolis, Ind., and New York: The Bobbs-Merrill Company, A Liberal Arts Press Book.

————(1958). *Immanuel Kant's Critique of Pure Reason*, Norman Kemp Smith (trans.). London: Macmillan and Company; New York: St. Martin's Press.

————(1960). *Religion Within the Limits of Reason Alone*, Theodore M. Greene and Hoyt H. Hudson (trans.), Introductions by Greene and John R. Silber. New York: Harper and Row, Harper Torchbooks.

Kaplan, Morton A. (1971). *On Historical and Political Knowing: An Inquiry into Some Problems of Universal Law and Human Freedom*. Chicago, Ill.: The University of Chicago Press.

Kaufmann, Walter (ed.) (1956). *Existentialism from Dostoevsky to Sartre*. Cleveland, Oh. and New York: The World Publishing Company, Meridian Books.

———(1963). *The Faith of a Heretic*. Garden City, N. Y.: Doubleday and Company, Anchor Books.

———"Nietzsche, Friedrich." In Paul Edwards (ed.) (1967). *Encyclopedia of Philosophy*, V. New York: The Macmillan Company and The Free Press, 504-514.

Keen, Sam (1969). *Apology for Wonder*. New York: Harper and Row.

Kennan, George F. (1986). "In the American Mirror." Review of Arthur M. Schlesinger, Jr., *The Cycles of American History*, in *The New York Review of Books*, XXXIII/17 (Nov. 6), 3-6.

Kierkegaard, Søren (1951). *A Kierkegaard Anthology*, Robert Bretall (ed.). Princeton, N.J.: Princeton University Press.

Klocker, Harry R. (1983). "Ockham: A Note on Knowledge and Certitude." *Iliff Review*, XL/1 (Winter), 37-44.

Kohn, Alfie (1986). "How to Succeed Without Even Vying." *Psychology Today*, XX/9 (September), 22-28.

Kraus, Elizabeth M. (1979). *The Metaphysics of Experience: A Companion to Whitehead's Process and Reality*. New York: Fordham University Press.

Kretzmann, Norman. "Semantics, History of." In Paul Edwards (ed.) (1967). *Encyclopedia of Philosophy*, VII. New York: The Macmillan Company and the Free Press, 358-406.

Kuhn, Helmut. "German Philosophy and National Socialism." In Paul Edwards (ed.) (1967). *Encyclopedia of Philosophy*, III. New York: The Macmillan Company and The Free Press, 309-316.

Kuhn, Thomas (1971). *The Structure of Scientific Revolutions*, second edition. Chicago, Ill.: University of Chicago Press.

Kundera, Milan (1980). *The Book of Laughter and Forgetting*, Michael Henry Heim (trans.). New York: Alfred A. Knopf.

———(1984). "The Novel and Europe." *The New York Review of Books*, XXXI/12 (July 19), 15-19.

Küng, Hans (1980). *Does God Exist? An Answer for Today*, Edward Quinn (trans.). Garden City, N.Y.: Doubleday and Company.

Lang, Berel and Stahl, Gary (1969). "Mill's 'Howlers' and the Logic of Naturalism." *Philosophy and Phenomenological Research*, XXIX/4 (June), 562-574.

Leclerc, Ivor (1972). *The Nature of Physical Existence*, a volume in the Muirhead Library of Philosophy, H. D. Lewis (ed.). London: George Allen and Unwin, Ltd.; New York: Humanities Press, Inc.

———(1973). "The Necessity Today of the Philosophy of Nature." *Process Studies*, III/3 (Fall), 158-168.

Leff, Gordon (1975). *William of Ockham: The Metamorphosis of Scholastic Discourse*. Manchester: Manchester University Press; Totowa, N.J.: Rowman and Littlefield.

Lehrer, Keith (1971). "Why Not Skepticism?" *The Philosophical Forum*, II/3 New Series (Spring), 283-298.

Leibniz, Gottfried W. (1951). *Leibniz: Selections*, Philip P. Wiener (ed.). New York: Charles Scribner's Sons.

Leiss, William (1974). *The Domination of Nature*. Boston, Mass.: Beacon Press.

Lewis, C. S. (1955). *Surprised by Joy: The Shape of My Early Life*. New York: Harcourt Brace Jovanovich, Inc., A Harvest/HBJ Book.

Lewis, John (ed.) (1974). *Beyond Chance and Necessity*. Atlantic Highlands, N.J.: Humanities Press.

Locke, John (1959). *An Essay Concerning Human Understanding*, ed. Alexander Campbell Fraser, 2 vols. New York: Dover Publications.

London, Jack (1981). *The Sea Wolf*. New York: Bantam Books.

Loomer, Bernard M. "The Future of Process Philosophy." In Sibley, Jack R. and Gunter, Pete A. Y. (eds.) (1978). *Process Philosophy: Basic Writings*. Washington, D. C.: University Press of America, 515-539.

Löwith, Karl (1964). *From Hegel to Nietzsche: The Revolution in*

Nineteenth-Century Thought, David E. Green (trans.). New York; Chicago, Ill.; and San Francisco, Calif.: Holt, Rinehart and Winston.

Lubac, Henri de (1963). *The Drama of Atheist Humanism*, Edith M. Riley (trans.). New York: The New American Library, Meridian Books.

McCloskey, H. J. "On Being an Atheist." In John R. Burr and Martin Goldinger (eds.) (1976). *Philosophy and Contemporary Issues*, 2nd edition. New York: Macmillan Publishing Company; London: Collier Macmillan Publishers, 131-137.

MacIntyre, Alasdair. "Existentialism." In Mary Warnock (ed.) (1971). *Sartre: A Collection of Critical Essays*. Garden City, N.Y.: Doubleday and Company, Anchor Books, 1-58.

———(1981). *After Virtue: A Study in Moral Theory*. Notre Dame, Ind.: University of Notre Dame Press.

Marcel, Gabriel (1935). *Être et Avoir*. Paris: Aubier, Éditions Montaigne.

Margoshes, Adam. "Schelling, Friedrich Wilhelm Joseph von." In Paul Edwards (ed.) (1967). *The Encyclopedia of Philosophy*, VII. New York: The Macmillan Company and The Free Press, 305-309.

Márquez, Gabriel García (1971). *One Hundred Years of Solitude*. New York: Avon Books, A Bard Book.

Marx, Karl and Engels, Friedrich (1959). *Basic Writings on Politics and Philosophy*, Lewis S. Feuer (ed.). Garden City, N.Y.: Doubleday and Company, Anchor Books.

Mauthner, Fritz (1901-1902). *Beiträge zu einer Kritik der Sprache*, 3 vols. Stuttgart: J. G. Cotta.

———(1906). *Die Sprache. Die Gesellschaft: Sammlung Sozial-Psychologischer Monographien*, Martin Buber (ed.), IX. Frankfurt: Reutten and Loening.

———(1910). *Wörterbuch der Philosophie: Neue Beiträge zu einer Kritik der Sprache*. Munich: Georg Muller.

Meilaender, Gilbert (1986). Review of James M. Gustafson (1981, 1984). *Ethics From a Theocentric Perspective*, Vols. 1, 2. In *Religious Studies Review*, XII/1 (January), 11-16.

Meland, Bernard Eugene (1966). *The Secularization of Modern Cultures*.

London, Oxford, and New York: Oxford University Press.

Merleu-Ponty, Maurice (1962). *Phenomenology of Perception*, Colin Smith (trans.). London and Boston, Mass.: Routledge and Kegan Paul.

———(1968). *The Visible and the Invisible,* Claude Lefort (ed.). Alphonso Lingis (trans.). Evanston, Ill.: Northwestern University Press.

Mersenne, Marin (1955). *Correspondance du P. Marin Mersenne,* Tome IV. Published by Mme. Paul Tannery; edited and annotated by Cornelis De Waard; with the collaboration of Rene Pintard. Paris: Presses Universitaires.

Mill, John Stuart (1884). *An Examination of Sir William Hamilton's Philosophy, and of the Principal Philosophical Questions Discussed in His Writings*, 2 vols. in 1. New York: Henry Holt and Company.

———(1957). *Utilitarianism*, Oskar Priest (ed.). Indianapolis, Ind.: The Bobbs-Merrill Company, The Library of Liberal Arts.

Miller, Leonard G. "Descartes, Mathematics, and God." In Alexander Sesonske and Noel Fleming (eds.) (1966). *Meta-Meditations: Studies in Descartes.* Belmont, Calif.: Wadsworth Publishing Company, 37-49.

Monod, Jacques (1972). *Chance and Necessity.* Austryn Wainhouse (trans.). New York: Random House, Vintage Books.

Monro, D. H. "Russell's Moral Theories". In David Pears (ed.) (1972). *A Collection of Critical Essays.* Garden City, N.Y.: Doubleday and Company, Anchor Books, 325-355.

Morgan, Ted (1985). *FDR: A Biography.* New York: Simon and Schuster.

Morris, Richard (1984). *Time's Arrow: Scientific Attitudes Toward Time.* New York: Simon and Schuster.

Moser, Charles A. (1964). *Anti-Nihilism in the Russian Novel of the 1860's.* The Hague: Mouton Publishers.

Muggeridge, Malcolm (1980). *The End of Christendom.* Grand Rapids, Mich.: William B. Eerdman's Publishing Company.

Murphy, Earl (1967). *Governing Nature.* Chicago, Ill.: Quadrangle Books.

Nagel, Thomas (1972). "Reason and National Goals." *Science,* CLXXVII/4051 (September 1), 766-770.

Nellhaus, Arlynn (1985). "Elie Wiesel Uses His Books As Weapons of Truth." *The Denver Post*, XCIV/164 (December 22), 22D.

Nelson, Benjamin. "The Quest for Certitude and the Books of Scripture, Nature, and Conscience." In Owen Gingrich (ed.). (1975). *The Nature of Scientific Discovery*. A Symposium Commemorating the 500th Anniversary of the Birth of Nicolaus Copernicus. Washington, D.C.: Smithsonian Institution Press, 355-372.

Newton, Isaac (1721). *Optiks*, 3rd edition. London.

————(1953). *Newton's Philosophy of Nature: Selections From His Writings*, H. S. Thayer (ed.). New York: Hafner Publishing Company.

Nietzsche, Friedrich (1954). *The Portable Nietzsche,* Walter Kaufmann, (ed. and trans.), 2nd edition. New York: The Viking Press.

————(1966). *Beyond Good and Evil*, Walter Kaufmann (trans.). New York: Random House, Vintage Books.

————(1968). *The Will to Power*, Walter Kaufmann and R. J. Hollingdale (trans.). New York: Random House, Vintage Books.

————(1974). *The Gay Science*, Walter Kaufmann (trans.). New York: Random House, Vintage Books.

Nishitani, Keiji (1982). *Religion and Nothingness*, Jan van Bragt (trans.). Berkeley, Calif.: University of California Press.

Norton, David Fate (1982). *David Hume: Common-Sense Moralist, Sceptical Metaphysician*. Princeton, N. J.: Princeton University Press.

Noss, John B. (1969). *Man's Religions*, 4th edition. New York: The Macmillan Company.

Novak, Michael (1971). *The Experience of Nothingness*. New York: Harper and Row, Harper Colophon Books.

Nozick, Robert (1974). *Anarchy, State, and Utopia*. New York: Basic Books.

Oates, Joyce Carol (1984). "The English Secret Unveiled." Review of Hilary Spurling, *Ivy: The Life of I. Compton-Burnett,* in *The New York Times Book Review*, CXXXIV/46 (December 9), 7-9.

Ogden, Schubert (1966). *The Reality of God and Other Essays*. New York: Harper and Row.

Olson, Robert G. "Nihilism." In Paul Edwards (ed.) (1967). *Encyclopedia of Philosophy*, V. New York: The Macmillan Company and the Free Press, 514-517.

"On Death as a Constant Companion" (1965). *Time*. LXXXVI/20 (November 12), 52-53.

Ornstein, Robert E. (1977). *The Psychology of Consciousness*, 2nd edition. New York: Harcourt Brace Jovanovich, Inc.

Otto, Max C. (1924). *Things and Ideals*. New York: Henry Holt and Company.

Ouden den, Bernard (1982). *Essays on Reason, Will, Creativity, and Time: Studies in the Philosophy of Friedrich Neitzsche*. Washington, D. C.: University Press of America.

Passmore, John (1966). *A Hundred Years of Philosophy*. London: Gerald Duckworth and Company.

Paton, H. J. (1955). *The Modern Predicament*. New York: The Macmillan Company.

Patterson, R. W. K. (1971). *The Nihilistic Egoist, Max Stirner*. London, Oxford, and New York: Oxford University Press.

Pears, D. F. (ed.) (1972). *Bertrand Russell: A Collection of Critical Essays*. Garden City, N. Y.: Doubleday and Company, Anchor Books.

Pfaff, Donald W. (ed.) (1983). *Ethical Questions in Brain and Behavior: Problems and Opportunities*. New York, Heidelberg, Tokyo: Springer-Verlag.

Pike, Nelson (ed.) (1965). *God and Evil: Readings on the Theological Problem of Evil*. Englewood Cliffs, N. J.: Prentice-Hall, Inc.

Plato (1973). *The Collected Dialogues of Plato, Including the Letters*, Edith Hamilton and Huntington Cairns (eds.). Bollingen Series LXXI. Princeton, N. J.: Princeton University Press.

Popkin, Richard (1979). *The History of Scepticism from Erasmus to Spinoza*. Berkeley, Calif.; Los Angeles, Calif.; and London; University of California Press.

Proust, Marcel (1949). *À la Recherche du Temps Perdu, IX: Le Temps Retrouvé*. Paris: Gallimard.

Randall, John Herman, Jr. (1976). *The Making of the Modern Mind: A Survey of the Intellectual Background of the Present Age.* New York: Columbia University Press.

Rauschning, Hermann (1939). *The Revolution of Nihilism: Warning to the West*, E.W. Dickes (trans.). New York: Longmans, Green, and Company.

Rawls, John (1971). *A Theory of Justice.* Cambridge, Mass.: Harvard University Press.

Richardson, John (1984). "The Catch in the Late Picasso." *New York Review of Books*, XXXI/12 (July 19), 21-28.

Rifkin, Jeremy (in collaboration with Nicanor Perlas) (1984). *Algeny: A New Word—A New World.* New York: Penguin Books.

———(1985). *Declaration of a Heretic.* London and Boston, Mass.: Routledge and Kegan Paul.

Robinson, Marilyn and Kirksey, Jim (1987). "Denverite Waiting for Wife Finds She Was Fatally Hurt." *The Denver Post*, XCV/181 (January 28), 1b.

Rollin, Bernard E. (1981). *Animal Rights and Human Morality.* Buffalo, N. Y.: Prometheus Books.

Rollins, C. D. "Solipsism." In Paul Edwards (ed.) (1967). *The Encyclopedia of Philosophy,* VII. New York: The Macmillan Company and The Free Press, 487-491.

Rolston, Holmes, III (1982). "Are Values in Nature Subjective or Objective?" *Environmental Ethics,* IV (Summer), 125-151.

———(1985). "Duties to Endangered Species." *Bioscience*, XXXV/11 (December), 718-726.

———(1987). *Science and Religion: A Critical Survey.* New York: Random House.

———"Duties to Ecosystems." In J. Baird Callicott (ed.) (1987). *A Companion to the Sand County Almanac.* Madison, Wisc.: University of Wisconsin Press, 246-274.

Rorty, Richard (1980). *Philosophy and the Mirror of Nature.* Princeton, N.J.: Princeton University Press.

Rosen, Stanley (1969). *Nihilism: A Philosophical Essay*. New Haven, Conn., and London: Yale University Press.

Rosner, Stanley and Abt, Lawrence Edwin (eds.) (1974). *Essays In Creativity*. Croton-on-Hudson, N.Y.: North River Press.

Ross, Stephen David (1969). *Literature and Philosophy: An Analysis of the Philosophical Novel*. New York: Appleton-Century-Crofts.

———(1983). *Perspective in Whitehead's Metaphysics*. Albany, N.Y.: State University of New York Press.

Roubiczek, Paul (1964). *Existentialism For and Against*. London, Cambridge, and New York: Cambridge University Press.

Rubenstein, Richard (1966). *After Auschwitz: Radical Theology and Contemporary Judaism*. Indianapolis, Ind.: The Bobbs-Merrill Company.

Rushdie, Salman (1981). *Midnight's Children*. New York: Alfred A. Knopf.

Russell, Bertrand (1957). *A Free Man's Worship*. New York: Simon and Schuster, A Clarion Book.

———(1961). *Religion and Science*. London, Oxford and New York: Oxford University Press.

Sanders, Steven and Cheney, David R. (eds.) (1980). *The Meaning of Life: Questions, Answers and Analysis*. Englewood Cliffs, N.J.: Prentice-Hall, Inc.

Sartre, Jean-Paul (1964). *Nausea,* Lloyd Alexander (trans.). New York: New Directions Publishing Corporation.

———(1966). *Being and Nothingness: An Essay on Phenomenological Ontology*, Hazel E. Barnes (trans.). New York: Washington Square Press.

——— "Existentialism Is a Humanism," Philip Mairet (trans.). In Walter Kaufmann (ed.) (1967). *Existentialism from Dostoevsky to Sartre*. Cleveland, Oh., and New York: The World Publishing Company, Meridian Books, 286-311.

Saunders, Jason L. (ed.) (1966). *Greek and Roman Philosophy After Aristotle*. New York: The Free Press.

Saunders, John Turk and Henze, Donald F. (1967). *The Private Language Problem: A Philosophical Dialogue*. New York: Random House.

Scheffler, Israel (1967). *Science and Subjectivity*. Indianapolis, Ind.: The Bobbs-Merrill Company.

Schoeck, Helmut and Wiggins, James W. (eds.) (1961). *Relativism and the Study of Man*. Princeton, N.J.: Van Nostrand Company.

Schopenhauer, Friedrich (1942). *Complete Essays of Schopenhauer*, T. Bailey Saunders (trans.), 7 Books in 1 Vol. New York: Willey Book Company.

Schopenhauer, Friedrich (1957). *The World as Will and Idea*, R. B. Haldane and J. Kemp (trans.), 2nd edition, 3 vols. London and Boston, Mass.: Routledge and Kegan Paul.

Schutte, Ofelia (1984). *Beyond Nihilism: Nietzsche Without Masks*. Chicago, Ill., and London: The University of Chicago Press.

Scott, Nathan A. (ed.) (1967). *The Modern Vision of Death*. Richmond, Va.: John Knox Press.

Sesonske, Alexander and Fleming, Noel (eds.) (1966). *Meta-Meditations: Studies in Descartes*. Belmont, Calif.: Wadsworth Publishing Company.

Short, T. L. (1983). "Teleology in Nature." *American Philosophical Quarterly*, XX/4 (October), 311-320.

Sibley, Jack R. and Gunter, Pete A. Y. (eds.) (1978). *Process Philosophy: Basic Writings*. Washington, D. C.: University Press of America.

Singer, Peter (1975). *Animal Liberation*. New York: New York Review Press.

————(1983). *Hegel*. London, Oxford, and New York: Oxford University Press.

Skinner, B.F. (1948). *Walden Two*. New York: The Macmillan Company.

————(1953). *Science and Human Behavior*. New York: The Macmillan Company.

————(1971). *Beyond Freedom and Dignity*. New York: Random House, Vintage Books.

Smart, Ninian. "Omnipotence, Evil and Supermen." In Nelson Pike (ed.) (1965). *God and Evil: Readings on the Theological Problem of Evil*. Englewood Cliffs, N.J.: Prentice-Hall, Inc., 103-112.

Solomon, Robert C. (1983). *The Passions*. Notre Dame, Ind.: University of Notre Dame Press.

Spengler, Oswald (1932). *The Decline of the West*, Charles Francis Atkinson (trans.), 3 vols in 1. New York: Alfred A. Knopf.

Stene, Eric (1984). "Parents of Slain Children Share Anger." *The Denver Post*, XCII/262 (April 19), 4A.

Stirner, Max (1971). *The Ego and His Own,* John Carroll (trans.). New York: Harper and Row.

Strauss, Leo. "Relativism," In Helmut Schoeck and James W. Wiggins (eds.)(1961). *Relativism and the Study of Man*. Princeton, N.J.: Van Nostrand Company, 135-157.

Tertullian, Quintus Septimius Florens. *Prescription Against Heretics*. In Jason L. Saunders(ed.)(1966). *Greek and Roman Philosophy After Aristotle*. New York: The Free Press, 343-351.

Thielicke, Helmut (1969). *Nihilism: Its Origin and Nature—With a Christian Answer*, John W. Doberstein (trans.). New York: Schocken Books.

Thompson, Barbara (1985). "Within the Timeless Gates." Review of Madhur Jaffrey, *Seasons of Splendour: Tales, Myths and Legends of India*. *The New York Times Book Review*, XC/45 (November 10), 33, 51.

Thorpe, William Homan (1978). *Purpose in a World of Chance: A Biologist's View*. London, Oxford, and New York: Oxford University Press.

Tillich, Paul (1951). *Systematic Theology*, I. Chicago, Ill.: University of Chicago Press.

———(1953). *The Courage to Be*. New Haven, Conn., and London: Yale University Press.

———(1957). *Dynamics of Faith*. New York: Harper and Row, Harper Torchbooks.

Titus, Harold H. (1964). *Living Issues in Philosophy,* 4th edition. New York: American Book Company.

Tocqueville de, Alexis (1904). *Democracy in America,* 2 vols., Henry Reeve (trans.). New York: D. Appleton and Company.

Tolstoy, Leo (1940). *A Confession and What I Believe*, Aylmer Maude (trans.). London, Oxford, and New York: Oxford University Press.

————(1960). *The Death of Ivan Ilych and Other Stories: Family Happiness, the Kreutzer Sonata, Master and Man,* Afterword by David Magarshack. New York and Toronto: The New American Library; London: The New English Library Limited. A Signet Classic.

Toulmin, Stephen (1972). *Human Understanding: The Collective Use and Evolution of Concepts.* Princeton, N.J.: Princeton University Press.

Turgenev, Ivan S. (n.d.). *Fathers and Sons,* Constance Garnett (trans.). New York: Boni and Liveright, Modern Library Edition.

Unger, Peter (1975). *Ignorance: A Case for Scepticism.* Oxford: The Clarendon Press.

Urmson, J. O. (1958). *Philosophical Analysis: Its Development Between the Two World Wars.* Oxford: The Clarendon Press.

Van Melsen, Andrew G. (1953). *The Philosophy of Nature.* Duquesne Studies, Philosophical Series 2. Pittsburgh, Penn.: Duquesne University Press.

Warnock, Mary (ed.) (1971). *Sartre: A Collection of Critical Essays.* Garden City, N. Y: Doubleday and Company, Anchor Books.

Weil, Eric (1965). "Science in Modern Culture, or The Meaning of Meaninglessness." *Daedalus* XCIV/1, 171-189.

Weiler, Gershon (1958). "On Fritz Mauthner's Critique of Language." *Mind,* LXVII/265 (January), 80-87.

————"Fritz Mauthner." In Paul Edwards (ed.) (1967). *Encyclopedia of Philosophy,* V. New York: The Macmillian Company and The Free Press, 221-225.

Wheelwright, Philip (ed.) (1960). *The Presocratics.* Indianapolis, Ind.: The Bobbs-Merrill Company.

White, Lynn, Jr. (1971). *Dynamo and Virgin Reconsidered: Machina Ex Deo.* Cambridge, Mass.: MIT Press.

Whitehead, Alfred N. (1926). *Religion in the Making.* New York: The Macmillan Company.

————(1948). *Science and the Modern World.* New York: The New American Library, A Mentor Book.

————(1979). *Process and Reality.* Corrected Edition, David Ray Griffin and Donald W. Sherburne (eds.). New York and London: The Free Press, a Division of The Macmillan Publishing Company.

Wilder, Amos N. "Mortality and Contemporary Literature." In Nathan A. Scott (ed.) (1967). *The Modern Vision of Death.* Richmond, Va.: John Knox Press, 17-44.

Wisdom, John (1970). *Paradox and Discovery.* Berkeley, Calif. and Los Angeles, Calif.: University of California Press.

Wittgenstein, Ludwig (1969). *On Certainty*, G. E. M. Anscombe and G. H. von Wright (eds.); Denis Paul and G. E. M. Anscombe (trans.). Oxford: Basil Blackwell.

Wolfe, Thomas (1941). *The Hills Beyond.* New York and London: Harper and Brothers.

Wolterstorff, Nicholas (1984). *Reason Within the Bounds of Religion*, 2nd edition. Grand Rapids, Mich.: William B. Eerdmans Publishing Company.

Yandell, Keith (ed.) (1973). *God, Man, and Religion: Readings in the Philosophy of Religion.* New York: McGraw-Hill Book Company.

图书在版编目（CIP）数据

　　荒诞的幽灵：现代虚无主义的根源与批判／（美）
唐纳德·A.克罗斯比（Donald A. Crosby）著；张红军
译．－－北京：社会科学文献出版社，2020.6（2025.1重印）
　　书名原文：The Specter of the Absurd：Sources
and Criticisms of Modern Nihilism
　　ISBN 978－7－5201－5223－5

　　Ⅰ.①荒…　Ⅱ.①唐…②张…　Ⅲ.①虚无主义－研
究　Ⅳ.①B089

　　中国版本图书馆CIP数据核字（2020）第043086号

荒诞的幽灵
　　——现代虚无主义的根源与批判

著　　者／〔美〕唐纳德·A.克罗斯比（Donald A. Crosby）
译　　者／张红军

出 版 人／冀祥德
组稿编辑／宋月华　袁卫华
责任编辑／袁卫华　罗卫平
责任印制／王京美

出　　版／社会科学文献出版社·人文分社（010）59367215
　　　　　　地址：北京市北三环中路甲29号院华龙大厦　邮编：100029
　　　　　　网址：www. ssap. com. cn
发　　行／社会科学文献出版社（010）59367028
印　　装／三河市东方印刷有限公司

规　　格／开　本：787mm×1092mm　1/16
　　　　　　印　张：30.75　字　数：458千字
版　　次／2020年6月第1版　2025年1月第4次印刷
书　　号／ISBN 978－7－5201－5223－5
著作权合同
登 记 号／图字01－2019－2693号
定　　价／98.00元

读者服务电话：4008918866